陈如将　陈星　编著

华商智略

HUASHANG ZHILUE

华夏民族有着悠久的商业发展历史和灿烂的商业文化。商周和春秋战国及秦汉时期以来的2000多年间，创立了至今仍有借鉴价值的系列商业理论，涌现了一批富商巨贾。宋元明清以后的数百年间，产生了10大商帮。特别是20世纪以来，在华东、华南和港、澳、台地区以及东南亚各国，迅速崛起了一批华商富豪，尤其是最近30多年中国大陆的改革开放及市场经济大潮中茁壮成长起来的一大批新时代企业家、商界巨子，承继和发展了中华5000年文化中的易经思维和儒、道、墨、法、兵、阴阳、纵横家智慧，在市场竞争和国际商战中创造了异彩纷呈、硕果累累的非凡业绩。

经济管理出版社
ECONOMY & MANAGEMENT PUBLISHING HOUSE

图书在版编目（CIP）数据

华商智略/陈如将，陈星编著. —北京：经济管理出版社，2016.6（2016.12重印）

ISBN 978-7-5096-4369-3

Ⅰ.①华…　Ⅱ.①陈…　②陈…　Ⅲ.①华人—企业家—商业经营—经验—世界　Ⅳ.①F715

中国版本图书馆 CIP 数据核字（2016）第 094538 号

组稿编辑：何　蒂

责任编辑：晓　白

责任印制：黄章平

出版发行：经济管理出版社

（北京市海淀区北蜂窝 8 号中雅大厦 A 座 11 层　100038）

网　　　址：www. E—mp. com. cn

电　　　话：（010）51915602

印　　　刷：北京九州迅驰传媒文化有限公司

经　　　销：新华书店

开　　　本：720mm×1000mm/16

印　　　张：23.25

字　　　数：422 千字

版　　　次：2016 年 6 月第 1 版　　2016 年 12 月第 3 次印刷

书　　　号：ISBN 978-7-5096-4369-3

定　　　价：68.00 元

华夏民族有着悠久的商业发展历史和灿烂的商业文化，是世界上最早重视商业发展的文明古国之一。大量的历史文献证明，华夏商业文明起步早，发展快。《易经·无妄六二》记述商人们不耕而获，专做买卖，经商牟利，表明公元前16世纪以前商人和商人阶层已经形成。《易经·卜辞》也有商人一次牵牛50头、搭载大量货物、结队贸易的记载，说明当时商品经营已达到较大规模。根据《易经·系辞》所载：商族祖先王亥，赶着牛车，载着布帛，深入其他部落，甚至跨过黄河北岸开展贸易。狄族部落的易氏头领贪恋财货，纠集族人暴力抢劫并杀害了王亥。王亥的儿子上甲微获知父亲被害原因，联合河伯部落讨伐北方狄族部落，杀了易氏头领，夺回财货，并将俘虏的狄族部落人员全部充作奴隶。

《管子·轻重甲》则讲述了商汤以商业谋略灭夏建商的重大历史事件。夏王朝统治者夏桀暴虐无道，赋敛无度，荒淫无耻，使万民愁苦。他宠爱有施氏之女妹喜，为其营建倾宫瑶台。妹喜喜欢倾听丝帛撕裂之声，夏桀令人搬来大量丝帛，专供妹喜撕裂以讨其欢心。又说当时夏桀拥有歌妓3万多人，国君、大臣及歌妓无不衣着锦绣，宫廷日夜歌舞升平，国都大道上很远就能听到宫殿内传出的悦耳歌声和动听音乐。曾被授以方国国政的伊尹便对方国之王商汤讲：作为一国天子的夏桀，不思虑增加天下财富，壮大夏朝经济，为天下百姓谋求福祉，长期沉湎于声色享乐，这是夏朝走向灭亡的征兆，也是商王您招徕天下民众、赢得民心的大好时机。他谏言组织亳地（今安徽亳州）的妇女，精心编织彩色丝绸，每匹丝绸可从夏桀那里换取100钟（64斗为1钟）粮食，既可让商国百姓过上富足生活，又可借此削弱夏王朝的国家财力，涣散夏国民心。商汤采用伊尹之谋，为后来武力灭夏，创建中国历史上第二个奴隶制王朝——商朝奠定了坚实的物质基础，开创了华夏民族历史上最早的商战先例。

春秋时期，列国纷争，各诸侯国在各自领地内大力发展经济，经营商业，形成了相对独立、异彩纷呈的列国商业经济。东周王城洛邑，东贾齐鲁，西贾梁楚，"巧伪趋利"、"喜为商贾"。宋国商业一向发达，商旅之民众多。晋国南部土地肥沃，近盐富饶，地近戎狄，外贸兴旺。郑国水路四通八达，商业繁盛。卫国地处交通要道，商业兴旺。秦国关中富庶，陇西与巴蜀交易荟萃。更值得一提的是齐国，南接吴楚，北通燕赵，西贾郑卫，海陆商利俱丰。管仲辅助齐桓公改革内政，"通货积财"，使齐国迅速发展成为列国手工业和商业区域中心，对外转手、转口贸易兴盛。他还提出"尊王攘夷"，对鲁、梁、莱、莒等国开展"商战"，最终使得四方归齐，齐桓公成为一方霸主。春秋时期除了《管子》提出系列商战之谋，还有计然的商业理论，也产生了子贡、范蠡等一批自由大商人。

"七雄"相争的战国时期，与农产品相交换的制铁、青铜铸造和纺织、酿酒、皮革等手工业快速发展；地区间商品交换、转运贸易日益频繁；度量衡渐趋一致；水陆交通网开始形成；一批城市开始崛起，城与城之间的联系进一步刺激了商业的发展和繁荣。商品交换促进了布币、刀币、铜贝和黄金等货币经济的兴起，商业资金的积聚，高利贷的盛行，涌现了猗顿、郭纵、西汉卓氏、南阳孔氏等大商贾，以及商业理论家白圭。

商品经济的快速发展，也促进了对外贸易特别是中西方贸易的发展。据方豪《中西交通史》所述，古希腊人殖民地遗迹中曾发现有丝。"公元前5世纪时，中国的缯（帛之总名）或已越帕米尔，而至印度、波斯；及亚历山大东征以后，又经叙利亚人手，输入欧洲"。1990年8月22日《人民日报》海外版介绍，国外考古发现，乌兹别克斯坦以南的墓穴中，有制作于公元前1700~前1500年的丝绸衣物的碎片，表明中国与中亚之间早就存在一条古老的商道。

在两千多年的历史长河中，华夏民族创造了至今仍有借鉴价值的商业理论，涌现了一批富商巨贾。虽然汉武帝"独尊儒术"，以农为本，直至唐代商业经济发展都受到抑制，然而，宋元时期，特别是明清以后的数百年间，商品经济已有相当程度的发展，商业竞争十分激烈，出现了十大商帮。20世纪以来，在华东的上海、江苏、浙江，华南的福州、广州、香港、台湾以及东南亚各国，迅速崛起了一批华商富豪，尤其是最近30多年一大批新时代企业家、商界巨子在中国的改革开放及市场经济大潮中茁壮成长起来，他们继承和发展了中华五千年文化中的易经思维和儒、道、墨、法、兵、阴阳、纵横等百家智慧，创造了硕果累累的非凡业绩和独树一帜的华商智慧。

为什么说华商智慧独树一帜？这是因为华商智慧深深植根于中华传统文化的肥沃土壤，特别是与兵家韬略相互融通、互为表里。西汉著名史学家司马迁在《史记·货殖列传》中记载了战国时期商业理论家白圭的一段论述："我经营产业，就如伊尹、吕尚用谋，孙武、吴起用兵，商鞅行法一样。所以，有人智慧不足去坚守囤积，虽然要学习我的为商经营之术，我始终是不会告诉他的呀！"著名华商张弼士，从 19 世纪 60 年代开始的 30 多年间，将中国古代商战理论灵活运用于商业实践，取得了惊人的成功，成为南洋华侨中首屈一指的大富翁。据《中华名人库》记载，1892 年清政府驻英国公使龚照瑗奉命考察英美富国之道，途经新加坡时，曾向张弼士询问致富秘术。张弼士说："我在荷兰人统治时期，主要效法李悝，务尽地利；我在英国人统治时期，则效法白圭之谋，乐观事变。于是，人弃我取，人取我与，征贵贩贱，操奇致赢，力行则勤，择人任时，能发能收……若智不足以权变，勇不足以决断，仁不能以取予，强不能有所守，最终还是不能学习经商之术。我理解和信服先贤的精辟论述，本此为务，于是就走上了富饶之路，并不是我有奇特的招数和特别的方法。"菲律宾首富、著名华商陈永栽，曾名列亚洲富豪第 12 位。他当年在烟厂打工时期，每天劳累收工之后便在灯下阅读《三国演义》。他的最大业余兴趣就是阅读中国历史、地理著作，他熟知历史掌故，中国《二十四史》中的一些故事如数家珍；他对《易经》的研读很有心得，能随手画出六十四卦；他还撰写了《老子章句解读》一书，把中国历史和成语中的道理、谋略应用于商业实践之中。陈永栽的实践，让人们领略了中国传统文化、先贤韬略与商务活动、商业竞争的成功嫁接所开出的花朵是那般斑斓多姿、丰富多彩，结出的果实又是那般硕大骄人，进一步佐证了中华民族是一个充满商业智慧的民族。

有人认为，古代乃至近代商人，他们所处的时代不同，其商业智略很难适应现代瞬息万变的商业竞争。笔者认为，尽管时代变了，社会发展了，商业竞争的内容、方式、手段和策略也发生了很大变化，但前代商业智慧的基本原理和主要智略仍富有鲜活的生命力。本书精选 200 余条商业智略，并用 120 多位华商的商业案例进行论述：中国古代以子贡、范蠡、管仲、吕不韦、窦义、李渔等为代表，近代以孙春阳、乔发贵、常万达、童善长、乐平泉、胡雪岩、盛宣怀、孟洛川等为代表，现代以范旭东、卢作孚、古耕虞、刘鸿生、刘国钧、陈光甫、虞洽卿等为代表，港澳台及东南亚华商以包玉刚、霍英东、李嘉诚、邵逸夫、荣智健、何鸿燊、翁锦通、王永庆、郭台铭、谢国民、陈永栽、简照南、陈凯希、钟廷森、郭得胜、冯国经为代表，当代以任正非、陈光标、牛根生、张瑞敏、刘永好、王石、雷军、陈丽华、王均瑶、尹明善、王正华等为代表。

本书将为您呈现一部多视角的斗智角力、各显异彩的商战大戏。从审时度势看，如"候时转物"讲等待时机，"物贱征贵"讲价极必反，"础润张伞"讲见微思策。从信息战方面看，如"问牛知马"讲了解市场行情，"驶足置驿"讲市场信息的快速传递，"斫本断源"讲信息截留。从价格战方面看，几乎国际国内商战首先都从价格战开始，如"藏轻出重"、"囤积居奇"讲低买高卖，"以重藏轻"、"人高我低"、"人下我高"讲遏制重要商品外流和国家间战略物资的争夺。从心理战方面看，如"攻心为上"里讲知府"欲擒故纵"的故事，"一本万利"讲心理暗示。从人才争夺战方面看，"人智为翼"讲重视人才，"择人任时"讲鉴别人才，"先抑后扬"讲人才争夺。从投资战看，如"大利取远"讲以义制利，"一本万利"、"奇货可居"、"风险投资"和"以小博大"讲冒险牟利、期货投资。至于说销售战、品牌战和广告战，都不乏其例。

笔者利用多年的业余时间，涉猎群书，广搜案例，编著了此书，表达了一些个人观感和体会。受学识所限，不揣浅漏，现奉献于读者，借以抛砖引玉。

三、钱货如泉 ·· **043**

古人讲货币如同流动的泉水，流则不腐，百川入海；商品犹如磨盘，常转常新，推陈出新。市场经济的一个基本原理也告诉人们，资本在流动中增值。企业应以资本运营为中心，重点是存量调整和增量优化。

四、释实攻虚 ·· **063**

如果说决策上的失误、管理中的漏洞以及发展中的不足是竞争对手的商机所在，那么"释实"、避实，乘虚、攻虚，无疑也是竞争对手制胜的良机。"释实"、避实，就是要消融实力，化解坚牢，避实击虚，避难攻易，要求乘虚者收心归静，凝神于虚，潜心研究未竟领域、前瞻方向，拓荒市场，填补空白，锐意进取。

五、临事机变 ·· **081**

正如一位企业家所言：每条河流都有一个奔向大海的梦想。长江、黄河都奔向了大海，尽管方式和轨迹各不一样：长江劈山开路，黄河迂回曲折。企业如何在激烈的市场竞争中生存发展？关键在于以变应变、临事机变。

六、相机而动 ···················· **103**

一位哲人讲：幸运的时机好比市场上的交易，只要你稍有延误，它就掉价了。时机总是相对于有充分准备而又善于创造机会的人而言的，一切智谋和勇敢也都愿意与其共享荣耀。所以，我们应该随时撒下"钓钩"，当商机这条鱼儿在你最难料到的地方游动时快速地捕捉到它。

七、巧于凭借 ···················· **121**

曹雪芹在《红楼梦》中借薛宝钗之口赋诗：好风凭借力，送我上青云。企业家雷军说得更贴切：站在风口上，猪也能飞起来。这里讲借力飞翔。若把"善假于物"视为自然的人化，而极富创新意识的企业家，理应更懂得善借、巧借的真谛和"善假于物"、"巧借于人"的艺术。

八、择人任时

常言说"小成功靠个人，大成功靠团队"。团队的凝聚靠人才、靠人心，经营企业就是经营人心。又如马云所言：公司的作用就像水泥，把许多优秀的人才黏合起来，使他们力气往一个地方使。至于说"任时"，则全仰仗企业家科学地把握经济发展的脉搏、市场有利态势和企业内在动力，因利制权。

九、特立独行

汉朝郑玄和唐朝孔颖达认为，同则不类，异则不斥，可谓特立独行。由此可以看出，古代智者也主张张扬个性，重视自我，脱俗超凡，立异标新。企业家是企业的灵魂，更应秉承"相似则死、独异则生"、"守陈则死，变革则生"的理念，与时俱进，开拓新路，追求卓越。

十、奇不泥常

唐代的吴道子之所以被后世尊为画圣，是因为他的绘画不循陈规，富于创造，自成一体，独树一帜。而直接影响他艺术成长之路的是他当年刚学画时所拜的村野画匠，老师将他半生心血结晶的八个字告诉了他："不拘成法，另辟蹊径。"

十一、破难做强 ··· **211**

洞察市场、面对竞争和展望未来，不管我们是否愿意或喜欢，总得直面成功与失败、机遇与挑战的纷扰，总是顺势或被迫走向一片陌生而又令人困惑的、没有经过开垦的处女地，那又有什么关系呢？唯一的出路就是百折不挠、克难而进、做大做强。毋庸骑墙，我们必须在畏缩后退还是勇敢地承担起企业的历史使命间做出自己的选择。

十二、为商有道 ··· **231**

商道就是经管之道、经权之道，而经权之道就是谋略的权变之道。商者的商务实践，就是商人的近道、悟道、行道过程。道贵能行，智在有为。

十三、经营筹划 ··· **247**

绘画讲布局，中国画的最高境界在于水墨留白。作文讲布局，要领是组合构造，遣词造句。弈棋讲布局，布置阵势，抢占要点，中盘战斗。为商经营，何尝不需要布局，"经营天下，略有四海"（西晋杜预语），同样需要筹划治理，方能算无遗策。

下卷　与狼共舞

十四、心竞力争 ·· **271**

市场经济条件下，生意就是时机，每天都上演着冒险与谨慎之间的战争。有人由此感叹道：每天都在胜负中度过，一切都以竞争的形式出现。为了在竞争中取胜，或者至少不败给对手而奋斗，如果有一天懈怠，就将面临失败。这就是商人严峻的人生。

十五、资源争夺 ·· **293**

无论是物质、能量，还是信息形态等经济资源，都是有用性和稀缺性的财富。美国前国务卿亨利·基辛格曾讲过一段发人深省的话：如果你控制了石油，你就控制了所有的国家。如果你控制了粮食，你就控制了所有的人。如果你控制了货币，你就控制了整个世界。对于发展中的大国中国来说，粮食、能源和金融均是经济持续稳健增长的软肋，如何从悄然打响的国际经济资源争夺战中胜出？必须直面我们面临的挑战。

十六、巧谋并行 ·· **313**

大凡商战用谋，往往非一计可以孤行，必有数计相互辅助、前后照应。尤其是谋略实施，多需瞻前顾后，运巧防损，立谋虑变，一计不成，又出一计，计计相连，计中有计，环环相扣，情变计变。

十七、任意为战 ·· **337**

吴均的《与朱元思书》提出"从流飘荡，任意东西"，主张任随其意，不受约束，这主要是讲游玩赏景时应任情适意，随其意愿。南朝梁刘勰在《文心雕龙·明诗》中讲诗歌创作，应"思无定位，随性适分"，应权通变，纵横驰骋。企业的创新发展，亦应不循常理，颠覆常规，以变求存，以变求兴。

参考文献 ··· **357**

上 卷
市场博弈

　　中国封建社会的主要经济形式是自然经济，经历了半封闭、全封闭、半封闭、半开放等驼峰形漫长发展历程。与此相伴，客观上也出现了以交换价值为基础、以流通为媒介的与自然经济协同发展的小商品经济。如东周时期，称雄争霸的各诸侯领地内，小商品生产和交换已经存在，并随着小商品生产和交换品类、领域的扩大，刺激了生产力的发展。远在公元前5世纪至公元前3世纪，中国就出现了一批以洛阳、邯郸、临淄为代表的政治、经济、文化和小商品生产、交易的中心城市。《史记·货殖列传》首开历史先河，为从事小商品生产和交换者立传，记录了他们兴财富家的事迹。历朝都有对商品生产和交换的研究，《汉书》及以后二十二史均有《食货志》的专章介绍，不少有名的商人和商品生产者被载入史册。汉武帝是一位有雄才大略的政治家，十分重视发展商品经济，重用会理财的大商贾桑弘羊、东郭咸阳、孔仅做朝廷理财大臣，放手发展商品经济，实行对外开放，发展对外贸易。西汉时期，陆路与匈奴、西羌、南蛮通商；海路与印度、南洋各国、罗马等通商，这在世界通商史上是少有的（见范文澜所著《中国通史》）。唐太宗在政治、军事上史有盛名，在发展小商品经济和对外贸易上卓有建树。唐代的纺织业、染色业、坑冶业、造船业、制瓷业、磨面业、印刷业、造纸业、制糖业等很发达，为国内外提供了大量商品。京都长安手工业作坊星罗棋布，"十里长街市井连"，国内外富商巨贾云集。当时的东京南市就有一百二十余行、三千多个肆、四百多个商店。广州、扬州、泉州已成为世界上早期对外贸易的重要商埠。楚州（今淮安）、洪州（今南昌）、成都、汴州等都是闻名世界的商市。阿拉伯人苏莱曼的《东游记》记载，唐时中国航船特别巨大，波斯湾风浪险恶，中国商船能畅通无阻。这无疑说明当时中国是世界上小商品经济和对外开放最早的国家之一。后来的明成祖、康熙帝时期，中国的经济、科技文化水平也与西方世界几乎处于同一水平上。这些兴盛期都与重视商品生产和交换直接相关，既成为对自然经济的补充，也代表了自然经济发展的方向和趋势。小商品经济和对外贸易的发展必然引发封建社会的内部矛盾和冲突，也必然引起小手工业主和各市场主体（企业）的相互竞争和利益博弈，从纵横商界几百年的晋商、徽商等十大商帮的发展史看，企业竞争和市场博弈有时还是十分激烈的，而商品经济和对内对外贸易的发展必然有力地推动技术革新和生产力的发展。

博弈的思想在我国古代早已有之。例如《孙子兵法》不仅是一部军事著作，而且可视为我国最早的博弈论专著；司马迁《史记》中关于战国时齐王与田忌赛马的记载、古代民间关于两头牛狭路相逢的"顶牛"博弈也与博弈思想有关。明代罗贯中所著《三国演义》和冯梦龙所著《东周列国志》中均有大量政治、军事博弈的生动案例。遗憾的是，古代中国博弈思想主要被引导到对军事和象棋、桥牌、赌博的胜负研究中，对博弈局势的把握往往停留在经验上，没有向理论发展，没有系统化、数学化。宋代朱熹把"博"释为局戏、"弈"解为围棋（《论语集注》）。苏轼《策别》讲"聚为博弈"，即指赌博。有人认为，作为运筹争胜方式的棋戏（或赌博）与商人或企业的市场博弈相似，其共性均讲究智力的对决和搏杀。但笔者认为，棋戏、赌博与商人、企业的市场博弈有着本质的区别：打牌、掷骰子等赌博的胜负纯粹依赖于运气；而棋局、商人或企业在市场博弈等竞争性活动中，更重视对竞争对手可能采取的步骤而作出相应的对策和方略，以实现其目的或战略。我国学者称之为"对策论"，属于运筹学的一个分支。当然，历史上商人或企业主的博弈多局限于单一主体在资源约束下的利润最大化，与现代西方博弈论仍有较大的不同。

现代西方博弈论，最初是用数学方法研究国际象棋的下法及其对策现象（德国数学家墨洛）。1921 年法国数学家 E. Bore 讨论了几种对策现象，并引入最优策略概念。1928 年美籍匈牙利人冯·纽曼证明了博弈论的基本定理——最大值最小值定理后，博弈论的理论建立起来，并经对第二次世界大战期间大量军事对策问题的数学研究，从而形成了数学的一个新分支——博弈论。现代博弈论应用范围涉及对垒竞争局面的政治、军事、经济、外交等领域。

从博弈论思想在市场博弈中的应用策略看，其核心是假设甲的对手乙在研究甲的策略,并追求最大利益行动的时候,甲如何选择应对乙的最有效的策略。也可理解为现有行业的垄断者和一定程度的影响者,为阻止潜在对手进入市场或遏制现有企业恶性竞争而采取的博弈策略。这包括扩大生产能力策略、保证最低价格策略、限制进入定价策略、掠夺性定价策略、广告市场争夺等诸多策略。不过,长期的商业发展史启迪人们:竞争是必然的,合作是美好的。竞争是企业市场策略选择的原动力,本质是为了获得更大的竞争力,因为竞争才能开启真正的合作,但又不可否认竞争只不过是分割蛋糕的过程,而只有合作才能把蛋糕做大,只有合作才能实现互利共赢。

>>> 一、能掐会算

从春秋战国以后《孙子算经》、《九章算术》、《五曹算经》等最具代表性的《算经十书》，再到清代的《算法统宗》，证明华夏先贤历来高度重视研究、创新"算筹"及珠算之法。历代"神算子"的传说和秦晋商人"袖里藏金"的实践经验，也无不昭示民谚所言"买卖不算，等于白干"、"能掐会算，财源不断"等商业智慧的普适性。

◎ 持筹幄算　多算者胜

【案例之一】

　　刘鸿生（1888~1956），名克定，生于上海，祖籍浙江定海，上海圣约翰大学肄业。清末为开平矿务公司（1962年后改为开滦矿务公司）上海售品处买办，以经营开滦煤炭起家，被称为"煤炭大王"。1920年后，其将资本投资火柴、水泥生产和毛纺织工业，陆续创办了上海水泥厂、上海章华毛绒纺织厂、大中华火柴公司等企业，还投资码头、搪瓷、航运等业，曾先后被称为"中国火柴大王"、"毛纺业大王"、中国近代实业家、红色资本家。下面介绍当年还是开滦矿务公司买办的刘鸿生，如何精于算计，拓展华东煤炭销售市场的。

　　1914年，第一次世界大战爆发，开滦矿务公司的英职人员被征召回国，公司直接经营的长江下游一带的外商用煤，一并划归作为开滦矿务公司买办的刘鸿生供应。意外降临的机遇，给了刘鸿生施展才华的大好良机。刘鸿生果断决定在上海及长江下游各埠广设销煤机构，提高煤炭销量。他通过与大煤号合作、分化瓦解部分煤号、合资重组煤号等方式，组建了生泰恒振记煤业公司，使上海及长江下游各口岸煤销量占开滦矿务公司总销量的 25%，自己获得了巨额利润。

码头、堆栈是经营煤炭业的重要设施，刘鸿生盘算着组建自己的码头、堆栈来获取轮船靠岸费、装卸脚力费、堆栈费。更让他上心的是"余煤"的厚利。煤炭上下码头，损耗较大，按惯例一般以"九八交卸"，即 1000 吨煤作 980 吨计算。加之煤炭都露天堆存，雨湿雪浸，1000 吨煤可增加 50 吨的水分。两项相加，就有 70 吨的"余煤"，这可是无本之利，岂肯拱手让人？但当时上海港黄浦江两岸中心地段几乎全被外商占据，码头总长度的 2/3 和仓容的 79% 被外商分割。怎么办？刘鸿生决定强行插足。他先购买一些偏僻的简易的木码头，再把木码头抵押给银行，委托英商壳件洋行作中间商，购买英商裕丰码头，创建义泰兴董家渡码头北栈；又以北栈作抵押，贷款买进怡和洋行浦东沿浦空地以及亚细亚火油公司空地，建义泰兴董家渡码头南栈。接着，又建义泰兴白莲泾堆栈，成立上海煤业公栈股份有限公司，拥有两个码头，可停泊 6000 吨级轮船 2 艘，堆存煤炭 9 万吨。后来组建中华码头公司，成为万吨巨轮深水泊位码头和 10 多个堆栈的头号华商码头。

刘鸿生更有算筹的是：他自任中华码头公司董事长，特聘原上司谢培德为总经理，公司挂英商牌子，请英商壳件洋行充当业务代理，以该洋行合股人霍金斯为码头经理。对于社会上一些非议，刘鸿生说得很直白：经营码头和堆栈业务，需和海关港务打交道，委托外国人出面，便利办事。国家政策规定，外商仓库可以设置"关栈"，可享受外商货物脱售后再缴税的特权，还利于引来外商储存货物。另外，洋栈签发的"洋栈单"可作为凭证向银行做抵押贷款等等。谁办企业都是为了赚钱，有这么多好处，为什么不这样做呢？

【案例之二】

宋代李昉、扈蒙等奉宋太宗（赵光义）之命，编纂了一部汉代至北宋初年有关释藏、道经和小说家为主的杂著《太平广记》。《太平广记·治生》（第 243 卷）记载了窦乂（yì）致富的故事，颇富启迪意义。

唐代在扶风（今陕西扶风）一带有一位叫窦乂的小男孩，家庭背景很不一般，诸位姑姑嫁给皇亲国戚，伯父曾任检校工部尚书，还有一位亲戚张敬立任安长史。窦乂尽管自小便以春秋时子贡为榜样，立志走治生之路，但他并不想依靠皇亲国戚或长辈权势发家致富。

窦乂 13 岁时，张长史返京时带回 10 多车安州特产丝鞋，外甥侄儿们争着要，唯独窦乂不争，最后一车大家都不要的大号丝鞋，窦乂拜谢后收下。他将丝鞋拿到集市出售后换回 5000 文钱，跑去铁匠铺打制了两把小铁铲。用聚扫得来的 10 余斗榆树荚，种植 1000 万株榆树苗。5 年中靠卖柴卖树获利 10 余万文钱。又发动小孩收捡破旧麻鞋，捣碎、过筛制成 1 万余条"法烛"。唐德宗建中初年，京城长安连降半月大雨，许多街巷百姓无薪煮制食品，窦乂乘时以 100 文钱 1 条法烛的价格售出，获利无数，由此富裕起来。

长安城西市秤行南边有一处 10 余亩水洼地和一块倾倒集市垃圾的地方，窦乂以 3 万钱将该地买下来，在洼地中间立一木杆，杆悬小幡，围绕洼地搭建六七间临时小房。雇人制作煎饼、团子等食品，招集小孩用石块、瓦砾投掷幡标，击中者奖给煎饼或团子。街坊小孩争相投掷，不足一月洼地已被石块和瓦砾填满。窦乂便在这块地上修建名为"窦家店"的店铺 20 间。由于地处集市，门市出租每天获利数千钱。

有一位叫米亮的胡人，长期流落长安街头。窦乂每次看见他都给他一些钱，整整 7 年都是这样，从不问什么原因致使他落魄到现在的地步。一次，窦乂在街上又遇见了米亮，听其述说饥寒之苦后，又给了他 5000 文钱，米亮特别感激。一天，米亮来见窦乂说："崇贤里有一套小宅院要出卖，卖方要价 20 万钱，你可以买下来。西市一家代人保管舍银钱物的柜坊很赚钱，你也可以买下来。"窦乂写契约这天，米亮悄悄告诉窦乂："我擅长鉴别玉石。这家屋里有一块捣（洗）衣石很特别，很少有人留意它，是一块难得的于阗玉！你若买下这宅院，会更加富裕的！"窦乂根本不相信米亮的话。米亮就去延庆坊请来玉工做鉴定。玉工看完捣衣石后对窦乂讲："这是一块奇异的玉石！可加工、雕琢腰带扣板等多种玉器。"窦乂记得儒家经典《礼记》曾说过："君子无故，玉不去身。"达官贵人历来有佩玉的习惯，往往是腰的左右两侧各佩一套，借以彰显高雅富贵。窦乂仔细筹算着：若雇请玉工将捣衣石细细打磨，把其中的玉石加工成一个个腰带扣板，每个卖数十贯钱（1000 钱为 1 贯）。将其余部分加工成玉石盒子等工艺品，可获利几万贯。玉石获利后，窦乂便将这座宅院连同房契一并赠送米亮，也算是对米亮的酬谢。

中郎将曹遂兴的庭院中离窗户很近的地方长着一株大树，曹遂兴常怨这株大树枝叶遮挡了房屋的光线，却又担心砍伐它弄不好砸坏了堂屋。窦乂知道这件事后，来到曹家，指着这株大树对曹遂兴说："中郎将怎么不将它砍伐了呢？"曹遂兴回答说："是有些碍事。但是此树根深本固，枝繁叶茂，若砍伐弄不好会砸坏堂屋。"窦义请求买下这株树，保证砍伐时不损坏他家的堂屋。曹遂兴听后十分高兴，以 5000 文钱将树卖给了窦义。窦义与伐树匠人商议，采取先伐树梢后伐树干的办法，将树伐成两尺多长的木段若干，挑选出好材雇人制成赌博用具，在自己的商行中出售，既避免了砸坏堂屋，又从中获利 40 万文钱。

【案例点评】

中国古代早有"算筹"的记载，特指一种直径 1 分、长度 6 寸，用竹棍制作的计算工具。把运筹术引入军事领域的最早见于《孙子兵法》，称之为"庙算"，后称为"运筹帷幄"（见《史记·高祖本纪》）。把运筹术引入经济领域，被称为"持筹幄算"。民谚有"能掐会算、财源不断"，"买卖不算，等于白干"，"吃不穷，穿不穷，不会算计一世穷"之说。刘鸿生从煤炭经销商到创办码头公司及其公司挂洋牌、请洋人代理业务的诸多好处，都是他精于算计的真实写照；窦义自力更生，从无到有，由小富到富甲一方，其致富史就是一部持筹幄算史。

【智略之源】

（1）持筹幄算。参见汉赋家枚乘《七发》："孔、老览观，孟子持筹而算之，万不失一。"这里的"览观"指审察评说；"筹"指筹划、计算；"算"指古时计数用的筹码。其意是说：（吴客）请孔子、老子这类最有资望智略的人物为您（太子）审察评说，请孟子这类人物为您筹划算计，这样就可能做到一万个问题也错不了一个。商界也有一句古谚："怀致富之奇谋，窝持筹之胜算。"

（2）多算者胜。源于《孙子兵法·计篇》："夫未战而庙算胜者，得算多也；未战而庙算不胜者，得算少也。多算胜，少算不胜，而况于无算乎！"这里的"庙算"指战前在庙堂谋划作战大计；"算"本指计数用的筹码，引申为胜利条件。孙子在这里告诉我们，战前"庙算"能胜敌，且因为计算周密，胜利条件多；"庙算"不能胜敌且因为计算不周，胜利条件少。胜算多的胜少的不胜，而何况根本不计算，没有胜利条件呢！

两谋的共同点是都高度重视筹算谋划工作，不同点是前者重视的是"筹算"，后者重视的是"庙算"，内容上前者是商业盈利的算计，后者是战争和战术的谋划。

◎ 加用而为　一举多得

【案例之一】

我国北宋时期著名科学家和政治家沈括（1031~1095），字存中，号梦溪丈人，浙江钱塘（今浙江杭州）人。他晚年于镇江梦溪园撰写了《梦溪笔谈》，其中《补笔谈》卷2记载了京城汴梁宫中失火，丁谓"一举而三役济"重建皇宫一事。

北宋真宗皇帝（赵恒）大中祥符年间（具体时间不详，约1008~1016年），京城汴梁皇宫发生一场特大火灾，整座宫殿被彻底烧毁。皇帝命令丁谓来主持营建修复工作。

丁谓（966~1037），初字谓之，后更字公言，长洲（今江苏苏州）人。《宋史·丁谓传》（卷283）评价他："机智有智谋，文字数千言，经览成诵，善谈笑为诗，至图画、博弈、音律，无不通晓。"他一生为赵家王朝"打工"，先后服务于太宗、真宗、仁宗三朝，担任丞相7年，是当之无愧的三朝元老，权倾一时。他熟悉经济，关注民生；精于建筑统筹，熟悉工程管理，主抓全国基础设施建设。

宋真宗时营造宫观，起初朝廷百官商议营建昭应宫，预料工程需25年，由丁谓主管。丁谓知道这项工程在短期内重建难度很大。首先，要彻底撤迁被毁皇宫大量的断垣残壁、废弃瓦砾。其次，要由外面运进大量工程建设所需的泥土和建筑材料等。再就是工程时间十分紧迫。朝中诸多大臣都认为，此项工程耗费巨大，短期内要解决这三大问题，困难极大，很难修复。丁谓经过反复测算，决定以三个步骤来实施该工程：

第一步，先组织大量人力，在被毁皇宫前的大道开挖取土，将挖掘出来的大量泥土用于烧制修复皇宫所需砖瓦。

第二步，宫前大道开挖取土后，很快形成了几条又宽又深又长的巨型壕沟。丁谓立即指挥掘开汴河，与宫前巨型壕沟连通，让顺流而下的汴河之水在宽阔的宫址前形成一条大河，用大船把一批批建筑材料水运至宫址前。

第三步，皇宫建成后，再把原清理出的一大批断垣残砾填入河道中，迅速恢复皇城原来的大街大道。

丁谓"一举而三役济"的工程施工管理范例，成功地破解了重大而浩繁的工程建设难题，为朝廷节省了超亿万的人力、物力、财力费用，缩短了工程建设周期，极大地提高了工程效率。这是一次运用运筹学原理指导工程建设、工程管理的成功实践，生动地说明了我国古代经济管理人员敢于探索、敢于创新的非凡才能和惊人智慧。

【案例之二】

对于刘鸿生来说，21 岁就被英商开平矿务有限公司大班司诺脱聘为开平矿务公司上海售品处经理，做了一个地道的"买办"。这为他后来施展才华、成为"煤炭大王"搭建了一个平台，也为他走上"实业兴国"之路奠定了扎实的基础。

当时，司诺脱划给刘鸿生的经销范围是上海、苏州、无锡、宜兴、常州、镇江、南通、江阴至浦口一带，除外商企业用煤外，其余都归他独家经销。并赋予他聘用售品处各类人员、决定他们工薪数额和各项业务开支的切实权力，双方签订了为期 30 年的独家经销合同。

前期准备工作安排就绪后，刘鸿生便带着弟弟刘吉生向沪宁路沿线全面出击。这带城市用户有多有少，兄弟俩采取多少不遗、平等相待的推销原则；用户资金确有困难的，便暂时赊账；竞争激烈的城区，甚至采取贴补佣金、降价等手段，凭借经济优势将一些小型煤矿逐渐挤出了市场。

兄弟俩跑遍了长江三角洲一带的城乡，一天来到了著名陶都宜兴，也就是名扬中外的紫砂壶生产地。刘鸿生发现一个现象：由于千百年来这里烧窑都用木柴作燃料，因此附近山区，以采柴为生的柴民便应运而生。由于长期的木材消耗，宜兴附近早已变成光秃秃的荒山。以柴为生的柴民，不得不长途跋涉深入荒山野林去采伐。但入山愈深，耗费愈大，成本愈高，柴价愈贵。若遇雨雪天气，柴源不济，柴价暴涨，给客户造成很大的经济压力。看到这一切，刘鸿生忽然萌发了一个大胆的想法：劝窑户改烧煤炭。弟弟高兴地说："这个主意好！"

于是，兄弟俩分别找到窑主试探口风。刘鸿生问一个窑主："山上的木柴越来越少，柴价愈来愈贵，你们不着急吗？"窑主愁眉苦脸地说："价高柴少，能不着急吗？由于烧窑成本高，陶器利润越来越少，眼见木柴砍光了，不知我们今后用什么烧窑。"刘鸿生说："为什么不试试改烧煤呢？煤价可比柴价便宜一半以上。"窑主眼睛一亮，但很快就黯淡了下来："谁知道行不行？"刘鸿生马上建议："如果我掏钱建窑试烧，失败了费用归我，若成功了，你愿意改烧煤吗？"窑主笑着表示："我求之不得啦！"刘鸿生心里有底了。当晚与弟弟一合计，第二天便与10多户窑主达成了协议：免费为他们建10余座新窑，试烧获利，利归窑主；试烧失败，损失由刘鸿生兄弟俩承担。

刘鸿生立即返回上海，让锅炉技术室设计一种用煤炭作燃料的新式窑。随后，他亲自带着技术人员前往宜兴建窑，协助窑主试烧，结果大功告成。由此带来了三大好处：烧制产品质量好，燃料成本低，窑主满意。陶都用煤，刘鸿生的煤炭立刻占领了这片市场。更重要的是，避免了大片森林的砍伐，保护了生态环境。

不久，刘鸿生准备去向窑主收取售煤款时，半路上就有人告诉他：你还是避避风头吧！3000多个砍柴、卖柴、贩柴的人正打算找你吃茶（上海人对评理的一种说法）。刘鸿生一想，3000多人的生计，可不是小事。他立即派出得力助手赶往宜兴，先征得窑主同意，然后请当地豪强势力出面向柴民解释清楚：将陆续建一批新窑，届时请"三柴"人员当烧窑工，派人教他们烧窑技术，解决他们的生计问题，远比他们砍柴卖柴收入高。于是那些砍柴、卖柴、贩柴人高兴了。刘鸿生又借此机会，大量收取窑户的石灰、砖瓦等抵充煤价，运往上海销售，既如数收回了煤款，又在石灰、砖瓦销售中赚了大钱。

【案例点评】

墨子认为，"国家去掉无用的费用，足以加倍财力"；"节用"即是"兴利"，不浪费财货就等于增加了社会财富。他是历史上第一个关注并提出效益与成本问题的伟大思想家。而宋代丁谓"一举而三役济"、现代实业家刘鸿生当年在陶都宜兴以烧煤窑取代烧柴窑，一举多得的事例，无疑都是墨子"加用而为"思想的践行运用。特别是丁谓的"一举而三役济"之策，经过周密安排、精心筹划、科学调度、合理使用、有效控制和精心管理，成功地解决了工程决策、工程建设、工程管理等一系列问题，在经济而科学地使用人力、物力和财力上走出了一条新路，创造了令后世也无不为之称奇的成就，是古人对运筹学基本原理的初步探索。

【智略之源】

（1）加用而为。语出《墨子·节用上》："圣王为政，其发令、兴事、使民、用财也，无不加用而为者。事故用财不费，民德不劳，其兴利多矣！"这里的"加用"指花费同样多的费用，办更多的事。其意是说："圣明之王为政治国，向下发布政令、兴办事业、使用民力、耗用财货，无论哪一项都要尽可能做到花同样的费用，办更多的事；做到财用开支不浪费，百姓得到实惠又不增加辛劳，为民兴利的事自然就增多了。"

（2）一举多得。一项决策或措施的实施，能取得多种成效，带来多种变化。

两谋一致主张费省效宏，不同处在于前谋强调花同样的钱办更多的事，后谋强调少花钱多办事。

◎ 一石三鸟　一举三得

【案例之一】

陈光标，1968 年出生于江苏省泗洪县天岗湖乡，先后毕业于南京中医药大学、南京大学，中国企业家、慈善家，江苏黄埔再生资源利用有限公司董事长。

陈光标是靠种地为生的父母所生养的第 5 个孩子，在陈光标 4 岁的时候，两个哥姐因家庭极度贫困而先后饿死，童年时对饥饿的恐惧记忆促使他立志靠自己改变命运。10 岁时还在上小学的陈光标就用两只小木桶从 20~30 米深的井中取水，用小扁担挑到离家一公里的集镇上卖，1 分钱随便喝，每天赚两三毛钱。1.8元书本费就是自己挣的。13 岁暑假时每天骑着自行车跑 10 多里路去卖冰棒。后来又用拖拉机贩粮，由一天赚 5~6 元钱到一天能挣 300 多元钱。17 岁那年暑假，陈光标赚了 2 万元钱，成了全乡第一个"少年万元户"。25 岁依靠自己学中医针灸与推拿的底子，他从一台耳穴测病仪器中找到商机，经专家技术改进后，申请国家专利，拿到国家专利局颁发的《实用新型专利证书》。利用"全息胚医学原理"推出了自己的"光标牌 CT 型耳穴测病治疗仪"，让疾病预警直观地通过显示器上的人体图展示出来。每台成本价不足千元的仪器当年批发价约 5000 元，零售价格 6800 元，2000 年前他就赚到数千万元的"第一桶金"。2000 年他开始投资研制"灵芝胶囊"。以每千克 200 元的价格从泰安采购灵芝，通过在上海订购的生产线进行深加工和技术处理，制成灵芝胶囊，赚取了自己的"第二桶金"，33 岁白手创业成为亿万富翁。此后两年中，他又在公益广告牌上做起生意，通过与企事业单位等进行合作，在南京推广公益广告牌，从中赚取了 1000 多万元的"广告费"，捞到"第三桶金"。直至 2003 年他创办了黄埔公司，转行进入建筑垃圾拆除领域。

为什么要转行搞建筑垃圾拆除？陈光标认为有二大利好：变废为宝，利于环保；利于赚钱，快速富裕；利于投资慈善，利民惠民。后来的实践及成就也充分证明了他的致富路径选择是正确的，人生设计是极富远见的，发展前景是非常光明和诱人的。2003 年，他组建江苏黄埔再生资源利用有限公司，致力于再生资源利用和新型材料制造等朝阳产业，助推了自己的事业再上台阶。2014 年 1 月 20 日《济南日报》记者采访时他说："我做企业，把建筑垃圾变废为宝，也是给地球环保做慈善。"目前全国许多建筑垃圾是以填埋的方式进行处理的，造成严重的环境污染。黄埔公司致力于发展循环经济、绿色经济，对可再生资源回收、加工、再利用，把建筑垃圾"变废为宝"。陈光标说，我公司现有各类专业技术和施工人员 4000 多人，拥有包括德国进口设备"变形金刚"在内的 600 多台（套）大型机械设备。利用这些设备，公司承接了大型厂房、桥梁、高层建筑物等复杂环境的控制爆破，以及高技术含量的机械设备拆除项目。

他带记者来到位于南京市区的一处钢铁厂拆除项目现场介绍说：这块占地 500 亩的场地，经过 8 个多月的拆除已经完成 95% 的任务量，所有建筑垃圾，包括钢筋、废旧混凝土等将 100% 被分解处理再利用，连几厘米长的钢筋也不放过。现场一处地方分类堆放着分解处理好的石子、石粉、钢筋、红砖等。"我们突破了传统拆迁公司将钢筋剥离后把建筑废渣外运到郊区填埋、大量占用土地、严重污染环境等弊端，在全国建筑拆除行业中率先对建筑垃圾进行环保再生处理，有效实现了拆除工程的环保化、无污染、零排放。"陈光标用事实说明：再生商品可以作为道路填辅料、混凝土骨料、三合土集料等，价格也比市场价格便宜很多。比如一吨细骨料不含运输费卖 40 元，而市场价格一般在 80 元左右，所以企业的订单并不愁。另外，拆除这个钢铁厂时，有 3 个废旧火车头让他不舍，担心被低价处理成废铁。他起初开价 300 万元，"其中一个是抗日时期使用的，见证了南京大屠杀时日本鬼子的暴行，拆了太可惜，如果有人收藏我愿意再便宜些卖给他"。在相隔不远的另一处处理场，记者见到了陈光标所说的"变形金刚"。"一套设备平均每天能产出再生集料 300~400 吨。"一套"变形金刚"包括两台设备，一台履带式破碎机、一台筛分机，都是国内最先进的设备，公司大约有"变形金刚"机械 230 台，分布于全国 10 多个省、市的施工工地。一台挖掘机正把拆除的建筑垃圾倾倒到一台破碎机的漏斗中，进行破碎处理，再由传送带送到筛分机中，对破碎后的建筑垃圾进行筛分，然后从不同的输出口中能产出 4 种不同的再生商品：粗骨料、细骨料、鹅卵石大料、石粉。公司再根据客户不同需要，调整再生商品的口径大小。

说到快速富裕，陈光标也不隐瞒和掩饰。他说：我自 2008 年"高调慈善"后，生意反而越来越难做。"中国人讲究'低调做人'，而我正好与此相悖，有些人甚至政府部门对我存有误解，也有意'避而远之'。"他说，现在企业承接的项目多是二手、三手项目，一手项目很难拿到，而且环保拆解建筑垃圾的成本本身就高，所以企业利润率大幅降低。好在我"除了黄埔公司外，还以其他名义在全国各地注册成立了 10 多家环保公司，同样做拆迁业务。仅仅这一项，利润加起来每年稳定在 2 亿元左右，这也是公司主要的、相对稳定的经营收入来源"。"我至今没有向政府借过一分钱，目前我的资产达到 60 多亿元，这得益于改革开放。""我要郑重地告诉大家：陈光标发家致富靠的是自己诚实劳动，合理合法"，现在"是一个法治的社会和正义的时代，我坚信清者自清"。

不过，真正引世人注目的，并不是陈光标颇具传奇色彩的创业经历和富裕程度，而是他持之以恒地谱写着新时代"爱"的华章。1998 年（30 岁）他开始慈善事业，截至 2012 年 7 月 17 日，他的捐款总额已超过了 20 亿元，先后帮助特困户逾 70 万人。特别是 2008 年汶川大地震灾害后，他第一时间出钱出力救灾，被时任国务院总理温家宝称为"有良知、有感情、心系灾区的企业家"，当选全国抗震救灾模范，被称为"中国首善"。因在经济建设和慈善公益事业方面的杰出贡献，陈光标被中共中央、国务院、中央军委联合授予"全国抗震救灾英雄模范"称号，被中华全国总工会授予"全国五一劳动奖章"，连续 4 年荣获"中华慈善奖"。17 年从事慈善事业，已先后获得包括"全国道德模范"等在内的 4000 多本荣誉证书、3000 多面锦旗和全国 30 多个市、县的荣誉市民。对此，他毫不避讳地讲：自己喜欢荣誉，如同小时候喜欢"小红花"一样，这是自己坚持慈善、坚持环保的动力。

【案例之二】

1933 年，正当卢作孚经过一系列的收购、兼并、联合等艰苦的努力，初步完成对川江航运业统一之时，突然冒出来一位叫黄楚樵的人，与邹明初的朋友合作，贷款购买了宁绍轮船公司的一艘轮船。他们在长江边上的长寿和涪陵两地奔走游说，积聚资金，收集股本，准备成立一个长涪轮船公司，四处造谣中伤民生公司。一时间，长寿、涪陵闹得满城风雨。

消息很快传到卢作孚的耳中。经人了解，原来这个黄楚樵是卢作孚的部下，曾在长寿轮上当过售票员。自认为在轮船上干过，以为搞航运很容易，打算与卢作孚对着干，甚至扬言要搞垮民生公司。卢作孚暗自思忖，这个黄楚樵，不早不晚，偏赶在这个时候。我要统一川江航运，以利与外轮竞争，他偏要另立门户，岂不是故意阻挠我振兴民族航运大业。

卢作孚召来公司襄理左克明："老左，我想让你跑一趟长寿。"左克明一听就明白了八九分。他是个老川江，吃过土匪头头儿的"盛宴"，多次出生入死，在川江黑白两道上都是很有名的人物。

左克明出发前，卢作孚一再叮嘱道："黄楚樵敢于自己办轮船公司，可见他还是有志气、有抱负的，只是选的不是时候。你去把他的船买过来，价格贵点也不要紧，不能强迫他。"

左克明独自一人来到长寿。他深入实地，通过明察暗访，把黄楚樵办轮船公司的所有情况了解得一清二楚。尤其是当得知黄楚樵尚未租佃停靠轮船的中心地段之时，他立即用半天时间，抢先把白虎头岩下玉西街角一带的码头全部租佃到手。迅速签订合同之后，他才开始拜码头。

左克明在临江一品轩大摆宴席，盛情邀请袍哥"仁者寿"大爷江德裕、执法管事张佑、县商会会长、河街镇镇长等当地名流、权贵，特聘请江德裕出任民生公司驻长寿办事处主任。

左克明这几招很厉害，黄楚樵深知办航运没码头，轮船就无"歇脚"、安身之所；当地名流、权贵全被民生公司拉拢，自己办公司将处处受节制；若撕破脸皮硬斗下去，自己也只有失败一条路。更何况过去还曾经在卢作孚手下干过。经反复权衡利弊，认为只有出让船只一条路方为上策。正当黄楚樵焦虑不安的时候，左克明主动上门拜访，表明愿意以比购船款更高的价格购买他的船。黄楚樵想，事已至此，别无他法，也只好一卖了之。

【案例点评】

明代冯梦龙在《智囊·兵智部总叙》中指出，愚蠢的人与富有智慧的人斗智，有智慧者胜出；有智慧的人与更富有智慧的人斗智，更富有智慧的人胜出。而所有最完美的胜利主要有两类：一类是不战而胜，另一类是百战百胜。换个说法，要么是靠堂堂正正的实力对抗取胜，要么是靠巧计谲谋取胜。案例一中陈光标变废为宝，环保赚钱，慈善惠民；案例二中卢作孚、左克明与黄楚樵斗智，统一川江航运，真可谓一举三得。

【智略之源】

（1）一石三鸟。参见《战国策·中山策》所载：司马熹三次出任中山国相国，中山君宠姬阴简十分憎恨司马熹，智者田简看出了司马熹所处的两难境地，特献上"一石三鸟"之计，既让阴简成为王后，又阻止了赵国讨要阴简，还让司马熹与阴简之间的前怨得以化解。

（2）一举三得。指一项决策、一项措施或所做的一件事，取得三种成效，或带来三种结果。两谋共同点在于都强调一举多得。

◎ 有无相生　调多补缺

【案例之一】

宋代李昉等编纂的《太平广记·治生》（卷 243）给人们讲了一个无中生有的故事。

唐朝时一位名叫裴明礼的，河东（唐代至清代，指山西省）人，非常会料理生活，操持家业，极富经济头脑。他家里贫穷，想经商致富，摆脱贫困，但又苦于没有铺垫资金。于是，他便开始四处捡拾人们抛弃的废旧物品，而用我们今天的话说，就是收破烂。各类废品积攒到一定数量后，他再分类卖出去。苦干几年后，他家积攒下万贯家财，富裕了起来。

随后，裴明礼在一个叫金光外的地方买下一块荒芜的土地。这块土地净是瓦砾，没有人愿意购买，价格十分便宜。购地后，裴明礼想了一个办法，在这块土地的邻界边竖起一根粗大的木杆，上面高高悬挂起一个大编筐。他贴出告示：凡捡他地里的石头瓦砾往筐里投掷，投中的他给予奖励。由此吸引了许多大人小孩前来投掷。上千个投掷的人，仅有很少的人投中兑奖。还没等这些人投掷熟练，地里的瓦砾早已经捡拾殆尽。

第二年春天，土里长满野草。裴明礼又将这块土地无偿借人放羊、圈养羊群。由于地里经羊群不断践踏，积满了大量羊粪，土质开始好起来。此后，裴明礼又开始四处捡拾和收集人们丢弃的各种水果果核，在翻犁土地时，将果核播下。此后地里长出茂盛的果树苗，几年后果树长大结果，他便车载水果到集市出售，经济收益逐年增高。

富裕起来的裴明礼，又在这块土地上建造几间房屋，在院子的周围安置蜂箱养蜂贮蜜，地里又种上大量蜀葵，蜜蜂采花酿蜜传授花粉，裴家的林果、蜀葵、蜂蜜年年丰收。

裴明礼因善于经营、精于管理、致富有方而远近闻名。他的许多新奇的智慧，往往给人以启示。唐太宗贞观年间，裴明礼自古台主簿升任殿中御史，后又转任兵部员外中书舍人，最后官至太常卿。

【案例之二】

胡雪岩这位富甲天下的晚清巨贾，早年无论是开设钱庄，还是创办药业、典当业，无不展示出他"无中生有"的智慧。

胡雪岩踏入商界办理的第一件大事就是创办自己的钱庄。当年在钱庄当学徒跑外场，深知开钱庄最大的好处就是可以代理道库、县库解缴省库国库的银子，用好短期沉淀在钱庄而没有利息的银子就有赚钱的机会。尤其是时下朝廷与农民起义军的拉锯战，导致银价常常暴跌，只要自己眼光看得准，兑进兑出可以做到两头赚。胡雪岩决心开办钱庄，预估至少需要 5 万两白银。尽管目前手中分文没有，但他想通过"借银"来办。为此，他先与即将赴任浙江海运局坐办之职的王有龄商议，借杭州信和钱庄"大伙"（经理）张胖子正欲多方巴结自己的机会，与浙江海运局坐办王有龄接上关系，由信和钱庄应急为浙江海运局解运漕米短期垫支 20 万两现银。胡雪岩将其中 5 万两白银挪借出来，用于租买铺面，延揽人才。谋定而动，几经努力，很快就创办起了自己的杭州阜康钱庄。

后来支撑胡雪岩商业王国半壁江山的典当业，同样是巧玩"空手道"办起来的。胡雪岩经销"洋庄"（经营生丝对外贸易）结识了苏州潘叔雅、吴季重、陆之香等一帮富家公子。由于正值太平军大举进攻苏浙之时，苏州城岌岌可危，人心不稳，这帮富家公子在苏州的房屋、田产等无法带走，有心带上自己的大量现银避难上海。当得知胡雪岩是钱庄老板，在上海拥有自己的阜康分号后，急于通过胡雪岩把现银带到上海。胡雪岩掩饰不住内心的狂喜，立即为数位阔少做了一番规划，建议他们将现银存入阜康钱庄，一半作长期存款，以本生息，一半作活期存款，用来经商，一切由他胡雪岩操办，本着动息不动本的原则，从长计议。这些阔少一听，也十分乐意。这样，20多万两现银存入了阜康钱庄。胡雪岩心中明白，当时5万两白银可办一家不大不小的典当铺，他不费多大力气，借阔少们的钱，一口气办了4家典当铺，为他后来的发展带来了滚滚利润。

胡雪岩创办药业也颇有谋略。胡雪岩为帮湖州官府的公事，几下湖州，结识了湖州颇有势力的民间把头——湖州"户房"书办郁四，并受邀帮他调解、处理了一桩家庭纠纷，深得郁四敬服。为表谢意，郁四做主将寡居的芙蓉姑娘牵线做了胡雪岩的"外室"。芙蓉姑娘家本是生意人，祖上创办了一家很大的药店，店号"刘敬德堂"。传至芙蓉姑娘父辈时仍有一定规模。未曾想到其父到四川采购药材，船过三峡船毁人亡。外号"刘不才"的叔叔好赌成性，接下家业不足一年，药店、存货连同房子都典当他人，被迫告贷为生。胡雪岩发现"刘不才"尽管生活窘迫，但他仍不肯押出手中的祖传医药秘方，渴望有朝一日能重振家业。胡雪岩由此看到了乱世中的另一桩大生意：开药店。时下军队连年打仗，死伤不断，急医少药。开药店既能解决"刘不才"的生存生活问题，又能用好"刘不才"手中的祖传秘方，为自己带来一定利润。想到这里，胡雪岩特办了一桌"认亲宴"，耐心说服"刘不才"同意联办"胡庆余堂"医药店的事，共商办店的地点、规模、资金及利益分配事宜。为打消"刘不才"筹银顾虑，胡雪岩大胆地提出愿筹足10万两白银来办好这件大事。尽管10万两白银在哪里，他自己也说不清楚。不过，胡雪岩是一个善于在"钱眼里翻跟斗"的高手，很快就拿定了两条主意：向官员筹，向军人借。他游说杭州抚台黄宗汉入股开办药店，济世活人，既得名又获利，抚台等一干官员立即表示赞同。同时，胡雪岩利用"刘不才"手中专治军队打仗容易发生时疫的"诸葛行军散"等祖传秘方，计划生产一批特效药，配售大量刀伤药、避瘟丹等各类质真效奇的好药，采取只收成本的方式，通过专管军队后勤保障的"粮台"，把药品销到军营中去。药款筹集困难时，允许军队赊账，资金充足时实行预支。有时还向军营送医捐药，指明数量、值银多少，深受军队和粮台欢迎。于是，军队用药成为"胡庆余堂"医药店发展的强有力支撑。

【案例点评】

清代有一位叫钱谦益的，在《钱牧斋尺》一文中提出了"无米之炊"一词，认为缺少必要的基本条件，再能干的人也办不成什么事。时至今日，民间俗语也讲"巧妇难为无米之炊"。换个思路去思考问题，"无米"可以"借米"，"无条件"可以"创造条件"。本案中裴明礼的发家致富经验，胡雪岩借他人资金创办钱庄、当铺和药店，都清楚地告诉我们：无论是冶生，还是为商经营，善谋者能顺应时势，瞄准需求点，找准结合点，调节供求，能找到生财谋利的财富之门。

【智略之源】

（1）有无相生。源于老子的《道德经》（第二章）："有无相生，难易相成，长短相形，高下相盈，音声相和，前后相随，恒也。"这里的"有"与"无"，是就事物的存在或不存在而言。老子阐明了一个深刻的道理：有和无互相生成，难和易互相完成，长和短互相形成，高和下互相包容，音和声互相和调，前和后互相随顺，这些都是永远如此的。

（2）调多补缺。"东购西销调多补缺，南装北运以有填无。"商界的这句格言其意表明，任何一个地方、一个市场，商品都存在有与无、多与少的问题，政府才有宏观市场调控，保障物资供求平衡，商人才有拾遗补阙、余缺调剂的商机，才能快速谋利。

两谋都意在说明无可生有，无可调有。不同点是前者讲有与无互相生成，后者讲商品的市场供求可以有调无。

◎ 长钱下谷　小财大算

【案例之一】

人们习惯于把有识马经验，特别是能识别千里马的师傅称为伯乐。一提起伯乐，人们禁不住就要大加赞扬一番。而《韩非子·说林（下）》一书中却讲了一则与众不同的观点：

韩非子认为，伯乐也是人，也是有私心的。尤其是一旦有了个人好恶或者利益倾向后，就表现得不是那么贤良，那么令人称道。同样是伯乐的徒弟，伯乐往往教他讨厌的徒弟如何去识别千里马，相反却教他所喜爱的徒弟去识别劣等马。读者可能不太理解伯乐的这种做法，这似乎与他对徒弟的喜爱相矛盾。然而，伯乐自有伯乐的盘算：因为千里马是稀有动物，是千中挑一、万中挑一的优等马，极难寻求到一匹，偶尔被人碰上一匹的概率实际上是非常非常低的，相马者从中得到的利益十分缓慢和稀有。相反，劣等马每天大量地出现在市场上，相马者从买卖中得到的收益却非常快捷和丰厚。这便是司马迁所说的"欲长钱，取下谷"的道理。

【案例之二】

明代著名军事谋略家刘基（1311~1375），字伯温，浙江青田人。当年蛰伏山野，以待明君之时，撰写了著作《郁离子》，借寓言故事阐发事理。其中《蜀贾》一文，讲了一段对经营颇有启迪意义的故事。

古蜀地盛产药材，有三个商人在药材市场卖药材，他们分别采取了不同的经营策略。

第一个药材商人，专门收购和出售上等药材，精心筹算着自己的收支经营，重质量，不卖虚价，也不过多地谋财取利。

第二个药材商人，好药材、差药材都收购经营，价格的高低由药材的质量等级决定，对患者出售好药材或质量差一点的药材，一切根据患者的需要，满足不同顾客的需求。

第三个药材商人，不收购好药材，大量收购质量较差的药材，多购多销，勤进快销，规模经营，走低价位药材经营路径；顾客请求添点就添点，不太计较小利得失。

一年下来，经营上等药材的商人，药铺里每天中午都静如夜晚，药商吃了上顿饭下顿就无米下锅，也就谈不上致富了。好药材、差药材都经营的药商，生意一般，略有盈利。相反，那位经营低等药材的商人，人们都争着去购买这家药铺的药材，他家药铺的门槛一个月就得更换一次，生意兴隆，发了大财。

此例告诉我们，同属经商，这就看商家选择的经营路线、经营策略了。有的走精品经营之路，有的走优劣兼营之路，有的则选择走大众化商品经营之路，以批量促销量，以销量促效益。商业实践证明，走大众化经营之路者，往往生意更兴隆，效益更上乘，致富更快捷。

【案例点评】

任何一个社会，国民收入多少和富有程度都基本上呈现出一种橄榄形结构，最富有者和最赤贫者均是极少数，绝大部分群体是相对富有和相对贫困者。收入多少和富有程度决定了他们的消费层次和商品消费结构，这也符合"二八"黄金法则。本案中伯乐向爱徒传授识别劣等马经验，蜀地药材商专营低价位药材，他们的商业智慧便是"长钱下谷、小财大算"。

【智略之源】

（1）长钱下谷。语出司马迁《史记·货殖列传》："欲长钱，取下谷。"这里的"下谷"指等级低、价格低的谷物。其意是说：若想少花钱多购物，便可购销价格低廉的下等谷物，既可迎合大众消费者的需求，又可迫使价格高的上等谷物降价出售，还能实现整个经营量和经营效益的实际增长。

（2）小财大算。商界有句民谚："小财只怕大算，小数只怕长算。""小财"指生意小，利润薄。"大算"、"长算"指算大账、计长远，在经营数量和时间上形成竞争优势。正如另一句商业民谚所言："一分两分不嫌小，千笔万笔不怕烦。"

两谋一致认同算大账，薄利也可成大利。不同处在于前者讲经营低等谷物量大也能盈利，后者讲薄利长算获大利。

◎ 引纲目张　以小博大

【案例之一】

明朝嘉靖年间，富庶的江南地区店铺林立，商品交易频繁。当时苏州府的"万福记"酥饼店生产的酥饼是远近闻名的风味小吃，每天门口排队的顾客络绎不绝，酥饼供不应求，还时有官府或大户的预购订单。为了不让顾客来回跑空路，掌柜沈鸿昌左思右想，便决定收取少量定金，出具标明预订酥饼数量及取货时间段的饼券，允诺顾客在适当的日子前来提货。

沈鸿昌印发饼券，原本只是应付商品供不应求的一种权宜之计。老板战战兢兢地过了一个月，却惊讶地发现，情况并没有他自己想象的那么糟糕，每天拿着饼券来提酥饼的顾客寥寥无几，门面卖出的酥饼不比以前多出多少，而每天回笼的铜钱币却多了不少。

细心的沈老板多方打听，方知许多顾客购买酥饼，并不都是自己食用，而是作为礼品馈赠亲友。他们买了饼券放在家里，什么时候想吃或需馈赠亲友，随时就到"万福记"饼店兑现提货。

沈鸿昌暗自琢磨起来，做一盒酥饼要花时间、人力和本钱，卖出去只能收到20文钱。出售饼券投入不大，却可无货收钱，又不担心马上供货，这不是借顾客的钱来发展自己的酥饼店业吗？自己可以借他人之钱来创自己之利，何乐不为！"万福记"老板于是开始大量印制和出售盖有沈鸿昌私章的饼券。

沈鸿昌卖饼券的好处确实诱人，酥饼没有出炉，则提前收账。时间一长，苏州城内的那些绸缎铺、布庄、饭店、肉铺、米店的掌柜们眼红了，纷纷模仿着卖起了绸缎券、布券、餐券、肉券、米券等。

由于饼券上没有标明酥饼面值，购买时按照提货时价格付钱，不用退补差价。作为食品的酥饼，价格随粮价变化。丰年和荒年的粮价起伏较大，正常年景的一盒酥饼卖20文钱，丰年只卖15文钱，但荒年却可卖50文钱。又有一些精明商人看到了商机，将社会上零散的饼券收集起来，攒在家里，等酥饼涨价时再转手卖给人家，甚至有性子急的人，不屑于这种守株待兔的做法，通过赌来年的收成，做起了买空卖空的生意（参见2009年第6期《意林》杂志东江的文章；另见黄鹤楼周刊）。

【案例之二】

有人说："买树梢"是中国人最早的期货交易雏形，而创造这一形式的就是踏上包头这块土地的山西旅蒙商人。

当年跟随康熙帝亲征和随军服务的小商贩们，最先了解蒙古地区的道路交通，通晓蒙古人的语言习俗，捷足先登，率先与蒙古商人发展易货贸易，巨大的差价和巨额的利润刺激了贸易经营量的不断扩大，大批商人以归化城为根据地，南下汉口，北上蒙古，形成了庞大的经营规模。大批买卖人和众多的驼、骡、马等需要粮食，而归化城到包头一大片平坦肥沃的土地也有待开垦，晋北农民纷纷来到口外开荒种地。特别是雍正元年（1723年）清廷颁布劝耕劝垦政策之后，垦荒农民汹涌而来。粮食的巨大需求，诞生了粮店、草料铺和粮草经营商。他们从农民那里购运粮食，在满足旅蒙贸易商人需求中获利。随着业务素质和经营手段的提高，部分有经验、胆量大、具备长远目光、敢于冒险的商人，开始尝试"买树梢"这种期货交易方式。晋商乔氏鼻祖乔贵发就是他们中的代表人物。

乔贵发在与农民打交道中察觉，由于对粮价剧烈波动的担惊受怕，农民普遍有一种求稳心理。垦荒农民冬去把卖粮的白银带回老家后，春来时又舍不得多带银上路，加之春夏耕种繁忙之季往往又是手头最拮据的时候，急需白银。乔贵发从中发现了生财商机。他在粮农刚春种夏耘和尚未秋收之时，便给粮农一个粮价，付给他们部分白银，解决粮农经济拮据的难处，把粮农"稳住"。给农民方便，也给自己方便，乔贵发发现放白银的利息和秋天买进的低价位粮食一算账，较往年的经营赚得更多。急于得到现钱的农民，粮食有固定的买主，有稳定的价格，很愿意与乔贵发合作。

乔贵发在春夏之际按定价付出部分白银，到秋天不管实际粮价多高，他也按定价如数收回粮食，两者差价带来的可观赚头激发了他更大的勇气和积极性。精于算计的乔贵发，眼光往往锁定在上年粮价暴跌农民们心有余悸，而第二年粮食行情可能大幅上扬的时候来"买树梢"，更是赚得盆满钵满。尽管这种贸易操作难度大，经营风险大，苛求经营者眼光好、胆量大，但诱人的利润还是蛮有吸引力和刺激性的。许多同行为此瞠目结舌，望洋兴叹，乔贵发却在大家的惊诧声中发展壮大了起来，他的草料铺成了包头地面上财力最雄厚的商铺。

【案例点评】

由现货交易发展而来的期货交易，是指交易双方通过买卖期货合约及其条款，约定在未来特定时间、地点和特定数量、质量、价格的商品交易行为。诱因是以较少资本控制期货合约的整体价值，即经营者交纳 5%~15% 的保证金，做100% 的交易；方式是运用杠杆原理，低买高卖，或高卖低买，双向交易，以小博大，引纲目张；目的是通过买卖期货合约规避现货价格风险，获取盈利。但高收益背后预示着高风险。本案中的饼商沈鸿昌、晋商乔贵发，当年经营期货贸易，事实证明他们具备良好的心理素质、坚强意志、自我约束力和风险承担能力，尤其是面对瞬息万变的价格行情，能冷静地分析观察，镇定自若地处理交易业务，为后世提供了范例。

【智略之源】

（1）引纲目张。语出《吕氏春秋·离俗览·用民》："壹因其纪，万目皆起；壹引其纲，万目皆张。"这里"壹"指假如；"纪"本指丝缕的头绪，又指网上的绳；"纲"指提网的绳。其意是说：使用民众有一定的法纪，（就像渔网）一旦举起纪,目就会被提起,假如举起纲,万目都随之张开。

（2）以小博大。意思是以有限的资源开拓无限的市场,以极小的代价博取巨大的利益,核心是看准大势赚大钱。手段多样,主要通过购买期货、股票、彩票等带有风险性、投机性的产品等方式,取得理性期望值。

两谋的共同处在于都强调举纲张目,小本大利;不同点是前者讲抓住关键,控制全局,后者讲以极小代价,获取最大期望值。

>>> 二、利缘义取

几千年来，在义利权衡方面儒家特别强调"正德幅利"，见利思义。"财自道生，利缘义取"，创造财富符合经商之道，获取利润遵循为商准则，成为儒商的行为标杆。至今民谚尚讲："买卖只求安分利，经营休争哄人钱"；"有道财恒足，乘时货自腾"，彰显了华商德利并重的义利观和价值观。

◎ 诚为行源　童叟无欺

【案例之一】

1900 年八国联军侵占北京，北京城中许多王公贵戚、豪门望族随着慈禧太后和光绪皇帝仓皇逃往西安，许多人来不及收拾家中金银细软，随身携带的只有山西票号的存折。一到山西，便纷纷前往票号兑换银两。

本次战乱，山西票号损失巨大，在京分号白银被悉数抢掠一空，许多账簿被付之一炬。没有账簿，票号无从知道什么人在票号存过白银，更无从知道储户到底存了多少白银。当王公贵族、豪门望族前来要求承兑白银时，山西票号完全可以言明待总号重新清理账目之后再安排兑付，这对于许多曾目睹京城西洋侵略军抢掠票号情形的人来说，这种解释可以说无可厚非。但是，以日升昌为首的所有山西票号都没有这么做。他们所做的是只要储户拿出存银的折子，不管银两数目多大，票号一律兑现。

山西票号这样做，无疑承担着巨大的风险，稍有不慎，就可能面临灭顶之灾。但他们也非常清楚，国难当头，众人挤兑，这也是储户受生活所迫。放眼长远，灾难一旦过去，这些人在京城的政治经济实力仍不可小觑。票号承担的这次风险，将向世人展示山西票号注重信义，诚信无欺，即便面临灭顶之灾仍义无反顾的一面。

后来的实践证明，山西票号的判断和决策是正确的。战后北京各票号重新开业，普通百姓和朝廷官员纷纷把积蓄存入票号，甚至朝廷也把大批官银交给票号汇兑、收存，推动了山西票号的更大发展。

【案例之二】

清代曾经声名远播的广东十三行，是当时世界贸易的大背景下，中国商人于自家门口参与国际竞争的缩影。

十三行商人多属"殷实诚信之商"，他们在对外贸易中诚实守信，不仅书写了广东商人辉煌的历史，也赢得了中外商界的交口赞誉。

同文行是十三行中举足轻重的富商。潘启作为同文行的创立人，自1743年（清乾隆八年）开张以来，一直与英国东印度公司合作，出口中国生丝、丝织品和布匹，内销英国的毛织品。由于当时中外贸易主要是物物交换，英商需要大量的中国丝茶，而运往中国的毛织品却销路不畅。潘启抓住机遇，与英商签订合约时，明确提出"英商要推销毛织品，必须多买中国茶叶，多付茶价，若不推销毛织品，茶价可降低4%"，因而同文行在对英贸易中始终掌握着主动权。1773年潘启向英国出口7500担茶叶，1784年向英出口12000担茶叶。后来，同文行的贸易区域由东南亚各国，扩大到对华贸易的欧洲所有国家和部分美洲国家，成为一位世界级的大商人。

无论贸易做得多大，潘启的同文行始终坚持诚实守信的商业原则。1783年，英商退回1781年运销英国的1402箱受潮变质的武夷茶，尽管损失较大，但潘启如数赔偿，为同文行赢得了巨大的声誉。英商称他为"当时行商中最守信用之唯一人物"。由于同文行的信誉度高，外商愿意给同文行更多的预付款。1772年（乾隆三十七年）英商给他的生丝预付款银达12.5万两，1774年达到20余万两，1780年达到60.15万两，这极大地促进了同文行的快速发展。

【案例点评】

诚实守信是中华民族的传统美德。古人有"诚信无欺，经商之本"之说，把诚实守信视为商人的立身之本和为商经营的生命线。古代十大商帮认真践行"以义为利","以义制利","商重利、不忘义","生意三件事,人好货好信誉好","诚招天下客、信誉信中来","经商信为本、买卖礼在先"等商规民谚,为华商价值观和商业精神做了精彩的诠释。晋商票号面对可能的灭顶之灾仍凭折兑银,同文行潘启面对巨额损失也照赔守信,都是华商诚实守信品格的真实写照。

【智略之源】

(1)诚为行源。语见宋代理学家周敦颐的《通书》:"诚者,圣人之本,百行之源也。"其意指:真诚是杰出人物的立身之本,也是百业兴盛的主要源泉。

(2)童叟无欺。商界有句著名格言:"名正言顺买卖不诈,秤平斗满童叟无欺。"强调商人在经营中,无论是议价、购销、称物等,均应重诺守信,明码实价,货真价实,称物秤平,量物斗满,老人小孩都不能欺诈哄骗。

两谋都有诚实无欺之意。

◎ 博施济众　大利取远

【案例之一】

宋清,唐代京城长安西边药场的一名药商,他十分重视收集和储存一些质量优良的好药材,肯出高价收购优质的原料药材,因而稳定了一批优质药材的供货人。有从深山大泽采药来的人,一定会把药材送到宋清这里,宋清总是热情地招待他们。长安城的医生得到宋清的药材,配上药方,治病效果很好,药卖得很好,大家都称赞宋清。

宋清开这家大药铺,经营范围有收购,有加工,有销售。销售中,有针对长安医工的批发,也有针对疾病患者的零售。零售中,有内科用药和外科药剂。那些生了病、长了疮的人们,也都乐于向宋清求药,希望病好得快些,宋清总是高高兴兴地满足他们的请求。

经营中,宋清坚持药品质量第一。不论是否现钱交易,给予善药好药,即使是有些没带钱的人来求药,也都给他们配用好的药材。有些他不认识的人,甚至为求药远道而来拿债券赊欠，宋清也从不拒绝对方。久而久之，售药时留下的债券、欠条堆积得像山一样高，宋清也不曾跑去向他们收账。每到年终的时候，宋清估计欠债人不能还债了，往往就一把火把债券、欠条烧掉，不再提及这些事情。

药场上的一些人都耻笑宋清独特的举止行为，认为"宋清真是个大白痴啊"！更多人说"宋清是个很重仁义的人"！宋清听后便说："我宋清只是个赚赚小钱来养活一家妻小的人罢了，说我重仁义说不上，但说我是个大白痴的人也错了。"

宋清收储和经营药材40年，所烧掉的债券，100人中约有10人做了大官，有的人统辖和管理几个州（府），他们的俸禄丰厚，要送礼物给宋清的人一户接着一户。但赊死账的何止千百人，但他们并不妨碍宋清成为富有的人。

唐文学家、哲学家柳宗元为此评论说：宋清赚钱取利看得长远，所以能成就他广大的利益，而哪像那些小商人呢？一旦要不到债，就勃然变色，第二次就漫骂成仇。那些人赚钱，不是显得很小气吗？依我看来，真正的白痴，大有人在啊！我观察而今人与人之间的交往，大都依附得势的人，抛弃贫寒的人，很少有人能像宋清这样子做了。宋清身在集市却行为不市侩，然而那些身居朝廷和官府，待在乡里或学校，以士大夫自我标榜的人，反而争先恐后地做出市侩的行为，真是悲哀啊！

【案例之二】

位于中原河南巩义的"康百万"，是一个家族的统称。康百万家族，创业于明代，渐兴于清初，乾隆时期进入全盛，咸丰以后逐渐没落，民国中期走向衰败。跨越明、清和民国三个历史时期，富裕了12代400多年，富甲河南、山东、陕西3省。民间有"头枕泾阳、西安，脚踏临沂、济南；马跑千里不吃别家草，人行千里尽是康家田"的传说，是其富甲一方的真实写照。"康百万"后因慈禧太后的册封而名扬天下。

康氏家族400余年的致富历史，上自6世祖康绍敬，下至18世康庭兰，曾有康大勇、康道平、康鸿猷等10多人被称为"康百万"，其中最具代表性的是清代中期的康应魁。康家是如何打破"富不过三代"的周期律的呢？综观其发家历程，康氏家族数百年秉持"以点连面，长藤结瓜"的经营方式，全力夯实大本营巩县，积极开辟山东、陕西两个基地，农、商、官结合，捕捉商机，大胆经营，不懈开拓，广置土地，财富如众泉汇流，滚滚而来，由此奠定了家族企业长兴不衰的基业。

富裕起来后，康氏家族并没有富而忘义，仗势欺人，更没有恣意奢靡，挥金如土，而是轻财义举，积德行善。1828 年开封、中牟黄河段决堤泛滥成灾，康应魁出钱修筑黄河堤坝；河南闹饥荒，他又出粟赈灾。惠民有功，父子晋官，知府亲赐"义蔼仁里"之匾表彰他。他又花费大量金银兴办学校，使全县的孩子都有学上。光绪初年，山东沿海一带连续地震，损失巨大，康家将山东临沂、日照、济南的巨额收入捐献出来，用于救灾济民。如今在康百万庄园的一间屋外，还石刻着"庆寿焚券"四个大字。旁边的一段文字说明：康家 14 世孙康应魁 75 岁生日乡亲寿礼，叮嘱来客把原有借债文书带来。酒过三巡，当众宣布免去族人和乡邻所欠债务，烧掉所有欠债账目。康家大兴公义之举，舍财济世助民，并没有让康氏家业衰财匮，相反还家业兴隆，财源茂盛。也许这就是对康氏家族能兴盛 400 余年的最好诠释。

【案例点评】

世间每个人都有追求财富的欲望和渴求，但无休止地聚敛财富必然引发争夺，而财富积聚过多，也势必遭受众人的嫉恨乃至灾祸，这叫"蕴利生孽"。避害之策，就是"正德幅利"，让利于民，把对财富的追求限制在一定的幅度内。践行之要，应重义理，讲信义，担道义，行义举，仗义疏财，匡扶贫弱，造福桑梓，回馈社会。尽管这种"去利怀义"之举，看似失利，但取义就是得利，因为"义就是利"。正如俗语所说：敢于破财，才有机会发财，甚至发更大的财。药商宋清和康氏家族的发家历史就说明了这一切。

【智略之源】

（1）博施济众。语出《论语·雍也》："子贡曰：'如有博施于民而能济众，何如？可谓仁乎？'子曰：'何事于仁！必也圣乎！'"其意讲子贡请教孔子说：假如有这样一个人，广泛地给人民以好处，又能帮助大家生活得很好，怎么样？可以说是仁道了吗？孔子回答说：这哪里仅是仁道！那一定是圣德了！

（2）大利取远。语出柳宗元《柳河东集·宋清传》："清之取利远，远故大，岂若小市人哉？"其意是说：宋清获取利益的眼光放得长远，所以能兼顾广大患者的利益，哪像社会上那些贪图厚利的小商人呢？

两谋共同点是利民惠民，不同点在于前者从政治和道德层面讲济众利民，后

者则讲利民与利企的统一。

◎ 委有所取　分利得利

【案例之一】

　　王正华，1944 年生于上海，曾担任过上海市长宁区团委副书记、长宁区政府地区办副主任。就在"下海"创立春秋旅行社前，他曾是长宁区遵义街道党委副书记。1981 年弃政从商，以 1600 元起家创办上海春秋旅行社做旅游。2004 年筹办春秋航空公司，成为公司董事长。10 年来，公司一直以低成本运营的方式拓展中国廉价航空业务，相继抛出"1 元机票"、"199 元"、"299 元"等超低票价，被公认为是"中国低成本航空第一人"。

　　从王正华本人在上海交通大学大礼堂所作讲座（见夏文军博客）和香港凤凰财经《总裁在线》（第 79 期）采访情况可以看出，他从办旅行社、为旅客出行包飞机，到创建廉价航空公司，都源于他的一个理想：就是"让农民工也坐得起飞机"。他说：中国历来有玉帝王母、牛郎织女故事等天上人间的文化，老百姓渴望能坐一次飞机，看看飞机下面的湖泊河流、城镇村庄，享受这美妙的感觉。他想让所有的人，哪怕收入最微薄的人，也拥有同等的权利。

　　创建廉价航空公司，首先就必须解决低成本经营问题。王正华非常节俭，他看别人抽纸擦嘴连抽两三张就生气，他一张纸巾用几天，擦完放回裤兜里，下次再用。这种理念激励他在创办企业中特别重视廉价问题和成本控制。2003 年，旅行社包了 8000 个航次，等于每天 20 多个航班。王正华通过旅游包机积累了经验，加之国家民航局 2004 年提出并授予他们国内第一批民营航空牌照，迅速成立了春秋航空公司。公司运营以来，他们从以下四个途径入手，把降低成本和节省开支做到极致。第一招，紧紧抓住旅游中的散客。春秋航空从 2004 年营运旅客 18 万人次，2010 年营运旅客 586 万人次，2014 年上升到 800 万人次，年平均增长 60% 以上。第二招，增加航班乘客量。春秋航空一架 A320 飞机，其他航空公司只有 156 个座位，他的飞机却装了 180 个。还设想在飞机上卖站票。第三招，售票都在网上卖，无须支付个人成本。他们自主开发 B2C 为主销售系统，作用非常大,市场也无比地有生机。第四招,创新离岗系统。某航空公司花了7000万元未搞出来的系统,春秋公司用30万元就搞成了,一直用到现在。春秋航空在所有航班上都不提供餐食和饮料,旅客确有需要可以提供,但需自己花钱买。尽管这样,春秋航空的客座率直到现在为止仍然平均保持在95.4%,达到国内民航最高客座率。

在公司管理上,王正华非常重视降低管理成本和费用。严于自律,树立标杆。据第一财经报道,作为董事长,他的办公室与其他CEO在同一间,面积不到10平方米。他出差从不坐头等舱,也不用专车、备车,住宿一般也只住三星级以下的酒店。2008年带队到伦敦考察时,他足足带了三大旅行袋食品,包括速泡面60袋、拌面40袋、榨菜、辣酱、煮鸡蛋等。公司的一位IT总工程师开玩笑说:"跟着王总出差,吃的是'猪狗食',住的是地下室,誓把低成本航空进行到底。"如同他本人的作风,"节俭"也成为公司最重要的企业文化。有的航空公司总裁拿150万元年薪。20多年来,春秋公司上层以上管理干部都拿很低的薪水,公司老总全年无休,每天工作十三四个小时,只拿20万元上下的年薪。总办主任、人力资源部总经理、财务总监基本上不满10万元年薪。据民航财务室提供的数据,春秋航空管理费用约为其他航空公司的65%,财务费用低67%,营业成本比同行低80%,从开航以来整个运营成本比同行低32%,使春秋航空机票总平均价比其他航空公司低30%左右。这些年来,差不多优惠乘客约60亿元。有媒体记者开玩笑说:春秋航空公司做了一件大善事。尽管机票廉价,但公司纳税仍居全上海民营企业的前10位。

春秋航空公司到广州、重庆、厦门等城市,不仅带去了客源,还推动国营老大哥公司增加了吞吐量,激活了航空人流、信息流、资金流,使所在地区的经济有比较快的增长。曾有人把春秋航空比喻为"做大机场吞吐量的火车站"。沈阳到上海2004~2006年航空乘客量维持在60万~70万。2007年春秋航空涉入,尽管第二年就遇上金融危机,但2009年乘客量仍然增长了70%。河北省政府想在航空上有所作为,原来年吞吐量130万人次,规划石家庄机场2015年吞吐量实现500万人次。王正华说:应该1000万人次!东南亚的吉隆坡(邦德)机场3~4年净增吞吐量就达到1000万人次!我们为什么不如马来人呢?2013年春秋航空一进去,当年吞吐量就达275万。其中石家庄原连续3年每天吞吐量400余人,春秋航空涉入后,猛增到2400人。上海到东京的票价原来卖到3万、4万日元一张。一次从东京回来一张机票"全日空"卖了高达13.6万日元的天价!

春秋航空公司到日本茨城，一张票价最低卖 4000 日元（约 300 元人民币），是日本公司价格的 10%，最高时也没有超过 2 万日元。

票价低廉，并没有影响公司的高速发展。截至 2014 年 6 月底，春秋航空公司已拥有 41 架飞机，开辟了 73 条航线，覆盖国内外 40 个城市。世界上许多航空公司解决不了的低成本经营问题，春秋航空公司创立一年后的 2006 年就交税 1000 万元，实现利润 3000 万元。2014 年上半年，春秋航空公司实现营业收入 34 亿元（约合 5.48 亿美元），净利润 2.71 亿元。企业发展了，王正华及其团队也受了益。公司近年上市后，70 岁的王正华及其儿子王煜共同持有公司 26% 的股份。个人净资产达到 63 亿元，约合 10 亿美元，已跨入世界亿万富豪行列。

【案例之二】

今天，人们提起重庆力帆集团，立即就会想到"力帆 520"摩托车，立刻就会想到年满 70 岁仍在创业的力帆集团董事长尹明善。

重庆力帆集团如今已连续保持中国企业 500 强十多年不败，连续多年成为重庆市出口创汇第一名，所获授权专利各项指标居全国同行领先地位，是重庆民营企业纳税大户，也是中国首家上市 A 股的民营乘用车企。但知道尹明善如何掘出创业发展第一桶金的恐怕不是很多。《经济日报》2006 年 8 月初刊载詹国枢、徐立京的文章《这个老头不简单》，揭开了这一谜底。

1985 年底，尹明善从重庆出版社"下海"经办职业教育书社。这位过去在出版社编书最多、获奖最多、挣钱最多的"三多"人物，借鉴小时所看电影《林家铺子》中林老板搞"1 元货"的经验，考虑到中学生不经商，无工资，没有固定收入，零花钱全靠父母给的实际，推出了中学生"1 角钱"图书。学生少吃 1 根冰棍，1 角钱能买一本书。

尹明善推出的第一本书，就是 32 页的《庞中华钢笔字帖》，每本售价 1 角钱，在中学生中十分畅销，有时一天售出数百本。记者采访时问他：一本书你赚多少钱？尹董事长爽快地回答：不多，1 分钱。当记者十分诧异时，尹总补充道：你可别小瞧这 1 分钱。我一共印了 1000 万册，那可是 10 万元的利润呀！人们可以想象，20 世纪 80 年代中期，机关工作人员月薪只有几十元时，一笔生意赚 10 万元，不能说尹明善不精明。

【案例点评】

市场经济是营利性经济，企业经营无不追求盈利，无往不利，不法奸商则更重渔利、牟利，追逐一本万利。纵使"利"旁有"刀"，仍趋之若鹜，义无反顾，可见利的巨大诱惑力。同为逐利，春秋航空公司王正华、力帆集团的尹明善则更重"利"的利害，在利己、利企的同时，惠及他人和社会，追求两利、互利，公司高速发展的同时，个人及其团队也大受其益，真正实现了以小利、余利实现大利、重利。笔者权且把这种善利之法称为"委"的智慧。

【智略之源】

（1）委有所取。参见明朝揭暄《兵经百篇·委》："有宜用委者，多恣恋无成，不忍无功。"这里的"委"意为委弃、舍弃。其意讲：有时适宜用舍弃这一谋略，过于贪恋不舍就一事无成，不能容忍就不会成功。

（2）分利得利。参见老子《道德经》（第七章）："非以其无私邪？故能成其私。"正是由于不刻意追求私利，所以才能实现私利。正如商界谚语所言："薄利招客，暴利逐客，与人分利，于己得利"；"厚利非吾利，轻财是吾财"。

两谋均强调勇于委弃、善于让利，不同之处是前者讲委弃利于成功，后者讲无私方能成其私。

◎ 反哺食养　鬻马馈缨

【案例之一】

1932 年，16 岁的王永庆从老家来到嘉义开了一家米店。当时，小小的嘉义已有米店近 30 家，竞争激烈。这对于仅有 200 元微薄资金的王永庆来说，只能在一条偏僻的巷子里承租一个很小的铺面。

他的米店开办较晚，规模又小，没有任何竞争优势。在新开张的那段日子里，生意十分冷清。迫于生计，王永庆只好背着米挨家挨户去推销，效果仍然不太好。王永庆苦苦思索在市场竞争中站稳脚跟的办法，慢慢悟出了一条道理：米店要想在市场上立足，自己必须有一套别人没想到或已想到未做到的利人措施，这样才能吸引顾客。于是，王永庆很快从提高米的质量和服务上找到了突破口。

20世纪30年代的台湾，农村稻谷收割、加工技术仍很落后，稻谷收割后铺放在马路上晒干脱粒。沙子、小石子之类的杂质很容易掺杂在里面。用户在做饭前，都要经过一次挑选，很不方便，但买卖双方对此都习以为常，见怪不怪。王永庆却从中找到了拓展米业生意的窍门。他带领两个弟弟一起动手，不怕辛苦，不怕麻烦，一点一点地将混杂在米里的秕糠、沙石之类的杂质拣出来再出售。这样，王永庆米店卖的大米质量就比其他小店高一个档次，由此赢得了顾客的好评，米店的生意开始好起来。

初见成效的王永庆，脸上露出了笑容。他又想，过去都是用户自己来买米，自己扛回家。对于年轻人来说这算不了什么，但对于老年人和忙于家庭其他事务的人来说，就有些不便。事实上，当时的许多年轻人整天忙于生计，工作时间长不便前来买米，买米的任务自然就落在了老年人的肩上。王永庆于是想到了主动送米上门，主动将米倒入买米人家的米缸里。若原来缸里还有米，他就将缸中旧米先倒出，将米缸擦干净，然后将新米倒底层，陈米放上层，使陈米不至于因时间过久而变质。这一方便顾客的服务措施，深受顾客，特别是老年顾客的欢迎。送货上门这一创举，至今也被众多商家奉为圭臬。

后来，王永庆又进一步完善了售后服务措施。他每次为新顾客送米，都细心记下人家米缸的容量，问明这家人多少人吃饭，有多少大人小孩，每人饭量如何，预测该户人家下次买米的大致时间，逐一记在本子上，到时候不等顾客上门购米，他就主动将相应数量的大米送到客户家里，从而让众多顾客成为了他的忠实客户。

王永庆在送米的过程中发觉，当地居民大多数都以打工为生，生活并不富裕，大部分家庭还未到发薪日，就已经囊中羞涩。王永庆主动送货上门，货到收款，这是必然的。但也有顾客经济拮据，一时拿不出钱的，有时弄得双方十分尴尬。王永庆便灵活掌握，约定到发薪之日再上门收钱，极大地方便了顾客。他的真诚、热情、周到的售后服务，深深打动了顾客的心，社会知名度日益提高。

一年的辛苦忙碌，王永庆完成了经营资本的积累和客户网络的建立。于是，他便在离最繁华街道不远处的临街面，租了比原租房大几倍的房子，临街面做米铺，里间做碾米厂。就这样，王永庆从小小的米店生意起步，一步一步地走向了台湾首富的金色殿堂。

【案例之二】

华为技术有限公司，1987 年由任正非创建于广东省深圳市，是一家由员工持股、以生产销售电信设备为主的民营科技公司，而今成长为全球最大的电信网络解决方案和全球第一大电信基站设备供应商，也是全球第六大手机厂商，主营交换、传输、无线、数据通信类电信产品，为世界 150 多个国家客户提供服务。

作为国际性特大型企业集团，向世界 1/3 人口提供企业产品，如何解决产品售后服务问题，无疑是一个巨大的挑战。华为集团的经营坚持以客户为中心，视客户为企业生存之本，客户需求是华为发展的原动力，为客户服务，特别是一流的售后服务，成为企业存在的唯一价值和理由，也是企业赢得更多客户的立足点和企业间博弈的撒手锏。

在华为看来，任何一家企业的设备都可能存在瑕疵，即使是世界一流企业的设备也同样在所难免。问题的关键在于，设备出了问题后如何及时处理。为此，华为的技术人员往往是星夜兼程地赶到现场处理，针对问题，立刻采取措施维修或更换设备。相比之下，有些国际巨头的代理商在这方面往往做不到或做得不够好。所以，有些客户常常讲："就算人家（华为）产品有问题，人家给你日夜守护着，你还要怎样？"可见，突发性事件的完美解决，反而能密切与客户的关系。2000 年春节，黑龙江的一个本地网交换机中断，网上运行着多种机型，不知道问题出在哪个厂家的设备上。华为的技术人员当天从深圳赶到黑龙江，发现问题不在华为。偏偏出问题的国际大公司却迟迟没有回应，华为技术人员立即将自己的接入网改接到另一路由器上，中断的网络通话恢复了。用户大喜过望，立即高兴地招呼："走走，出去喝酒！"

2014 年冬季达沃斯论坛在瑞士达沃斯举办。任正非在论坛对话中讲述了华为员工怎样甘冒巨大风险做好为客户服务工作的故事（见 2015 年 1 月 23 日《网易财经》栏目）。他说："在进军智利国际市场时，当时发生了 9 级地震，我们有 3 个 10 年工龄的员工失踪了。公司驻智利负责人请示要派人进去寻找，我就不同意。我说先别找了，你们进去再死掉一批人更不划算，还是等等看他们到时候能不能发出声音（联系信息）。等了几天以后取得了联系，当时不是打给我们总部的，是打给他们最基层主管的。主管得知哪个地方设备网络被地震震坏了，他背着背包就往地震中心区赶去。后来我们把这个故事拍成了一个 3 分钟的小电影教育其他员工，就是他本人做演员出演的。"

还有，"利比亚发生战争前，我也在利比亚。后来我从利比亚到伊拉克的时候，利比亚开战了。我们先把公司员工撤到利比亚周边国家。我找了一个心理咨询公司，帮他们做了 10 多天的心理辅导。我们组织员工为利比亚提供网络服务，内部员工围绕为谁服务问题形成了两派意见，支持政府的就跑去为政府提供网络服务，支持反对派的就跑去为反对派提供网络服务。战争打得那么厉害，公司为客户服务的工作并未受到影响。这么多年来，我们在全世界 170 多个国家和地区服务，没有发生员工死亡问题。"

"再说日本海啸大地震，日本很多人撤离灾区了。公司员工打电话问我们撤不撤？我说你们得找到一个能装 1.2 亿人口的地方后你们再撤。员工说找不到，我说就不能撤。中国人的命就比日本人的命贵吗？20 世纪 60 年代中国人都不知道什么叫核泄漏，地面上放原子弹，实验区军民还打着红旗庆祝都没死人，现在泄漏哪有核爆炸恐怖？大家情绪稳定下来后，日本人往后撤，我们抢救设备和网络的人背着背包向前走。日本政府后来说，这个故事很感动，所以我们在日本的订单很大，做得非常好。公司员工这一系列的服务，都体现了我们以客户为中心。只有维护好客户的利益，客户喜欢你了，人家自然就会买你的东西。今天，华为之所以成为电信市场的王者，就是靠这种诚实的服务一次次打动消费者，一次次地赢得市场。试想想，2013 年尽管国际经济很困难，商业生态环境很差，但我们的市场业务却增长了 20%，利润也增长了 19%。2014 年我们的销售收入可能超过 560 亿美元，增长速度仍在 20% 左右"。

【案例点评】

企业是社会的公众组织，服务社会、服务消费者是企业的神圣使命。如果说企业经营的成功首先依赖于销售，那么销售正是连接企业与消费者的纽带，热情、周到、优质的服务才是企业获得并保持长期良好信誉、收入稳定增长的源泉。案例中，华为集团正是以完美解决突发性事件和重大灾害条件下网络保障性服务，赢得了世界各国客户的广泛信赖；台商王永庆经营米店的成功也充分说明了最能打动顾客的不光是商品，还有商品销售后认真、诚恳、周到的服务。由此说明，服务大众是企业的根本宗旨，是企业的永恒主题，也是企业不败的灵魂。消费者不是企业的冤大头，而是企业的"衣食父母"。

【智略之源】

（1）反哺食养。语出《艺文类聚·晋成公绥·乌赋（并序）》："夫乌之为瑞久矣，以其反哺识养，故为吉鸟。"这里的"乌"即乌鸦，"反"通"返"，"识"通"食"。其意是说：乌鸦给人们带来祥瑞已经很久了，它以能报答父母的养育之恩而闻名。因此，乌鸦又被人们称为吉祥之鸟。民间常言："羊有跪乳之心，鸦有反哺之心。"

（2）鬻马馈缨。这里的"鬻"即卖，"馈"即赠送，"缨"即马脖子上的皮带子。其意是说：卖了马，还要把马脖子上的皮带子也送给买主。

两谋均有顾客为上宾的理念，差异在于前者讲商家便利惠及顾客，后者借鸦能反哺暗示企业应回报社会。

◎ 报本反始　助人得助

【案例之一】

秦代便有行政建制的东海县，东濒黄海，南接宿迁，西连徐州，北邻山东，素来出巨商。历史上的糜竺就是一个典型代表。前秦时期王嘉所撰（一说南朝梁人萧绮所录）的《拾遗记》（卷8），对糜竺之富的描述如下：糜竺像战国时期陶朱公那样精于计算，以谋经商，其商队往来于徐州和洛阳之间，货币、债券、财宝、土地和房产等资产达亿万规模，为当世的大富豪。他常常让下人将装满鸡蛋大小珍珠的大盘放在月下盛露水，摆满一院子。因为家中宝物多，所以他家的院子叫"宝庭"，可谓富比王侯。

生逢乱世的糜竺，大兴土木，筑院建楼，修库置产，又购置武器，武装健仆。在力求自保的同时，他刻意韬光养晦，多结善缘，广舍家财，迎合民意，救危济困，善行善举得到了超乎想象的回报。据《搜神记》记载，他家成功地避过了两次"天火"。可他家的财富实在太多，即使火后只剩下1/10，却也始终散财不尽，这让他很苦恼。有朋友建议他将财富捐助给一位既能够保境安民又能为日后经商发财提供庇护的英雄。糜竺开始认真思考这一重大问题。

出现在麋竺生命中的第一个英雄就是陶谦。陶谦，字恭祖，丹阳人，少时桀骜不羁，后好学思进，仕入州郡，官拜尚书郎。麋竺目睹其屯田恢复生产，解决军需民食，徐州百姓殷盛，谷米丰赡。陶谦请麋竺出仕，麋先拒后随，聘为"别驾从事"。可陶谦的命不大好，他有一个官至太尉的好朋友曹嵩，因朝廷内斗失败，带上100余车财宝逃离洛阳，前往兖州。陶谦特派1000名兵卒护送，没想到曹嵩被贪财的兵卒所杀，其子曹操怒而起兵讨伐，陶谦被迫向青州刺史田楷与平原相刘备求援。

出现在麋竺生命中的第二个英雄就是刘备。刘备带兵驰援陶谦，陶谦临死前拉着麋竺的手叮嘱道："非刘备不能安此州！"如果说这些话可能对麋竺后来追随刘备发挥了一定影响的话，那么最多只能说麋竺第一次见到刘备便有了好感。但真正左右麋竺做出人生命运重大抉择的，恐怕还是麋竺自己独到的观察和独立的思考。因为刘备给他的印象是：刘备是皇叔，血脉正统。行侠仗义，特好奇紧随其左右的张飞、关羽。有宏图大志，一心恢复汉室。仁爱百姓，在徐州牧位上，屁股还未坐热，就被吕布赶下台。来到广陵郡（今江苏扬州），又遭袁术趁火打劫，兵败逃到海西县（今江苏灌南县）。即使是狼狈奔逃中，仍不忘关爱百姓，携民渡江。麋竺由此认定刘备是仁德之君。这证明，麋竺尽管是当时很有钱的大富豪，但仍有着自己的价值评判标准、政治信仰和超人的识人眼光。勇于在刘备最困难时果断地做出抉择：把自己的妹妹嫁给刘备。将自己的全部家业奉献出来。这确是关乎人生命运的一次豪赌，冒险与刘备集团结成命运共同体。尤其是当平定吕布之后，曹操特向天子上表建议让偏将军麋竺领嬴郡太守，其弟麋芳为彭城相，抚慰吏民，麋氏兄弟俩竟然挂印舍官，抛妻弃子，铁心跟随刘备，从徐州跑到青州，从青州跑到冀州，从冀州跑到豫州，从豫州跑到荆州，10多年一心助力刘备成就大业。

麋竺的风险投资收益不小。尽管他不是杰出的军事统帅，又缺乏政治家的治国才华（陈寿所著《三国志·蜀书·麋竺传》对麋竺的评价仅为：仪表温文淳厚，举止人方高雅，是循礼守法之臣），但这并不影响刘备后来对他的尊敬与宠信。刘备夺取益州后大封功臣，特拜麋竺为安汉将军，地位定格"在军师将军之右"（地位高于诸葛亮），弟弟麋芳为南郡太守。

【案例之二】

张之洞（1837~1909），字孝达，号香涛，直隶南皮（今属河北）人，同治进士，晚清重臣，学界巨擘，洋务运动的最后一个代表。他后来有大的作为，相传与当年同晋商协同庆票号的借债有关。

张之洞因母丧守制 3 年后，进京朝见皇帝，意欲谋取更高的发展平台，深知必须疏通军机大臣和掌握实权的宦官等关节才行，为此他想到了举债。进京后的第二天，他特意拜访了日升昌票号。一番寒暄之后，便开口要借银 10 万银两。日升昌掌柜想：不借吧，张是官场上大名鼎鼎的人物，万一他日后真做了大官，岂不是赶走了财神爷？借吧，如果他做不成大官，如何还得起这笔钱呢？掌柜因犹豫而面呈为难之色，心有不快的他便告辞而去。为了颜面，他没有进附近的几家票号，却绕到另一个胡同到了协同庆票号。

协同庆掌柜十分机灵。早在张之洞拜访日升昌时，便已获知日升昌票号没有借银给张的消息，便猜想出其中缘由，苦思破解之策。待张之洞来到协同庆，掌柜便亲自出迎，十分恭敬。当张提出借钱之事，掌柜立即应许说："10 万两白银算什么？我号准借。但大人不会一下就用 10 万两吧？建议立一取银折子，用多少，取多少，不必限定数字。你意如何？"掌柜这样说，实际上是有自己的"小算盘"：朝廷确有委派重用的意愿，那么比 10 万再多也借他；如果朝廷不愿重用，那就不再继续借与张了。张闻言，甚为满意，立即出具借据和立了一个用银折子。

张之洞白银还没有借到 3 万两，就被朝廷任命为两广总督。消息传开后，京城各大票号都来到张的住所贺喜。协同庆掌柜抢先赶到恭贺，似开玩笑地说："当日大人到京，日升昌 10 万白银都不借与大人，实在是小看大人了。我协同庆银票则任由大人随便借取。因为我们知道，那时正是大人用小号之处，现在大人高升了，小号可要沾大人的光哟！"张之洞不便直答，反问协同庆掌柜："你们在两广有钱庄、票号没有？"协同庆掌柜答道："没有。"张嘱咐道："你们派两人随我到广东，今后两广的财粮国税，全由贵号一家经手解交。"协同庆掌柜喜不自胜，立刻回答道："按总督嘱咐办！"这时，各大票号贺喜的掌柜们才赶到，张均挡驾不见。

后来，据说协同庆票号就因结交了张之洞，三四年间赚到了 100 余万两白银。

【案例点评】

拥有巨额财富，不仅是人们的无限向往，更是商人梦寐以求的目标。但人们一旦拥有了巨额财富，往往却又平添了不少忧虑和烦恼，总是担心贼人的惦记、强权的掠夺、同行的算计。所以，历史上那些富商巨贾暴富后大致有三种"散财"方式：风险投资，仗义疏财，穷奢极欲。案例中的麋竺和晋商协同庆选择了第一种"散财"方式，这正反映了他们智慧的一面。无论是三国时的麋竺还是晋商协同庆，后来都获得丰厚的回报。

【智略之源】

（1）报本反始。语出《礼记·郊特牲》："唯社，丘乘共粢盛，所以报本反始也。"古时每25户人家为"社"；"丘乘"指地级单位。其意讲：凡社祭，各个丘乘（4井为邑，4邑为丘，4丘为乘）的人都要拿出粮食供应祭祀之用，借以报答载育万物的大地，返回自己本始的行为，这里强调的是受恩思报。

（2）助人得助。参见元朝施惠《幽闺记·皇华悲遇》（卷26）："自古道与人方便，自己方便。"其意告诉人们：自古以来，凡乐于助人的人，也能获得他人的帮助；乐于给他人提供方便，一定程度上也等于为自己创造方便。

两谋共同处反映人性本善，知恩思报，得助助人；不同处是前者讲不忘所自，后者强调便人自便。

◎ 相濡以沫　同舟共济

【案例之一】

清代许元仲（1755~1827），字小欧，松江府娄县（今上海市）人。民国后误载为"许仲元"。他曾游幕四方，足迹遍于天下。所著《三异笔谈》4卷，多记当时典故。其中第3卷记载了商人之间相濡以沫、共渡难关的实例。

清朝乾隆初年，一位姓程的盐商，因经营不善，负债太多，为避免债权人的穷追不舍，乘船外出避债。但长期习惯于忙碌和应酬的他，突然清静下来，一个人独立船头，举目远眺，沉浸于往事的回忆之中。

忽然，传来清晰的脚步声，他抬头一望，发现来人正是同业人吴某。程某十分惊诧地问道："吴掌柜怎么也在这艘船上？"吴某问候道："程掌柜不是也先到这艘船上了吗？"程某十分自责地说："我今年经营不善，拖欠他人债务4万银两，无法偿付，被迫暂时隐蔽于此。吴掌柜你资本雄厚，利润来源广博，为何也来赶这趟船？"吴某讲："我今年盐业经营中，应付货款 10 万银两，现在只有 5 万银两可以支付，付给了丁就无法支付丙，若甲乙丙丁都支付一部分，则将同时拖欠 4 人的货款。迫于无奈，藏匿于此，以待来年支付。"沉默片刻后，程某道："为难之时，所幸有吴掌柜做伴，我们就共享这守岁良宵吧！"吴某说："也不尽然，我手中有 5 万银两，自用实不足，但用于帮助你程掌柜还是有余的。你何不借用我的银子，回去把债务清偿了呢？"程某一听，高兴得不得了。立即写出借银凭据，匆忙赶回去清偿债务。

程某刚走不久，又立即折返回来，并随之摆上好酒好菜，与吴某同桌对饮。程某说："吴掌柜，我已叮嘱我的助手料理偿债事宜。今天，我想高兴地与吴兄畅饮一宿，一醉方休，共度良宵，迎接美好的明天。"

程某与吴某均是安徽籍盐商，而程某更有经营头脑，工于心计。只因在经营海运业务中遭遇台风袭击，损失过半。幸亏得到吴某接济，产业继而不废。第二年程某通过关系，投机钻营，揽上了朝廷操办军队后勤采购方面的事务，表现出善于谋划、敢于作为的胆识，在商界和社会上颇有声名。

【案例之二】

李抚民，出身贫穷人家，常年往来于广西地区做毛笔生意。广西一位盐商很欣赏他的勤劳吃苦和处事谨慎作风，特推荐他为某商铺合伙人。几年下来，他已积攒下 3000 余银两，在乡里可算是小康人家了。加之对济度众生、疲于奔忙的生活感到有些厌倦，李抚民打算返回故乡娶个媳妇过日子。

他所乘之船行驶在广西漓江江面时，邻近一艘官船不时传来长吁短叹之声，竟让他思绪万千，夜不能眠。李抚民通过官船上的仆人探问缘由，获知他家主人隶属旗人籍贯，由朝廷外派广西任职。去冬因筹办之事遭受灾祲，亏损 5000 余银子，新任官员意欲上呈奏章弹劾他，此事让他焦急万分。

李抚民同情官人处境，对仆人说："我愿为你家主人借箸代筹。"仆人进去通报后，官人请李抚民入舱相叙。李抚民说："客民手中尚有闲余银资，计划返回故乡发展。今闻大人因需急用，此银尚可筹措一些。"官人甚为感激，提笔欲书写借据，李抚民讲："客民不是用于借贷牟利。"为感谢李抚民倾力相助，官人立即与他燃香盟誓，结拜兄弟，誓言富贵永不相忘。官人试探性地问道："为兄我拟赴广东，人地生疏，苦无相识，小弟愿随我同往否？"李抚民欣然同意。于是，随同进入广东，为官人料理一些事务。

数月后，新任巡抚上任。这位抚台大人却是所结识官人的亲戚，他走马上任便委托官人护理振州（唐代改振郡为振州，今属广东崖县）。当时盐务废弛，已出任太守的官人，深知李抚民熟悉盐运管理事务，特向巡抚保举他担任埠务总办。李抚民驾轻就熟，盐务管理井然有序，措置裕如，自己也从中获益超过万两白银，历经 30 年成为富甲一省的巨商。

【案例点评】

为商经营难免经过一些坡坡坎坎，甚至遭遇意想不到的挫折。这时就需要企业内部上下同心，和衷共济；也需要企业之间相互帮助，相互支撑，共渡难关。如何做到相濡以沫，共存共荣？笔者认为，首先要有共济意识。懂得皮之不存，毛将焉附的依存性，明白合则两利、分则两损的道理。其次，合之以诚，舍小利，求大利，以共存求共荣，是确保共渡难关的充要条件。案例之一中两位盐商的有难相助，案例之二中李抚民的慷慨助人，实现了克难共赢，共享互利之惠。

【智略之源】

（1）相濡以沫。语出《庄子·大宗师》："泉涸，鱼相与处于陆，相呴（xù）以湿，相濡以沫，不若相忘于江湖。"这里的"呴"指温暖；"濡"指沾湿；"沫"指唾沫。其意是说：泉水干涸了，鱼儿如同在干涸的陆地上一样，互相以唾沫沾湿，以维持生命，体现了同呼吸共命运的精神。

（2）同舟共济。语出《孙子兵法·九地》："夫吴人与越人相恶也，当其同舟而济。遇风，其相救也，若左右手。"其意是说：吴国人和越国人是相互仇恨的，但他们一旦同舟渡江，遇到风险的时候，他们相互救援，如同一个人的左右手一样。

两谋一致处有患难与共的思想，差异在于前者多表现出休戚与共，后者则反映出弃嫌求同、共渡难关的一面。

>>> 三、钱货如泉

古人讲货币如同流动的泉水，流则不腐，百川入海；商品犹如磨盘，常转常新，推陈出新。市场经济的一个基本原理也告诉人们，资本在流动中增值。企业应以资本运营为中心，重点是存量调整和增量优化。

◎ 多钱善贾　多资易工

【案例之一】

老北京人只要一提起"瑞蚨祥"的名字，没有不知，没有不晓的。百年老店瑞蚨祥经久不衰的成功经验就是多钱善贾，用活资金。

第一招：从不租用别人的房子开店。瑞蚨祥总店及所有分店、门市都是自己拥有所有权。掌柜深信：自己拥有所有权和经营权，不付租金，免受他人挟持。

第二招：盘活自有资金，从不向银行和钱庄贷款，不向其他商家融资、拆借、举债。资金的充裕，资本的雄厚，使瑞蚨祥始终按既定的经营方略、经营目标经营，不存在还贷和举债压力，避免了贱卖物品损失和匆忙还本付息的压力。

第三招：坚持现款现货，现金交易。低贱时低价选购，多购好货，树立与厂家和经销商的良好信誉，与其他商家竞争中始终抢占先机，在商品销售中全力保持自家产品的价格竞争力。

第四招：敢于重金投入，培育独创品牌。瑞蚨祥当年不惜投入重金，用英国所产质地优良的"红鸡人枪"坯布，经多道精细工艺浸染的"双青"、"头蓝"布，形成了企业自身的特有品牌。尽管投入大，占用资金多，但市场销路好，利润回报非常可观。

第五招：销售货款，统一管理。上海是近代中国纺织品的批发中心，全国许多具备一定实力的纺织品商家都来上海采购，资金实力雄厚的瑞蚨祥在上海设有专门采购的"坐庄"，企业在全国各大城市的分店都将购货资金汇往上海的采购站，采购站也变相成为瑞蚨祥的"金融中心"。

第六招：信用交易，让利于人。瑞蚨祥在上海、苏杭一带的绸行交易，入地随俗，按当地大小月月末分期付款的商业习惯办理。每月 15 日为小月底，先付50%左右货款，只付整数，留下尾数，月底结账，让利于客户。良好的付款记录使祥字号企业优先得到新产品，也在商家中赢得了良好的商业信誉，成为推动瑞蚨祥走向持续兴旺的无形资产。

【案例之二】

1894 年春，慈禧太后为庆祝六十大寿，破例多举行了一次科举考试，"头名状元"就是出身优质棉花之乡的江苏南通人张謇。曾担任清政府翰林院修撰官的张謇，甲午战争时是主战派，清政府签订丧权辱国的《马关条约》之后，因彻底失望而辞官回家，一心走实业救国之路。

19 世纪末的中国，纱厂还是洋人的天下。特别是目睹东洋商人以非常低廉的价格在家乡南通购进优质棉花，把纺纱等半成品高价出售中国市场赚取大量利润，张謇便在家乡南通筹办中国人自己的纱厂，与他不谋而合的就是洋务派代表人物张之洞。

1895 年，张之洞委任张謇总管通海一带商务，负责筹办纱厂。考虑到本身仅有 2000 两白银，张謇开始四处筹资，在水陆交通十分便利的城北唐家闸建成"大生纱厂"。大生纱厂的股票借鉴国外办法，以 100 两白银为 1 股，计划召股6000 股，尽管商股筹集不顺，但得到两江总督刘坤一 50 万两白银（机器设备）、张之洞 25 万两白银入股的鼎力支持，纱厂于 1899 年 5 月末终于生产出耀眼的白纱，当天就开出 6000 锭纱锭。

初创阶段，考虑到资金有限，纱厂采用由棉纺纱、卖纱买棉、资金循环、维持运转的办法。随着市场需求的变化，国内大批土纱被淘汰，机纱织布市场需求进一步扩大，大生纱厂的"魁星"牌棉纱市场十分抢手，建厂 9 个月就净赚利润2.6 万多两白银。

纱厂需要棉花，而棉花就生长在厂子周围，可谓近水楼台先得月。然而，日本纱厂凭借雄厚的资金实力，与大生纱厂抬价抢购，扰乱原料市场。几番竞争下来，眼见大批优质棉将被日商抢走，张謇被迫与日商玩起了"敌进我退"、"敌退我进"的捉迷藏游戏，日商抬价时，大生纱厂就持币观望，当棉农将大批棉花送交而日商大肆杀价时，大生纱厂便高价收购，大批优质棉很快落到了大生纱厂手中。

在全力掌控棉源的同时，张謇又采取了"避实击虚"策略，创办通海垦牧公司自己种棉。1907 年，在上海崇明外滩建成大生二厂，注册了"20 年内，100 里范围，不准别家另设纺织厂"的专利权。第一次世界大战，进口纱锐减，棉纺业进入空前的黄金发展期，大生纱厂借风扬帆，高歌猛进。1919 年大生一厂、二厂利润增长分别高达 106%、113%，股东一股红利高至 20 两，大股东利息分红白银用车子推。

【案例点评】

资金是企业的血液，兴工活商，做大产业，可以说资金越多越好，资本越大越好。瑞蚨祥的发展历史证明，拥有雄厚的资本积累就如同舞蹈家舞蹈一样，长袖宽衣，利于高歌劲舞。资金多固然好，但怎样用好手中充足的资金，如何科学选择投资方向，哪些可投，哪些不能投，哪些可重投，哪些可少投，投资回报率、企业盈利率及对未来发展影响等，都需作出理性分析和科学决策。所以说"多钱善贾"，一个"善"字，其中大有学问。

【智略之源】

（1）多钱善贾。语出《韩非子·五蠹》："鄙谚曰：'长袖善舞，多钱善贾'。"这里的"贾"指做买卖。有商谚说：如同舞蹈家舞蹈一样，袖长衣宽，利于高歌劲舞。为商经营，资本雄厚，资金充足，生意好做，可以吞吐（购销）自如。

（2）多资易工。语出《韩非子·五蠹》："多资之易为工也。"这里的"工"通"功"，指成功。其意是说：资金愈充足，生意愈易取得成功。

两谋略从不同角度说明资本雄厚的好处，不同的是前者讲利于商业经营，后者讲利于事业成功。

◎ 酌盈济虚　周转财茂

【案例之一】

晋商，特别是晋商中总分号与各票号之间、地区各分号之间，在调度资金、增加放贷、扩大利润方面，通过酌盈济虚，抽疲转快，为货币资本经营走出了一条成功的路子。由张正明、马伟撰写的长篇纪实小说《话说晋商》，讲述了晋商在这方面的作为。

山西票号各分号在经营中，经常会出现现金盈绌和周转疲快的矛盾：有些地方现金多余，银根宽松，资金闲置；有些地方则现金不足，银根吃紧，无款可放，甚至连支付也十分困难。这种情况，主要是由于不同地区商品品种、收购季节和产销总量、经济运行频率不同所造成的。比如由于官盐起运纳税的原因，北京市场每逢春季交易最旺，银根最紧；重庆等地市场每逢4、7、10月交易最兴旺，银根最紧。又如茶叶产销，3~4月新茶上市时，资金需求量大。棉花产销，8~9月产区收购市场繁忙时银根最紧。相反，非茶叶和非产棉区，银根又往往宽松、呆滞。这种情况下，只要资金调度得好，恰恰能为票号盈利提供契机。

各分号之间的款项调度，晋商多让现银充盈地方去接济现银短绌的地方。主要通过异地顺汇或逆汇的办法，抽疲转快，平衡资金的市场供求，扩展业务。在顺汇方面，如京师分庄银有盈余，库伦分庄现银不足，库伦获知信息后便主动联系和吸收京师汇款，或者通过库伦分庄先贷款给有业务在京城的当地商人，这些商人再在京取款购货。逆汇则是京师先付出，库伦后收进。两种办法既能有效平衡两地现银盈绌，又增加了贷款和汇款业务收入。

为确保银两的及时调运，晋商后来在北京、张家口、蒙古三岔河等地设立山西人经营的镖局。在负责押运现银外，也接受汇款人委托，发展汇兑业务（银款汇交指定收款人）。

再后来，随着商品经营资本和货币经营资本的快速发展，为加快资金流通和提高酌盈济虚、抽疲转快成效，各地又创造了多种信用流通工具。如山西寿阳商人在沈阳有存款，却需在寿阳用款，相反，有的商人在寿阳有存款，却需在沈阳用款，针对这种需交换两地货币所有权的货币行为，寿阳商人采取双方商议、相互"克兑"的办法，创立了"克钱"（即"客钱"转化为"兑钱"）。还先后创立了"拨兑"以及"谱拨银"、"城钱子"等多种信用工具和融资方法，发行了凭贴（本票）、兑贴（汇票）以及上贴（当铺钱庄之间相互协议兑现）、上票（非钱庄出的凭贴）、壶瓶贴（不兑现支票）、期贴（远期期票）等汇兑形式。这些商业票据和银行票据，实际上与货币没有多大差别，这些工具又反过来促进了金融和贸易的繁荣和发展。

【案例之二】

胡雪岩曾说：我有了钱，不是拿银票糊墙壁，看看过瘾就算了。我有了钱就要用出去。这是胡雪岩高度重视投资，不断开疆拓土意识的直白之语，也是其商业帝国快速崛起的最好注脚。

胡雪岩注重长短结合，借势发展。在长线投资方面，重点投资钱庄，发展典当业，经营丝茶、药店和房地产；在短线方面，主要经营粮食和军火生意。因为诸如生丝、茶叶和粮食的大批量购销，均有一定的季节性和时间差，短期内资金需求量大，周转要求高，调度难度大，其他如钱庄、典当业、药店、房地产业等，是常年性经营项目，其资金需求和运转具有均衡性和持续性特点。所以，长线投资和短线投资的结合，有利于资金调度，缓解资金压力，就产业发展而言，有利于以短养长，以长补短，长短互进。

如此庞大的商业帝国涉及众多行业及其分布于东南诸省广大区域的商业组织，资金的周密调动和酌盈济虚策略的灵活运用，是非常复杂和考验管理智慧的。正如胡雪岩对阜康钱庄档手（总管）刘庆生所讲：做生意一定要做得活络，移东补西不穿帮，就是本事。你要晓得，所谓调度，调就是调动，度就是预算，预算什么时候款子进来，预先拿它调动一下，这样做生意，就可以走在人家前头。用一个更形象的比喻，就是八个坛子七个盖，盖来盖去不穿帮，这就是会做生意。

胡雪岩曾投入1000余万两白银囤积生丝，几乎垄断和控制了东南数省生丝市场，现银需求量特别巨大。再如胡雪岩自杭州城开办"公济典"第一家当铺后，几年间迅速发展到23家，涉及浙江、江苏、湖北、湖南等华中、华东大部分省份，这其中就需要巨额的收购和周转资金。还有，他佐助左宗棠治理新疆乱民时，曾需要紧急筹集250万两白银。巨额资金的调度难度极大，由此可以看出胡雪岩强调加强资金调度、酌盈济虚的重要性、艰巨性和紧迫性。

胡雪岩做第一笔生丝生意时，他在上海本地购买生丝需要一大笔白银，自己手中只有价值10万两银的生丝储存在上海裕记丝栈，并无一分可动的现银。而此时，他的丝业合作伙伴尤五为漕帮经营粮食生意而借贷的10万两白银经续转过一次之后，又已到期，按当时钱庄界的常规已不能再行续转，即使及时还上这笔贷款，尤五最多也只能筹集到7万两现银。这就是说，胡雪岩若在上海本地购丝已无现银扩大经营。为了解决买丝中资金的瓶颈制约，胡雪岩便用手头裕记丝栈开出的那批价值10万两生丝栈单变了一次花样。他先把这张栈单给借贷方看，以表明有能力归还，但需等这笔生丝脱手之后才能料理清楚。以期换得10万两银的贷款破例一回再周转一期。有栈单为据，货又明摆在货栈里，加之胡雪岩在商界的良好信誉，借贷方就同意了。此后，胡雪岩又通过裕记丝行栈单作抵押，向洋行借款，把栈单变换成现银。洋行有栈单留存，抵押不会不给贷款，栈单也不会流入钱庄，借贷方也无从知晓栈单已作抵押，自然也不会被揭穿。胡雪岩巧妙地玩弄"八个坛子七个盖，盖来盖去不穿帮"的技巧，用10万两白银做成了100万两银的生丝生意。

【案例点评】

资金是企业的血脉，兴企活商，"活血化瘀"是良方。民谚强调"生意好不好，不在本大小；不会用资金，生意难活跃"。搞活经营，无论生意大小，加速资金周转是关键。故有"钱如磨盘，常转利生"之说。晋商通过酌盈济虚、抽疲转快的资金调度办法，解决各地分号之间资金盈绌和周转疲快矛盾；胡雪岩在投资上，注重长线产业与短线项目的结合，以短养长，以长补短，长短互进，较好地解决了资金的酌盈济虚难题，值得我们借鉴。

【智略之源】

（1）酌盈济虚。语出明代张居正《请裁定宗藩事例疏》："上不亏展亲睦族之仁，下不失酌盈剂虚之术。"这里的"展亲"特指重视亲族情分，"酌"指斟酌，"剂"通"济"。其意是说：对上不损害和亲睦族的仁爱，于下不失为用多余的去弥补不足（或亏损）的一种方法。后来引申为钱庄或银行内部调度和调剂资金余缺的方式。

（2）周转财茂。商界有句格言："财源茂盛凭周转，生意兴隆靠竞争。""周转"指周期重复的"资本循环",周转的时间等于资本经过生产过程和流通过程的时间总和。等量资本（或资金）周转速度愈快，预付资本取得效益和创造的财富就愈多。

两谋都有加速资金周转利用之意，不同处是前者强调资金调度，后者则重视资金周转。

◎ 物无滞留 货畅其流

【案例之一】

1925 年秋，古耕虞遵从父命，子承父业，20 岁就成了"古青记"的实际老板。

为了让古耕虞早日担当重任，已病重的父亲古槐青（长驻上海经营纱号）托付曾拜自己为师的廖熙庸担任"古青记"的名誉经理。按照老规矩，不管你是大学生还是留洋归国生，都必须先在店中当学徒，从头学起，曾与廖熙庸互为师兄师弟的古耕虞，从此尊称廖熙庸为师傅，而且这一称呼终生未改。

廖熙庸老家在四川江津，他对猪鬃的收购、加工十分内行，业务精通，又对古槐青父子赤胆忠心。可以说，"古青记"的"虎牌"猪鬃后来能称雄于国际市场，不能不说其中包含了他的巨大付出和努力。

廖熙庸这个人办事认真，从不含糊。他对少东家古耕虞管教极严，稍有不满便严加斥责，毫不留情。其中有一件事情，让古耕虞牢记终生。

按照中国旧式商号的老规矩，每年春节来临之际，店主人都要在店堂挂一副对联。对联一般都挂：生意兴隆通四海，财源茂盛达三江。横批：货畅其流。1926 年春节的大年初一，廖熙庸带领古青记的员工规规矩矩地站立于店堂前，他亲自站在凳子上，去贴那副新书写的对联和横幅，单等一贴好，就将挂在门口竹竿上的鞭炮点燃。站在一旁的古耕虞对此直皱眉头，因为他上过洋学堂，接触过不少新思想，看不惯这些老掉牙的习俗。在一旁大声地讲："算了，没啥意思。明明是老古董，顶啥子用？我看就不要挂了！"

此言一出，廖熙庸就如同有人骂自己老祖宗一般，顿时勃然大怒。他指着古耕虞的鼻子大骂："亏你还想做个生意人，真不成器，我看你狗屁不如，你是一个败家子！"古耕虞对此颇感意外，没想到师傅会发这么大的火。心想，不就是挂一副破对联嘛，火冒三丈干啥？你非要挂就挂嘛。此后的几天，廖熙庸还余怒未消，正月初五祭过财神后，便气冲冲地回江津老家去了，临走时留下一封信，说是已向他在上海的父亲发了电报，请求辞职。意在表明，你儿子觉得我是个老古董，那好，你就自己干吧！

师傅拂袖而去，古耕虞才感觉事态严重。第二天一早，便带上自己的女儿前往江津，他决心把师傅请回来，古青记暂时还离不开他。古耕虞之所以带上女儿，因为女儿是廖熙庸的干女儿，廖师傅很喜欢她。一踏进门，古耕虞就向师傅拱手道："师傅，我们父女给您拜年了！"廖熙庸极不情愿地点点头，话中有话地说："给我拜年？我可是个老古董，怎么敢劳驾你少东家。"古耕虞嘿嘿一笑："师傅还生我气呀，我知道您都是为古青记好，都是我的不对。我不是特来负荆请罪吗？以后我都听您的。"这时，一个稚嫩而甜甜的声音响起："干爹新年好！"古耕虞女儿的问好声，深深地打动了廖熙庸，他立刻转怒为喜。

作为初入商界的生意人，古耕虞那时确实还不懂"货畅其流"对于为商者的重要性。两年之后，父亲病危，古耕虞赶往上海看望。父亲躺在上海广慈医院的病床上，拉着儿子的手，用微弱的声音说道："生意人有句老话，'货不停留利自生'。货存仓库，每天不仅要付利息、栈租、保险等费用，而且质量要下降，三五年这货就损失了。你以后做生意一定要切记啊！"古耕虞终生记住了父亲的遗言。

60年后，古耕虞在全国人大的一次会议发言中，针对当时流通领域中存在的问题，曾感慨尤深地讲："'货畅其流'是生意人的金科玉律。"并当着众多与会者讲述了这一往事。

【案例之二】

如何做到"货如轮转"？国美在商业竞争中大胆探索，锐意进取，曾不断创造出新的经营模式和销售方式。

靠信息来经营，这是国美制胜法宝之一。如20世纪80年代后期到90年代中期，国美30%~40%的电器产品货源在广东中山、番禺等地。国美在两地分别设立联系站，业务员从两地拿货，中山、番禺价格有变化，电话马上告知北京公司。中山、番禺那边的价格一变化，北京门店价格立即调整，北京门店的存货一两天内必须消化干净。尽管存货可能不赚钱或赔钱，也必须采取这种自杀式办法，否则新一批货就可能赔得更多。依靠多渠道信息的掌握来抢时间、抢速度。途径就是两条：限时卖空；降低价格，有时一天连降三四次价。

坚持两手抓，一个是怎样把钱挣得更多，一个是怎样把钱"玩好"。国美卖产品，靠的是速度。企业的理念就是勤进快销。国美管理人员长期研究市场，随时与供货人员沟通信息。国美不管库存有多少货，广东的价格卖到 1.7 万元，北京就卖 1.78 万元，即使是 1.9 万元，也只卖 1.78 万元。其他企业跟牌，国美又立即挂出更低价。国美始终掌握价格优势，甚至成为其他商场的批发商。凭着信用和知名度，国美拿货能够做到先货后款，或者先交部分款。

国美早期的成功，很大程度上得益于独到的资金控用方针，一般能把资金的运转算计得非常到位。如国美初期资金实力非常有限，但凭借做报纸中缝、单通、双通和跨版广告，名气及经营规模越来越大，实力不断增强，供货商把货送到国美，10 天、15 天才划账，相当于远期支票或承兑汇票，国美用别人的钱去赚钱。同时进口商品对路、抢手，周转速度非常快。实行零售与批发并举，实现了资金的良性周转。

摸清周围商店的库存信息，把整个社会的库房作为国美的库房。近 30 年来，国美公司一直依靠对社会库房的灵活掌握，一边当坐商，一边当行商，通过信息而非占用资金的库存产品赚钱。除了买卖日常家用电器外，只要是能够带来利润的买卖，都积极参与经营。他们的信念是："什么都能做，只要是合法。"比如电视台需要的专业摄像机，"四分之三设备"或全套进口产品，价格从数十万元到近 100 万元不等。由于他们对这部分市场信息了如指掌，只要与电视台的人员聊上 10 分钟，就大致能了解对方的心理价位是多少，兜里有多少钱。由此决定给对方配套什么样的录像机、背包、几块电池。这些大宗买卖，最多先拿一个空箱子向买家展示一下，对方需要，立即向有货的人打电话，完成提货、检验、交易，这完全是零库存的。

【案例点评】

任何商品的使用价值都有其时限性，任何购物资金都要产生本息之费，商品交易有交易成本，商品运输有运输成本，商品储藏有储藏和管理成本，所以商品积聚耗时愈长，成本愈高，而成本愈高，利润愈薄。因此，司马迁《史记·货殖列传》讲"息币无利"，意在强调货物久久滞留就没有利润。鲜活及腐败易蚀之货，要快速交易、流通，尤其不能囤积以待涨价。古耕虞从师徒数十年商务实践谈对"货畅其流"的亲身感受；国美公司由践行"货如轮转"的经营理念带来的发展效益，充分印证了"货不停留利自生"这一至理名言的正确性。

【智略之源】

(1) 物无滞留。语出《荀子·王制》："通流财物粟米，无有滞留，使相归移也。"这里的"通流"即流通，"滞留"即停滞、停留，"归"通"馈"，"移"即转。其意是说：要让财物粮食流通起来，做到商品没有积压，使不同地区的财物、粮食相互转移输送。

(2) 货畅其流。语出孙中山1894年《上李鸿章书》："人能尽其才，地能尽其利，物能尽其用，货能畅其流。"古代的"货"主要指财物、商品。其意是说：人尽其才，重在教养有道，鼓励有方，任使得法；地尽其利，重在农政有官，农务有学，耕耨有器；物尽其用，重在穷理日精，机器日巧，不让无益损害有益；货畅其流，重在关卡无阻拦，护商有善法，大力发展运输业。这四件事是国家富强的重要途径，治国的根本所在。

两谋皆主张畅通物流，差异在于前谋强调商品不停滞、无积压，后谋更重改善物流条件、降低关税、保护商人利益。

◎ 欲擒故纵　饥饿营销

【案例之一】

雷军团队及其小米手机，仅用3年时间就开创了新的品类"互联网手机"，创造了一个新的品牌模式，也为互联网改造传统产业提供了一个产业发展方向。雷军坦陈：小米之所以能在短时间内获得巨大的成功，就是采用了"抢首发+期货模式"的营销模式。抢首发是因为小米有技术优势，而期货模式则是因为小米前期发展迅速，但产能略有不足，这是根据公司的实际决定的发展策略和发展路径。但这两种情况结合在一起，却无意中成全了小米"饥饿营销"的营销模式。

雷军尽管说得很轻松，事实上"抢首发"是很难的。因为"抢首发"企业必须率先制作出最新的硬件和软件，技术也是最先进的产品。高端的产品想做世界级的首发很难，没有过硬的技术是做不出来的。比如小米 2 全球首家采用高通APQ8064 四核 1.5GHz 处理器，Adreno320 图形处理器（拥有 Xbox 的图像处理效果），4.3 英寸 IPS 超高 PPI 精度视网膜屏（1280 像素×720 像素），2G 运行内存，16G 储存空间，并且拥有全新一代背照式 800 万像素 CMOS 摄像头。从小米 2 的首发就不难看出，只有采用这些全球最好的硬件、顶级的配置，才能算是真正的全球首发。当然，除技术上具有领先优势外，还必须是抢在其他企业之前。

所谓期货模式，就是利用摩尔定律。小米决定采用"高性能、低价格"的低价竞争策略实现差异化，赢得市场先机。具体策略：小米是最快的手机，全球首发双核 1.5G 手机，1G 内存，800 万像素，1900 毫安电池。从性价比看，小米手机不靠硬件赚钱，将四五千元价格配置的手机压价到 1999 元卖出，没有任何一家手机商能做到这个颠覆性的低价位。既然手机不赚钱，那小米手机又如何赚钱呢？雷军和他的团队想出的谋利之道是：通过附件、周边产品赚钱。为此，他们开发了耳机、音箱、后盖、贴纸、挂饰、手机支架、耳机绕线器等一系列附件，还开发了小米的帽子、T 恤、玩偶等周边产品。

与"期货模式"紧密相连的就是"饥饿营销"。"饥饿营销"的本质是拉伸产品的生命周期，隔一段时间集中预售一次，人为制造供不应求的感觉。因为顾客的消费心理是，买不到的东西、人人都抢的东西才是好东西。如雷军曾详细解释了小米首发在 30 小时内 30 万部销售量的产生过程：前 10 万部只用了半个小时。之后，我们提醒客户，两个月之后才能发货，还需要吗？之后的 10 小时又有 10 万订货，然后我们说，12 月才能供货，还要吗？后面的 10 个小时，又有 10 万货单。颠覆性的营销模式很快取得成效，小米手机刚卖一个星期，就处在中国手机市场品牌第 9 位，所有国产手机里排第 1 位。半年卖出 180 万部，实现了盈利，3 年销售了 2000 万部。

【案例之二】

华为技术有限公司是全球第一大通信设备供应商，是全球领先的信息与通信解决方案供应商。自 2003 年 7 月华为成立手机业务部，集中强大的科技力量研发智能手机，响亮地提出"做世界第一，对飙苹果三星"。2010 年在德国 IFA 上发布了全球首款带有 Google 的 Android 2.2 普及型智能手机 IDEOS；2011 年发布云服务平台和全球首款云手机远见（Vision）；2012 年先在美国 CES 展发布 6.48

mm 全球最薄智能手机 Ascend P1 S，凭借 6.48 mm 的宽度、业界最领先的 1.5G Hz 得州仪器（TI）OMAP 4460 Cortext-A9 双核处理器及华为软件优化处理技术，Ascend P1 S 再创两项"世界纪录"，一举成为 4.3 英寸屏智能手机阵营中最紧凑、最快的一款；2013 年第三季度华为出货量 1270 万部，以 4.8%的市场份额跻身全球第三位。特别是近两年，华为快速推出巨屏旗舰 P8 Max、巨屏旗舰 P8 青春版，展示拥有全部自主知识产权的麒麟芯片，媲美全球最主流芯片，成为华为手机最强大的心脏；相继推出的荣耀 X2、荣耀 3C 及荣耀路由器、荣耀 7，几乎集合了华为手机的最新技术和性价比最高的产品。

有高质量、高性价比手机，还必须有巧妙的营销技巧。为让华为手机大步走向市场，他们成功地借用了饥饿营销这种近年十分流行的网络销售模式。具体策略上，一是抓舆论引导。如荣耀 2015 年 7 月 7 日发售，之前他们在自己的商城中借助京东、天猫等渠道进行了预售，向各大新闻客户端的开屏广告、信息流广告提供了大量的预售信息。声势浩大的舆论引导，轰轰烈烈的结果就出来了，华为荣耀 7 的 20 万台供货量 2 分钟售罄。二是利用新的中高端配置和低中端价格吸引顾客。从配置上看，荣耀 X2、荣耀 3C 和荣耀 7 均是当前市场上流通的最新款的机型，无论是软件层面，还是硬件层面，都是最新的，其标志是基于 Android 5.0 开发的 OS 和更高一级的像素，这两个都是刚需。价格方面，依然是中低端（荣耀 7 价格 1999 元）。三是一个手机号（登录账号），允许多次在不同地方进行预约。顾客手机未收到预约密码提示，还可注册华为商城账号，注册完成后仍未看到该手机号的预约记录，可进行下一次预约。京东商城上的页面能选择机型，但到最后提交订单时，系统提示该活动已结束，无法购买，仍可再预约。也就是说，由于产品供不应求，有时上个厕所的时间，现货就已售罄。用户想要购买，得继续预约，再等 7 天，以此吊足顾客的胃口。四是借用庞大的用户需求支撑饥饿营销。即使中国智能手机市场在 2015 年第一季度销售总量出现首次下滑，但工信部的数据显示，2015 年 5 月 4G 移动电话用户达到 2 亿户，月增长 2000 万户左右。根据 eMarketer 的预期，到 2018 年中国智能手机用户数量将达到 7.041 亿。现在所有的智能手机都是 4G 手机，用户也需要有 4G 手机来支持 4G 需求。这是华为等"逆袭"高端手机的动因，极大地刺激消费者的购买欲望。例如 2014 年 12 月 25 日，京东商城荣耀 3C 手机首发，价格为 789 元。顾客必须提前预约，才有资格购买。记者从京东商城了解到，预约荣耀 3C 的用户已经高达 45 万多位，这个数量迫使京东商城不得不提前停止预约。消费者购买的欲望强烈地被激发起来，到 12 月 31 日的第二轮开售，12 万台荣耀 3C 1 分钟内售完，其受欢迎程度让人咋舌。2015 年 1 月 17 日展开荣耀 3C 第四批预售活动，1000 万台几秒钟销售一空。有人因此质疑华为商城学习小米做饥饿营销。华为电商掌门人徐昕泉特出面澄清：华为商城不做饥饿营销，目前荣耀 3C 只赚口碑不赚钱。又如 2015 年 7 月 20 日荣耀 7 手机正式开卖，供货量 20 万台，72 分钟全部售完。华为 2015 年上半年初步业绩公布：营收总额约为 283 亿美元，约合 1759 亿元人民币，同比增长约 30%。

华为公司成功借用饥饿营销这种近年十分流行的网络销售模式，收到了手机营销的几大成效：准确地了解和掌握了顾客需求，降低了产量过剩风险，防止库存积压，增强企业对产品供应的调节，省去了第三方渠道商环节，促进了资金流动。有效勾起顾客的购买欲望，给抢到手机的顾客带来快感，提升了企业品牌附加值，吸引了公众的注意力。随着人们对产品关注度及新闻媒体对产品的大肆宣扬，制造噱头，吸引消费者眼球，即时快捷成为饥饿营销的完美平台，同时也为即时通信应用带来庞大的用户基础。

【案例点评】

欲擒故纵中的"擒"和"纵"是一对矛盾体，"擒"是目的，"纵"是方法。此谋用于商业销售，是经销商与顾客间的心理战；用于企业竞争，就是企业之间在顾客争夺、市场争夺中的心理战。无论用于何处，其共同之处："纵"是积极地放任和诱导对方，如同钓鱼，既在诱鱼中给鱼儿创造咬钩的机会，垂钓者也给自己创造一个等待收获的机会。本案中小米公司根据企业没有自己的生产、加工基地，产品供不应求的实际情况和快速树立品牌形象的需要，成功地实施了"饥饿营销"法；而华为公司则利用自己全球第三大智能手机厂商的技术优势和产品供不应求的市场需求状况，也采用了"饥饿营销"法，两个企业都打了一次次漂亮的快速营销仗，创造了一种现代商业新的营销模式。

【智略之源】

（1）欲擒故纵。语出清代吴趼人《二十年目睹之怪现状》第七十回："大人这里还不要就答应他，放出一个欲擒故纵的手段，然后许其成事。"这里的"擒"指捉；"纵"指放。其意是故意先放开欲擒对象，使对方放松戒备，充分暴露，然后再把他捉住。

（2）饥饿营销。是指商品提供者有意调低产量，以期达到调控供求关系，制造供不应求"假象"，维持商品较高售价、较大批量和利润率，也是达到维护品牌形象，提高产品附加值的目的。

两谋突出"心战为上"，不同在于前者讲先纵后擒，后者讲先引后发。

◎ 物以类聚　货别隧分

【案例之一】

明代，苏州城有一个"孙春阳南货铺"，远近闻名，声誉卓著。清代江苏金匮（今属无锡）的钱泳（原名钱鹤，字立群），80 岁时创作的笔记体著作《履园丛话》。其中《丛话 24·杂记下》讲述了孙春阳创立的南货铺，自明万历年间至民国初年的 230 余年，子子孙孙都经营这家商铺，历久弥新、屹立不倒。

孙春阳，宁波人。明万历年间，弱冠之年童子试落榜，放弃举子兴业意愿，来到苏州城，走上了经商之路。他在阊门吴趋坊北口这个地方开了一家小商铺。

孙春阳经营商铺，借鉴明代州府衙门管理制度，创建了"六间房"，分别取名南北货房、海货房、腌腊房、酱货房、蜜饯房、蜡烛房。店铺货物分门别类，明细完备，各储存于 6 房之内。顾客付银后领取一票，可以根据自己的喜好和实际需要，凭票前往任何一间货房随意自选商品。这种创造性的"自选"式经营方式，要求商铺商品种类要多，才能为顾客选择商品提供充分的选择权。这在明代商业文化已很繁荣，苏杭二州已开始出现商业欺诈行为的情况下，对商品质量及其经营管理提出了十分严峻的挑战。

孙春阳坚持走"货真价实"的经营之路。据传说，南货铺店规十分严格，尤其是货物选制十分精致，其挑剔程度是其他商家所少有的。当时南货铺中的商品，有相当数量可以作为上等贡品。清人金安清《水窗春呓》（卷下）曾有这样的记载："火腿以金华为最，而苏州孙春阳茶腿尤胜之。"其自产茶腿不待烹调，仅以佐茗，可达到香美适口的程度。

店铺还根据不同季节适时变换销售产品类别。如冬季出售家乡宁波咸肉（属火腿初腌腿肉），夏季则出售自制风肉（一头猪取走臀肉和腿肉之后留下的上好方肉)。咸肉和风肉都近似于火腿风味,价格却大大低于火腿,在相反季节上市,颇受顾客欢迎。为解决商铺商品易腐变质问题,孙春阳很下了一番功夫。吴江同里人范烟桥(学名镛,号烟桥)所著《茶烟歇·孙春阳》说:南货铺还投资建有地穴(地窖,近似于今天的冷冻库),用于储藏鲜果。利用时间差和季节差,为商铺招徕了一批又一批顾客,也为商铺赚取了丰厚的利润。

"六间房"商业信誉闻名四方,从未出现过因经营不善、陷入倒闭整合的境地,堪称我国商业史上的一个奇迹。

【案例之二】

孟洛川(1851~1939),名继笙,字鸿升,号洛川,山东章丘县旧军镇人。18岁开始经商,先后在北京大栅栏和烟台开设"瑞蚨祥",经营绸缎、洋货、皮货、百货。一生掌管孟家企业60多年,所经营的瑞蚨祥、泉祥等"祥"字号商号,遍布京、沪、津、济、青、烟等大中城市。

光绪三十年(1904年),孟洛川在青岛设立瑞蚨祥缎店,开始重视货物分类管理和分类销售。经营济南瑞蚨祥时,更进一步完善了分类管理办法。3个店的前柜一律专售各种色布和白布,设柜头2人,学徒6人。第二柜专售各种花布、广货和呢绒,设柜头1人,伙计和学徒4~5人。第三柜为绸货类,专售绸缎、绣货,柜头1人,伙计和学徒10人左右。第四柜为皮货类,专售皮货,设柜头1人,伙计2人。第五柜为金银类,专售金银首饰,柜头1人,伙计2人,工人和学徒各10人。

瑞蚨祥以"货真价实、童叟无欺"为招牌,经营上特别重视细分市场,坚持以面向大众、兼顾高端的服务宗旨,注意满足不同消费层次人群对商品的不同需求。如各种色布、白布(花布)类重在满足普通消费者的消费需求;广货、绸货等重点满足经济条件较好的中端消费群体的消费需求;绸缎、绣货和皮货等高档、精品类商品重点满足少数和特种消费群体需求。对于少数和特种消费人群需要的珍贵商品,瑞蚨祥依靠自己雄厚的资金实力,多方搜罗,居奇牟利。如1930年以前,北京、天津的皮货中4000~5000元一件的貂褂、1000余元一件的海龙领子,最好的金丝猴、玄狐、白狐、白狐崽等稀有皮货,常常是瑞蚨祥所独有。在绣货中,清代高级官员的服装,别家难寻,而瑞蚨祥则应有尽有。民国以后,一些名演员如梅兰芳、荀慧生等人所用的舞台幔帐、桌椅绣花披垫、门帘等,也多委托瑞蚨祥代办。对于一些高级绸货都有定织货,谓之定机货。定机货质量高于一般，如熟罗最好的为 11 丝，而瑞蚨祥的定机货则有 13 丝、15 丝的。又如纺绸，一般是用 4 成丝织，而瑞蚨祥的定机货是用 6 成丝织，用的都是上等丝，花样品种丰富。瑞蚨祥还独创了一种"高丽纳"，是用好洋绉或物华葛作表，中加衬绒，以白布为底，用丝线纳成，专供上层人物在秋冬之交做衣服用的。这些定机货质量高，花样新，售价高，独占市场，利润十分可观。

孟洛川及其瑞蚨祥精于管理，百年老店效益一直很好。1900 年资本总额约 40 万两白银；到 1927 年时年利润达 300 万两白银。瑞蚨祥除投资于企业外，还广置田宅，成为当时中国知名的民族商业资本家。

【案例点评】

顾客消费，总是渴望对不同种类、品质和价格的商品拥有更多的选择权，商家分类销售、开架售货以及现代超市等营销模式，都是扩大消费者选择权的尝试。人们知道，20 世纪 20 年代在美国出现的综合性零售市场（自选市场），50~70 年代逐渐成为欧美发达国家重要的商业零售组织形式。也许人们忽略了早在 300 多年前的中国明朝末年，苏州人孙春阳已经创造了这种商业零售形式，并成功地运行了 200 多年，尽管不是很完善，但毕竟是最先"吃螃蟹"的人。由此说明，中国人并不缺乏创造精神，缺的是自信力和对新事物潜在价值的认同感。

【智略之源】

（1）物以类聚。语出《易经·系辞上》："方以类聚，物以群分。"这里的"方"指方术，治道方法和技巧。其意是说：天底下的人或事物，均按其性质，分门别类，各自聚集。

（2）货别隧分。语出东汉班固《西都赋》："街衢洞达，闾阎且千，九市开场，货别隧分。"这里的"衢"即街衢；"闾阎"指里门和里中门；"且千"言多；"隧"即通道。其意讲汉代长安城布局规则齐整，街衢与里坊纵横连接，市内九市（西市以手工作坊为中心，有 6 个市场；东市以商业贸易为中心，有 3 个市场）区域有别，市物邸舍，分行就市，商铺林立，货物分类，专物专营。

两谋均一致认同"物以类聚"，差异在于前者讲同类事物，后者讲同类商品，两者外延不同。

◎ 理于未生 事以密成

【案例之一】

在"票号"产生以前，我国虽早已有汇票流通，但因没有一套完善的管理制度而不能被广泛使用。清代山西平遥票号的产生，才开始了我国比较成熟完善的汇兑制度。晋商的汇兑制度，全赖于晋商创造的一套密押制度，从形式到内容的精心设计，保证了汇票的真实可信和汇通天下的汇款安全。

当时票号的兑付都实行"认票不认人"制度。票汇的关键都在一纸"票"上，须写明银两数额便于异地提取现银，因此汇票的防伪就成为关键。从目前留存的汇票可以看到，汇票基本是折纸形式，有4个折面，规格呈长方形，高约23厘米，宽约10厘米。第一个折面印有"券"字和其他内藏匠心的图样。各票号的汇票都盖有各自的印章。汇票折纸里还夹印着各票号名。如日升昌票号的汇票夹印有"昌"字；协同庆汇票是在湖南印制的，折纸上尽管没有花纹格式，可是纸里暗印有"协同庆"3个字。汇票的印制和各分号使用都有严格的数量控制。如平遥县蔚泰厚的汇票纸，绿线红格，由平遥一处印，各分号均用总号之纸，如坏了一张，必须寄到总号备案。除此之外，还各有自己的绝招。

各票号的汇票都由专人书写。其笔迹要通报各分号，并让各分号都能熟辨。如果更换了书写汇票的人，第一件事是把笔迹通报各分号。中国书法的绝妙充分体现了出来，因为用毛笔模仿笔迹而要达到以假乱真是极其困难的事。正因如此，后来银行业内，汇票和支票虽然都改为钢笔填写，但经理签字仍用毛笔。

创造了以汉字代表数字的密码法。晋商创造性地用汉字作为签发汇票银两数目的10个数字及1年中12个月和每月30天的代码。这种代码各票号都各自编设，适时不断变更。如全年12个月的代码为"谨防假票冒取，勿忘细视书章"。又如每月30天的代码为"堪笑世情薄，天道最公平，昧心图自利，阴谋害他人，善恶终有报，到头必分明"。再如代表银两的10个数目分别是"赵氏连城璧，由来天下传"或"生客多察看，斟酌而后行"。对于"万千百两"等数字单位，则用"国宝流通"4个字来代替。所有这些密码，既朗朗上口，易于记忆，又保密性强，使用方便。

实行"讨保交付"和"面生讨保"的办法。针对商家要求票号必须保证其汇款不得遗失，票号即在其汇票上盖有"讨保交付"的戳记。此种汇款，交付时必须取得商保。所谓"面生讨保"则是对于取款人生疏的情况下才要求保。

遗失汇票实行备案广告制。遗失汇票，票号采取在京师、保定登报声明；在天津则报知商会局，并在海关边署、巡警总局、商务总会备案。在汉口、重庆则通知当地分号料理，并报告当地政府、商会总会，同时还照会驻当地各国领事。

严密的保密制度确保了票号与顾客双方的利益。晋商汇票发展证明，从未出现过款项被人冒领之事，切实保证了票号的社会信誉。晋商票号管理制度十分严格，所有汇票在"见票三五日兑付"后，票号便将汇票焚毁，没有一张使用过的汇票能够保留下来。正因如此，今人无缘见识真物。

【案例之二】

受自然和人为等各种因素的影响，为商经营，市场博弈，风险在所难免，关键在于筑牢风险防御的墙。晋商对于金融风险的防范意识特别强，各项保障措施非常到位，其中五个方面的风险准备金制度就是佐证。

加大折扣促"厚成"。在账期结账后，做账时有意把应收账款、库存商品和其他财产加大折扣，使账面资产价值远远低于实际价值，近似于形成两本账。这些"隐形"的账款、商品或其他财产就是未来更大的潜在盈利因素。据《话说晋商》所载，包头"复"字号的许多财产就不上账，而上账的财产价值约占实际价值的 1/10。

预设正副两本。东家开钱庄票号时，除给掌柜一份外，还要给一份副本（护本）。这份副本（护本）并不参与分红，或副或护，起辅助正本的作用，商号一旦出现资本亏损时，副本可随时补进，确保商号能正常营业。乔家钱庄票号副本与资本的比例为 1：1，如乔家的广顺恒钱铺，资本 5 万银两，副本也是 5 万银两。即使商号把本钱赔光，这个商号仍可以照常营业。以稳健著称的蔚字五联号之一的天成亨票号，副本与资本之比为 2：5，可见乔家的商号比天成亨票号还要稳健。

建立风险基金。晋商商号在分红时一般都不分光吃尽，而是在分红前预先提取一部分利润作为风险基金，以应付市场或信用风险，使风险临头时商号能逢凶化吉。这部分银两专款储存，不能挪作他用。复盛公、复盛全、复盛西三大号的风险基金专存在"德裕永"堂名下，东家掌柜都不得擅自动用，遇有生意亏赔或其他紧急用款情况时才准使用。

增大股本金额。在分红时，东家掌柜为了扩大经营规模，把东家的一部分红利转为资本（资本股数不变，只是每股资本额增大），使资本更雄厚，利于开展买卖。如乔家的大德通，初创时资本为 6 万银两，1884 年改组时为 12 万两，1908 年时资本增至 22 万两。如此雄厚的资本，极大地增强了抵御风险的能力。

精心编织"保险罩"。乔家复盛公商号自 1801 年初创起，在包头商界岿然屹立 150 年之久，其旗下的大德通、大德恒两大票号，虽历经数次金融风潮仍稳如泰山。晋商 43 家票号中，1893 年受"阜康票号"倒闭及其金融风潮的冲击，有19 家歇业或倒闭；1921 年再受金融风潮打击的山西票号，几乎都倒闭歇业，唯独乔家的大德通、大德恒和祁县渠家的三晋源票号却经营依旧。到了 1934 年，三晋源票号歇业，大德通、大德恒两个票号仍然屹立不倒。如果没有一整套风险防范机制，也就不可能有中国商界和金融界的最后辉煌。

【案例点评】

《易·既济》讲："君子以思患而豫防之。"强调防患未然。就企业而言，任何明显或潜藏的问题都可能演变为企业或集团经营、管理中的风险，甚至成为制约、阻碍企业或集团发展的严重祸患。正因为山西票号建立了比较成熟完善的汇兑五项制度和金融风险防范五项举措，从而保证了汇票的真实可信和汇通天下的汇款安全。其百年的发展历史和名震全球的影响力，足以说明"理于未生、事以密成"的理念和一整套密押制度是可行的。

【智略之源】

（1）理于未生。语出《六韬·龙韬·军势》："故善战者，不待张军；善除患者，理于未生；善胜敌者，胜于无形。"这里的"理"即治理，引申为整治、治平。其意是说，善于用兵的人，取胜于展开军队之前；善于除害的，消灭祸患于萌芽之前；善于取胜的人，取胜于无形之中。

（2）事以密成。语出《韩非子·说难》："夫事以密成，语以泄败。"其意是讲：事情因为保密而获得成功，说话由于泄密而遭遇失败。

两谋都重视防患未然，区别是前谋以防为主，后谋侧重于保密防泄。

>>> 四、释实攻虚

> 如果说决策上的失误、管理中的漏洞以及发展中的不足是竞争对手的商机所在，那么"释实"、避实，乘虚、攻虚，无疑也是竞争对手制胜的良机。"释实"、避实，就是要消融实力，化解坚牢，避实击虚，避难攻易，要求乘虚者收心归静，凝神于虚，潜心研究未竟领域、前瞻方向，拓荒市场，填补空白，锐意进取。

◎ 乘间击瑕 伺隙捣虚

【案例之一】

朱葆三，1847 年出生于浙江定海的乡村娃，未满 14 岁便扛着一只旧竹箱和旧铺盖来到上海一家卖罐头食品和兼营小五金器皿的协记商号做学徒。数十年奋斗，他创办了中国第一家新式银行、华商保险公司、华商轮船公司、信托公司，参与投资工商业、金融业、航运业等近 100 家企业，成为上海第一代绅商中赫赫有名的大人物。朱葆三的成功离不开五金大王叶澄衷、清廷上海道台袁树勋的鼎力相助，但最根本的还是取决于本人的精明和钻"空当"的睿智。

早年朱葆三做协记账房时，袁树勋还只是清廷派驻上海的一名小官，常在协记走动，彼此谈得来，常常畅议做大官发大财。袁树勋后来发达了，自然忘不掉当年的贫贱之交。

据朱葆三的孙子朱亿昌讲：1900 年八国联军侵华，1901 年清政府因战败签订《辛丑条约》，付给各国战争赔款白银 4.5 亿两，年息 4 厘，分 39 年还清，本息计 9.82 亿两。为支付巨额赔款，当时除从朝廷财政收入中腾挪出一部分款项外，其余则全部由朝廷摊派各省筹集，各省须按年分月汇解上海道台，再集中兑付受款国。各省汇给上海道台的钱时间上自然有先后，汇聚中短期沉淀资金怎么处理？上海道台袁树勋本人不懂理财，他就让朱葆三为他打点一切。精明的朱葆三非常乐意干这件事。因为他知道：为袁树勋理财，最直接的利益就是短期沉淀资金的利息提成。若能盘活、用好如此巨大的短期沉淀资金，无疑将是一笔非常可观的收益。

朱葆三巧妙地利用自己慎裕五金号这个平台，把这笔钱拆借给上海及其周围地区各钱庄生息，从中赚取钱庄放款与道台衙门上缴官利之间的利息差。由此，在当时上海出现了一桩怪事，慎裕五金商号竟然成了上海各大钱庄拆借银款的大庄家。每天早上，慎裕五金号账房间里人声鼎沸，坐满了各个钱庄的大掌柜，朱葆三手握对上海各钱庄拆放钱款的予夺大权。

但朱葆三也知道，这种赚取利息差额的做法毕竟有些上不了台面，自己要站住脚跟，除必须坚守诚信为本之道外，还需要一个护身符。于是，朱葆三又利用与袁树勋的交情，打通官府的大门，花钱捐了个三品官。他由商到官，由官而商，双重身份转换自如，很快成为上海滩第一代"绅商"。

【案例之二】

腐朽的清政府与太平天国农民起义军的连年战争，使清廷财政日益吃紧，朝廷便发行京票以解燃眉之急。当时，朝廷下达给福建的京票任务是 200 万两白银，钱庄同业工会要求各钱庄按财力多寡自行认报数字。这是从商家身上挖肉的事，因此与会的各个钱庄掌柜都静默不报。一天，会首卢俊辉召集各钱庄掌柜协商分担京票任务事宜，作为会首，他本应带头认领，不愿吃亏的他，目光在人群中快速搜索，忽然发现了刚开业不久的阜康分号的掌柜胡雪岩就在人群中，想将他作为软柿子来捏。他对胡雪岩拱了拱手，要求胡雪岩认报 20 万两京票。胡雪岩惊愕不小，又左右为难，若不认领那么多，今后与会首关系不好处，在众掌柜面前丢脸。若认领 20 万两，自己钱庄刚开业，库存银只有 10 万两，怎敢认领？自己要背债付银，更严重的是倘不及时兑现，必有欺诈朝廷之罪。为反击会首的刁难，胡雪岩便跨前一步，向会首卢俊辉拱手施礼说道：若会长认报 50 万两，敝号一定足额认领。这可把卢俊辉愣住了，他的元昌盛钱庄流动资金大致 60 万~

70万两，若认购50万两，极不利于钱庄经营。本想发怒，但事因己起，又恐失脸面，只好强压怒火，认报了20万银两。

回到钱庄后，越想越气的卢俊辉，决心报复胡雪岩。钱庄同业内部有一个不成文的规定：各家发出银票可相互兑现，借以支持信用。除非濒临倒闭、失去信用者可拒收拒付。卢俊辉认为，阜康分号开张不久，立足未稳，福州人尚不知晓阜康分号信用如何，只要有人带头拒收阜康分号银票，就可动摇胡雪岩的信用，让他关门滚蛋。某日，元昌盛钱庄开门不久，一位茶商手持一张5000两的阜康银票到柜上承兑现银。卢俊辉接过银票端详许久，认为阜康信用不佳，拒收这张银票。茶商大惊，气冲冲地找到阜康分号理论。正在钱庄料理业务的胡雪岩顿感事态严重，拒收银票是钱庄生意的大忌。若消息传出，恐将产生严重的信用危机，直至钱庄破产。胡雪岩灵机一动，好言安慰茶商，立即叫人搬出5000两新铸足色官银，另按一分二利息加倍奉送。得到厚利的茶商，同意保持缄默。

卢俊辉欲置阜康分号于死地，胡雪岩深知必须强力反击，绝不能让对手阴谋得逞。胡雪岩通过明察暗访，获知元昌盛钱庄伙计赵德贵与新老板卢俊辉的矛盾，起因是因老掌柜的女儿龚玉娇。卢俊辉与赵德贵原来都是元昌盛钱庄老掌柜龚振康手下的伙计，两人岁数相当，赵德贵除形象较卢俊辉逊一点外，诸多方面都不比卢俊辉差。当初，赵德贵在后院听差，天天陪伴在小姐龚玉娇身边，龚玉娇在闺房读书，最贴近和经常使唤的也是赵德贵。小姐无聊时，陪小姐捉蛐蛐、玩游戏的，甚至困了为她捶腿的都是赵德贵。时间一久，赵德贵自认为铁定就是小姐的夫婿了。但让人始料不及的是，老掌柜后来让女儿到柜台熟悉财务，龚玉娇移情别恋，便跟卢俊辉好上了。不久，卢俊辉与龚玉娇结为连理，卢俊辉很快就成了新掌柜。卢俊辉知道赵德贵过去与龚玉娇相好，担心两人旧情复发，故意安排赵德贵去做最脏最累的活儿，经常百般挑剔，克扣赵德贵的薪水。赵德贵常气得发疯，时常出去喝闷酒、进赌场。一次赵德贵赌场输得精光，拿不出白银付赌债，10余人提着刀要割他的两只耳朵抵债。关键时候，胡雪岩救了他，帮他付清了10多两白银。胡雪岩又以1000两银票诱惑赵德贵为其提供元昌盛钱庄的经营情况，赵德贵答应了。

赵德贵跑来告诉胡雪岩，卢俊辉执掌钱庄大权后，一改老掌柜稳健的经营作风。元昌盛钱庄现有存银50万两，卢俊辉却开出近100万两的银票以获厚利，空头银票达40余万两之多。胡雪岩知道，这是非常危险的经营冒险，一旦发生挤兑，钱庄便会顷刻倒闭破产。为了能扼住卢俊辉的要害，他想尽快搜集元昌盛钱庄的 70 万两银票。过了一段时间，元昌盛钱庄的银票还未搜集够数，赵德贵又报告：卢俊辉见存户少有兑现现银，又做出了一项决定：取出 20 万现银筹办一家赌场。目前元昌盛钱庄只有现银 30 万两，只能勉强应付日常业务。胡雪岩听后大喜，他明白自己手中已掌握元昌盛 50 万两银票，凭这些银票就可一举击垮卢俊辉。

没过两天，元昌盛钱庄来了一批主顾，手持银票要求兑现现银，一天中顾客提走了 20 万两库银，这并未引起卢俊辉的注意。第二天，更多顾客挥舞银票要求提现。没等卢俊辉反应过来，银库现银已被提空。卢俊辉急忙向同行各个钱庄告贷，但同行都讨厌卢俊辉平时的狂妄态度，只是袖手旁观，均不愿施以援手。面对汹涌而来的提银顾客，卢俊辉被迫叫伙计关门避债。眼看场面失控，官府已派人前来钱庄弹压，声言要抄家拍卖，依法治罪。这种情况下，卢俊辉被迫同意将店面抵押他人，同行都默不作声。正当卢俊辉万般无奈时，胡雪岩站出来，以接受元昌盛钱庄银票为条件接管钱庄铺面。同时宣布元昌盛钱庄银票均可到阜康分号兑现。一场风波平息，元昌盛钱庄被胡雪岩全盘接收。

【案例点评】

市场竞争，斗智角力，奇谋巧计无穷，但巧于乘间、乘隙，无疑是一计制胜之策。重在寻找市场开发中未识领域或已识未及领域，找准竞争对手管理中的漏洞和薄弱环节，找准互为对手的双方在布局和角力中出现防卫疏忽的地方。案例中的朱葆三发现的"瑕"就是上海道台不懂理财，"击瑕"之道就是借为其理财，巧妙地用好道台手中巨大的短期沉淀资金。胡雪岩的"捣虚"之处就是针对卢俊辉的空头银票，从而击垮并全盘接收元昌盛钱庄。

【智略之源】

（1）乘间击瑕。语出《历代名将言行录》（卷 28）明代袁崇焕的一段论述："坚壁清野以为体，乘间击瑕以为用，战虽不足，守则有余，守既有余，战无不足。"这里的"间"指间隙；"乘"指利用。其意强调以加固营垒、清理收藏财物作为规则，以利用对手防范空隙或薄弱环节打击对手为功用，即使彻底击败对手尚感不足，但实现防守则绰绰有余。关键在于及时发现有间可乘、有瑕可击。

（2）伺隙捣虚。语出《唐李问对》（卷中）："前正后奇，观敌如何。再鼓之，则前奇后正，复邀敌来，伺隙捣虚。"这里的"正兵"指执行正规战法的兵士，

"奇兵"指出其不意攻敌的士卒,"虚"指空虚处。其意讲正兵在前,奇兵在后,以观察敌方虚实。(了解敌方虚实以后)再次击鼓,则奇兵在前,正兵在后,再把敌人引诱出来,乘机打击敌方空虚处。

两谋共同处是寻找对手的空隙、漏洞和破绽予以打击,借用于商业竞争,主要指商家寻找牟利契机、商机和竞争中打压对手的薄弱环节。

◎ 批郤导窾 批亢捣虚

【案例之一】

泰国是一块幸福的国土,是唯一未经过西方殖民统治的亚洲国家,也是一块自由之地(国名字意)。现在华人已达泰国国民总人口的9‰,华侨史学者们称之为"唐人乐土"。在660多万泰籍华人中,诞生了泰国正大集团(外称卜蜂集团)。正大集团由农牧业起家,在世界各地建有26个大型饲料厂,年产量50万吨以上,业务涉及饲料、农产品、食品、商业零售、电信、医药、地产和物流,是跻身世界500家大型企业的国际性企业集团。

正大集团的创始人是谢易初,祖籍广东潮州。1922年在一场罕见风灾之后,为图生计来到泰国曼谷,靠8个银圆做菜籽生意起家,创立了"正大庄菜籽行",后经两代人的奋斗,发展为"卜蜂(农业)集团"。后来掌舵的是1939年出生于曼谷的谢国民,他是一位有战略眼光的企业家,从父亲手中接过管理权后,就主张应以世界原料为原料,以世界市场为市场扩大投资领域。饲料、养猪、养鸡等企业项目应积极进军东西亚、中国台湾、中国香港和中东、美国市场。1979年中国改革开放刚刚拉开帷幕,自小深受父亲教诲的谢国民,作出了一项令世界极为震动的决定:投资中国市场。

有人问谢国民凭什么垂青中国市场?他回答很简单:"商家看中的是商机,讲究的是天时、地利、人和。没有发展机会和空间,就是我有1万个亿也不能跑到美国去做电信一样,发展饲料业为什么我不去有空白地的国家投资呢?中国有13亿人口的大市场,怎不令我向往?"面对稍纵即逝的市场机遇,谢氏家族便以四兄弟名字中间的一个字"正大中国"为名,首先在当时仅有1.2万人的小镇深圳注册，取得"001"号外商营业执照，同时与美国大陆谷物公司等世界著名农牧企业合资建立"正大康地有限公司"，成为深圳特区最早、最大的外商投资项目。随后又在珠海、汕头领取了"001"号外商营业执照，由此也成为改革开放后第一个在华投资的外商集团。

"正大"后来又在除西藏、青海之外的 29 个省、市、自治区建立公司，建成 100 多家饲料厂、50 多家饲料养殖场和 6 条"一条龙"工厂。第一次引入工业饲料概念，有力地推进了中国饲料业的产业化、工业化和养殖产业现代化，广大农民不仅从"正大"得到先进的饲料配方，还获得持续的技术指导。巨大的中国市场空间和巨大的市场购买力给先行者非常丰厚的利润回报，集团每年仅在农牧一个系统的获利就达数亿元人民币。

【案例之二】

祖籍广东潮阳，在马来西亚拥有 320 家公司的"金狮集团"董事长钟廷森，1943 年生于新加坡，幼年长于新加坡，后转入吉隆坡英文中学求学，从 10 岁开始学习做生意，15 岁时到马来西亚参与父亲钟水发的公司经营，从此选择了在马来西亚扎根。有人曾问他选择在马来西亚发展的理由，他说："1971 年，我考察中发现当地人口多，经济落后，很多行业尚处于空白，直觉告诉我这里充满商机。"经仔细考察和周密计划，他决定开一家生产铁质家具和办公用具的厂，希望家族投资 50% 的资金。可家族成员认为风险太大，不愿投资。他耐心说服哥哥一同出资 60 万林吉特。据《中国新闻网》介绍，创业之初，从设厂、融资到拓展经销网，无一不身体力行，艰辛克难，业务步入正轨，第二年盈利，第三年净赚 100 万林吉特。后来他又投资 1200 万林吉特建成了马来西亚第一家年产 500 万吨的钢铁厂，由此成为马来西亚钢铁业的翘楚。

钟廷森是一位有着敏锐商业眼光的企业家。几十年的发展，钟氏家族控制着钢铁、车辆、轮船制造业、百货、房地产、造纸、电器制造和种植业等 13 家上市公司，经营业绩和企业商誉享誉东南亚。

钟廷森一直渴望进入中国市场。他仅以儿童市场为例说：中国每个家庭儿童的平均数比马来西亚少，但他们的购买力（包括玩具）却是马来西亚人的 4 倍。他在中国开的第一家店是北京百盛，定位于高中档，以引领时尚潮流、服务以尽如人意著称，经营范围包括国内商业零售及相关配套服务，营业额是当时国营商场的 5 倍。百盛集团迅速在中国各地市场"复制"成功样板，先后在广州、沈阳、济南、南京、成都、重庆、西安等地投资建成一大批百盛百货商店,加速了百盛中国的快速扩张。1992 年后又投资 8 亿美元,推动汽车及零配件、长铃摩托、金城摩托、钱江摩托等摩配业在中国的快速发展。

【案例点评】

迁亢导窾,避实击虚,从商业谋略角度讲,就是寻找市场的空白点,瞄准需求的空当处,抢先一步,先人一着,为企业发展开辟新路,培育新的增长点,这是"导窾"的追求目标,也是"捣虚"的直接目的。正大集团谢国民瞄准中国饲料业的"空白地",金狮集团钟廷森投资中国商业零售及其配套服务业、摩托制造业,看准的就是中国巨大的消费市场。他们的成功,证实了他们的确善于辨"虚",巧于识"需",更敏于乘"虚",专于供"需"。

【智略之源】

(1)批郤导窾。语出《庄子·养生主》所载庖丁解牛的经验:"批大郤,导大窾。"这里的"郤"(xi)同"隙",指牛骨间隙,引申为空子、机会;"批"指击;"导"指顺着;"窾"(kuǎn)指空。其意是说,解牛的方法是顺着骨节缝隙进刀,将骨头结合处批开,无骨处自然就势分解。后来引申为从关键处入手,顺利解决问题。

(2)批亢捣虚。语出司马迁《史记·孙子吴起列传》:"批亢捣虚,形格势禁,则自为解耳。"这里的"批"指排除;"亢"指充满;"格"指受阻碍;"禁"指顾忌。其意是说:对立双方斗智角力,要相机而动,避实击虚,直捣要害。一旦对方感到形势受阻而有所顾忌时,就自然会主动解围了。

两谋共性在于表明解决问题应抓住关键,直捣要害。然而两者差异明显:前谋重"间",找缝隙、钻空当,后谋抓"亢",击虚避实。二谋借用于商业竞争,主要体现在市场处女地的开发和市场空间的拓展。

◎ 闻声而乘 揣其可乘

【案例之一】

胡雪岩是徽商的代表，一代华商的翘楚。他特别善于抓住一切商机拓展产业，开辟财源。

一次，胡雪岩到上海做生丝生意，住在裕记客栈。当他躺在客房藤椅上闭目养神时，隔壁两位陌生人的对话深深地吸引了他。其中一人讲："上海滩的发展可谓一日千里呀！照目前发展的趋势看，大马路、二马路继续开发下去，南北方向的发展是看得到的。其实，向西一带，将来更有利可图。眼光远的，不管它是苇荡、水田，尽量多买一些地皮下来，等到洋人的马路一修到那里，好家伙，就坐在家里等着天上掉白银吧！"说者无意，听者有心。隔壁两人对上海滩房地产开发走势的一番独到分析，使胡雪岩颇有茅塞顿开之感。

胡雪岩早有涉足地产业的想法，但不知何时从何处下手。隔壁两人的此番分析，使他顿觉时机已到，机不可失。他立即招来副手陈世龙，两人出门雇上一辆马车，向上海滩的西外疾驰而去。实地察勘后，两人当即定下两套可供选择的方案：利用备用资金，乘贱买下一片土地，等地价上涨之后转手赚钱。另外，通过古应春的关系，设法获取洋人开发市面计划，抢先买下洋人开发计划附近地皮，自己开发，获取丰厚回报。

后来的发展证明，胡雪岩选准了进入上海滩地产业的最佳时机。尽管当时太平天国农民起义军顺江东下，屡败清军，但在清军和英法等国"东南互保"口号的共同策应下，上海并未受到战火的波及。东南各地逃难到上海的人愈来愈多，上海进入开埠以来的大开发时期。数年后，每亩地价由数十两白银狂涨到 36 万两，胡雪岩由此赚得盆满钵满。

【案例之二】

1907 年，一位只读了 3 年私塾，身材瘦小，头留辫子，背着小包袱，手拿雨伞的 13 岁小孩，从家乡浙江定海来到上海投靠叔婶，他叫周祥生。

为在上海十里洋场立足，周祥生先到一位驻沪葡萄牙人家里做佣人，周薪 1 块银圆，后到外国商人开办的饭店做应侍生。勤快的小祥生经常为客人殷勤地开拉门，喊叫出租车，日积月累，外宾云集的环境使他练就了一口熟练的英语，也同许多贵宾的司机交上了朋友，了解了汽车出租业务及行情，渐渐爱上了出租车行业。

1919 年的一天，周祥生乘坐一辆黄包车，与车夫共同拾得一包无人认领的卢布（俄罗斯币）。周祥生利用所兑换的 500 银圆及多年积存的 100 银圆，外加借来的 300 银圆，买了一辆二手车，跑起了出租车生意。1923 年，他打出了"祥生汽车行"的牌子，用"丁"做公司商标。

1931 年，周祥生在接送旅客时，从一位做五金生意的朋友那里得到一个内部消息：美元即将升值。他整夜浮想联翩，久久不能入睡，果断决策：买进一些美元。马上又用手中的美元以预付两成定金的方式，向美国通用汽车公司分四批定购了 400 辆新车。很快，美元升值近一倍。周祥生又立即高价卖掉 400 辆新车中的 200 台，所赚利润用于偿还借银，将余下的 200 台"雪佛莱"、"福特"车车头都贴上"祥生"标志，挂牌成立"祥生出租汽车公司"，募股 10 万银圆，周祥生控股 65%，他自己出任总经理。许多出租车公司老板都以惊愕的目光看着祥生车行的快速扩张，他们突然发现自己已根本无力与周祥生展开竞争了。

此后，世界各大石油公司在上海展开激烈的竞争，市场油价开始大跌。这对于周祥生的出租车事业来说，真可谓是如虎添翼。他放手一搏，直接向英国人学习出租车标识设计，汽车统一涂上绿色，车顶、车旁都冠以"祥生"字样。还借鉴西方人的管理经验，对开车驾驶员试行担保，择优选聘那些技术熟练、道路熟悉、身体健康、品德端正、无不良嗜好、待客热情、爱岗敬业、保养车辆、自觉维护公司形象和声誉的高素质司机，加入出租车公司队伍。

到 1932 年，公司已发展成为拥有 230 辆出租汽车，22 处分行，800 余名职工的上海出租车大王。

【案例点评】

司马迁《史记·货殖列传》中讲了一段"既绕争时"的道理：没有资金和财力时，主要靠下苦力挣钱；有了一定的资金和财力，主要靠智力和策略赚钱；而资金和财力雄厚时，那主要靠对市场商机的把握来赚钱。精读孙吴，熟习战史，善于兵林采英的明代军事理论家尹宾商在《兵罍·乘》中也强调重视观察和研判时机，尤其要善于乘时。胡雪岩利用客栈所获信息，抢先购置上海滩沪西一带土地开发房地产；周祥生从朋友口中获得美元即将升值的信息，立即作出从美国购车、扩大车行的决定。他们捕捉商机，用好商机，乘势而进，其敏锐、机智和行动的迅捷给人以重要启发。

【智略之源】

（1）闻声而乘。语见《管子·轻重甲》："轻重无数，物发而应之，闻声而乘之。"这里讲的是齐桓公关注运用物价政策有无定数的问题，管仲明确回答：运用物价政策没有定数。物资一动，马上要有相应的政策应对。听到市场信息，要仔细甄别，要善于及时利用。

（2）揣其可乘。语见尹宾商《兵垒·乘》："夫必胜之术，合变之形，妙在于乘……揣其可乘而乘之，善制敌者也"。这里的"揣"指揣测、揣摩。其意是说：大凡取胜的权谋之术，随机应变的战场示形，都与巧妙地乘机有关，关键在于观察和判断对手有无可乘之机。善于抓住机会打击对手，就是善于制服对手的人。

两谋都突出一个"乘"字，不同点在于前谋强调乘时，后谋注重审慎的乘机。

◎ 釜底抽薪　击蛇七寸

【案例之一】

新中国成立初期，国民党政府统治后期造成的恶性通货膨胀余波尚存，恢复和发展国民经济，医治战争创伤等任务紧迫，但收入甚少，开支浩大，国家财政收支严重失衡，新生人民政权不得不考虑大量发行纸币以弥补。

1949年5月上海解放，中央政府决定让人民币通过购买上海物资进入上海，组建中国银行上海分行，同时，准许金圆券在上海暂时流通，允许人民币以1∶10万比例兑换金圆券，力图让人民币成为权威货币。但出人意料的是人民币却进不了上海。原来，不法资本家与新生人民政权玩起了出奇匿伏的把戏。先冷眼旁观人民币兑换金圆券，当人民币基本兑换掉金圆券后，再利用囤积的大量银圆倒换人民币，任意提价投机，1块银圆转手即可获得160多元人民币，使人民币和银圆的比价一涨再涨，造成人民币大幅贬值。加之不法资本家的操纵和宣传，各商业机构一时间都只用银圆标价，拒收人民币。资本家想用双管齐下的办法挤垮人民币，使人民币变成一堆废纸。更严重的是，由银圆投机开始的物价风潮，迅速向粮食、棉纱等主要商品传导，带动上海物价全线上涨。13 天内整个上海物价总指数上涨 2.7 倍以上，黄金、银圆、大米、棉纱分别上涨 2.11 倍、1.98 倍、2.24 倍、1.49 倍。人民币作为流通货币地位，几乎被黄金、银圆所排挤。毛泽东和周恩来从经济全局考虑，决定组建中央财政经济委员会（简称中财委），指导全国经济工作。中财委主任陈云来到上海，决定同不法资本家打一场银圆之战。

陈云冷静地分析了上海的金融形势，清醒地认识到：用惯常的抛售办法对抗，势必出现 6 月 5 日向市场抛售 10 万枚银圆，被投机分子全部吃进，未能稳住市场，反亏 10 万银圆的局面。不要说政府未必有那么多银圆可以攻防，即便足量抛售，也极可能造成全国游资围攻上海，形成决战态势。选择什么样的方式反击，能做到一剑封喉呢？陈云与陈毅市长等商议，为了有力打击投机商人，关键是知己知彼，摸清"敌情"。立即派出经济情报人员，对违法商人的活动展开秘密调查、筛选和跟踪摸底。很快发现：反动资本家和投机商人的大本营就在上海汉口路 422 号证券大楼的证券交易所。他们以此为中心，触角已伸向上海市各个角落。特别是一个叫张兴银的金融业主，在 4 楼 265 号的办公室，外挂寿昌金号招牌，内装 25 部电话机，电话线密如蛛网，从门外沿着天花板伸到屋内。房间内还藏着许许多多的暗号和密码，与四面八方联系。在旁边则挂着一个红纸表格，好像军用地图般用来指挥作战，上面写着 8 个大字：黄金、美钞、袁头、孙头，每个项目下面，都用白粉水笔注明买进卖出的价格。显然这里是金融战线上一座奸商的前线指挥所。

"敌情"已明，陈云和陈毅决定：端掉"敌窝"，釜底抽薪。6 月 8 日，华东、华中局，先通过报纸和广播向投机商们阐明国家政策，要求他们立即停止经济犯罪行为，不法资本家和投机商人的银圆投机活动照样有恃无恐。6 月 10 日，市公安局局长李士英带领 200 多名军警查封了金银投机大本营证券大楼，控制证券大楼的所有通道和主要场所，逐一清理登记大楼内的 2100 人，集中于底层大厅由政府代表训话。扣押和逮捕了 238 名投机分子，押送法院审讯，其他人员经教育后陆续放出。

仍不死心的不法资本家转而利用小商小贩，继续与政府打"游击战"，在城区小街道和里弄里贩卖银圆。虽然这些零星活动在上海金融领域已掀不起大的风浪，但仍在市民中造成较大的负面心理影响。陈云又指派人员协查倒卖银圆的小商小贩，追查根子，深挖后台，端掉窝子，街道上再也见不到银圆贩子了。

为巩固成果，扩大战果，政府又打出系列"组合拳"：铁路、公路、上海公用事业单位一律限用人民币，征税一律征收人民币。在上海发行实物公债，其他一些地方也相应发行公债。通令各私人银行检验资金，开放全国各地区之间的汇兑，用较稳固的老区货币支持新区货币。几乎同时公布了《华东金银和外币管理办法》，禁止金银、外币自由流通，私相买卖，禁止金银、外币计价，人民银行开始挂牌收兑金银外币。翌日，上海银圆的兑换价格从 2000 元人民币猛地跌至 1200 元，米价也随之下跌 10%。银行随即举办折实储蓄存款。系列配套措施有效取缔了金银投机活动，人民币通货地位得以在上海市场初步确立，整个物价也获得了短时期的稳定。

继后，武汉、广州等全国许多大城市纷纷效仿，逮捕银圆投机分子，查封投机钱庄，取缔扰乱金融市场的街头兑换店。经济与强力手段相结合的一系列措施，很快平息了上海及全国不法资本家掀起的银圆风波。这场经济斗争史被称为"银圆风潮"，也称"银圆之战"。

【案例之二】

毛鸿翙，晋商中著名的蔚字五联号的首任掌柜，他不是老板，却有足够多的白银向官府纳银，为自己、老婆、儿女和尚不知何处的玄孙捐官，满门官衔，名传三晋。这是毛鸿翙发达后的事。

毛鸿翙当年还是一个小伙计时，就表现出了他不同凡响的商业天赋。一次掌柜让他去平遥采购胡麻油，由于他去晚了一步，所有的胡麻油都被别的商号采购一空。他担心自己采购不到胡麻油，回去一定会受到掌柜的责备。于是，他心生一计，买空当地市场上出售的全部油篓子。

为什么要买空当地市场的油篓子呢？因为毛鸿翙知道，当时晋商买油分油都是用油篓子运输，购油者届时分油从不自带油篓子，这已成为当地人的经营习惯。因此，尽管距离分油还有好几个月时间，买断了油篓子，就意味着控制了装油运油的关键。无油篓子，毛鸿翙想看看他们用什么东西装油运油。

这一招果然很灵，到分油时，原先那些商号无油篓子装运胡麻油。当他们得知市场上的油篓子都被毛鸿翙买去后，便纷纷找到毛鸿翙购买油篓子。毛鸿翙借机提出以油篓子换购胡麻油，其他油商只好同意，结果毛鸿翎采购的胡麻油比别人采购的数量还多得多。毛鸿翎这一招，够精明的。

【案例点评】

《韩非子·外储说右下》有言：善于张网捕鱼的人牵引渔网的纲绳，鱼就自然被网住了。《荀子·劝学》篇又说：用手抓起皮衣的领子，抖动皮衣，被理顺的皮毛数也数不清。陈云与上海不法资本家展开的"银圆之战"，"抽薪"之举就是一举端掉"证券大楼"这个"敌窝"；毛鸿翎"击蛇七寸"就在于买空当地市场出售的全部油篓子，以此实现以篓换油。

【智略之源】

（1）釜底抽薪。语见汉时董卓《上何进书》："臣闻扬汤止沸，莫若去薪。"这里的"釜"即古时的一种锅；"薪"指柴。其意讲：锅里的水沸腾，是靠火的力量，而柴草则是产生火的原料。与其扬汤止沸，倒不如从锅底下抽走柴草。

（2）击蛇七寸。民间俗语讲：打蛇打七寸。是说蛇的要害部位在离蛇头七寸那个地方，击蛇就是打击这个关键部位。

两谋同为治本之举，不同之处在于前谋偏重断源，后谋偏重"封喉"。

◎ 似顺实逆　顺以导瑕

【案例之一】

吴蕴初（1891~1953），名葆元，以字行，江苏省嘉定县（今属上海市）人。他创办了我国第一家味精厂、氯碱厂、耐酸陶器厂和生产合成氨与硝酸工厂，是我国现代著名的化工实业家，为我国化学工业的兴起和发展做出了卓越贡献。

他筹资创建天厨公司和中国第一家味精厂，生产出"佛手牌"优质天厨味精，打败了长期占领中国市场的日本"味之素"，支持了当时的抵制日货运动，夺回了中国市场。其产品很快出口欧美市场，发展了民族工业。吴蕴初非常重视味精质量，对味精生产的20余道生产工艺程序都从严把关，并制定出严格的工序操作规则和质量要求标准。天厨味精市场购销两旺和高额利益回报，极大地刺激了根泰和合粉厂和化学工业社等企业。为挤占部分调味品市场，以根泰和合粉厂为代表的本土企业千方百计想获取天厨味精的生产工艺技术和商业情报。为此，吴蕴初采取了三项对策：

扎牢"篓子"。天厨公司关键性岗位的技术工人，必须是经长时间考察的，由老实、忠厚、诚恳的人员担任；加强爱厂爱业教育，辅之以较高薪酬，让他们自觉自愿地长期在企业干下去。

虚实相乱。吴蕴初把他的姨夫马桐生安排在粗料工场做一般的工人（文盲，不懂技术），却对外称其为技师。果然不出所料，为窃取天厨味精的技术秘密，根泰和合粉厂于 1925 年，不惜用重金挖走马桐生，聘请他为技师，让其主持技术生产。吴蕴初为迷惑对方，也做给公司和其他工人看，以便杜绝此类现象的发生，还是去法庭控告了他。马桐生到根泰和合粉厂后，竟煞有介事地充当起技师来。但时间一长，还是露出了破绽，因为他根本不懂技术，最后被根泰和合粉厂撵了出来。根泰厂偷鸡不成蚀把米，吃了哑巴亏。

釜底抽薪。1926 年初，根泰和合粉厂加大了与天厨公司的市场争夺力度。先是在上海电台、上海各大报刊做广告，大造舆论。紧接着，在上海新世界游乐场接连举行抽奖赠送活动，每天均抽几次奖，每次抽出几十人，免费向中奖者赠送根泰和合粉味精。一时间，整个大上海沸沸扬扬，人们整天谈论的就是根泰和合粉。后期，甚至不惜血本大搞赠送活动。对此吴蕴初和他的天厨公司不可能坐以待毙，便开始购香烟托人去大世界调换根泰和合粉味精，其粉送厂复提，瓶则转送玻璃厂。第三天后，根泰厂发现抽奖或赠送的根泰和合粉味精，很快被人以香烟调换，于是便停止了一系列恶性竞争活动。

【案例之二】

出生于浙江余姚的黄楚九，怀揣祖传《活胺 72 症方》，16 岁便来到上海城隍庙春风得意楼前摆起了药摊，卖起了药丸。他勤于动脑，静心钻研，借钱开办了一家中法大药房，兼卖中西药品，并先后创设了 100 多个品牌药名，甚至一掷千金，动用飞机投广告，为中法大药房带来了巨大的经济效益，也使黄楚九成为当时大上海民族药业的翘楚。

上海是一个受外来文化影响较大的国际性大城市，为迎合国人崇尚洋货心理，黄楚九曾推出了一个英文名字叫 Doctor Yale（意为艾罗博士）的"艾罗补脑汁"品牌药。其实就是一款安神健脑的滋补性中药，根本就没有这个洋博士，是他从"黄"姓谐音演变而来的。为什么又取名补脑汁呢？因为他看透了一些买家的心理，强调补脑汁有利长智慧、助睡眠、治神衰的功效，让许多人怦然心动。

黄楚九站在买家的角度去思考，借鉴西药糖浆的服用方法，从国外进口药瓶，中药实行西式包装，深受客户的欢迎。"艾罗补脑汁"卖得出奇的好，中法大药房门前车水马龙，门庭若市，销售额持续攀升，日进斗金。

某天，一个外国青年来到中法大药房找黄楚九，口称他就是 Yale 的儿子，声称父亲把药方给了他，现在父亲已去世，临死前让儿子找黄楚九领取知识产权费。黄楚九自然知道这是十足的诈骗，但又不便声张，便顺势来了个将计就计。他把"艾罗博士"的儿子请到大饭店，盛宴款待，并介绍给许多商界名流。饭后，又拿出 1000 银圆让小"艾罗"立下字据，赋予中法大药房"艾罗补脑汁"的独家生产经营权。从此，艾罗补脑汁更是名声大振。黄楚九借势在部分省（市）设立分店，迅速拓展了全国市场。

从潘君祥、段炼所著《话说沪商》中可以看出，黄楚九为什么明知是诈骗还任由对方敲诈呢，意在避免人家挑破谜局，也是为了维护自创品牌的地位。

【案例点评】

市场博弈中，充满着算计，你想算计人，人亦算计你。如何做好"业有成算"、"算无遗策"？从唐代李义府《度心术·逆心》所述可以看出，其策略有两种：一是"信"，即"谋逆谋信"。争取对手的信任是前提，有了信任事情才能成功。二是"顺"，即"顺之为逆"。这种"顺"，一种是以求自保，一种是知逆顺逆。案例中吴蕴初、黄楚九的商战之策，就是巧妙地做到了"顺以导瑕"。当然，就广义的商业竞争而言，"顺意"的关键在于了解人，研究人，揣摩人，顺人之意，求我之利。一可利用人们"买菜求添"心理，让利得利，力求互利双赢。二可利用人们的虚荣显摆心理，"顺以导瑕"。

【智略之源】

（1）似顺实逆。参见冯梦龙《智囊·上智部总叙》："或先忤而后合，或似逆而实顺。"这里的"忤"指抵触。其意是说，有些事起初相抵触然后相符合，有些事似相反而其实并不矛盾。所谓"智无常局"，智无常规。"似逆实顺"之计的反用就是"似顺实逆"。表面上看似迎合顺从,实际上是诱导对方步步犯错。

(2)顺以导瑕。语出明代揭暄《兵经百篇·顺》:"大凡逆之愈坚者,不如顺以导瑕。"这里的"瑕",由玉石的斑点引申为错误或失误。其意是说:凡是强攻容易碰壁的,不如顺着对方的企图为我方创造可乘之机,诱导对方犯错误。

两谋共同点在于强调变明为暗、变硬为柔是诱导对手犯错的策略。不同处是前谋讲表面迎合,暗地诱导对方犯错,后谋讲变强攻为柔性进攻,在顺意中发现破绽,以计误敌。

◎ 顺详人意　欲取姑予

【案例之一】

出生于秦州长道县(今甘肃礼县),在文坛"鸿笔丽藻,独步当时",作诗"逾万首",有"诗窖"之称的唐末五代时期重要的文学家、政治家王仁裕,著有一部琐闻性质的笔记体小说《玉堂闲话》。在第一卷里讲了一个名叫刘钥匙的人,如何引诱富户欠下债务,又以极高的利息搞得富户倾家荡产的故事。

唐代,在陇右(今甘肃省的东北部)的水门村,有个开设店铺的商人叫刘钥匙,不记得他的具体名字。他很能经营,时常聚集一些难得的货物。特别善于搜刮民间资财,尤以发放高利贷为业,就好像拿着钥匙去打开人家的箱子和钱匣,直取珍珠财宝一样方便,人们给他取了个"钥匙"的诨号,家里财富积累多达1000金。

他的一位邻居很富裕,总认为自己比豪富巨贾差得太远,总想把生意做大。生意做大,就必须加大资金投入,于是他就向刘钥匙借钱。每次借钱,刘钥匙都很爽快地借给了他。多少年过去了,借钱还款的事,刘钥匙从不提起。忽然有一天,刘钥匙拿着借债的凭据向借款人讨债,结果比原来所借钱财数目增加了好多倍。借款人一时还不完,刘钥匙便托本取利,改年息为月息记利,无限期地继续盘剥他,直到把邻居所有的资财都变成了自己的。借债的人后悔、怨恨得不得了。

后来刘钥匙死了,借债人家养的母牛生下了一头小牛犊,在臁骨和肋骨之间有"刘钥匙"三个字，就像用笔墨写上去的一样，小牛犊被借债人家用牛鞭抽打役使，身上没有一块完整的皮肤。刘钥匙的妻子和儿子刘广同情背有"刘钥匙"三个字的小牛犊，就花很多钱买回了小牛犊，放在屋里，像刘钥匙活着时那样精心地喂养着。等到死了，就装入棺材埋葬在荒野里。《太平广记》（第134卷）也记录了这个故事。

【案例之二】

明代万历年间，文学家张应俞（字夔衷，浙江人）撰写了一部4卷本《杜骗新书》（又名《江湖奇闻杜骗新书》）。该书细微地刻画和描写了明朝晚期社会和商界交往中尔虞我诈的事例。其中一例讲商界朋友间相互算计的案例。

金从宇、洪起予两人均为明初应天府（今江苏南京）人，同居一街，都在京城开着大商铺，是拥有1000金资本的富商。两人不同之处是从宇工于心计，阴险狡诈，起予性格温良朴实，诚实无欺。

两人时常一同买卖客货，交友会客，同堂宴请，相互劝酬。常言说："仁慈不统兵，诚义不聚财。"凭着长期对洪起予的观察，金从宇认为他为人仁慈好义，诚朴率真，缺智少谋。时间一长，金从宇贪欲便起，奸计始生。开始谋划着如何将洪起予的商铺和买卖变成他金从宇独有，实现更大的发财梦。不过他也深知，此事宜明以笼络，暗则智取。可针对起予嗜酒的特点，以酒误导，让他整天在烂醉如泥中逐渐放弃正常业务经营，逐渐取而代之。

谋定后动。金从宇表面上与起予交往更密，过年过节均以礼物相赠。从宇则以小孩满月酒，平时打"平伙"，参与婚庆寿宴等，相互劝饮。春秋之际，良辰美景，邀与同游。夏月清凉，通宵畅谈。日复一日，起予果中其奸，醉生梦死，享乐玩游，不事买卖。相反，金从宇虽然日伴游饮，生意上全托付其弟济宇支撑，重大事宜则晚上商议，平常小事由其弟全权处置。起予店铺时常空无人守，客户约定货物往往不能按时送达或及时接货，新老客商多被济宇店铺拉走。从宇商铺生意日益兴隆，起予商铺生意一蹶不振。

起予的收支入不敷出，开始从从宇处借银，从宇为此随借随取。每借银两，一半是九成银，一半是七八成银，只是记账画押。前后不到两年时间，起予先后从从宇处借银600余两。

金从宇眼见时机已成熟，便催促济宇出面，不断前往起予家催收借银。往往催逼太急，起予被迫改从其他朋友处高息借银200余两还债。但清理债务，起予仍拖欠金从宇家 400 余银两。金从宇于是便理直气壮地逼迫洪起予以田宅典当，换银还债。洪起予再三请求金从宇放宽期限，金从宇便以"商铺本银是我同小弟济宇共同资产，小弟济宇已多次怨我借银予你"为由，表明无权表态延期。加之金家有洪起予田宅契约在手，起予推延不过，被迫将商铺等产业悉数交金从宇兄弟。其他债主闻知也一哄而上，都前来逼债还银，不到 3 年，洪起予 1000 余金的巨额资产也就还债一空。洪起予家业破败，金从宇从此不再搭理洪起予，洪家前往借银也分文不借。

此后，金从宇又用同样计谋，对付与金家有商业竞争关系的杨掌柜之子。有人笑着对杨掌柜儿子说："你可能是洪起予的替身。前车之覆，不可不鉴哦！"杨掌柜的儿子从此疏远了金从宇。

【案例点评】

两例中刘钥匙与邻居、金从宇与洪起予同乡同业，交往甚密，知己知彼，相机设陷，特别是金从宇一例，更有典型性。为击败同伙，占其产业，他连施三招：第一招："顺详人意"。利用洪起予嗜酒特性，投其所好，调动对手。第二招：业荒于嬉。利用洪起予经营业务下滑之机，设法截留洪起予业务往来关系，挖走洪起予客源。第三招："欲取姑予"。洪起予生意日渐萎缩，支大于收，为弥补生意周转之急，不断借银。金从宇对此有求必应，有借必给，诱其就范。洪起予失败的教训在于重义轻防，乐而忘业。

【智略之源】

（1）顺详人意。参见《孙子兵法·九地篇》："为兵之事，在于顺详敌之意。"其意是说用兵行谋，在于顺从对方的意愿，并设法诱使对方犯错。

（2）欲取姑予。语见《战国策·魏策一》："《周书》曰……将欲取之，必姑予之。"其意是说想要从别人处获取什么，必须暂且先考虑给予别人什么。在这里，"予"是手段，"取"是目的。

两谋一致的地方是假象相惑，明助暗倒。不同处在于前计顺人误人，明顺暗逆，后计以予相诱，先予后取。

〉〉〉 五、临事机变

正如一位企业家所言：每条河流都有一个奔向大海的梦想。长江、黄河都奔向了大海，尽管方式和轨迹各不一样：长江劈山开路，黄河迂回曲折。企业如何在激烈的市场竞争中生存发展？关键在于以变应变、临事机变。

◎ 践墨随敌　因情机变

【案例之一】

我国清代文学家钱泳（1759~1844）在其撰著的《履园丛话》中，记叙了一则变中求适的故事。

从前，有位成衣匠（裁缝）制衣手艺高超，善于观察和研究各类社会现象，凡来请求他裁制服饰的人他都要逐一询问主人的性情、年纪，观察体貌，了解何年科考（科举考试）及第等情况，唯独不问穿戴尺寸。许多人对此都不太理解。

一次，有人很直率地请教这位成衣匠：人家裁制衣物都注重量体裁衣，为什么你裁制服饰时不问尺寸呢？裁缝师傅解释道：除目测身体高矮胖瘦外，我知道少年科考及第者往往心高气傲，走路挺胸昂头，裁制衣服应前长后短。老年科考及第者，心灰意懒，低头曲背，裁制衣服应前短后长。应考者身体壮实肥胖，裁制衣服时要考虑胸围腰宽。应考者体弱修长，裁制衣服时要考虑窄肩瘦身。性情急躁的应考者，裁制衣服时应考虑尺寸略短。性情沉稳的应考者，裁制衣服时尺寸应略长。

这位师傅的裁衣要领概括起来，就是强调因人因情而异，一切从实际出发，区别对待，"量体裁衣"。

钱泳为此有感而发：现在的裁缝，不知长短之理，只知依旧衣定尺寸，或一味追求时尚，事先就抱定一定做得合身的奢望，又怎么能一定做得好呢？裁制男女的衣服，要真正做到杜少陵（杜甫）《丽人行》诗中所要求的"稳称身"（合身、贴身）着实也很难呀！

【案例之二】

中国是一个饮食文化十分丰富的国家，也是一个民族众多、地域差别大、饮食口味各异的国家。30多年来对内对外开放，地区间、国家间交往日益频繁，饮食行业如何适应不同民族、不同地域、不同年龄等众多饮食消费者的消费需求，是美食行业竞争面临的一大难题。借用民间一句歇后语："王小二下馄饨，看人兑汤"，也许能破解这一问题。

"看人兑汤"就是"因人调味"。这里有一个掌勺的学问和艺术，根据不同对象及其不同的饮食习惯，不同的需求，加进不同的佐料，调出不同的口味。不可小视这其中的学问，因为不同的民族、不同的国家具有不同的饮食习惯和口味特点。

同属亚洲的越南、朝鲜、日本、菲律宾、新加坡、印度尼西亚、泰国、缅甸等诸国国民，虽然都以稻米为主食，食品口味大部分人宜清淡，但越南人爱吃酸甜糖醋味，朝鲜人喜吃辣味、芝麻香味，日本人偏爱麻香、甜酸味，菲律宾人爱吃香辣调味，泰国人喜吃辛辣香味菜，要做到"一人调味众人香"实属不易。

同是中国人，有粤菜、川菜、鲁菜、苏菜四大名菜系列，各自历史悠久，风味独特，享誉中外，可谓"一人难调百人味"。尽管如此，不同地区的人大致也有近似的口味需求。曾经有人编了一段顺口溜：安徽甜，湖北咸，福建、浙江咸又甜；宁夏、河南陕甘宁，又辣又甜外加咸；山西醋，山东盐，东北三省咸带酸；黔赣两湘辣子蒜，又辣又麻数四川；广东鲜，江苏淡，少数民族不一般。"王小二下馄饨"要真正实现"八方来客尽欢颜"也的确难。

【案例点评】

市场情况瞬息多变，商界角力奇招迭出。如何处变不惊，应变有方？笔者认为，关键一要像"王小二下馄饨"那样，不仅要研究"食客"的国别性，而且要研究其民族性；不仅要研究"食客"的区域性，而且要研究其生活的习惯性；不仅要研究"食客"的嗜好，而且要研究其需求的多样性，时异势殊，因人而异，以变制变，灵活多变，变中求适，变中求存，变中求胜。

【智略之源】

（1）践墨随敌。语出《孙子兵法·九地篇》："践墨随敌，以决战事。"这里的"践"指实行，"墨"即指木工用于弹线用的绳墨。"践墨随敌"意在说明：执行作战计划一定要随着敌情变化而不断加以改变，以求得战争的胜利。

（2）因情机变。源于明代军事理论家尹宾商《兵垒·变》："良将用兵，若良医疗病；病万变，药亦万变，病变而药不变，厥疾弗能疗也。孙子曰：能因敌变化而取胜者，谓之神。"这里的"厥"作"那个"解。其意是说：一名优秀的指挥员，好比高明的医生治病，病不同用药也不同。病情变化了而药方没有变化，病是治不好的。大军事家孙膑认为能够根据敌情的变化而采取不同战术打胜仗的，那才叫高明。

两谋的共同点都是强调审时度势，因应敌情，灵机应变。不同点是前者的"变"是敌情变我既定计划要变，后者"变"是战术和策略的变化。

◎ 宗原应变　守经达权

【案例之一】

1941~1942年，抗日战争进入战略相持阶段，日寇对抗日根据地推行灭绝人性的"三光"政策。国民党当局继1941年1月发动震惊中外的"皖南事变"之后，又对共产党领导的陕甘宁边区实行了全面的军事和经济封锁，边区政府面临极大的财政困难和压力。

一天，毛泽东在枣园对南汉宸风趣地说："我们不能跳崖，不能解散，我们要自己动手。中央决定由你出任边区财政厅厅长。"南汉宸听后为之一震，深知责任重大，任务艰巨，便对毛泽东讲："这可是无米之炊哟！"毛泽东充满信任地回答道："如果不是无米之炊，也不会找你。我就是要你做一个会做无米之炊的巧媳妇。"毛泽东为什么在人才济济的大批干部中，唯独选择了南汉宸出任边区财政厅厅长呢？这与南汉宸特殊的生活阅历、社会关系和特有的"三气"（正气、"猴气"、"匪气"）有关。南汉宸的"三气"集中体现在与"山西王"阎锡山的既合作又斗争的智慧中。

抗战相持阶段，阎锡山始终处于日寇、蒋介石和中共斗争的旋涡之中。国民党在封锁陕甘宁边区的同时，也不断卡紧阎的脖子，压缩对阎的物资供应，使阎到了无法生存的地步。阎对王世英说：重庆当局不仁，我晋西地域狭小，靠抢粮求生存，已令前方个别部队与日本人往来。同时，阎又与中共密切合作。用阎锡山自己的话说：就是"以共生求自生，以共存求自存"。这叫"三个鸡蛋上跳舞"。所以，即便发生了1939年12月初的"十二月事变"（又称晋西事变），南汉宸仍积极贯彻党中央关于拉阎（防降日）、抑阎（防反共）、存阎（解决阎方经济困难）的政策。继续与阎开展双边贸易，"以物易物，以有易无，互助互利"。阎对中共这一政策非常高兴，特指定其经济作战处处长徐士琪和贸易特派员崔楚材等与南汉宸的协和贸易公司联系商谈，阎方在黄河以西的桃渠和河东的吉县成立办事处，在平渡关、马头关、永和关、辛关和三交等地设立专事物资交换的渡口。初期双方交易主要是陕北的食盐和石油，晋西的布匹和熟铁；后期双方的联系越来越多，贸易额越来越大。1944年春，崔楚材去延安与边区对外贸易局就扩展贸易范围及交换物资品种进行磋商，崔成为了与延安进行经贸活动的常驻代表。当地商人也一批批到陕北做买卖，促进了晋西与陕北的经济发展，打破了日寇和国民党对陕甘宁边区的经济封锁和对阎锡山的限制合并，牵制阎氏始终未敢公开降日。阎锡山也借助边区的力量与日寇及蒋介石抗衡或周旋，达到了"自存"的目的。

南汉宸长期从事地下工作，阅历丰富，与冯玉祥、杨虎城、续范亭、吉鸿昌、傅作义、邓宝珊、李烛尘、高崇民等许多进步的国民党军事、政治、经济以及文教界进步人士建立了良好的统战关系。有人说他是"红白（国共）两党"和"三教九流"通吃，到处都有他的朋友，社会活动能力特别强。他在日寇占领区和国统区建立了以协和贸易公司为代表的商品贸易网络，打通了边区与外界物资交流的通道。

据中国人民银行行长南汉宸的秘书杨培新先生（改革开放30年8位独具创建的经济学人之一）回忆，当时随着边区食盐和土特产等物资产量的日益增加，质量的不断提高，为搞好商品流通，为边区财政筹集更多的资金，南汉宸提出实行食盐专卖，集中收购，禁止走私，开展对国统区的商品交易。他倡导用陕北土特产从国统区交换边区所需的军用和民用物资，巧借西安地区各种帮会组织的力量搞活边贸。在国统区，"算起辈分，那些龙头大哥得称南汉宸为前辈"，于是他们调动胡宗南部队里的帮会成员，把边区特产送到西安卖出，再买药品等物资运进边区。南汉宸的妻子王友兰，同时也是南汉宸的交通员，她执行任务时，国民党的军长、师长夫人沿途迎送，"就因为她是南汉宸的夫人"。一支支运输队把边区出产的各类物资运到国统区和敌占区卖出后，再购买各种物资运回边区。很多革命青年就是扮作马夫，随运输队穿越封锁线，来到革命圣地延安的，打破了国民党和日寇的封锁。

就这样，从没学过经济学知识的财政厅长打破了国民党和日寇的封锁，解决了边区政府的经济困难，帮助边区政府度过了抗日战争最艰难的时期。

【案例之二】

明朝隆庆四年（1570 年）九月，蒙古皇室内部内讧不断。蒙古俺答汗的孙子把那汉吉奔投明朝。

面对这一非同寻常的意外事件，明朝文武百官众说纷纭，莫衷一是。出身晋商家庭，时任陕西总督，负责长城一线军事防务的王崇古，寻思再三，认为此事若处理不好，将进一步危及明朝与蒙古可汗的关系及边境的安宁；若处理得法，既利于边境的和谐安宁，又利于打开蒙古市场，为晋商发展边贸提供商机。于是，他向中央朝廷力陈"册封蒙古可汗，明确蒙古可汗向明朝朝贡，发展蒙汉边境贸易"的好处。在朝议纷纷、相持不决之时，同样出身山西商人家庭，明习时事，熟悉边防事务的张思维（山西蒲州风陵人，商人家庭，吏部左侍郎），上下奔走，竭力支持掌管吏部大权的高拱、内阁首辅张居正和舅父王崇古与鞑靼首领（明代对漠北蒙古人称鞑靼）俺答议和经商的主张，于是明蒙议和、开通互市成为朝廷主流意见。

明朝中央政府妥善处理了把那汉吉投明事件，有效缓和了汉蒙矛盾。随后又责令王崇古广召各地商贩积极发展对蒙贸易。历时 200 多年的汉蒙边境战争由此落下帷幕，明蒙商贸交往日益频繁。

据瞿九思著《万历武功录·俺答列传》载，华商多以缎、绸、绢、梭布、棉、针线、篦梳、米、盐、糖、果、水獭皮、金交换蒙古牧民的马、牛、羊、骡等，特别是山西生产的铁锅，尤受牧民欢迎。仅隆庆五年（1571 年），大同得胜堡、新平堡和张家口堡、山西水泉营 4 个马市（官市）贸易马匹 7030 匹，民市贸易骡、马、牛、羊达 21380 头，是官市贸易的 3 倍。即便这样，每年一次的民市贸易还不能满足需求，明朝廷又在宣府、大同、山西、陕西、甘肃、宁夏各边设月市，后来又增加临时小市。明蒙之间互市经贸，增加了明蒙双边税收，也为晋商在俄蒙市场大显身手搭建了发展平台。尤其是大获其利的晋商，此后开始南下江淮，与徽商争夺盐利，逐渐成为称雄天下 500 年的第一大商帮。

【案例点评】

任何问题的处理都须遵循一定原则，讲究策略艺术。先贤尤其注重处理好"经"与"权"、"原"与"曲"的关系。案例之一中南汉宸贯彻"拉阎、抑阎、存阎"方针，践行了"守经达权"的原则，既发展了边区贸易，缓解了边区政府经济困难，又有效限制了阎锡山的反共降日。案例之二中以王崇古、张思维为代表的明朝廷诸大臣，成功说服皇上妥善处理把那汉吉投明事件，结束了 200 余年的蒙汉战争，促进了数百年蒙汉贸易业发展，是"宗原应变"谋略运用的成功实践。

【智略之源】

(1) 宗原应变。语出《荀子·非十二子》："宗原应变，曲得其宜。"这里的"原"指本源，"宗原"即遵守根本原则；"曲得"指多方面获得。其意讲：既遵守礼法的根本原则，又善于应对各种情况的变化，各方面都做得恰到好处。

(2) 守经达权。语出柳宗元《断刑论》："经也者，常也；权也者，达经也……经非权则泥，权非经则悖，是二者强名也，曰当。"其"经"指常道、原则，"权"指权宜、变通。其意是说：所谓原则，是人们遵循的一种常法；所谓权变，是遵循通常原则前提下的一种变通策略。拘泥原则不讲变通就是固执，只讲变通不讲原则就是对原则的背离。既重原则又重变通，可称之为恰当。

两谋共同点是原则性与灵活性的统一，不同点在于前者"曲得其宜"是讲适宜多种变化，后者"权变"是遵循通常原则前提下的变通策略。

◎ 转圆求活　椎拍辊断

【案例之一】

在近代中国银行界，乃至当时整个工商界，上海银行总经理陈光甫，堪称罕见、独特的资本家。说他罕见、独特，在于他懂得如何运用灵活、变通的手腕去应付各种复杂的人际关系和难堪局面。

陈光甫，名辉德，江苏镇江人，1881年12月出生在一个小商人家庭。父亲陈仲衡，原在家乡开钱庄，1892年歇业到汉口祥源报关行任职员。12岁的陈光甫在该行当学徒，学习英语，7年间英语及商业知识已具备良好基础。20岁任汉阳兵工厂英文翻译，结识了汉口日本正金银行买办景维行，与其长女结为夫妻。1903年美国圣路易斯举行国际博览会，经岳父介绍，结识清廷两湖总督端方，作为湖北省团员参加美国博览会，8个月后官费留学美国辛普森、俄亥俄、宾夕法尼亚大学，获商学士学位。回国后任江苏巡抚程德全幕僚及财政司长，1911年末任官办江苏银行经理。1913年后，联络杨敦甫、杨介眉等7人，以8万元联手创建上海商业储蓄银行，陈光甫任总经理（庄得之任董事长）。

当时，上海金融业是外资银行的天下。上海银行资金少，存款不多，如何立足是当时最紧迫的问题。陈光甫把立足点选在钱庄上，通过收受钱庄的庄票，也贷款给钱庄，钱庄凭借它们的庄票在市场上流通，操纵控制"洋厘"（银圆折合成规元的比例）。又由于钱庄控制了整个票据交换，可以订定拆息，连银行也要在钱庄里存款。所以说当时的商业银行是在外商银行、本国钱庄和官办银行的夹缝中求生存。

陈光甫的夹缝求存术，就是"随缘善变"。创业初期，上海金融业新兴力量是留日归国派占优势，他便依附留日的张公权、李铭等江浙新生派代表人物。1916年5月，北洋政府下令中国银行、交通银行所发行的钞票停止兑现，引起了停兑风潮。当时陈光甫和张公权等以维护中银商股利益的名义致电北洋政府，反对停兑，得到外国银行支持，照常兑现，成功地应对了停兑风潮。1931年上海银行发生提存风潮时，中国银行总经理张公权通令各地中国银行支持上海银行，使得上海银行免于倒闭。后来上海银行壮大了，两人往来更密，当张公权在经济困难时，陈光甫也给予帮助。

对帮会势力，陈光甫原来抱着适当敷衍的态度。一次，某个帮会集团从济南上海银行仓库偷走2000余担棉花运沪，集团头子向帮会师父张绵湖报告。由于张绵湖的协助，上海银行收回了这批被窃的棉花。因为此事他同张绵湖互换帖子，成了异姓兄弟。

在北洋政府中，陈光甫也有一些交谊甚笃的友人，交通总长叶恭绰就是其中之一。上海银行开办旅行部，由于叶的帮忙使银行能在铁路洋员的反对声中代售铁路车票，增加大量活期存款，办理一切旅行业务，中国旅行社后来也得到叶的多方维护。

办银行渴望有一个安定的政治及社会环境。第一次国内革命战争，军旗指向上海，陈光甫认为国家统一，有利于工商业的发展，他便以上海银行公会会长身份担任劝募委员会主任委员，牵头上海的银行资本家，为蒋介石筹集1800万元所谓"二五库券"。此事却惹恼了宋子文，得悉上海银行库存有开封运沪的硝，宋特委托章士钊律师向法院起诉上海银行私运军火，企图借此查封上海银行。经查证这批货属军政部托运物资，宋子文未能如愿。

无锡荣家为扩大再生产，一直奉行"借贷经营"理念，荣宗敬的申新一厂，一度因资金周转不灵，无力清偿汇丰银行抵押贷款，面临被吞并的危机。陈光甫组织银团清偿汇丰贷款。宋子文闻知，特地从南京赶到上海，召集银团各银行总经理开会，提出由银团接管"申新"，企图变民族企业为官僚资本。陈光甫洞察宋的意图，指派上海银行长期经手申新集团企业放款部的李芸侯代他赴会，言明"申新"资大于债，不必接管，再次违拗了宋子文的意愿。

为抵御宋子文的打压，陈光甫采取了借力打力之策：一是请孔祥熙担任上海银行的董事，与孔祥熙建立深厚的私人情谊。陈若出国，上海银行重大事件由孔祥熙在渝负责人向他请示决定。每次国外归来，孔公馆就派人接机，行李免受检查。二是利用出使美国的机会，加强与美国重量级人物的交往，为后来中美两国政府签订《中美白银协定》、抗战期间达成中美循环使用桐油借款2500万美元、与美合资组建中美投资信托公司等发挥了重要作用。三是利用与李宗仁的长期交往，巧玩政治平衡。四是逐步提升上海银行南京分行冯子载（国民党CC系"二陈"的表弟）的地位，既强化了南京分行业务，又密切了与"二陈"的关系。五是强化与"南三行"、"北四行"间的团结，各大银行间票据交换、政府借款等都由银团出面办理，提高了银团在政府中的发言权。蒋介石有时也不得不借重陈光甫的力量，于是宋子文对陈光甫等金融家也就无可奈何。

【案例之二】

1882年2月出生于江苏省淮安县的周作民，早年考取广东官费赴日留学，就读于京都帝国大学，两年后因官费停发而肄业，回国后先后在南京法政学堂做翻译，曾担任临时政府财政部库藏司司长、交通银行总行稽核课主任等职。1917年5月创立金城银行，担任董事长10余年、总经理32年。

周作民管理金城银行先后经历了北洋军阀、国民党政府和敌伪三个不同的统治时期。据杨固之、张孝谋等回忆，周作民能力极强，记忆力好，善于洞察时事，处事随机应变，巧于敷衍军阀官僚，既会"烧热灶"，又能"烧冷灶"，既长于应酬，又善于逢迎和拉拢，有一套自创的"经济本领"。

在用人方面，银行创办初期，为了同各银号竞争，吸引更多客户，他聘用了一批银号、钱庄出身的人担任各重点分行的副经理。针对北洋政府中多由日本留学生掌政，金城银行延聘王毅灵、吴蕴斋等一批与周同在日本学习的留学回国人员做分行经理。1927年大连设立分行，为谋取业务上的便利，他延聘留日归来的杨济成为大连分行经理。汉口与四川联系紧密，为拓展大西南业务，周作民起用四川聚兴诚银行创办人杨家女婿戴自牧为汉口分行经理。北京、天津、上海、青岛等地是对外贸易最繁忙、外商荟萃之地，周作民陆续起用一批欧美留学生等。由此可以看出他的用人之道，就是适才、适时、适地、适需；善于应酬、拉拢、逢迎、沟通，一切"唯我"、"唯利"所用。曾有人讽刺说："金城银行周作民手下有吃、喝、赌、玩（古董）几种人才，他根据所逢迎人物的爱好，用那方面人才投其所好，拉拢关系。"

周作民广交各类政治人物，随机应变，在夹缝中拓展银行业发展空间。北洋军阀统治时期，周作民与黄郛交谊甚深。1922年3月冯玉祥提倡全军勤俭节约运动，周作民通过黄引荐，向冯建议实行小额零存整付的储蓄存款办法，冯玉祥高兴地通令全军兴办储蓄，从长官到士兵每人发一个金城银行的存折。

1926年9月蒋介石率国民革命军北伐到武汉，即将向南京、上海进军。周作民立即筹集40万元慰劳金，公推与蒋介石同乡的钱永铭，秘密去武汉献金慰劳。周作民还通过黄郛、钱永铭等人的关系，为国民党政府承募公债、库券，蒋介石立即让周担任国民政府财政委员会委员和黄郛主持的华北政委会委员。

1932 年黄郛主持华北政委会时，政学系张群经常衔命北来与黄郛洽商华北军政及对日妥协事宜，周作民又通过黄郛开始与张群密切交往。周作民与张群嗜酒成癖，同好同乐，周为张在北京西城购置豪宅，指定金城银行高级职员为张在北京专司招待事宜。1933 年，蒋介石授意张群组织民间团体进行中日合作，张群特邀周作民出面组织中日贸易协进会，出任理事长。周作民同年秋组织访日考察团，促进了当时中日"二白二黑"（煤、铁矿砂与盐、棉）贸易。

1948 年秋，蒋经国在上海强迫银行用外汇承购金圆券，掠夺工商界。对此不满的周作民急谋退路，潜往香港，结识了中共香港负责人潘汉年，为解放区办了两件事：由原上海市金城银行国外部经理杨培昌出资 40 万港币，协助潘汉年为华北解放区购置了大批急需的西药和生活用品，租用香港轮船（挂外商旗号）运送天津；一度转移海外的金城银行账外资金，周作民以董事长的名义将这笔资金转用于人民解放事业。

1950 年 8 月，周作民排除各种阻挠，由香港返回内地，受到周恩来总理接见，成为特邀全国政协委员。1952 年后，他领导"北五行"（盐业、金城、中南、大陆、联合银行）走公私合营道路，特别是随后在各商业银行、钱庄等全行业公私合营中，发挥了积极而重要的作用。

【案例点评】

一个开放型企业与外界社会本身有着千丝万缕的联系，要在错综复杂的政治环境、经济环境和瞬息万变的市场环境中生存发展，需要随缘善变的应变智慧。陈光甫、周作民是中国现代史上著名的金融家，他们处在社会动荡、战乱不断的年代，创办和发展银行业异常艰难，严峻的现实迫使他们融汇方圆、通变无穷、八面玲珑、左右逢源，其为人原则和处事方式明显有讲究"实用"、追求工具理性的一面。为适应今天的商业竞争，读者应科学摒弃，弃劣存优。

【智略之源】

（1）转圆求活。语见《鬼谷子·本经阴符·转圆》："智略计谋各有形容，或圆或方，或阴或阳，或吉或凶，事类不同。故圣人怀此之用，转圜而求其合。"这里的"转圆"指转动圆形物体。其意是说，智略和计谋并无固定形态。有的灵活，有的呆板；有的十分隐秘，有的比较公开；有的显得吉利，有的显得凶险，按事分类，各有不同。有上等智慧的人，能根据事理，不断想出无穷计谋，以求符合各种变化的新情况。

（2）椎拍辁（wàn）断。语出《庄子·天下》："椎拍辁断，与物宛转。"这里的"椎拍"指用椎拍击；"辁"即圆，"辁断"指圆转没有棱角的样子。其意是说：物体稍未吻合，以椎重拍，便无不相合。此言不合使合，虽断使圆，不见裂迹，随物变化。

两谋共同点是主观适应，随物变化，不同点在于前者强调据理用谋，切合实情，后者强调不合使合，随人意愿。

◎ 移形换影　鱼龙漫衍

【案例之一】

1965 年毕业于天津大学电子工程系的荣智健，是荣毅仁第三子。1978 年 6 月，36 岁的他告别妻儿，独闯香港，开始了他的创业历程。

1985 年，鉴于香港中信公司业务发展缓慢，43 岁的荣智健出任香港中信公司董事长兼总经理。为了把企业迅速做大，上任伊始就选择了走"借贷发展、购并扩张"之路。据 2005 年《招商信息网》介绍，1987 年香港进入物流低潮期，荣智健频频出招，以 19.36 亿港元收购了国泰航空 12.5% 的股份，香港中信成为国泰的第二大股东；第 3 年以 103 亿港元收购了香港电讯 20% 的股份；第 4 年收购香港第二大航空公司港龙 38.3% 的股份，成为港龙的第一大股东。不久，他又将港龙部分股权转让国泰，使香港中信成为国泰航空的控股公司，对拥有 40 条国际航线、40 多架大型飞机的国泰航空（老牌英资企业）完成了收购工作。接下来，他又精心筹划了对香港东区海底隧道 23.5%、澳门电讯 20%、亚洲卫星公司 33%、和记传讯 2%、百富勤 9%、嘉华银行 74% 的系列股权收购，香港中信快速壮大，5 年间总资产由 2.5 亿港元上升至 200 亿港元。

香港中信的巨资收购，并未由中资银行融资和担保，企业借贷压力日显沉重。为缓解债务压力，尽快上市筹资也就成为荣智健的第一选择。然而，当时的香港政府在会计制度、监管制度和公司法上对中资企业都有严格要求，荣智健特聘请杜辉康这位李嘉诚的高参为财务顾问，被迫巧施"移形换影"之技。

经过一段时间的谋划，荣智健决定通过收购他人小型上市公司，实现中信的"借壳"上市。他最先盯上的是"毛纺"巨子曹光彪市值只有 7.25 亿港元的"泰富发展"公司（因与英资太古洋行控股的国泰航空争霸，搞得财力枯竭，意欲出售股权）。荣智健接连走了五步棋：

第一步：以 3.97 亿港元直接收购曹光彪持有的泰富 51% 的股权。

第二步：用香港中信持有的 38.3% 的港龙航空股权，作价 3.739 亿港元，与泰富发展所增发的 3.8 亿股股权进行交换，香港中信由此持有扩股后的"泰富发展"59.15% 的股权。

第三步：香港中信又出售泰富发展旗下"永新股份"8% 的股权，以每股 1.5 港元转让给曹光彪，泰富发展回收资金 7337 万余港元。

第四步：将旗下两处物业以 5.7 亿港元转让泰富发展。这一揽子交易，中信都不支付现金，只通过复杂的换股及物业作价，实现了互利双赢的公平交易。到 1991 年 6 月，泰富经过改组和集资扩股之后，香港中信拥有"泰富发展"49% 的股权，泰富发展更名为"中信泰富有限公司"，荣智健出任董事长。

第五步：荣智健再将香港中信名下 12.5% 的国泰航空股份作价 28 亿港元，全部注入中信泰富。又将 20% 的澳门电讯作价 2.5 亿港元注入进去，香港中信在港依赖借贷部分的投资债务也就巧妙地转到了上市公司，中信泰富所持股很快成为香港股市上首屈一指的红筹股（中资股与国企股的统称）。

1991 年 9 月，荣智健又借力香港首富李嘉诚、郭鹤年、郑裕通等大富豪的财力，以 700 亿港元收购了能与英资太古、会德丰等超大型公司平起平坐的大型非上市公司恒昌企业 97.12% 的股权，成功地上演了一幕"蛇吞象"的商业传奇。经过多年的努力，荣智健诠释了他娴熟的资本运作财技。协助中信集团把资产从 2.5 亿港元快速增加到 250 多亿港元。

在香港中信公司快速发展中，荣智健也圆了自己再现荣氏家族商业辉煌的梦想，个人资产伴随"中信泰富"一起成长，身价一度猛增到 26 亿港元。

【案例之二】

马明哲，1955 年末出生于吉林省，经济学博士，中国平安保险（集团）股份有限公司董事长兼 CEO。先后在广东湛江水电厂做过工人，地委工交部担任过通讯员，做过深圳蛇口工业区劳动人事处处长和蛇口工业保险公司的负责人。1988 年参与筹建平安保险公司，不久出任中国平安保险（集团）股份有限公司董事长。用 20 年时间，中国平安从无到有，从小到大，从单一财产险公司发展成为中国三大综合金融集团之一，业务范围覆盖产险、寿险、养老金、健康险、银行、证券、信托、资产管理、基金等全金融领域，拥有 5600 多万个人客户、400 万企业客户。平安集团上市市值居全球金融企业前 20 位、全球保险集团第 3 位，是中国目前唯一一家跻身《福布斯》世界 500 强的非国有金融机构。奇迹是如何创造的呢？网易财经、《金融世界》等有关网络披露的情况，为人们了解和认识他，揭开了神秘的一角。

1988 年 3 月，由中国工商银行和深圳蛇口工业区招商局分别出资 51% 和 49% 的平安保险在深圳正式成立。32 岁的马明哲作为招商局的股东代表，受聘出任平安保险董事总经理，后被任命为副董事长。股东工商银行与招商局为让平安保险这株幼苗尽快长成参天大树，倾注了足够多的热爱，注入了足够多的水分和营养。平安开业的第一天，工商银行就向全系统宣布：凡为企业贷款提供保险代理业务时一律只选平安一家。在整个蛇口凡与招商局有关的保险业务几乎全部给了"平安"，特别是后勤人事方面，除调配所需的人才外，招商局还借用拥有一定深圳户口额度的条件，为调入平安公司的人员解决户口问题，让平安公司快速发展起来。

但是，公司股权的高度集中，业务来源需要股东的大力支持，作为总经理的马明哲，当时对公司的影响力仍相当有限。因为作为招商局派出的董事，人事关系自然在招商局，双重身份使他颇感不利于谋划企业的长远发展和重大决策。特别是国资企业发展中的一举一动掣肘因素太多，开始萌生了走出"困局"、摆脱"桎梏"的念头。经过数年的思索，马明哲谋划采取四项对策：

转变身份，摆脱掣肘。1989 年，马明哲以响应员工呼声为由，在平安公司中设立员工风险基金，让员工持有公司部分股权，一举改变公资独大和股权集中的局面，也让员工担负起与企业"一荣俱荣，一损俱损"的使命和责任。1992 年马明哲又以该基金为基础，注册成立职工合股基金公司，马明哲作为职工合股基金派出的董事，名正言顺地担任了平安公司董事长，由此摆脱了人事任免上的困局和诸多因素对他的制衡作用。

产权多元，借用外脑。1993 年底，马明哲利用国家招商引资政策，大力推进公司产权制度改革，面向世界，积极吸引美国高盛和摩根两大国际性集团外资参股平安公司，公司产权迅速由单一化向多元化方向加速发展。同时，采用国际通行经验：请外脑。1995 年开始与国际"强势接轨"，1996 年末以张子欣为代表的麦肯锡成员走进平安，1997 年从国际知名保险公司引进 30 多名培训讲师、总精算师，50 多位外籍专业人才进入平安的管理层。这个数量占国内整个保险业外籍专家的 90%。如斯蒂芬·迈尔曾经是美国林肯金融集团的高级副总裁，原来的首席财务官和总经理汤美娟则是来自安达信最年轻的高级合伙人。很多曾经仅是平安的高级顾问的外籍专家，很快成为公司总部的财务、精算、IT、培训、投资、营销等主要业务部门的一把手，全职为平安工作，享受国际薪酬标准。如汤美娟在平安任职期间的收入是年薪 900 万港元，外加期权股票；总经理张子欣年薪 800 万港元，高于美国财富 500 强企业的顶级管理人员的薪酬。用马明哲的话说："河上有桥，何必再去摸着石头过河呢？"

平安第一招，分业走向混业。公司成立初期，好风凭借力，业务范围从区域性保险业务快速进入全国性保险业务，经营领域从产险步入寿险，率先在全国开展个人寿险营销，打出了一片新天地，迅速完成了资本的原始积累，为构建平安"金融王国"夯实了基础。1993 年，国家颁布了《关于金融体制改革的决定》，对银行业、证券业、信托业和保险业明确实行"分业经营、分营管理"，意在解决当时秩序混乱、市场失控的金融局面。这种政策背景下，怎样实现"平安"的"金融王国"梦想呢？马明哲向监管部门报出的方案是集团控股模式，即由一个集团公司全资拥有（或控股）产险、寿险和投资子公司，又由集团控股公司对业务、财务、投资、人事、计划和风险内控等重大决策实行统一管理下的分业经营模式。1996 年，平安公司产险、寿险两项主营业务不仅保留了下来，还快速完成了对工行珠江三角洲金融信托的股权认购工作，增加了平安信托业务。1991 年 8 月以后又开始经营证券，1996 年在信托公司名下又成立平安证券。这从中国平安 2004 年的招股书中便可看出，上市后属于员工持股股份已占集团公司总股本的 11% 以上，确保了平安公司成为"内部人"和外资控制色彩浓厚的公司。

平安第二招，彻底民营。1999 年，工商银行因国家政策要求从保险业中退出，便将股权悉数转让给深圳市投资管理公司。2002 年前后，中远集团和招商局也分别出售了原所持有的全部股权。3 家发起单位全部退出平安保险，香港汇丰银行乘机斥资 6 亿美元参股平安 10%，成为平安公司的第二大股东。员工持股 69.1% 的"江南实业"参股平安近 10%，成为平安保险的第三大股东；员工持股 98.15% 的"新豪时"参股平安近 10%，成为平安保险的第四大股东。2003 年平安集团分业重组，形成了平安人寿保险、财产保险、海外（控股）信托投资的"一拖四"框架结构，正式更名为"中国平安保险（集团）股份有限公司"。随后，"平安信托"又参股平安证券有限责任公司，形成了以保险为主，融证券、信托、投资和海外业务于一体的多元集团控股经营架构。

《新财富》杂志 2003 年 1 月透露：马明哲掌控的平安保险的总资产高达 1500 亿元。2004 年 6 月，平安保险（集团）股份公司股票在香港上市，平安保险 H 股登陆香港股市，融资 143 亿港元，催生了平安内部 2 万名董事、监事、高管及员工等分享 4.2 亿元投资盛宴。马明哲个人成为平安公司内部持股额最多的大股东，股份价值 100 亿元以上，荣升为中国首富，也成为中国金融保险业在改革开放时势下造就的第一大富豪。

【案例点评】

变革时期，商家为了企业的生存发展，主动转换企业角色，不断地改变企业体制、经营机制和管理形态，目的是适应特定政治环境和经济政策变化，规避政治、经济乃至于经营风险，本质上是让企业占有更多、更优惠的政治（政策）、经济资源，从而获得更多更大的经济利益。荣智健通过银行借贷、连续购股和一系列眼花缭乱的并购，迅速做大香港中信集团；而马明哲利用政策，实现从分业到混业、从官股到乡新合股、从内外股到完全民营化的转换。两人活用"移形换影、鱼龙漫衍"的策略，给人以启迪。

【智略之源】

（1）移形换影。这是一种多在杂技竞技场、影视特种场景拍摄中使用的技法，可以造成空间扭曲、瞬间移动等效果。也有人用于游记或参观记中的景物描写，随着观察点的变换，人走景移，不断展现新画面、新场景、新面貌。此法移植运用于风云变幻、波诡云谲的商业竞争，也就成为一种商业制胜韬略。

（2）鱼龙漫衍。参见《汉书·西域传赞》："设酒池肉林以飨四夷之客，作巴俞都户、海中砀极、漫衍鱼龙、鱼抵之戏以观视之。""鱼龙漫衍"又称"漫衍鱼龙"。这里的"漫"通"曼"；"鱼龙"即所谓猞狸之兽，"曼衍"同属兽名，指古代百戏杂耍的名称。多喻景物、技法多变。指由艺人执持制作的珍异动物模型表演，情节幻化多趣。

两谋均由杂耍技法演变而来，共同点在"多变"二字。

◎ 富用奇胜　奇思奇行

【案例之一】

许多人都知道，茅台酒因荣获巴拿马万国博览会金奖而一举成名，跻身世界名酒行列，但人们并不知其详情。

1903 年，美国强迫巴拿马签订不平等条约，取得了巴拿马运河的开凿权。1912 年初，美国国会决定在运河竣工之时召开国际博览会以示庆祝。同年 3 月，美国总统塔夫托除向中国政府发来邀请信函外，还派特使来华劝说中国官商赴赛。当时的临时大总统袁世凯特批示工商部筹办，民国政府成立筹备"巴拿马赛会事务局"，由工商、农林、教育和财政部协同筹备，各省也相继成立"赴赛出品协会"，负责征求产品。贵州人知道，他们省的黔北一带，水质优良，气候宜人，当地人善于酿酒，有"酒乡"之称。尤以仁怀市茅台镇的酒最为甘洌，谓之"茅台烧"或"茅台春"。早在西汉时就生产出令汉武帝能"甘美之"的枸酱酒（酱香型茅台白酒的前身）。于是，贵州省就力荐茅台"成义"、"荣和"两家作坊以"茅台造酒公司"名义，统称"茅台酒"参展。

1915 年 2 月 20 日，巴拿马万国博览会在旧金山开幕。这是 20 世纪初世界范围内最大的一次国际博览会，参展单位上万家。当时，身着长袍、梳着长辫的中国人，用土陶罐盛装的茅台酒根本无人问津。展会即将结束，眼见自己的千年名品被人藐视，只有近百年，甚至几十年生产历史的品牌反倒扬眉吐气，甚为着急的中国代表心生一计，佯装失手摔坏一罐茅台酒，随着罐碎酒溢，奇香扑鼻，举座皆惊。颇感奇异而被深深吸引的评委们，经反复品尝后，一致认定"茅台酒"是世界最好的白酒，于是向中国茅台酒补发了金奖。可以说，茅台酒正是伴随着这"砰"的一声，敲开了世界的大门。

【案例之二】

江苏美尔姿制衣公司自 1991 年创立以来，总经理徐荣光等决策班子，秉持"顾客至上，质量第一，服务到位"的发展宗旨，以"品质、创新、诚信"为行为标准和经营理念，坚持以品质求生存、以创新求发展、以诚信求合作。他们在企业发展战略上敢发奇想，有追求高起点、高档次、高品位和世界一流的雄才大略，两眼紧盯的不只是国内市场，而是世界 60 多亿人的世界市场，敢于在国际商战中去经风雨见世面。

在产品开发及功能上，敢于追求奇巧、奇特、奇妙，如两面穿和国内首创的脱卸式、冬能御寒、春作风衣、实用潇洒、备受青睐的多功能新四层结构大衣，他还根据人们御寒不忘求美的心理，先后推出"霹雳衫"、"情侣服"、"一手长"等倾倒中外客商的时装羽绒服，实现了外观款式和内在质量的完美统一，靠产品的精妙、灵巧、上乘、实用占领 20 多个国家的市场。

"美尔姿"发展成为江苏省著名商标、江苏省名牌。特别是美尔姿羽绒服成为江苏省重点保护产品、省质量信得过产品、纺织精品、中国羽绒服装名牌、中国质量万里行（1992~1996 年）活动光荣榜上榜品牌、1998 年中国十大名牌产品，连续多年成为国家贸易部门公布的全国百家大商场推荐市场名优畅销商品，两次被国家 7 个部委联合授予金桥奖，其制胜秘诀就是一个"奇"字。

【案例点评】

独步世界民族之林的华夏民族，甚重"伐谋"，用谋慎、用谋密，但也力主用谋诡，用谋奇，因时制变，"以奇用兵"，以谋制胜。如果说兵战需要奇谋，那么参与商业竞争，先需奇智，次需奇思，后需奇行，再才有奇胜。特别是现代经济和科技条件下，许多事不是做不到，而是想不到。茅台酒在万国博览会上一摔成名，走向世界；美尔姿制衣公司的产品开发及功能设计上追求奇特、奇巧、奇妙，使产品快速走向全国和世界。其成功说明了敢于打破惯性思维的桎梏，善于横向、纵向、逆向、发散思维，想人之不敢想；勇于重奇特，寻奇巧，出奇策，求奇功，做常人所不曾做之事，就能出奇效，创奇迹，建奇勋。

【智略之源】

（1）富用奇胜。语出司马迁《史记·货殖列传》"夫纤啬筋力，治生之正道也，而富者必用奇胜"。其意强调出力干活，勤劳节俭是发财致富的正道，而真要富起来则必须以奇术取胜。

（2）奇思奇行。语见南北朝傅昭的《处世悬镜》："有奇思方有奇行，有奇举必有奇事。成大事者，鲜有循规蹈矩之行。"意在告诉后人：在谋划与行动上，有奇妙的筹划，才有超乎他人意料的行动；在举措与成效上，有特别的措施，才有卓越的成效。凡能够办成大事、成就一番事业的人，很少是墨守成规、拘泥保守、不思变通的。

两谋突出一个"奇"字，但相比较，前者"略"的成分多一些，后者"术"的特点更明显。

◎ 首尾相应　亦牙亦商

【案例之一】

阮弼孑然一身来到素有"商客辐辏，百货丛集"之名的芜湖时，靠着族人及同乡的帮助才安下身来。

当时芜湖的商业繁盛，十里长街，百货云集，阮弼并不急于求利，他广泛了解市场行情，联络各方关系，从中选择适宜自己进入的行业。后来他发现浆染业最为走俏。但阮弼也明白，自己本钱少，难以独立开设浆染作坊，更重要的是芜湖的浆染业已在牙行（市场中为买卖双方介绍交易、评定商品质量和价格的居间行商）的控制下，禁止各地客商到芜湖与浆染铺子直接交易，必须给牙人（在市场上为买卖双方说合、介绍交易，并抽取佣金的中间商人）缴纳一笔交易费。阮弼不甘心，整天继续在市场上转悠，他敏锐地发现：浆染业中的染纸一行还未被牙行垄断，而染色纸的消费又有着明显上升的势头。于是，阮弼便委托与官府亲近的族人为他疏通关系，拿出一半的资本"打点"，终于疏通了门路，领得了牙帖（营业执照，无帖为私牙），充当了染色纸的牙人。

阮弼把牙行选择在十里长街上。前门是个大仓库，各个作坊生产的彩色纸堆放行中，设个柜台专谈生意，后门打开便是青弋江，过往商船靠在后门便能装货卸货。作为牙人，阮弼尽可能为牵线的每笔生意主持公道，价格合理，三方满意，自己从中抽取一定交易费。日积月累，居然把本钱翻了几番。

阮弼发现，江南百姓对婚丧节庆十分讲究。凡有条件的家庭，春节、元宵节及之后的春社、花朝、清明、端午、七夕、中秋、重阳、冬至、腊月等各个节日，都要用染色纸热闹一番。他从中悟出了这是一条生财之道。市场商机，稍纵即逝，阮弼立即赶往南京，与当地的几家彩纸店签下协议，彩纸由他们直接送货上门，减少中间环节，获利立刻增加了几倍。

时间越长，赚的钱越多，他开始抽资筹办染坊。在长街上租赁房屋，从各地请来高级师傅，批量生产高质量彩纸。为拉开与其他染坊的差距，提高市场竞争力，阮弼用高薪吸引或许诺参股等多种手段挖走其他染坊技术高手，不断增加种类，提高品质，生产质高价廉产品，挤垮了部分染坊，未垮的染坊也只好听命于他。同业商人便合力推举他为祭酒（这里指管事人、调解人），获得官府认可。

阮弼集牙人、祭酒、作坊主于一身，几乎控制了芜湖的染纸业。他统一批发，统一销售，沿着长江及运河，把彩纸运销江苏、浙江、湖北、河南、河北、山东等地，在各地广设分店直接经营。作坊主、牙人、祭酒、客商坐贾等一身四任的特殊身份和多年的苦心经营，使阮弼赢得了巨额财富。

【案例之二】

自明清以后，牙行的职能从介绍交易、提供仓储和食宿发展到自营买卖，代客垫款、收账、代办运输、起卸、报关，对农民和手工业者进行预买、贷款等。牙行的收入除佣金外还有商业利润、贷款利息、服务报酬等，不过这类牙行是少数。明代张应俞所撰《杜骗新书》记载了一位因经营亏本、骗用客商货银抵债的牙商。

张霸，四川人，为商精明，处事干练，身高力大。他采购本地所产蜡烛百余担（10斗为1石，2石为1担），运往福建建宁府丘店出售。张霸找到牙家（经纪人）商谈经销事宜，这位外露富态、内欠客商货银极多的牙人，利用他人熟地熟和信息灵通的优势，巧设骗局，以若干虚假铺商之名把张霸蜡货用于抵付所欠他人债务。

几天后，张霸闲游丘店的一些街巷，发现自己的蜡烛遍销街巷大小商铺。细心的张霸将牙家提供的名账暗相对照，均与账名不符。张霸察觉牙家可能骗蜡施诈。

张霸找到牙家讯问："你是否骗我蜡货暗售各商铺，用于抵还欠债？你如实报来。若不实言，可别怨我非礼于你。"牙家巧辩以对。盛怒之下，张霸如老鹰抓小鸡般擒住牙家抡拳便打，两脚踢翻牙家。害怕命丧拳下的牙家，连忙跪地求饶："张公真乃神人。既已查明实情，你的蜡货我确实已用于抵还旧债，余银已贴补家用。"张霸说："你立即将经销我蜡烛的商铺及户名逐一写出。只说'铺商借蜡，均未支付蜡银。你我一同到各商铺收取蜡银'。"牙家只好如实写出。张霸凭牙家提供的商铺原货账单，一纸诉状告到了建宁府。

盖着官府大印的文书，勒令衙门梅爷受理这一诉状。梅爷明言受理，暗将官府文书拖着不办。张霸忧心由此丧失追讨蜡银机会，流着眼泪恳求梅爷及时受理。梅爷于是派遣衙门差役前往各商铺查看经销蜡货情况，张霸深知差役查看商铺对收取蜡银的决定性作用，立即掏钱贿赂公差。差役回报梅爷："各商铺果然是在销售印有张霸字号的蜡烛。"梅爷生气地说："哪有公开借销客商蜡货，不偿付客商货银的人。"立即传令拘押相关铺商到堂审问。铺商在外商议："我等所销客商张霸蜡货，是牙家用于抵债物品，等于我们已付银牙家。"也有铺商讲："牙家用蜡银抵偿我们的债银，牙家又从中抽取牙利。现在反过来诉讼我们，我们与牙家对簿公堂评理。"铺商暗贿衙门差役，合谋向梅爷的亲属行贿100两银。企图由其亲戚出面说服梅爷拖而了之。

梅爷是一位刚正清廉的官员，据理传令铺商审查。一位打过多次诉讼官司的江店铺商，首先站出来辩解说："我们经销蜡货是丘店牙人明码标价卖给我们的，属公平交易。张霸妄言我们没支付他的蜡银，即使有问题也是牙家从中盘剥，与我们何干？"牙家只好站出来说话："蜡货并非出售给他们，是本人先前欠铺商债务，张霸运来蜡货后，铺商假言借销付银。蜡货到手后则坐银抵债，并非我故意诈骗客商蜡银。"梅爷指出："牙家欠债，你们可以向他追讨，怎么能强占客商蜡货抵顶牙人债务呢？各铺商可立即偿付客商蜡银，免去你等处罚。"江店铺商仍再三狡辩，被梅爷当场惩罚30大板，其他铺商3日内均偿付了张霸蜡银。张霸收回全部蜡银后，顶戴香炉，亲到梅爷堂上拜谢，随后返回四川。

【案例点评】

"牙人"是买卖商人之间的中介人，唐代叫"互郎"；司马光的《资治通鉴》称"牙郎为驵侩（zǎng kuài)"。明初陶宗义著《南村辍耕录》中说，前人把"互"字误写为"牙"字，后人便把"互郎"唤为"牙郎"、"牙侩"。今日统称"经纪人"。经纪人具有信息灵通、办事快捷、服务周到、处事灵活的优势和广泛的社会联系，其独立地位往往成为交易双方的媒介和牵线搭桥人。阮弼发展浆染业，集牙人、祭酒、作坊主和行商坐贾于一身，为浆染业走向大江南北发挥了重要作用。但"牙人"又兼具商人身份，有的不仅仅赚取佣金，甚至干些玩弄手段、隐瞒双方、从中牟利的勾当。本案中建宁府丘店牙商，就是这类典型。

【智略之源】

（1）首尾相应。语出《孙子兵法·九地篇》："故善用兵者……击其首则尾至，击其尾则首至，击其中则首尾至。"意在说明：善于用兵的人如同常山之蛇一样，打它的头部尾巴就来救应，打它的尾巴头部就来救应，打它的腹部首尾都来救应。

（2）亦牙亦商。指既做牙人（经纪人），又兼营商品交易，甚至有时兼有经济纠纷仲裁人的特殊身份，往往上下腾挪、扶左抑右，从中谋取更大更多利益。

两谋同议相互照应，只不过前谋以常山之蛇抗击比喻，后谋则以牙商为例。

>>> 六、相机而动

一位哲人讲：幸运的时机好比市场上的交易，只要你稍有延误，它就掉价了。时机总是相对于有充分准备而又善于创造机会的人而言的，一切智谋和勇敢也都愿意与其共享荣耀。所以，我们应该随时撒下"钓钩"，当商机这条鱼儿在你最难料到的地方游动时快速地捕捉到它。

◎ 智虑未萌　础润张伞

【案例之一】

《夷坚志》是南宋一部卷帙浩繁（420 卷）的志怪小说集，作者洪迈（1123~1202），字景卢，别号野处，饶州鄱阳（今江西鄱阳县）人。绍兴十五年（1145年）进士，官至端明殿学士。《夷坚志》记载了这样一件事：

南宋绍兴十年（1140 年）七月的一天，京城临安（今浙江杭州市）发生了特大火灾，熊熊大火延烧城内外民用房屋达数万间，大商人裴方自家的住房及其在通衢上的仓库、珠宝等店铺也被大火烧着了。

精明的裴方，在家产被烧、灾难临头之时，在全城上下手忙脚乱、紧急扑火之时，他临危不乱，却从通天的大火中看到了巨大的发财商机。他全然不顾灭火救物，而是立刻倾其所有，组织人力出城前往北关江千、徐村等地，大量采购竹木、砖瓦、芦苇、椽桷等建房材料，无论多寡大小，立即全部收购，大肆囤积，垄断了临安城重建所需要的大部分建筑材料。

火灾过后，市场上急需建房材料，出现了一股抢购潮。这时，南宋朝廷为加速灾民灾后重建，鼓励商人为灾民筹集建筑材料，出台了对市场销售建筑材料实行免税的优惠政策。裴氏于是借机大量销售建筑材料，不但弥补了火灾中自家的财产损失，而且获取厚利数倍之多。

【案例之二】

20世纪40年代，北京朝阳门外有一家大有油盐粮店，老板人称常子久，他是一个爱动脑筋，处事机敏，善于筹算的商人。

常子久有一个习惯，每天一早，他就派人到粮食市场去了解价格行情，根据市场供求动态及价格变化决定自己的粮油吞吐量。他经商，时常分析行情，寻觅商机，一旦商机来了，他就果断决策，适时下手，大打时间差，巧打价格战，借物价涨落起伏之情，低进高出，牟利生财，获利甚丰。时间一长，他凭借多年经商得失，总结出了"一涨卖、二涨卖、三涨不卖；一落不买、二落不买、三落必买"的商业经营经验。

例如1945年下半年，日本人在战场上节节败退，北京物资匮乏，物价飞涨。常子久预感到日寇即将战败投降，凭历练的市场眼光判断：日寇投降，粮价必跌。于是，他决定立即清库抛粮。不出所料，日军投降后北京粮价果然大幅回落，而常子久粮店的粮款早已落袋为安。

时隔一年后的1946年，常子久时刻关注着国共两党重庆谈判信息。凭借他对国民党人的了解，敏锐地判断出国民党必重开内战。他暗地派出一批人员，借粮价低迷之机，大批囤积粮食。此后战火一开，各地物价不断飙升，常子久乘机抛售一批粮食，又狂赚了一笔。

新中国成立后不久，他担任北平市粮食同业公会的第一届会长，北京粮业现粮市场就选在朝阳门外大有油盐粮店附近。常子久凭借雄厚的资金实力，利用晚市粮价较低时大量收购，行情上涨时快速出手。加之，他又利用会长的影响力和长期的业务关系，说服京郊售粮商户都把粮食出售给大有粮店，低进高出的市场运作，为大有粮店不断拓展市场吞吐空间和利润空间，使大有粮店在同业竞争中始终处于不败地位。

【案例点评】

聪明人能从微细处推断到大的方面，寻着事物的开端就知道它的次第变化，踏着雨露就知道暑气将临，踩着霜雪就知道快要结冰。正如本案中南宋商人裴方从火灾中看到了重建商机，粮商常子久从乱世时局变化看到囤粮牟利机会。当然，这种睿智不是凭空产生的，来自于对多种自然和社会现象的科学认识，来自于"由此及彼、由表及里、去粗取精、去伪存真"（毛泽东《实践论》）的逻辑思维，来自于长期商业实践经验、得失的科学总结。

【智略之源】

（1）智虑未萌。语出《后汉书·冯衍传》："明者见于无形，智者虑于未萌。"其意强调聪明人能从无形中窥见有形，睿智者能从事物的萌芽状态看到事物发展的走势、趋势及其演变的结局。

（2）础润张伞。参见明代政治家张居正《权谋残卷·智察卷一》："月晕而风，础润而雨，人事虽殊，其理一也。惟善察者能见微知著"。其意是说；月亮周围出现光环，预示着要起风。柱子下面的石墩如果湿润，预示着将要下雨。仕途政治尽管与自然现象不同，但道理是相通的。只有那些善于从细微征兆中捕捉苗头，预测事物发展趋势者，才能走向成功。

两谋共通性是以小见大，一叶知秋，区别处是前者从形态观察，见端知末，后者从景观变化识察。

◎ 攻心为上 欲擒故纵

【案例之一】

明代著名文学家、谋略家冯梦龙在《智囊·权奇卷》中记述了陈霁岩与贩马商人心战斗智的事例。

明代中央政府在江北地区实行俵马的制度，每年由政府下达各州县民户饲养官马，过一定时期再由民户将官马解送指定地点，由官府验收。严格规定上交的官马必须达到 3.8 尺高，齿少膘肥，体貌健壮。当时我国产马之地主要集中在西部诸省及州府，其他地区不繁殖也不养殖马匹，然而中央朝廷下达的任务又必须完成。各州县只好通过贩马商从外地贩运马匹过来。长途贩马困难，沿途州县官员又设法拦截优等马、放行劣等马，偏远州县往往完不成俵马任务，花重金购得的多属劣等马，上送朝廷往往受到训斥。官府反过来又责罚贩马商，甚至对贩马商实行关押、拷打，害得贩马商苦不堪言。部分奸商则借机与枉法官吏合伙倒马牟利。

陈霁岩出任开州（今河南濮阳）知府后洞察了这一切，采取欲擒故纵的攻心之计。待各地贩马商云集府院后，陈霁岩才不慌不忙地走出来观看贩运的马匹数量和质量情况。头一天，他先把贩马商叫到知府内院，当着众人的面问他们："各县俵马已开始上路，运往京城，你们知道吗？"贩马商的领头人叩头道："知道。"实际上，陈昨日已先把贩马商的头领找来交了底："俵马的买卖重任在肩，尽管我心里着急，但明日看马我不能明示以人，你知道该如何为我分担忧虑。"马商头领十分感激知府对他的信任，叩头而去。

第二天，各贩马商随头领牵马而来，有的马高至4尺，膘肥体壮，陈知府反而命令不收购。他说："高低马害怕比较，高马稀有难寻，本知府宁低1寸购马，也不能要高马。我已向上禀报太仆寺，言明只交售新繁殖的马驹。"此时，众听差跑来禀报陈知府：再晚3天，在临濮会上可以买到一大批良马。陈知府答应了，没有责备任何一位贩马商就走了出去。这时，众多贩马商都大感失望，有的马商担心蚀本急得流下了眼泪，争相降价出售马匹。仅仅两天时间，知府就按质按量全面完成了购马任务。

其他州县因疯抢优等马，希望早日完成俵马的任务，以求保荐，结果马价一时飞涨至四五十银两一匹。而开州所购良马，每匹均价还未卖到20银两。

【案例之二】

胡文虎，祖籍福建，出生于缅甸仰光，是著名的爱国华侨、企业家、报业家。他当年献身医学，自办药厂，创制虎标牌"万金油"，历经艰辛，成为中国和东南亚各地家喻户晓、人人必备的"无上妙品"，成为闻名海内外的"万金油大王"。但"万金油"问世前，就有相类似的"万应锭"、"至宝丹"、"如意油"等多种品牌。"万金油"是如何脱颖而出的呢？这不能不说与胡文虎的竞争意识和把心战、声战及形战结合的技巧有关。

创业初，"万应锭"、"至宝丹"、"如意油"等药品，多采取张贴告白等方式宣传，胡文虎在张贴告白的同时，则利用每年春节在大街路口悬挂有老虎图案，写有永安堂三字的大红灯笼宣传。对手散发传单，他则征集日历画稿，用"美女伴虎，微笑相依"的日历作封面，广赠各界人士，连外国人都称太美了！对手采取游队击鼓宣传，他则花巨款叫厂家给他制造虎头车身的轿车，作为马华代表队总领队回国参加全国运动会，把车开到上海等大城市闹市区游览，引起轰动效应。对手在报纸上登广告，他则出钱创办《星光日报》《星洲日报》《星岛日报》等20多家中英文报纸，既宣传虎牌药，又为产品印刷商标、包装纸、说明书节约了大笔印刷费用。这样一来，虎牌"万金油"的市场占有率始终处于第一位。

20世纪20年代中期，正当虎牌"万金油"在市场上所向披靡时，一向行销越南、老挝、柬埔寨等法属安南三国以及荷属印度群岛的佛标"二天油"，突然打入中国市场，这种由韦少伯二天堂制造的成药，与万金油相似，大有全面占领中国市场的势头。各地永安堂分行负责人纷纷电告"万金油"销量大幅下降，弟弟胡文豹焦急万分。胡文虎认为，干企业就是竞争，强者生，弱者亡。你怕，人家就把唐山（中国）市场让出来？我是靠竞争发家的，我愿与他比试比试。于是，"佛""虎"之争拉开序幕：考虑到对手会以广告开路，每当韦少伯在报纸上刊登"二天油"广告时，胡文虎几乎是在同一天或同一种或几种报纸刊登更大的宣传虎牌"万金油"广告。每当韦少伯在各大城市竖立广告宣传牌时，胡文虎几乎同时也在各大城市竖立更多更大的广告牌，并以"美女伴虎"日历封面图案作广告牌图案，效果更佳。韦少伯把广告做到中国香港、澳门，胡文虎也把"美女伴虎"图案广告，配以中、英、葡语言在香港、澳门各大报刊上登出，始终占据上风，好像对对方的方略了然于胸一样，显得技高一筹。双方竞争愈演愈烈，直至抗战爆发方止。

四川各地多年一直是日本"仁丹"占领市场，虎标"万金油"始终打不进去。抗战爆发后，胡文虎立即组织5个宣传队，每队50人，再把每队分成若干个组，排练一些短小精悍、形式多样的话剧、歌舞、快板等，深入四川各城乡及山区宣传抗日，宣传虎标成油。虎标"万金油"迅速占领了四川市场，取代了日本"仁丹"。日本电台扬言要炸毁永安堂重庆分行，同月果然被炸。胡文虎高兴地说：值得，值得！我"万金油"终于打败了日本"仁丹"。日本"仁丹"由此永远失去了四川市场。

【案例点评】

《孙子兵法》中有"上兵伐谋"之策，三国时马谡有"攻心为上"之言，清代四川代理盐茶道使赵藩撰有对联："能攻心则反侧自消，自古治兵非好战，不审势即宽严皆误，后来治蜀要深思"。这些都是先贤重视心理战、精神战的最好佐证。本案中陈霖岩与贩马商的智斗，还有胡文虎的虎牌"万金油"与"二天油"、"仁丹"进行市场份额的竞争，实际上就运用了心理战。

【智略之源】

（1）攻心为上。语出清人（佚名）笔记《襄阳耆旧记》（又名《襄阳记》）："建兴三年，亮征南中，谡送之数十里。……谡对曰：'夫用兵之道，攻心为上，攻城为下，心战为上，兵战为下，愿公服其心而已。'"这里讲的是建兴三年（225年），蜀汉丞相诸葛亮出兵征服西南，马谡数十里相送，诸葛亮向马谡询问破敌之策，马谡特谏言："用兵之道，从心理上进攻、震慑对手为上策，攻打城池是下策；从心理上瓦解和征服对手为上策，武力征服是下策。诚愿丞相从精神上彻底瓦解和征服叛乱的少数民族。"孔明采纳善策，上演了一幕传神的"七擒七纵"孟获的战争活剧。

（2）欲擒故纵。语见《三十六计》（第16计）："紧随勿迫，累其气力，消其斗志，散而后擒，兵不血刃。"其意告诉我们：战场上两军搏击，对敌追击不要过于逼迫，以消耗它的体力，瓦解他的斗志，待其士气沮丧、溃不成军时，再捕捉它，力避少流血。此计擒是目的，纵是手段。

两谋相同处是"心战为上"的军事思想，不同点反映在：前谋强调从心理上瓦解和征服对手为上策，后谋则以耗敌力气、消其斗志为上策。

◎ 舐糠及米　倚玉雕玉

【案例之一】

一提到具有300多年发展历史的同仁堂，人们都知道那是乐家老铺。边东子撰写的《340年的沧桑铸就瑰宝：国宝同仁堂》，揭示了同仁堂的创业艰辛和复兴智慧。

乾隆十八年（1753年），是同仁堂发展史上连遭厄运的一年：店铺被大火吞噬、铺东乐以正病故、预支官银遭遇"祝融之变"而欠下巨额债务，一门孤寡实在难以为继。乐家被迫向朝廷呈报：请求不再承办官药。乾隆帝考虑到同仁堂数十年精心为皇室制作质高效好的各类丸散膏丹，实在难得。又因张榜招纳无商号揭榜。乾隆帝只好以皇权扶持同仁堂，打压私债。但也改变扶持方式：诏令公招出资人与同仁堂一同供奉御药。先后有张大镛、张登云等 8 人充当药商，铺东仍由乐姓担当。

道光十一年（1831 年），同仁堂有了一位新铺东乐平泉（字清安，号印川），是乐氏世祖乐良才第 5 代传人，21 岁时过继给当时铺东乐百龄为子，成为同仁堂继承人。乐平泉深知"同仁堂"这块金字招牌是一笔巨大的无形资产，保住它就是为乐家复兴留下根基。自担当铺东之日起，便立志恢复祖业。乐平泉心中清楚，自己手中有五大优势：同仁堂的堂号，铺东身份，祖传的同仁堂乐氏世代祖传丸散膏丹下料配方，几百年供奉御药积攒的宫廷秘方和乐家积累的民间验方。加上自己长期钻研药学的心得和配制新药的实践，假以时日，复兴祖业有望。眼前制约复兴的最大障碍是同仁堂 8.2 万两欠银，迫使自己不得不放下铺东身份，将药铺再次出租给慎有堂的张某和董启泰二人经营，每天收取 5 吊钱。

经过长期思索，乐平泉明白：复兴之路仍在于以业兴业，复兴之计只能是倚玉雕玉。道光十七年（1837 年），乐平泉通过朝廷增药价、借银两，开办了一家"广仁堂"药房。时隔不久，承租同仁堂的董启泰就发现，到"广仁堂"买药的人越来越多。还不时推出平安丸、再造丸、七厘散、普济丹、固本膏、硇砂膏、返魂丹、宁坤丸等系列新药，买卖越做越红火。而同仁堂的生意反倒越来越难做，董启泰没有想到会出现这种被动局面。

道光十九年（1839 年）的一天，董启泰约请乐平泉商议：广仁堂歇业，原广仁堂的各种新药仍由乐平泉熬制，交同仁堂代卖，利润 4∶6 分成，乐平泉 6成、董启泰 4 成，每月初结账。双方所签契约还载明：广仁堂所存货物照行价作银卖给同仁堂，其银年内结清。

兼并了广仁堂，董启泰挺得意。可他万万没想到，那竟是乐平泉为排除外股、收回同仁堂的重要一步。此后，乐平泉在同仁堂寄卖的成药越来越多。顾客都明白，乐平泉才是同仁堂正宗传人，其药地道有效，患者急需，市场好卖。而董启泰并不擅长经营。眼见积欠债务越来越多，他已无力再硬撑下去。道光二十三年（1843 年），董启泰只好再一次主动约请乐平泉商议，签订"推还契约"，即董启泰退租同仁堂（因商界忌讳"退"字，以"推"代替）。协议写明："除原亏银 8.05 万银两外，新亏 3856 银两，由董启泰亲笔立下欠票一张，交乐平泉收存，将来陆续归还。"由此，失去同仁堂经营权达 90 年的乐家，终于又把同仁堂收回来了。

【案例之二】

何鸿燊，祖籍广东宝安，1921 年 11 月出生于香港最有财势的豪门望族。13 岁经历家道衰落，饱受烂牙之苦而无钱医治的何家公子，身揣 10 元港币离开战火纷飞的香港前往澳门，进入后来为他掘出第一桶金的联昌公司。凭借自己的勤劳和智慧，仅用一两年时间就赚取了许多前辈商人一辈子都赚不到的钱，开始创办大美洋行、炼油厂和与人合办利安建筑公司，投资地产业。

从未下过赌场的何鸿燊是如何成为赌王的呢？这不得不提起在澳门赌博史中唯一跟三代赌王打过交道的人：叶汉。

1961 年末，澳门政府公开招商承授赌牌，早有参投赌牌的叶汉邀请香港花花公子叶德利加盟，叶因不懂赌博，便推荐自己的姐夫何鸿燊入盟。何鸿燊是竞标财团中唯一符合在澳门有生意、有葡萄牙国籍等投标资格的人，由此入盟。

叶汉作为竞牌牵头人，自然要做庄家。不愿做傀儡的何鸿燊，想到了一个制衡之策：叶汉一方有叶北海、高海林 3 人，自己也得有 3 人。叶汉既担心叶北海、高海林见谁得势就靠向谁，又担心叶德利与何鸿燊抱团发展，也同意再增加一人入盟。经反复协商，邀请华界大富豪霍英东参加。霍英东担心坏了名声，不愿加入，何鸿燊便以借资 40 万元投标，借故还不上为由，把霍英东拉了进来，6 人超豪华财团竞标成功，合同时间为 25 年。新财团成立澳门旅游娱乐有限公司，叶汉为公司下属新赌场总经理，何鸿燊为公司总经理。

一直信奉"宁为鸡首、不为牛后"信条的何鸿燊心里很清楚：叶汉懂得中西赌术，善于赌场经营管理，开发先期市场必须借助叶汉的力量，对此他对叶汉玩起了倚玉雕玉的心计。初期赌场经营事宜，他很少过问，叶汉大权独揽。新赌场在叶汉的潜心经营下，生意日渐兴隆，进项由日进 2 万余元上升到日进 10 万余元。特别是海上皇宫新赌场的开张，叶汉在澳门赌界的声誉达到巅峰，民间和传媒都称之为"澳门赌王"。

赌客成倍增加，盈利滚滚而来，股值大增，喜人的形势促使董事会考虑增股。"四董"中，叶与何是郎舅关系，霍与何是好友，何鸿燊开始运作"雕玉"之策。霍英东出任董事长的第一次董事会议，何鸿燊率先提出公司股本扩至 1000 万元，自愿认股，叶汉不同意。第二次董事会议，霍英东提出：何鸿燊作为董事总经理，应该多给 200 万股。第三次董事会，何鸿燊又提出让霍英东增持 200 万股，表决是 3：1，叶汉只好少数服从多数。葡京大酒店赌场公司 3 次扩股，霍英东已持有公司 30% 的股权，何鸿燊及何氏家族成员已持有 60% 的股权。

在资本对决的同时，何鸿燊采取了四项举措：以娱乐公司名义赞助创办澳门《星报》，介绍澳门博彩娱乐，吸引世界各地赌客来澳门博彩。公司巨资购买功率强大、往返港澳只需 1 个小时的喷射式水翼船，为港澳赌客提供更多方便。又借 6000 万元所建葡京大酒店首期竣工之机，葡京娱乐场隆重开业。此后，何鸿燊再倡议在香港成立信德公司，主营港澳客运，兼营饮食及房地产，得到董事会一致同意。特别是 1973 年何鸿燊借叶汉去欧洲考察之机，以赌场人员年纪偏老为由，大量起用年轻人和土著葡萄牙人，顺利安插进自己的一些心腹，又赢得澳督的青睐。叶汉考察返澳，眼见大势已去，被迫把自己辛苦创立的赌业管理权拱手送交何鸿燊。1982 年后，又被迫放弃 10% 的股份，彻底告别由他一手操持起来的澳门旅游娱乐公司。

【案例点评】

在肯尼亚这个国家，生存着一种类似蚯蚓的两栖动物蚓螈。这种动物成长中要不断经历脱皮阶段，母亲就用自己的皮肤喂养幼崽，幼崽就是靠用牙齿啃噬母亲的皮肤，从中吸收像牛奶一样的营养补充自己的脂肪而逐渐长大。本案中乐平泉追求同仁堂的复兴之路，何鸿燊成为澳门赌王之路，就颇似蚓螈的成长之路，运用"舐糠及米"和"倚玉雕玉"之谋，依偎在强者的麾翼下生存发展。这里的"倚玉"以立身求滋身，"雕玉"以滋身求强身，"倚玉雕玉"的过程就是就是由彼强我弱向我强彼弱的转化过程，由量变到质变的飞跃过程。不同的是：小蚓螈啃噬母体，母体不受伤害，而"倚玉"的目的是"雕玉"，本质是取而代之。

【智略之源】

(1) 舐糠及米。语出《汉书·吴王濞列传》："里语有之：舐糠及米。"这里的"舐 (shì)"字指用舌舔物。意指民间有种说法，如狗舐糠，进而吃米。比喻由外向内蚕食，直至侵蚀全体。

(2) 倚玉雕玉。就是弱者依偎在强者的麾翼下生存发展，最后战胜强者的谋略。这是小型企业、弱势企业由小到大、由弱到强，提高生存力、发展力、竞争力的一种竞争方略。

两谋共同点是由外入内，步步深入；不同点是前谋多喻逐步深入、得寸进尺，后谋侧重讲倚强滋身，取而代之。

◎ 寻枝摘叶　舍金求玉

【案例之一】

20世纪50年代初，香港房地产业方兴未艾，许多商人争先向地产进军。大家知道，地产业是要依靠庞大的资金实力作后盾的。

当年曾与人合股，投标购进帆船，组织渔民下海打捞海人草（一种制造胃药原料）的霍英东，也渴望进入获利丰厚的房地产业，从地产开发中分得一杯羹。但他明白自己资本少，资金实力弱，无力与大财团抢购地盘。他经过苦思冥想，决定舍金求玉，把目标定位在海沙等建材上。

挖海沙需要手工操作，十分艰苦，并且费工多、沙价贱、盈利少，当时很多人都不愿经营。每逢运煤船一到，挖沙工人都运煤去了，往往还找不到人。此后每年招标，由几十只帆船承包，每立方米沙3元多。船主先借一年工钱，尽管一次扣不完，尚有余欠，但又要借款，预支款总还不清。第二年招标，又不能全包给他，获利不多。由此，经营一段淘沙业的老板，很快就转营他业。霍英东凭着一股顽强的毅力和吃苦耐劳精神坚持了下来。

时刻渴望改变现状的霍英东，花了7000港元从海军船坞买来挖沙机器。用机械操作，采沙量及效率大大提高。随后，他又从欧洲重金购进了一批先进的淘沙机械船，尝到了机械采沙淘沙的甜头。他还亲自跑到泰国，以130余万港元购进一艘载重2890吨，每20分钟可挖取海沙2000吨的超大型挖沙船，实现了自动装卸船沙。产量的增加，增强了他抢抓机遇的决心和信心，他捷足先登，向多位地产商投标承包海沙供应，拓宽了海沙采销渠道。再后来，霍英东又以惊人的胆识，一举收购了美国人的太平岛船厂，开创了香港中国人收购外资企业的先河。采沙船及运沙船形成了一支不小的运输船队，为霍英东带来了巨大收益。

"舍金求玉"的巨大成功，使霍英东具备了把企业做大做强的勇气和信心。他很快收购了荷兰治港公司的大批设备，开始填海造地、兴建码头、避风港和铺设海底煤气、排泄管道等工程。后来，又大胆走出去承包承建香港机场、香港中国银行，特别是承建世界上第一个海湾水库淡水湖工程等一系列国际性招标工程，把填海开港事业推向了东南亚各国。

【案例之二】

今天，人们一提起郭得胜，自然会想起他是中国香港新鸿基企业集团前主席，驰名中外的"工业楼宇大王"。1891 年郭得胜出生于广东省中山市石歧镇，自幼在家乡读私塾，小学毕业就给从商的父亲当助手。

日军铁蹄踏进广东，郭得胜一家人逃难到澳门，"二战"后移居香港。为了生计，找到一处门面办起了鸿兴合记杂货店，靠诚实经营和优质服务赢得顾客青睐。1952 年货店扩展经营范围，易名为鸿易进出口有限公司，以洋货批发业务为主，年营业额 2000 万港元以上。

完成资本原始积累之后，郭得胜与好友冯景禧、李兆基合股组建永业企业有限公司并出任董事长，瞄准了房地产业这座大金矿。然而，郭得胜心中明白，香港地产市场是资本大鳄的天下，小公司无力从他们口中夺食。为此，他们选择了一条避实击虚、舍金求玉的路径：收购小地盘和低价买进破旧楼宇拆除重建。20 世纪 50 年代的香港待拆旧楼很多，为他们提供了广阔的发展空间。为实现快拆快建快销和资金的快速回笼，他们采取了 10 年分期付款的办法，受到大批中低收入阶层及市民的欢迎，很快在地产界占有了一席之地。

1963 年，郭得胜与几位好友各投资 100 万港元，将永业公司更名为新鸿基企业有限公司。新公司一开张就剑出奇锋，紧紧瞄准被地产大亨看不起的工业楼宇市场。因为他们深知全港约九成左右山寨式工厂急需小型厂房，切合小型工厂主实力有限、资金不足的实际，采取分层出售和 10 年分期付款的办法，为小型企业主创业化解燃眉之急。1965 年香港银行出现挤兑风潮，大陆"文革"期间香港地产业又遭受雪崩般冲击，但新鸿基由于企业发展定位正确，工业楼宇建设所受冲击最小。尽管公司实际资本只有 300 余万港元，8 年里年均做成 7000 万港元以上的房地产生意，业绩已经算非常优秀的了。

1972 年香港股市进入疯狂上涨通道。郭得胜抓住机遇，把公司改名注册为新鸿基地产发展有限公司，公开发售股票，注册资本由 500 万元猛增到 3 亿元，股票筹集 10 亿元，1990 年盈利增长 41 倍，年均增长超 26%。

【案例点评】

自然界的植物有根本与枝叶之分，矿物有金、玉之别。社会经济现象中存在"溢出效应"，如发展建筑业，其"溢出"的产业不仅涉及建筑设计、施工、环保、园林，而且涉及钢材、水泥、石沙，甚至装饰材料和家电、照明等数十项。本案中的霍英东由挖沙到组建运沙船队，再到填海造地、填海造港，郭得胜由买（拆）旧楼到建造、出售工业楼宇，就是运用经济学中的"溢出效应"，"舍金求玉"，梯次开发，配套开发，发展壮大自我的成功范例。

【智略之源】

（1）寻枝摘叶。语出南宋诗论家和诗人严羽《沧浪诗话·诗评》："建安之作全在气象，不可寻枝摘叶。"这里的"气象"指气派、气势。原意是指魏晋时期的建安文学作品，作家追求一种俊爽、刚健的风格，不提倡次要的、非根本性的东西。原意反用，特指追求次生目标，从而开辟市场新的前景。

（2）舍金求玉。一个企业决策者主动放弃群雄逐鹿的第一目标，及时捕捉伴随第一目标而来的其他机遇，瞄准同样充满潜力的第二目标，全力满足市场需求和消费者关注的次生需求。

两谋的一致性表明由重视非根本性东西到追求发展的第二类目标，不一致处反映在前者重视事物次要的东西，后者重视市场和消费者的次生需求。

◎ 人弃我取　人下我高

【案例之一】

明代山西蒲洲商人王海峰经营盐业，力避众商趋之若骛的江淮和四川等盐区，而独自选择去长芦盐区（今河北省、天津市渤海沿岸，为北起山海关、南至黄骅县盐场的总称）发展。

当他将自己的决定告诉家人时，招来一片反对声。他大哥不无顾虑地说：长芦盐区官僚显贵和豪强奸绅上下勾结，长期把持盐政，封锁运销，盘剥商人。据说那里的商人都已纷纷离去，一个没有人气的地方，你怎么做生意呢？即使你能拿到盐引，你能不能将食盐运出来还是很大一个问题。王海峰耐心地对大哥说：长芦盐区最近上任了一位吏治清廉的好官，我相信那里的商业环境很快会改变，我现在去是最佳选择。况且，其他商人的离去，这不正好为我提供了低价收购盐田的商机吗？

王海峰终于说服家人，来到长芦。一方面，上书官府请求整顿盐政，杜绝走私，维护朝廷税赋，为商人营造良好营运环境；另一方面又趁机低价收购其他盐商放弃的一批盐田。

随着盐区环境的整顿治理，盐业运销迅速繁盛起来，大批离去的盐商又去而复返。王海峰占尽先机，很快成为这一盐区的富商。明代大学士张四维（生于山西盐商世家，其家为蒲州豪贾）曾以十分赞赏的口吻评论这位老乡的经商韬略："海峰王公者，雄奇人也。……人所弃我则取之，人所去我则就之。"

【案例之二】

1928 年出生于广东潮州一个书香人家的李嘉诚，祖父是清末秀才，父亲李云经是一名教书先生。1939 年，日本不断扩大侵华战争，整个中国处于动荡和战乱之中，民不聊生，四处颠沛流离，李云经便把一家人带到了香港。由于港英政府规定，从事教师职业的人必须持有本地学校的毕业证书，李云经无法重操旧业。加之，人地生疏，难找工作，父亲拖着病体支撑起全家，生活十分艰难。不足 40 岁的父亲过世后，16 岁的李嘉诚被迫到一家茶楼当了一名泡茶的跑堂，18 岁进一家塑胶玩具厂做杂活儿。后因工作出色，干起了业务推销工作，20 岁做起了推销的业务经理。

1945 年，日本投降，战争结束，香港经济开始全面复苏，塑胶行业势头看好。李嘉诚大胆提出了一系列改革建议，一次次被股东否决。李嘉诚毅然辞职，自己创业办了一个小型"长江塑胶厂"，他的塑胶花很快走进了千家万户，成为妇孺皆知的"塑胶大王"。当时塑胶花在欧美也极有市场，一家美国财团一直订购李嘉诚的塑胶产品，由于销量大、利润高，对方提出要包销他的产品，李嘉诚拒绝了美方的好意，因为他必须兼顾老客户的需求。美方财团为了得到充足的货源，提出以 300 万美元买下李嘉诚的长江塑胶厂。李嘉诚一盘算，自己的企业顶多值 100 万美元，300 万美元是塑胶厂资产的 3 倍，自己再干 2~3 年也多挣不了200 万美元，于是欣然地卖掉了塑胶厂。打算用这笔钱，再创办一个更大的塑胶厂。

卖厂之后的一段时间，李嘉诚又突然放弃了重建塑胶厂的计划。处于供不应求的市场形势，自己又轻车熟路，为什么要放弃呢？后来得知，是一个偶然的意念促使他改变了原来的想法。原来他在建设长江塑胶厂时，大赚其钱，便低价买了一栋工厂大楼。为筹集资金建更大的塑胶厂，打算卖掉这栋工厂大楼。在市场调查中，发现香港市场搞塑胶的企业越来越多，人们一窝蜂地建厂，厂房资产评估，工厂大楼增值了好几倍。李嘉诚分析认为，塑胶业蓬勃发展，产品和市场必然饱和，供过于求，前景就不那么乐观了。既然人们都在争建厂房，我为何不采取"人取我予"的经营策略，转手卖掉工厂大楼，另图发展？于是，李嘉诚同太太庄月明（早年曾留学日本，后毕业于香港大学）商议，卖掉了工厂大楼，又多赚了几倍的钱。

【案例点评】

"人弃我取，人取我予"的商业智慧，是个人赚钱致富的重要谋略。晋商王海峰采用"人弃我取"的策略，李嘉诚在塑胶产品经营中采用了"人取我予"的策略，都获得巨大成功，印证了这一策略的指导性和实用性。当然，这一策略也可用于国家经济的市场调控实践。《管子·轻重篇》中把"人弃我取，人取我予"策略演变为"天下下我高，天下轻我重"。这里的"弃"与"取"、"取"与"予"、"轻"与"重"均取决于对商品供求变化趋势的科学预测和对瞬息万变市场行情的准确把握。

【智略之源】

（1）人弃我取。语出司马迁《史记·货殖列传》："白圭乐观时变，故人弃我取，人取我与"。这里的"与"通"予"，是给予、出售之意。其意是说：白圭（西周人）喜欢观察市场行情和研究年成丰歉变化，在经营策略上往往是别人放弃，他却买进；别人买进，他却主动放弃。

（2）人下我高。参见《管子·轻重乙》："故善为国者，天下下我高，天下轻我重，天下多我寡，然后可以朝天下。"其意强调在治理国家经济时，应高度重视价格政策。当天下各国物价下降时，我将它适当调高。当各国都降价倾销时，我则乘机吸纳贮存。当各国供过于求时，我使之供不应求，这样就可以统领天下经济。

前谋讲个人或企业如何参与市场竞争，后谋讲国家间贸易竞争，为后世提供了国内国际贸易的价格竞争策略。

◎ 投其所好　善解人意

【案例之一】

马来西亚是一个拥有 500 余万华人的东盟国家。众多华人自幼受中华文化熏陶，非常热爱中华历史文化，对中国特色商品情有独钟。华侨巨商陈凯希为迎合数百万华人的喜好需求，专门成立了一家专销中国商品的海鸥公司。

由于劳力资源丰富，工资成本低，中国商品历来价廉物美，在马来西亚华人圈一直受欢迎。为烘托海鸥公司各大经营场所的中华文化气氛，营造故土情怀，陈凯希在海鸥公司最大的经营商厦内开设了一家旧上海滩情调浓郁的"百老汇歌舞厅"，四周挂着周璇、白光等 20 世纪三四十年代上海影星、歌星的大幅剧照，并配以 30 年代上海滩的舞台背景，演唱歌曲也是上述明星的成名作品，使众多中老年华人仿佛置身当年上海滩的文化氛围之中，特有一种亲切感，生意十分火爆。

陈凯希还与中国陕西省医药保健品进出口公司联合投资，在马来西亚建成"大唐山庄"酒楼，酒楼大门前是"秦俑军阵"，进门处摆放着一尊较大的李白醉酒塑像，塑像的大屏风上有李白的《将进酒》全文；各厅堂的玉石屏风上全是中国历史故事，楼上厢房绘有"长安 8 景"。精妙之处是菜肴全是西安风味加陕西药膳。楼下凉亭旁雕塑的是"贵妃游春"。浓浓的中华文化氛围和故土情怀，使陈凯希的"大唐山庄"名播四方，财源滚滚，吸引了众多华侨华人，许多游客也怀着好奇之心，慕名前来品尝华人佳肴和异国情调。

【案例之二】

20 世纪初，于克举兄弟俩在北京市的东安街市场经营水果，后来创立了"公兴顺果局"。兄弟俩用足了功夫钻研水果经营技巧，形成了自己的一套"生意经"。

水果作为普通市民消费品，他们开始挑担串街叫卖，后来摆摊销售，服务于相对固定区域内的市民需求。但皇都之地，随着社会的发展，皇亲遗老，民国新贵，富商豪贾家的采办人，对挑担小卖、摆摊零售不屑一顾，作为有钱人家，多有顾及身份，讲求体面，于是兄弟俩主动迎合这部分顾客的消费心理，果摊进店入堂。他们在青莲阁下租赁铺面房4间，店堂装潢靓丽，打扫得窗明几净，摆上舒适的中式大机凳，专候贵客登门。经营环境的改善，商品档次的提升，生意开始一路走红。

兄弟俩深知水果经营多属"碰头货"，顾客若遇上好货受到吸引，往往临时起意购买。怎样让顾客"临时起意"呢？兄弟俩研究起了水果陈列艺术。在"公兴顺果局"里，他们适当间隔不同品种水果的摆放，充分利用水果阴阳面、生熟程度及其不同色泽，巧妙组合，颜色搭配协调。水果铺后壁是一面大镜子，让柔和的灯光一照，显得神采奕奕，五彩斑斓。小型号水果还不时造成下大上小、下小上大的三角链和矩形、梯形、塔形等不同几何图形，给人耳目一新之感。

不同品种水果生产有地域性，水果销售有季节性，不同顾客有不同需求性。于是兄弟俩认真研究不同地方生产的多品种水果口味、特色、保鲜技巧，多方了解人们生活习俗及馈赠亲友、家中待客、敬神拜佛等不同用途、独特需求，适时提出恰当建议。如每逢农历五月端阳节，家堂奉祀红樱桃、黑桑葚、文冠果、八达杏四大水果，此为大户人家必备之物。农历八月十五果子全，不同用户要求又各不相同。时间一长"公兴顺果局"对遗老权贵、豪贾大户的需求都了然于胸。兄弟俩不断寻找特殊货源，精心组织上等佳品，静候顾客光临。时间一长，有些大宅之家特指定到"公兴顺"购买，觉得此处佳品多。许多果品行栈也主动将上等佳品、品质上乘的货留给"公兴顺"，无形中形成了佳品供求链。有时鲜货佳品一到，"公兴顺"伙计还主动打电话或派人告诉大宅门，以示殷勤和恭维。有时夏天炎热，果局还向大户人家送西瓜，事先还要根据西瓜的生熟程度，在每个西瓜上贴签标明吃瓜时间顺序。若有挑走眼时，立即上门更换，目的是让这些达官显贵和富豪大户人家满意，厚利就自不待言了。

【案例点评】

市场博弈的实践启迪商家：什么是市场？顾客就是市场，不掌握顾客，就没有市场。所以有顾客是上帝、顾客是商家的衣食父母之说。所谓市场竞争，本质上是商家争夺顾客及其消费群体的竞争。马来西亚华侨陈凯希的海鸥公司，经营中多方营造中华文化气氛和故土情怀，意在吸引华侨这一群体；于克举兄弟北京开"公兴顺果局"，潜心研究果品陈列艺术，水果的地域性、季节性和口味性，研究不同消费者的消费需求。所有这一切都是为了投顾客所好、遂顾客所愿，应顾客所求，供顾客所需。

【智略之源】

（1）投其所好。语出《庄子·庚桑楚》："是故非以其好笼之而可得者，无有也。"这里的"笼"即笼络，引申为用手段拉拢，与迎合他人的"投"字相近；"好"即爱好。其意是说，如果不利用他人所好而笼络得住，那是不可能的。

（2）善解人意。语出（清）褚人获《隋唐演义》第 87 回："他总不离杨妃左右，最能言语，善解人意，聪慧异常，杨妃爱之如宝，呼为雪衣女。"这里的"善"指善于，"解"指了解。原指白鹦鹉（雪衣女）善于揣摩杨贵妃的心理活动，细心求解其内心所思所想所愿，后多指刻意迎合他人需求及爱好。

两谋均强调迎合他人，不同点在于前者偏重于手段，后者侧重于心理揣摩。

》》》 七、巧于凭借

> 　　曹雪芹在《红楼梦》中借薛宝钗之口赋诗：好风凭借力，送我上青云。企业家雷军说得更贴切：站在风口上，猪也能飞起来。这里讲借力飞翔。若把"善假于物"视为自然的人化，而极富创新意识的企业家，理应更懂得善借、巧借的真谛和"善假于物"、"巧借于人"的艺术。

◎ 借梯上楼　假手于我

【案例之一】

　　素有"红顶商人"之称的胡雪岩，初始靠王有龄起家，很快在商界叱咤风云，一时可谓呼风唤雨。然而，1862年王有龄守杭州时因太平军破城而自杀，使胡雪岩顿时失去了政治依靠。于是，他迅速将目光投向了闽浙总督左宗棠。胡雪岩深知，欲上楼必须借梯，欲借梯必优选可借愿借之人。左宗棠现在正带领数百万人马同太平军作战，吃饭问题面临巨大压力，此时雪中送炭，正是结交的最佳时机。他通过深受左宗棠器重的蒋益澧的引荐，特意前去拜见。

　　左宗棠早已风闻胡氏在王有龄困厄之时，假借去上海买粮之名，侵吞巨款而逃。心中早视胡为奸商，不打算见他，只是碍于蒋益澧见了胡氏一面。见面时，左宗棠便质问杭州购粮一事，胡雪岩流着泪从头到尾说明了王有龄守困殉职，自己无力相救的事实，当场掏出2万两藩库银票，说明此票是当时购粮余款，现归国家。恳求左帅为王有龄报仇，据实奏请朝廷惩罚当时见死不救弃城逃跑的薛焕。左宗棠由此看到了胡雪岩对王有龄的忠心。闲谈中，胡雪岩恰到好处地赞扬了左宗棠治军有方，孤军作战，功不可没，指责曾国藩、李鸿章在常州争抢地盘的做法，进一步加深了左宗棠对胡雪岩的好感。

胡雪岩深知：欲让人家"借梯"，必须给予别人借梯的理由，收获借梯的利益。他调动各方关系，在上海迅速筹集上万石大米，速运杭州救济灾民，送往军营，助了左宗棠一臂之力。紧接着，他又帮左宗棠出谋划策，以闽浙总督的名义张贴告示：原太平军将士只要投诚，愿打愿罚，各由其便，以后概不追究。此后，四处逃匿的太平军纷纷归顺，缴纳罚款，成功解决了左宗棠每月 20 万银两军费的筹集问题，有效避免了太平军失败后大批人员受惩罚而激起民怨。

这一系列问题的解决，左宗棠全面了解了胡雪岩的为人和才干，便倾心结纳，视为知己。后来的十数年间，左宗棠购置弹药，筹借洋款，拨饷运粮，无一不经胡雪岩之手，自然也为胡雪岩的阜康钱庄带来了丰厚的利益。生意如日中天，红红火火，财富从数十万银两上升至数百万银两，后来进至数千万银两，实现了胡雪岩借梯上楼的意愿。

【案例之二】

作为上海川沙（今浦东新区）一名普通船工的儿子，只读了 3 年私塾，12 岁时便步行 18 公里，来到上海，为一户英国人家当佣人的吕岳泉（1877~1953），谁曾想到，几十年后是他创办了中国人自己的华安人寿保险公司，掌控了中国人寿保险事业的半壁江山。吕岳泉凭什么能在动荡的年代闯出一片天地，使华安保险事业走向全国，冲出国门。笔者认为，其成功奥秘就是"三借"。

借名。1911 年 12 月，深得孙中山等信任的江浙联军总司令徐绍桢率军光复南京。吕岳泉经人引荐，拜在徐绍桢门下，并请徐出任董事长，组建华安合群寿险公司。同时，又多方游说拉拢各路大人物入股华安，包括说服民国大总统黎元洪做华安的董事。后来，又邀请上海滩大亨杜月笙出任华安董事。杜月笙无暇出席董事会，干脆写一张委托书交给吕岳泉，董事会上吕岳泉的意见就代表他杜月笙的意见。吕岳泉通过邀请这些声名显赫、炙手可热的政商两界大人物入股华安，大大提高了华安社会认可度和知名度，为公司业务发展拓展了空间。

借智。华安公司成立初，吕岳泉提出由董事会出面聘请英国人郁赐担任总经理，总管业务招揽和寿险精算。尽管吕岳泉在英国公司服务多年，对于招揽业务十分精通，但对于寿险的精算却并不在行，在董事会中他仅担任稽查员一职。吕岳泉深知寿险有保10年、20年、30年的，有关死亡率、费率、利率，每年甚至每月该交多少保险费，都需要精算才能够确定。他认为，华安公司要真正掌握在自己手里，就必须拥有自己的精算人才。但横在他面前的是如何找到合适的人选呢？吕岳泉认为，设法派人去做英国人的助手，是最佳途径。经过一段时间的观察，周大纶和经乾坤被吕岳泉慧眼识中，特安排他们做总经理助手，潜心学习寿险管理和精算。十年磨一剑，多年的卧薪尝胆，吕岳泉的保险业务招揽能力已让华安的董事们刮目相看，而周大纶的精算和经乾坤的管理已能独当一面。1922年，吕岳泉正式出任公司总经理，又用5年将公司高薪聘请的外国职员全部由中国职员替代，华安终于名副其实地成为了中国人的寿险公司。

借势。理顺了华安业务、精算和管理的关系，吕岳泉准备大展拳脚干一番事业。不巧的是，美国人史戴在上海创建的友邦人寿保险公司和友邦水火保险公司，10多年时间已在中国建立起了庞大的保险业帝国，成为华安的强劲对手。为抗衡挑战，吕岳泉以华安董事长徐绍桢的名义，写信给工商部，发出保护劳工的呼声，作为有社会责任感的华商寿险公司，华安希望职工保险能够得到政府的支持。时任国家工商部长的孔祥熙亲自给吕岳泉回信表示赞赏。得到官方支持的华安寿险公司，制订了团体保寿章程，保额由公司和资产商商订，保费由企业缴纳。吕岳泉抢得商务印书馆等数十家企业投保的先机，促进了团体寿险的顺利开展。华安公司还瞄准了大城市的房地产，购买了大量公债和股票，为公司立于不败之地奠定了坚实的基础。华安逐步发展壮大，掌控了中国人寿保险业的半壁江山。

吕岳泉还亲自赴南洋为公司争取投保户，几年下来，南洋保户投保额达292万多银圆。

【案例点评】

荀子的《劝学》篇提出了一条非常重要的思想："善假于物。"本例中的胡雪岩、吕岳泉都是商界高手，行业翘楚，他们商业上的成功，一个共同的特点就是"善假于人"，因势利导，借势发展，乘势兴业。但透视"借"字背后可看出两个前提：一是善借。借势者须有"识"，能审时度势；须有"能"，能以己特有能量为被借者脱困解难。二是愿借。借势者乐于支付借用成本，被借者愿借、乐借，趋利的一致性自然演进为利益的共同性。

【智略之源】

（1）借梯上楼。这里的"梯"借指政治势力、社会力量、他人智慧等，"楼"引申为个人的人生追求和阶段目标。其意强调借助一定的政治势力、社会关系和他人智慧，发展自我，壮大企业，实现发展目标。

（2）假手于我。语出《尚书·伊训》："皇天降灾，假手于我有命。"这里的"假"即利用，指借他人之手；"我"指商汤王一方。原意是伊尹讲：禹王的子孙不遵守先王法度，上天降下灾祸，借助我们汤王的力量去讨伐夏桀，推行德政。

两谋揭示了"我"方作为行为主体和"他"方作为行为活动对象的客体之间的关系。不同的是：前者是主体借助客体之势，实现自身目标；后者是主体之能被客体所借用。实质是我借他之势，他用我之能，相互利用，各得其益。

◎ 借鸡生蛋　借人之借

【案例之一】

虞洽卿当年从学徒到买办，从自惭形秽、望"洋"兴叹的穷小子，一跃成为十里洋场腰缠万贯、举足轻重的大人物，又有何"独门心法"呢？我们从他"借鸡生蛋"的艺术中，就可窥一斑而知全豹。

1908 年，上海到宁波的水上交通，已有东方轮船公司（法华合资）的立大轮，英商太古公司的北京轮，清政府招商局的江天轮 3 条轮船往来行驶。三方竞争，价格时高时低，后三方协商，船票由 5 角涨到 1 元，乡人立刻大哗。虞洽卿与严筱舫等以造福桑梓为口号，发起成立宁波人自己的宁绍轮船公司。号召沪甬（上海与宁波）人积极认股，每股 5 元。消息传出后，大批旅沪宁波人纷纷解囊入股，非宁波籍的美国花旗银行买办袁衡之等见有利可图，也参与投资。虞洽卿由此想出了一条"借鸡下蛋"的妙招：凡愿为船上服务员者，均须缴纳押柜（金），职位的高低由押柜的多少确定。前后筹资 50 余万元，向福建马尾船厂购得轮船一艘。这是虞洽卿经营船业的开端。

1919 年爆发了五四运动，虞洽卿利用抵制日货之机，低价买进日商"仁阳丸"，更名为"升平"轮。立即将新购进的一批轮船再组一个公司，并以该公司的名义向军阀政府借款。此前，他原买进"宁兴轮"时，也组织了一个"宁兴轮船公司"（实际上是一块空牌子，仍属"宁绍轮船公司"演变而来的"三北轮船公司"调度），他利用"宁兴轮船公司"名义向北京政府借款。

1920年，南北军阀政府在上海召开和平会议，北方总代表朱启钤与财政部次长李恩浩、陆军部次长随同南下。李恩浩与虞洽卿为同乡旧识，虞绕圈子指使密友陈艮初向李献策："南北议和时期北方代表应当广泛联络负有声望的地方人士，用以制造舆论，压制南方。"随即谈到虞洽卿在上海租界的影响和势力，暗示虞洽卿可助力。李即请陈与虞联系。陈便提出"虞正为调拨头寸大伤脑筋"一事，李恩浩立即介绍交通银行总经理钱新之贷给虞洽卿20万元。这只不过是虞洽卿玩弄手段借款的一个例子。

在那个年代里，虞洽卿千方百计向人借款，借了又还，还了又借，愈借愈多，债台高筑，终日忙于拆东墙补西墙，然而他的船运事业却由此走上了蓬勃发展道路。到1936年，虞洽卿所拥有的独资航运企业总资产已达320万元，船只达到52艘，总吨位6.78万吨。

【案例之二】

荣宗敬、荣德生是当年上海滩最具传奇色彩的人物。荣氏两兄弟当年十三四岁，一肩行李来到上海时还只是一介学徒，后来却接连创办"茂新"、"福新"、"申新"字号的面粉、纺织企业21家，成为1949年前上海创办企业最多、最为显赫一时的"棉纱大王"和"面粉大王"。

1908年荣氏兄弟投资橡胶股票失败，1909年做进口面粉贸易又遭遇沉船。为摆脱厄运，走出困境，荣宗敬被迫走上举债经营之路。

1910年，荣氏兄弟向美商洋行借款12万两白银，购买了全套最新面粉机，新建"茂新"面粉厂，年产面粉89万包。尝到借款办厂甜头后，兄弟俩决定实行速"滚雪球"的三步走策略。

第一步，抵押融资，快速发展面粉、棉纺织业。他们把已经盈利的茂新第一面粉厂抵押给银行，利用获得的贷款开办了第二、第三面粉厂。又把无锡的面粉厂抵押给银行，在上海开办了一系列福新面粉厂。第一次世界大战爆发后，海外大大增加了对中国面粉和棉纱的需求。兄弟俩乘机决定向棉纱业大举进军，以"闪电"般的速度接连创办了9家申新棉纺厂。弟弟荣德生借此向合作方王氏兄弟提出 3 年内不分红、集中资金用于购买先进机器设备的要求："造厂力求其快，设备力求其新，开工力求其卓，扩厂力求其多。"

第二步，大肆购买旧企业，实现快速扩张。为实现快速盈利，兄弟俩采取先租后买的办法，先后购买了老牌的三新纱厂、英国人的东风纱厂等一批旧纱厂，利用原有厂房在最短时间内更新设备，投入生产，迅速拥有了 12 家面粉厂，9 家棉纺厂。

第三步，投资钱庄、银行，利用股东的身份获得贷款便利。1896 年荣氏父子 3 人出资 1500 两银圆开办钱庄，后招股、购股 1500 银两，建立了独资的广生钱庄。同时向一家银行投资 1 万两银圆股资，再通过这家银行融资 10 万~20 万两银圆的资金。

在管理上，合理分工，上海的厂由哥哥开拓，无锡的厂由弟弟经营，荣氏兄弟同舟共济，加速了荣氏企业的快速发展。20 世纪 30 年代初，荣氏集团机制面粉生产量已占全国民族资本行业的 31%，棉纱 60 万纱锭。荣宗敬曾经自豪地说："从衣食上讲，我兄弟俩已拥有半个中国。"

【案例点评】

《说文解字》对"借"字的解释：借即假。即暂时借用属于别人的人员或东西，用后或到期归还。从古代、近代到现代，多少政治家、军事家、企业家等为达到一定的目的、实现一定目标，在"借"字上用足了功夫。无论是内容上的借人、借物、借地、借名、借势、借权、借资，或是形式上的假借、凭借、借用、借重、拆借、典借、挪借、续借、租借等，真可谓绞尽脑汁、千方百计。本例中虞洽卿钻孔觅缝、借款发展，荣氏兄弟举债经营、速"滚雪球"，在"借"字上也可谓别出心裁、屡创奇效。

【智略之源】

（1）借鸡生蛋。源自于中国古老的民间传说：宋代山东淄博有一个叫韩生的穷秀才，借他人之鸡饲养后产蛋两个，自己留下一个，给鸡主一个。结果由一个蛋、一只鸡发展到三百多只……数年间由一个穷秀才变成了当地的富裕户。

（2）借人之借。语出明末军事理论家揭暄《兵经百篇·借》："以敌借敌，借敌之借，使敌不知而终为我借，使敌既知不得不为我借，则借法之巧矣。"谈到"借"的艺术时说：有时可以借用一方的力量，去征服另一方；借对方想借用我方力量的机会，使对方不知不觉中被我方借用，即使对方知觉也不得不被我方借用，那么这种借法就太巧妙了。

两谋的共同点是借助第二方或第三方力量发展自我。不同点是前者之"借"是借用他人资本或资源，后者之"借"是利用他人欲借我之力而反借之。

◎ 借冕播誉 借名引客

【案例之一】

"北京同仁堂"是闻名中外的中华老字号药铺，历经康熙、雍正、乾隆、嘉庆、道光、咸丰、同治、光绪、宣统九朝及民国的兴替，至今已有 300 多年的历史。

这家药铺创建于明朝永乐年间。创业之始，不惜五易寒暑之功，刻意精求丸散膏丹及各类剂型配方，于康熙四十五年（1706 年）汇集成书，书名为《乐氏世代祖传丸散膏丹下料配方》，收载宫廷秘方、古方、家传秘方、历代验方 362 首。书中序言中提出的"炮制虽繁必不敢省人工，品味虽贵必不敢减物力"，成为同仁堂日后几百年从业的最高准则。此书为其制作药品建立起严格的选方、用药、配比及工艺规范。后来，同仁堂提供的药品治好了康熙皇帝的病，名气越来越大，被钦定为供奉御药。1723 年，雍正帝钦定由同仁堂承办官药，供奉御药房药材和代制内廷所需中成药。特别是同仁堂中兴老板乐平泉还专为慈禧研制如意长生酒，为治理慈禧中年后气血两亏、行动不便、食欲减退等症状发挥了很大的作用，受到慈禧的特别青睐。后来，每次取药不再通过太医，而是直派李莲英去同仁堂取药酒。同仁堂进出紫禁城的腰牌至今还保存在故宫博物院。

几百年来，同仁堂利用"御供药"、朝廷可先借银后结账等独特优势，大批购置优质药材，为研制好药奠定了良好基础。由此形成了以安宫牛黄丸、苏合香丸、再造丸、安神赞育丸、女金丹、至宝丹、紫雪散、活络丹、虎骨酒、参茸卫生丸十大名牌为代表的系列著名自制成药品牌。这些品牌药挽垂危于顷刻，救急症于即时，药到病除，成为世间医药珍品。品牌药名扬中外，社会声誉久播不衰，为同仁堂进一步巩固"御供药"地位起到了极大的助推作用，也为同仁堂根据市场行情请求朝廷提高药价抬高了讲话分量。

同仁堂与清朝廷数百年的交往关系和几百年供奉御药的特殊身份，使同仁堂与其他药铺的竞争始终保持"鹤立鸡群"的特殊优势。即使同仁堂一度遭遇近百年的危机，朝廷两次公开竞聘供奉御药的药商，也没有一家药商敢于接牌。

同仁堂药品的神奇疗效，也广为京城百姓津津乐道，盛誉广播。同仁堂借此大举开拓民间医药市场，惠泽广大百姓，誉满京城，名播四海，极大地促进了同仁堂药业的快速发展。

【案例之二】

我国边关少数民族，自古以吃牛羊肉和奶酪为生，需要大量饮茶。陕商曾以秦地量产绿茶相销，但胡人却以味淡为由，销售规模很难扩大。以马合盛为首的陕商，便开始经营枝粗味重的湖南安化黑毛茶，运至泾阳加工，挤压成砖，便于长途运输。这种原料产自湖南，称之为"湖茶"；因伏天加工，称之为"伏茶"；因加工地在泾阳，又称"泾阳砖"；还因为其药味颇似土茯苓，又美称为"茯茶"、"福砖"。

马合盛专营湖茶、不做别的行业。因为他们深知，要取得稳定的销路，非建立品牌不可，而建立品牌的关键是树立商誉。即使业务发达之后，仍然保持重质非量。重点放在对采购、加工等程序的严格要求上，买茶必在春天，收购产于高山的头茶七八成，子茶不过两三成，区别于一般商号头、子各半，使其原料质量胜过别家。制茶（加工）必在春秋季节，因夏季太热，冬季太冷，都不能加工出优质茶叶。制茶时严守内控标准，从不掺杂次茶，茶叶质量好，民众口碑佳。

马合盛等陕商长期坚持国事为重，注重以商事国。无论是明初的以茶换马，拱卫边疆；清初的弃淮入川，反清匡汉。特别是清末八国联军侵华，慈禧等两宫逃亡陕西，陕商均素秉忠义，闻风俱起，慷慨解囊，马合盛捐银10万两白银，是当时陕商捐资最重者之一，皇帝特授以"护国员外郎诰封资政大夫"。尤其是马合盛贡奉"百峰骆驼"茶，西太后高兴地赐以"大引商人马合盛"七个字。

马合盛利用封建时代人们对皇权的崇拜和顺服心理，特地在茶砖的封面上印制"大引商人马合盛"七个字。由此，广大民众都知道"大引商人马合盛"几个字是慈禧太后封下的，对马合盛茶叶的质量深信不疑。加之，该品牌砖茶叶多、茎少、味美，甘肃、宁夏、内蒙古等地的少数民族非常喜欢，品牌硬，质量好，口碑佳，每封茶比别人高出2角，仍然畅销不滞，商号生意长盛不衰。

【案例点评】

人们常言"酒好不怕巷子深",此言重质轻名。在商品竞争日趋激烈的今天,酒好也怕巷子深。仅有质量上乘,只能算是佳品、精品,还不能算是名品,因为既有上乘质量,又有极高市场知名度的商品,才能算名优商品,才易被广大消费者所接受,才有较高的市场占有率。试想消费者对某商品不了解、不熟知,又怎么可能去选择它、接受它、消费它呢?一切商品的市场占有率与它的社会知名度成正比,其市场销售半径与它的社会知名度的传播半径也是成正比的。同仁堂利用供奉九朝御药、马合盛利用皇太后御封茶名的独特优势,为企业扬名促销,这两家企业可谓深谙"借冕播誉,借名引客"之道。

【智略之源】

(1)借冕播誉。这里的"冕"指古代帝王、诸侯、卿大夫等所戴的礼帽,借指他们的政治地位和社会影响力。其意是说,商家利用帝王、名臣(而今多为高官显要、名家名人)为商铺赐名、题词或提供服务等各种机会,广为宣传,借机播誉,扩大商家及其商品的社会影响力,提高商家的市场竞争力。

(2)借名引客。借用名人本身的影响力,利用消费者敬慕名人的心理,达成引人注意、提高社会地位、扩大商家及品牌商品市场影响力,或传导对商品的喜欢、信任,引导社会消费,促进商品销售。

两谋的共同点均是借用他人的地位和影响力助推企业发展和商品促销。不同点是前者商家重在"借冕",后者侧重于"借名"。

◎ 籍夷起家　乐远服贾

【案例之一】

山西榆次车辋常家,在晋商中崭露头角,是从第八世常威开始的。常威只身闯荡社会,来到燕京大地的西大门张家口,靠为别人占卦算命维持生计。三个儿子中长子和第三子都以经商为业。长子常万圯(yí)经商地主要在苏州、上海、汉口一带，故有"南常"之称。自幼聪慧的三儿子常万达来到父亲当年经商地张家口开布铺经营布匹，兼营茶叶、杂货，把生意做到了蒙古，建立了大德玉商号，故有"北常"之称。

乾隆年间，恰克图被清政府确定为中俄贸易的唯一贸易口岸。生意已做到蒙古的常万达慧眼识机，深知恰克图对其发家致富的意义，也深知蒙古、俄罗斯最需要什么。他毅然决定由内贸业转向了外贸业，把张家口"大德玉"字号改为茶庄，搁置布匹及杂货生意，组织大批茶叶经恰克图销往俄罗斯，兼营国内江南生产的绸缎，由俄方引进皮毛、银锭，"生意兴隆，岁入倍常"。但常万达"满而不盈"，倍厚资本，商号经营规模和贸易额日渐增大，逐步增设了大升玉、大泉玉、大美玉、独慎玉商号，形成了常氏的"玉"字连号，特别是独慎玉商号，还在俄罗斯首都莫斯科设立了分店。由此可见常氏家族在中俄贸易中的地位。

《山西外贸志》记载：在恰克图从事对俄贸易的众多山西商号中，首推榆次车辆常家，经营历史最长、规模最大。常氏一门历经乾隆、嘉庆、道光、咸丰、同治、光绪、宣统七朝，沿袭 150 余年，尤其是晚清，在恰克图十大商号中常氏一门独占其四，堪称清代晋省的外贸世家。

【案例之二】

张兴民，海南兴宝集团董事长。这位 1959 年出生于吉林省九台市，参过军，从事过外贸工作，曾让 4 个企业脱困的省优秀青年企业家，因被"国企"复杂的人际关系搞得焦头烂额，1991 年借资 20 万元，只身下海去海南发展。他白手起家创办了兴宝集团公司，3 年多时间以易货贸易方式创造了 40 亿元资产，2000年时以个人资产 4.8 亿美元登上了中国富豪的宝座。

张兴民的致富诀窍就是先做市场调查，找准市场"冷门"。初到海南尽管人地生疏，但他利用散步、吃饭、聊天等多种机会搜集各类信息，跑遍海南大小县市，以及公司、工矿摸底。从杂乱的信息中筛选和捕捉到一个商机：海南有上亿元的白糖积压滞销，省政府"悬赏"销售额的 30% 奖励有功人员。张兴民打算用好这个生财机会。但经营要靠实体，自己是新注册公司还是借壳经营呢？后得知专营白糖生意的热作乡镇有一家濒临倒闭的热宝公司。张兴民立即抓住这一天赐良机，承包该公司，解决载体问题。

紧接着，张兴民四处为白糖找出路。当他从一位东北朋友聊天中获知白糖等数十种日用商品在俄罗斯十分紧缺时，立刻请求朋友帮忙联系客户，最终选择保加利亚驻俄商务参赞签下万吨白糖销售合同。但购糖合同未签,又如何筹集上亿元资金解决购糖款呢?他马不停蹄地赶往儋州县糖厂紧急协商,由糖厂及有关部门担保,首批组织 5.3 万吨白糖出口到保加利亚,货到款到。之后又向俄罗斯推销了 16 万吨白糖,彻底解决了海南白糖积压问题。热宝公司实现净盈利 2 亿多元。

随后,张兴民又利用国内当时严重积压的电冰箱、彩电、洗衣机、茶叶、旅游鞋、羽绒服、毛巾、肥皂等商品,通过易货贸易的方式,从俄罗斯换回了大量钢材、木材、水泥、重型卡车等国内紧缺的商品,从中赚取了大量外汇。既没有使用国家外汇,没有享受国家出口贸易配额,也没有用现钱交易,大大降低了企业经营风险。1992 年创汇收入达 2100 多万美元,成为海南第一创汇大户。后来张兴民又先后与日本、韩国、俄罗斯、美国、法国及东南亚客商联系,进一步拓展了国际易货贸易。

【案例点评】

中国是对外贸易历史悠久的国家。早在春秋战国时期,华商就将丝织彩绣外销西北游牧民族,流向欧亚草原各地。西汉时华商与大月氏人、希腊人、波斯人和印度人贸易,将独步世界的中国丝绸、漆器、铁器等商品销往中亚、西亚、欧洲东南部,又将这些地区的毛皮、毛织品大量运回中国。到了唐代和五代时期,华夷商人联合起来,把我国东南沿海诸省的青瓷、白瓷和长沙彩绘瓷广销南亚、西亚、中东和非洲,形成了海上陶瓷之路和丝绸之路。宋元明清时期,我国以丝帛、瓷器、茶叶为主的 10 多种商品,也随远洋帆船广销亚洲、非洲东部沿海、地中海和欧洲部分国家。历史上这些贸易在促进中西方文化交流的同时,也促进了国力的增强和华商个人的富裕。案例中纵横商海 150 余年的常家和现代外贸商人张兴民,只是千百年来众多外贸商家中的一个缩影。

【智略之源】

(1)籍夷起家。"夷"这里指外国或外族;"籍"指凭借和依托。其意讲凭借和依靠与外商开展贸易来发家致富,兴企强国。

(2)乐远服贾。语出金代文学家元好问《雁门道中书所见》:"单衣者谁子,贩籴就南府。倾身营一饱,岂乐远服贾。"该诗原意是说:(元朝统治下)田园庄稼夷为平地,粮食绝收,还要服兵役、交赋税,北方百姓为求活从商,穿着单衣，冰天雪地中越过雁门关，到南府远道贩粮。这里反其意而用之，强调发展外贸，将外贸视为兴业途径。

◎ 因势利导　假手于人

【案例之一】

包玉刚（1918~1991），浙江宁波人。包玉刚的父亲包兆龙是一个商人，常年在汉口经商。由于家庭还算富裕，13 岁时父亲送他到上海求学，他便一头扎进吴淞船舶学校学习船舶。抗战爆发后辗转到了重庆，在一家银行当了一名小职员。1938 年来到上海中央信托局保险部工作，凭着努力和在银行经验的积累，7年时间从普通职员升到了衡阳银行经理、重庆分行经理，直至上海市银行副总经理，前面的路途可谓一帆风顺。1949 年初，他却突然辞职了，携老婆和女儿到香港闯天下。父亲希望他经营地产生意，他则认为航运最赚钱。因为航务是世界性业务，资产可移动；船务牵涉范围甚广，财务、科技、保险、经济、贸易，几乎无所不包，是一摊大生意。

开始资金不够，包玉刚两次向汇丰银行借贷，汇丰银行认为华人不懂船舶，借贷太冒风险。他转而来到日本神户，拟向日本银行申请贷款。包玉刚在与日本人的交往中，获得一条重要信息：一家日本航运公司长期从印度运煤回日本，但运力不足，常年大量租船。放出信息：出租方有意合作，若双方可议定租期为 5年。包玉刚跑去洽谈，说明自己正组建一支船队，但还在为购船资金不足犯愁。这家日本航运公司当即表示，愿意出面商请日本银行助力他买船。包玉刚仔细一琢磨：组建船队和船队经营出路问题都解决了，这不是两全其美的事吗！于是，向对方提出：以 1 年船队租金为额度，协调日本银行开出一张 75 万美元的信用状。包玉刚将此情况告诉了英国汇丰银行高级职员商达士，说服汇丰银行借贷给他 100 万美元。商达士说："你拿到信用状再说吧！"几天后，包玉刚拿着信用状找到商达士，商达士大笔一挥，就开出了 100 万美元的信贷支票。包玉刚立即前往英国买下了 1 艘已使用 28 年，排水量 8000 余吨的旧货船。包玉刚将该船更名"金安号"，船首漆着醒目的英文字母"W"。随后，包玉刚做了两件事：成立

"环球航运集团有限公司";将原打算"自营"的"金安号"货船转租给日本航运公司。从而有效地避免了"旱鸭子"经营船舶航运经验不足的难题。

1956年，苏伊士运河因战争而关闭，航运费用大涨，租船生意兴隆，这正是船东们财源滚滚的天赐良机。对此，有些船东尽力利用大好时机，狠"宰"租家。往往把船留作单程租用或临时租用，因短租、散租利于随时调高租费，这种"散租"方式在国际航运界是比较传统的一种经营方式。但是，包玉刚则坚持变"短租"为薄利的"长租"，他以合约的方式，中期或长期地租给用户，租期达5年、7年，甚至10年，宁可少赚钱，也要少冒险。有人笑他这个"旱鸭子"初出茅庐，是个大傻瓜。但到了1957年下半年，航运价跌至最低点，一些船东的船租不出去了，他们再也笑不起来了。1956年，包玉刚已有8艘船了，他与日本船舶公司续订新约，提高租金，当年底赚的利钱就替他买下了7艘新船。

有了与汇丰银行的良好合作，1962年商达士出任汇丰银行总经理，汇丰银行便开始大量投资包玉刚的环球航运集团有限公司，包玉刚很快就脱颖而出。1968年，汇丰银行主动邀请包玉刚担任汇丰银行董事，1970年又升任汇丰银行副董事长。1981年，包玉刚的船队已拥有大型巨轮210艘，总吨位2100万吨，早已超过当时美国、苏联国家所属船队的总吨位，居世界航运企业之冠。

【案例之二】

虞洽卿是清末至民国年间上海滩赫赫有名的大买办。虞洽卿小时候和母亲过着半饥半饱的生活。因无钱上学，15岁到上海学做生意。他第一次到上海时，适逢大雨，因舍不得穿上那双母亲亲手做的布鞋，就赤着脚走进了店门。因此，发财后有人戏称他为"赤脚财神"，他自己也颇以为荣。

且说逐步富裕起来的虞洽卿打算投资地产业，但手中10余万两白银，仅仅只够买地。光绪二十年（1894年）后，清政府巨资投入上海市政建设，黄浦滩、法兰西外滩、大马路一带的地价已涨到10余万两白银1亩，其他地方的地段，至少也涨到5万~6万两白银1亩。要建房，就得用土地作抵押，到银行贷款。但光有房子还不行，自己还要发展，没有资本怎么发展呢？

一个偶然的机会，虞洽卿和老乡、耶松船厂写字间的领班傅筱庵谈到最近买房、买地的事情。傅筱庵说："我们厂主潘特斯两年前买了一块地，位于闸北北浙江路和海宁路交界处。当时说北浙江路往南的苏州河上要修一座桥，潘特斯觉得，一旦桥修通，北浙江路两边的土地肯定会增值，于是就买下了。后来由于船厂需要周转资金，他就把地抵押给了英国汇丰银行。现在抵押即将到期，而桥由于租界工部局没有资金，至今也没有修。何时能修，谁也说不清楚。潘特斯决定把那块地卖掉。"

这块土地南面有苏州河阻挡，东面有一条小河沟拦着。在一般人看来，是一块荒凉偏僻的死地。但在虞洽卿看来，说不定可以变成一块宝地。他听后便问："潘特斯打算卖多少钱 1 亩？""沿北浙江路两边一共有 100 亩地。他当时 1000 银洋 1 亩买进来，现在想 1500 银洋 1 亩卖出去。"傅筱庵回答说。虞洽卿心里高速盘算后，立即捕捉到了事情的症结在于路通没通，桥建没建。

紧接着，他深入实地进行考察，并前往英国领事馆找到曾与其有过交往的贝克汉姆，核实租界工部局是否有架设苏州河上桥梁的事。贝克汉姆给他的答复是："规划两年前就有了，但是没有资金，修不起来。"虞洽卿十分关切地问道："需要多少资金？"当贝克汉姆回答说只需 2 万两白银时，虞洽卿不失时机地追问道："如果有人捐资 2 万两白银，工部局会修吗？"贝克汉姆即刻回答说："当然会修呀！问题是谁会捐款呢？"

情况已明。虞洽卿果断地决定拿出自己所有的积蓄，用 12 万两白银从潘特斯手中买地，又将 2 万两银票捐给租界工部局。很快，苏州河上的北浙江路桥梁开始动工兴建。

虞洽卿利用北浙江路两边的土地，迅速注册成立了升顺房地产公司，公司用土地作抵押，从汇丰银行贷款 8 万两白银。随即又注册成立了顺征房地产公司。两家公司同在一地办公，从事的是同一业务，总经理挂着洪雪帆的名字。但升顺公司的法人是虞洽卿，顺征公司的法人是虞顺恩（虞洽卿大儿子），两公司互相担保，有时也互相倒腾资金。

苏州河上的北浙江路桥梁半年后通车，虞洽卿沿着北浙江路两边先后建造了升顺里、天潼路、南顺征里、北顺征里住宅小区。桥梁的建成，从闸北到英租界闹市区变得异常方便，北浙江路两边的地价很快上涨，虞洽卿建造的升顺里、南顺征里的住宅区房屋很快售罄，获得了十分丰厚的投资回报。而天潼路、北顺征里的房屋全部留给生顺公司名下，对外出租，由此给全家提供了长期稳定的经济收入来源。

【案例点评】

任何事物的发展都沿着它自身的轨迹运行。一个精明的商人或企业家，往往能循其轨迹加以合理利用，顺势而为，甚至创造条件，科学引导，将一盘死棋走成活棋。本案中包玉刚、虞洽卿的作为至少给我们三点启示：一要敏于"识势"。准确分析、判断和预测事物发展的走向和趋势，从中寻找和发现可能出现的商机。二要善于"导势"。即巧妙地引导事物向有利的方向发展。其策略无论是引导或是诱导，无论是利用条件或是创造条件，均应遵循有利则为的原则。三要追求"双赢"。任何形式、层次上的合作，只对一方有利的事是办不成的，没有利益的联结纽带，就如同无油的柴油机，是不可能运转起来的；只有互利双赢，才能听到马达欢快的轰鸣声。

【智略之源】

（1）因势利导。语出司马迁《史记·孙子吴起列传》："善战者，因其势而利导之。"这里的"因"即循；"势"即趋势；"利导"指引导。孙膑对田忌讲：善于用兵的人，就是顺着事情发展的趋势，向有利于实现我方目标的方向加以引导。

（2）假手于人。语出明末揭暄著《兵经百篇·借》："不必亲行，坐有其事，已所难措，假手于人。"这里的"假"指利用，即借助他人为自己办事。"措"指施行。其意是说：用不着亲自去做，就可坐享其成，或我方难于实施的，可假借于人。

两谋的共同点突出了"我"的主动作为，不同点在于前者假借于人，后者则顺势而为。

◎ 假长补短　谋之欲众

【案例之一】

刘永好及其新希望集团的崛起、腾飞和致富过程，可以说是借智借力的过程。

1982 年，刘永言、刘永行、刘永美、刘永好兄弟四人毅然放弃"铁饭碗"，回到了川西平原的新津县古家村。他们变卖电视机、自行车和一部分家具，凑起 1000 元资金，种植蔬菜、水果，试验养鸡、养鹌鹑，创办实业。1987 年 4 月，刘氏兄弟把前 5 年养殖鹌鹑赚来的 1000 多万元全部投入到生猪养殖新饲料的开发与研究中去，用 200 万元成立希望科学技术研究所，300 万元投入饲料厂建设，400 万元购置生产设备。他们聘请从事动物营养学研究的专家和兼职科技人员 30 余人，夜以继日攻关，先后开发出 30 多个饲料配方。又经过 100 多个实验点的数百次试验，1989 年 4 月成功地研制出"希望"牌系列高档乳猪全价颗粒饲料，开创了中国民族饲料工业的先河。

"吃 1 斤长 1 斤省 1 斤（粮）"，不打猪草，不煮猪食，省粮省柴省力的 3 大优点，唤起了农民的求购欲望。猪农普遍反映用了这种饲料猪儿长得快、肥膘少、瘦肉多、味鲜肉嫩。"希望"牌乳猪饲料的推广，使传统的养猪周期缩短了 5~8 个月。1990 年，"希望"牌优质畜禽饲料被国家科委列为国家级"星火计划"项目，予以重点开发。1990 年 9 月，超级浓缩饲料"希望精"开发成功，独特的营养配方更加赢得用户的青睐。当年"希望"牌饲料销售 6 万余吨，1991 年产销饲料又突破 10 万吨，销售收入突破亿元大关，实现利税 1000 万元，连续 3 年创西南地区销量第一。"希望"牌饲料荣获"7·5"全国优秀星火计划成果博览会金奖，刘永好被国家科委授予有突出贡献的"全国优秀星火企业家"和全国科技实业家创业金奖。

为保持"希望"饲料的市场主导地位，刘永好及时提出了"生产一代，研制一代，预研一代"的科研策略。在抓好"希望科研所"科研攻关的同时，迅速派出技术人员到俄罗斯、波兰、澳大利亚、法国等国家和中国香港地区考察学习，引进饲料生产方面国际最新科研成果。先后开发出了自己的中猪、大猪浓缩饲料"希望精"和高效催肥剂"希望灵"。

对刘永好兄弟等来说，给他们震撼最大的是 1992 年 4 月赴美国考察。当参观一家饲料厂时，让他们惊呆了！这家日产 100 吨饲料的工厂，除散装、装卸与希望集团公司不一样外，其余生产流程及工作条件几乎一样。但希望集团公司日产 100 吨饲料需 100 人，而这家美国公司连厂长在内只有 5 人，劳动生产率是希望集团的 20 倍。面对巨大差距，兄弟俩深感：华山之路只有一条，必须全力推进科技创新战略，依靠精细化管理降低管理成本。回国后，他们全力打造自己的"人才库"，创建人才"高速路"。郑重宣布：用 10 年时间推行"百万富翁计划"，让那些为企业发展作出重大贡献的科技人员率先进入"100 万富翁"行列。不少学成归国的"洋博士"，获国家突出贡献专家、教授，从事饲料研究的"高工"、"博导"，名校经济管理学院院长、副院长都自愿参与到"希望"集团新产品开发中。

正是凭借"人智为翼"的经营理念，刘氏兄弟依靠科技开发，使他们的"希望"牌饲料在市场竞争中长期立于不败之地，使希望"集团不断地走向兴旺发达。10 多年的艰苦奋斗，发展组建为南方希望集团，成为中国最大的饲料生产企业。

后来，在南方希望资产的基础上，刘永好逐步从创业初期的单一饲料产业向上、下游延伸，组建了"新希望"集团。历经 30 多年的发展，今天集团已成为中国最大的农牧企业、领军者和集农、工、贸、科一体化发展的大型农牧业民营集团企业，正在形成农牧与食品、化工与资源、地产与基础设施、金融与投资四大产业集群。2012 年底集团已拥有企业超过 800 家，员工超过 8 万人（近 4 万人从事农业相关工作），资产超过 400 亿元（其中农牧业占 72%），连续 8 年名列中国企业 500 强之一，中国民营企业 500 强第 12 位。刘永好自己也一度成为中国内地富豪之首。

【案例之二】

韩伟，辽宁省大连市旅顺口三间堡镇东泥河村人。谁也未曾想到，只上过 4 年小学的他，10 年时间便奇迹般地成为远近闻名的"养鸡大王"。2000 年被美国《福布斯》杂志评为中国 50 位富豪的第 43 位。韩伟成功的秘密在哪里？潘石著《嬗变——中国富豪的第一桶金》告诉我们：最大的秘密就在于"借智于人"。

1984 年，韩伟辞去镇畜牧助理职务，靠亲友筹借 3000 元，买了 50 只鸡，办起了家庭养鸡场。在当地政府支持下，贷款盖起了 3 栋鸡舍，买了 3000 只蛋鸡进行养殖。第二年他随访日代表团考察日本养殖业，让他大开眼界。国内绝大部分养鸡场每只母鸡年均产蛋约为 8 公斤，韩伟的养鸡场为 15.6 公斤，日本则为 18.4 公斤，差距是客观存在的。后来，韩伟到荷兰考察，国外现代化、自动化、规范化的养殖经验带给他巨大的震撼。荷兰万尼森公司全场封闭式养殖，养鸡过程实行自动化控制，由自动化设备控制成鸡的性成熟时间。当育雏（0~6 个月）育成之后，即成为"青年鸡"（6~18 个月），随后被送到蛋鸡场。在那里，一切设施都是现代化的：自动上料、自动除粪、自动供水、自动调温，配备有严格的消毒防疫措施。鸡舍每只鸡产蛋个数、斤数和耗料斤数、蛋料比、死亡率、破蛋率、月末体重、下架只数等，电脑统计栏目中一目了然。

为缩小与国外的差距，提高养鸡效益，韩伟和日籍台商施嘉郎合资兴办大连伟嘉发展有限公司，下设饲料厂、蛋鸡厂、种鸡厂。花巨资从荷兰引进了电脑自动化控制系统，建设现代化的一流专业化蛋鸡饲养场。1992年成为经国家和省市批准的第一家非公有制企业集团。

发展中，韩伟特别注意巧借"外脑"，助企腾飞。公司的专业技术人员及管理层骨干大都面向社会公开招聘。他主动与人才济济的大连理工大学合作，广泛求教于各专家。为了提高母鸡产蛋率和产蛋品质，加强对场地的管理及鸡病的防疫，重金从东北农学院聘请两位教授进驻秀丽的山村，为他们建造"教授楼"，以优厚的条件招聘一批研究生、本科生来企业从事技术研究与各种管理工作，巧借"外脑"智慧，科研成果迅速转化为企业现实生产力。企业越办越兴旺，如同为企业发展插上了腾飞的翅膀。蛋鸡饲养规模居全国其他养殖场前位，年蛋鸡存栏300万只，年产鲜蛋5800万公斤，"咯咯哒"牌鸡蛋2000年初被中国绿色食品发展中心认定为绿色食品，被国家工商总局评定为"中国驰名商标"，产品热销100多个大中城市和日本、中国香港及东南亚。

韩伟集团已成为以畜牧业为主，兼营水产品和养殖加工、食品加工、高新技术、商贸和建材、房地产业，形成了农工贸一体的综合型企业集团。其从无到有、从小到大的发展实践告诉了我们："没有人才，将一事无成。企业的成功在于笼络了一批愿意为企业效力的人才。"

【案例点评】

每个人的智慧和能力都是有限的。大思想家荀子在《儒效篇》一文中指出："观察地势的高低，识别土地的肥瘦，安排庄稼的种植次序，君子不如农民；使用规矩，弹划墨线，完备器具，君子不如工匠；流通货物，鉴别好坏，辨别贵贱，君子不如商人。"一个精明的商人或企业家懂得如何借贤之智，用人之长，补己之短，这往往成为商家或企业家事业成功的关键。刘永好的希望集团，能成为中国最大的农牧企业领跑者，首先得益于广纳群智，成立技研所，聘请专家和科技人员，研制和开发了"希望牌"系列猪饲料，使企业始终立于不败之地。韩伟能成为中国的"养鸡大王"，最大的秘密在于"谋之于众"和积极引进国外科技及先进设备。

【智略之源】

（1）假长补短。明代尹宾商《兵垒·集》："人莫不有长，莫不有短。善为将者，假人之长以补己之短"。这是说一个人都有长处和短处。一个优秀的指挥员必然重视集贤纳士，广采众人之长，广汇众人之智，多方弥补个人之不足。

（2）谋之欲众。语出元脱脱著《金史·陈规传》（卷109）："谋之欲众，断之欲独"。其意是讲：计策谋划时，帮你出谋划策的谋士及对策愈多愈好；而做出决策时，则贵在独立决断。

两谋均有集贤纳智之意，不同点在于前者重视取长补短，后者主张广纳群智。

》》》 八、择人任时

常言说"小成功靠个人，大成功靠团队"。而团队的凝聚靠人才、靠人心，经营企业就是经营人心。又如马云所言：公司的作用就像水泥，把许多优秀的人才黏合起来，使他们力气往一个地方使。至于说"任时"，则全仰仗企业家科学地把握经济发展的脉搏、市场有利态势和企业内在动力，因利制权。

◎ 择人任时　智勇仁强

【案例之一】

雷履泰（1770~1849），山西平遥人。他出生于一个贫寒的农民家庭，因父亲过早去世，丧失了读书机会，后进平遥城当学徒做些小买卖。一次被西裕成商号的二少爷李大全闲逛时看中，请到了西裕成颜料铺。因办事干练，才华初显，不久便委任他为汉口分号执事，后又调他到京都分号做领班。清嘉庆年间，他受雇于人称"李二魔子"的李箴视家，被调回总号，担任平遥县西裕成颜料庄总号掌柜。

一天，一位同乡到西裕成商号，委托雷履泰帮办一件事，想将银两交给平遥总号，然后让其家人在北京的分号支取。雷履泰一琢磨，这是一件既方便同乡，又结交朋友的好事，自然没有理由拒绝，便点头答应了。后来，周围的人知道了这事，便都到西裕成汇兑银两。掌柜雷履泰想，我西裕成没有为人家提供两地汇兑的义务，担心帮忙过多，万一有差错，庄号要承担风险责任。于是，便向办理汇兑的客户提出：需收取一定费用。但出乎他的意料，客户很愿意缴费，来办理汇兑的人愈来愈多。雷履泰敏锐地发现这其中蕴藏着巨大商机。他便认真总结唐代"飞钱"和宋、元、明、清办理汇兑的经验，开始兼营晋商分号间商业汇兑业务。1826 年（黄鉴晖著《山西票号史》说是 1823 年前后），雷履泰同东家李箴视商定：由李箴视出资，雷履泰人力入股，共创"日升昌"票号，专营汇兑，成为中国历史上第一家票号。

票号创立之初，东家李箴视仍不无担心地对他说："小额的银两顾客愿意交给你汇兑，大笔的银两顾客可能还是会叫镖局起运。"雷履泰问："为什么？"东家说："顾客会担心你卷款而去，担心票号倒闭，怎么愿意将银两放入你这里呢？"雷履泰沉默了。回到家中，他彻夜难眠，辗转反侧，苦苦思索，如何建设一个值得人们信赖的金融网络？他想到了两个关键问题：首先，必须建立规范的信用制度。票号应树立良好的诚信形象，顾客才会放心地将银两存入到票号中来。而树立诚信形象，商号伙计的人品和素质又是关键中的关键。其次是建立汇率制度和汇票防伪问题。

那么，如何培育一批人品好、素质高的票号伙计呢？雷履泰结合多年从商实践，提出从八方面考察和培训员工。

（1）把伙计派到远离总号的分号去工作，并赋予一定权力，借以考察他对票号的忠诚度。因为远则易欺。

（2）把分号的伙计上派到总号工作，借以观察他对掌柜的尊敬和对票号工作的敬业程度。因为近则易狎（为人不庄重）。

（3）有意安排一些繁杂而琐碎的事务让伙计去干。通过这些令人厌烦的事务，借以考察伙计的自我克制力和有序处理事务的能力。因为烦则难理。

（4）突然交付几件比较棘手的事让伙计去办，借以考察他破解疑难的智慧和处理疑难问题的能力。因为卒则难办。

（5）安排伙计办理紧迫而重要的事情，借以考察伙计求真务实作风和诚实守信品质。因为急则易夹（通"狭"，指办事方法不当，把事办砸了）。

（6）让伙计经手大量的金银财物，借以考察他是否清廉无私。因为财则易贪。

（7）派遣伙计到重要而危险的地方去工作，借以考察他的胆识和气节。因为危则易变。

（8）让伙计到优越逸乐的环境工作，借以考察他是否贪恋享乐奢靡的生活和抗拒美色诱惑的能力。因为杂处易淫。

雷履泰的鉴人方法，注重全面考察员工的品德、节操，为人原则、处事方法和应对各种复杂问题、直面各类挑战的智慧、能力，被后代商人称为"鉴人八法"。

【案例之二】

民国时期，金城银行的创始人周作民是江苏省淮安县人，他连续担任该行总经理达 32 年，并兼任了 10 余年的董事长。其间，金城银行经历了北洋军阀、国民党政府及敌伪三个不同时期的统治，而他在每个时期都能左右逢源，不断拓展和扩大金城银行的业务，这与他自创的一套"三适一需"（适才、适时、适地，针对需要的灵活性）的用人策略和"经世"本领不无关系。

在适才方面，据籍孝存、杨固之等回忆，周作民创设金城银行初期，为适合大股东倪嗣冲、王郅隆等的意旨，也从有利于与当时势力强大的银号竞争，在高级职员中特别重视聘用银号出身的人员。如王郅隆介绍的天津分行经理阮寿岩，胡筠推荐的北京分行经理孙汉卿等人都是。

在适时方面，当时政府机关多由日本留学回来的人员掌政，银行作为新式金融企业，为加强与政府机关及其社会各界的沟通，也希望给银行业带来新观念、新气象，周作民便大胆延聘留日回国青年作分行经理。如同周作民一同留日的同学王毅灵、吴蕴斋等人。1921 年后，又陆续延聘了欧美留学归国人员，如顾翊群、董洗凡、王一吾、金子玉等，设立经济调查室，用以装点门面。后来，这些人，由于专业不对口，无事可做，相继离去。

在适地方面，伴随国内经济形势的变化，特别是 1927 年后，国民党政府的财政经济均操控在一批留美回国人员手中。为便于沟通、联系，更利于提高金城银行在社会上的地位和影响力，周作民从国内大学与企业中，陆续罗致了又一批留美归国人员，从事研究调查工作。这些人，后来或担任大城市分行经理、副经理级的管理职务。如全绍文为顾问兼农贷主任，徐国懋为汉口分行副理，周兆元、杨培昌为香港分行副经理，王恩东为重庆分行经理，戴自牧为汉口分行经理。

在适需方面，周作民更是动足了脑筋，十足地奉行实用主义。1927 年，金城银行在大连设立分行时，为了应对日本政府的特殊环境，谋取业务上的便利，他延聘日本留学生杨济成为大连分行经理。1931 年设立哈尔滨分行时，由杨济成兼任经理，直至担任北平分行经理。尤其是 1937 年"七七事变"后，华北沦陷，杨济成与伪中国联合准备银行总裁汪时璟的巧妙周旋，颇为得手。汉口地处长江中游，与四川联系紧密，为扩大大西南业务，周作民便延聘四川聚兴诚银行创办人杨家的女婿戴自牧为汉口分行经理。上海为外商荟萃之地，洋行林立，特安排英语口语娴熟的镇江人吴蕴斋为上海分行经理。青岛对外贸易发达，日本人较多，周作民就起用曹汝霖的女婿、留美归国的陈图南为经理。由此可以看出，周作民在特殊时期的用人风气，颇似交通银行使用高级管理人员的特点（周作民曾在交通银行任过职），偏重起用善于应酬、拉拢、逢迎、沟通的人。用今天的话说，就是特别重用那些具备良好沟通、协调能力和善于驾驭复杂局面、处理复杂问题能力的人。这对于沦陷区金城银行业务的维持、拓展和发展，无疑发挥了极其重要的作用。

【案例点评】

人才是企业乃至国家兴衰成败的关键。历代政治家、军事家、思想家和企业家都特别重视考察、鉴别人才和延揽、罗致人才。如古代兵书《六韬》就讲了选择人才的"六项标准"和考察将才的"八征"之法。又如《庄子》也提出了"鉴才九法"。再如传说为西汉末礼学家戴德（世称大戴）所著的《大戴礼记》，也非常详尽地讲述了选拔人才的"九项标准"和"六项征验"方法。"日升昌"票号创始人雷履泰提出的"鉴人八法"，实际上都是先贤人才思想在商业实践中的具体运用；金城银行创始人周作民的"三适一需"用人策略，尽管实用主义成分居多，但多少也有前人思想的印痕。

【智略之源】

（1）择人任时。语出司马迁《史记·货殖列传》："故善治生者，能择人而任时。"其意是说：善于生产经营和生财致富的人，都是非常注重选拔和使用适当人才的，并随时注重观察市场的变化。

（2）智勇仁强。语出司马迁《史记·货殖列传》："吾治生产，犹伊尹、吕尚之谋，孙、吴用兵，商鞅行法是也。是故其智不足与权变，勇不足以决断，仁不能以取予，强不能有所守，虽欲学吾术，终不告之矣。"这段话的意思是：经营产业，如同伊尹、吕尚用谋，孙武、吴起用兵，商鞅行法一样，有人智慧不足去应付形势的变化，勇敢不足去果断判决，仁德不足去收购抛弃，强壮不足去坚守囤积，虽然愿学习我的经营之术，我始终是不会告诉他的呀！

两谋突出了知人择人理念，前谋从致富发家角度讲，后谋从为商经营谈择人标准。

◎ 财散人聚　鱼换熊掌

【案例之一】

牛根生，1958 年生于内蒙古。他至今不知生父生母是谁，更不知自己姓什么。只知道自己出生不到一个月，就被以 50 元的价格卖给了一个以养牛为生的牛姓人家。养父未生孩子，期望通过抱养来栽根立后，于是给他取名"根生"。1978 年牛根生成为呼和浩特大黑河牛奶厂的一名养牛工人，1983 年任内蒙古伊利集团（原呼和浩特回民奶食品厂）厂长，1992 年担任内蒙古伊利集团生产经营副总裁，1998 年因与集团总裁在企业发展战略、发展理念上的尖锐碰撞被免职。当然，同时遭受"厄运"的还有原来跟随牛根生的一帮兄弟：原集团液态奶总经理杨文俊、总工程师邱连军、冷冻事业部总经理孙玉斌、广告策划部总经理孙先红。他们先后被集团公司免职后，一同找到牛根生，希望牛根生带领他们重新闯出一条新路。牛根生想了想后对他们说："既然他们不让我们干，我们就再打造一个伊利吧！请大家起个新名字。"大家一合计，起名"蒙牛"。

1999 年 1 月，蒙牛正式注册成立，名字是"蒙牛乳业有限责任公司"，注册资本金 100 万元，基本上都是牛根生和他妻子出售伊利股票的钱。得知此消息，还在集团企业工作的老部下 400 余人纷纷投奔而来。牛根生告诫他们："蒙牛"公司刚成立，还是一个"无市场、无工厂、无奶源"的三无公司，没有人能保证蒙牛一定会有一个光明的未来。但是，老部下们义无反顾地加入了蒙牛的团队。

为什么那么多原集团公司的精英和数百职工心甘情愿与牛根生一同重新创业"打天下"呢？这不能不说与牛根生的聚才理念和人格魅力有着直接的关系。牛根生一直信奉《旧唐书》中"财聚人散、财散人聚"的思想。正如他本人所讲："我也终生不忘养母嘱咐我的两句话：'要想知道，打个颠倒'，'吃亏是福、占便宜是祸'。"可以说，牛根生数十年的奋斗史、凝聚人气的历史，就是一部"散财史"。杨文俊 20 年前从牛根生手中接过相当于自己几年工资的 2000 元钱，住上了新房，娶了媳妇。伊利集团公司奖给老牛的轿车，牛根生将它换成了4辆面包车奖给其直接下属。108万元年薪他让属下一起"瓜分"了。后来他做了蒙牛的"班长"，他心里明白：经营企业就是经营人心。市场经济条件下，人心思富，人心盼富。"天下熙熙，皆为利来，天下攘攘，皆为利往。"特别是老百姓"人都是无利不起早"这句大俗话，更是洞穿了人人趋利的朴实本质。尽管牛根生在用车、办公室、工资、住房、股份等方面的待遇还不如副手，他曾"自嘲"自己是"五不如"的董事长。但2000年林格尔人民政府奖励牛根生一台价值104万元的凌志轿车，他却兑换了副董事长的一台国产捷达牌小车（奖品）。牛根生后来成立"老牛基金"，还捐出了自己在蒙牛集团的股份。由此可以看出，牛根生"千金散尽"的"良苦用心"。

牛根生深感仅靠自己有限的财力"散财"，能帮助的人毕竟是有限的。如何让与自己一同"打天下的战友"结成利益共同体、命运共同体呢？他想到了企业股份制改造。特从外边请了伊利集团原党委副书记卢俊（当时已经调任内蒙古证券委任处长）。他既是党政内行，又是乳业专家，还是证券方面的高手。请他来的目的很明确：蒙牛要做股份制公司。1999年8月18日，"蒙牛"股份制改造为"内蒙古蒙牛乳业股份有限公司"，注册资本猛增到1398万元，折股1398万股，股东是牛根生、邓九强、侯江斌、孙玉斌、邱连军、杨文俊、孙先红、卢俊、庞开泰、谢秋旭10个自然人。其中，邓九强是呼和浩特市轻工机械有限公司的老板，为蒙牛提供冰淇淋、牛奶工业设备，后来成了蒙牛公司副董事长。谢秋旭是广东潮州阳天印务有限公司董事长，以前同"伊利"合作印牛奶、冰淇淋包装盒时认识了牛根生，成为挚友，他与"蒙牛"合作成为蒙牛最大的自然人股东。

解决了企业人才吸纳和发展体制、机制问题，蒙牛的发展就如同插上了腾发的翅膀。公司1999年初以100万元注册成立，2002年蒙牛乳业就被北京一家著名财经媒体评为中国市场成长最快的企业，一跃成为我国乳业史上的著名品牌，牛根生也伴随着蒙牛乳业一举成名。2003年10月15日，中国首位航天员杨利伟上天，蒙牛成了唯一的牛奶赞助商。同年11月18日，牛根生猛砸3.1亿元，成为2004年央视广告"标王"，蒙牛不容置疑地成为2004年中国乳业发展的标杆。外界评论在牛根生领导下的蒙牛集团高速成长时常用的一个词语是"奇迹"。这个"奇迹"的轨迹是：3年时间，蒙牛乳业从行业排名千名之外一跃跻身前四强，并成功打造出一个中国驰名商标。蒙牛集团2004年6月10日在香港主板成功挂牌上市，发行 3.5 亿股。这在当时香港主板市场一度低迷的情况下，蒙牛跑赢大市，激活了香港股市，国际认购踊跃，认购价以每股 3.925 元的高端定价，募集资金近 14 亿元。蒙牛集团管理层的大多数人立刻成了引人注目的"百万富翁"、"千万富翁"。个人持股 6.1% 的牛根生也一夜之间身价过亿。

【案例之二】

张近东，1963 年 3 月出生于安徽天长，毕业于南京师范大学中文系，1990 年末毅然辞去南京市鼓楼区工业总公司的工作，以 10 万元自有资金，在宁海路租下 200 平方米的门面房，创立了苏宁交家电（苏宁集团前身）公司，专营空调。历经 20 多年的艰辛努力，他带领苏宁员工完成了三次大的转型，实现了由单一电器零售向连锁综合电器销售蜕变，家电连锁发展模式向云商新模式蜕变。2012 年，苏宁连锁网络覆盖中国香港和日本东京、大阪地区等海内外 600 多个城市，拥有 1700 多家连锁店，海内外销售规模 2300 亿元，员工总数 18 万人，品牌价值 815.68 亿元。目前已成为全国最大的商业零售企业，名列国家民营企业前三强。作为苏宁董事长的张近东本人，已是全国政协委员、中国民间商会副会长，2013 年福布斯中国富豪榜单，他以个人资产 268.4 亿元排列第 16 位。

张近东是一个深谙分享财富、汇聚人心道理的企业家。他曾坦诚地表露过他的心迹："当你赚 1000 万元的时候，那是你自己的，当赚更多钱的时候，就是属于社会的。苏宁是社会的，我张近东只是管理者和责任人。我在日本考察过一些做得很成功的全球性大企业，最初的创办人家族股份如今所占比例其实已经很少，甚至已经不再是大股东。"苏宁不断发展的过程，已成为张近东不断与团队分享苏宁财富的过程。张近东采取"股权大派送"的形式实现老板与职业经理人的"团队致富"。他将部分股权分配给南京总部数名高管，同时根据苏宁各地分公司高管的表现，分别给予他们一定比例的分公司股份作为奖励，借以稳定苏宁各地分公司的管理团队。2004 年苏宁电器在中小板上市，张近东的股权定向增发，已经稀释到公司的 1/3 左右。在 2006 年中国资本市场的财富统计中，前 50 位个人财富榜单中，苏宁电器占据 5 席，除张近东本人外，还有 4 名中高层管理人员入选。尽管如此，张近东还在规划实施更大规模的员工股权激励计划，进一步稀释手中的股权，股权激励标的股票最高可达公司股本总额的 10%，用 5 年时间在苏宁打造 1000 个千万富翁。

苏宁集团的发展过程同时也是与社会分享苏宁财富的过程。遵循先哲"穷则独善其身，达则兼济天下"的古训，苏宁在企业管理中坚持薄利多销、以规模赢得利润的经营方式。苏宁的净利润率为2%，通过低利润率和经营地规模化形成总体的高利润，加之连锁发展的低投入、高周转、轻资产运营，最终形成股本的高收益，为广大投资者带来效益的最大化。苏宁上市4年来，张近东控制的中小板上市公司市值增长19倍，股本扩张15倍。2004年苏宁年销售业绩突破221亿元。2006年第二届中国证券市场年会上，苏宁因为出色的投资收益、投资回报、盈利能力、市场反应和治理能力获得"最具投资价值上市公司奖"。

张近东及苏宁集团积极重视社会责任的履行，除积极承担产业发展、吸纳就业、依法纳税等责任外，还积极投身社会公益事业。2000年12月出资500万元设立"苏宁教育基金"；2000年出资30万元兴建希望小学；2008年，张近东个人捐赠5000万元支援汶川抗震救灾，创下当时个人捐赠之最。多年来，苏宁累计公益捐赠已超过7亿元。

【案例点评】

人性趋利，这是由人的本性决定了的。《管子·五辅》讲："得人之道，莫如利之。"这里的"利之"即帮助他人获取利益。既然是"助人"，一是得处理好"聚财"与"散财"的关系。古人讲"财聚人散，财散人聚"，完整的表达应该是：财聚人散，人散财散；财散人聚，人聚财聚。世界上的事情就是这样奇怪，你想掌控一件东西，先放松它、暂时放弃它，往往掌控得更牢，若始终抓住不放，反而会困死它，甚至失去它。这大约就是辩证法中的对立统一规律吧。二是巧妙的散财更利于聚财。精明的"散财"者往往是先散后聚，明散暗聚，一定时期多散少聚，以图长远少散多聚。目标是"散"得人心，"聚"不招怨，分利得利。本案例中的牛根生和张近东，都是深谙此理的精明企业家。他们巧于"散财"，善于"散财"，分利与人，助人得利，凝聚了团队，赢得了人心，创造了"财散人聚"、企业发展、人我共兴的成功范例。

【智略之源】

（1）财散人聚。语出《旧唐书·裴延龄传》："财散则人聚，财聚则人散。"这里的"散"指分散，引申为让利；"聚"指聚敛、集聚。其意是说：财物散开则人心集聚，财物聚集则人心分散。

（2）鱼换熊掌。参见《孟子·告子上》："鱼，我所欲也，熊掌，亦我所欲也，二者不可得兼，舍鱼而取熊掌者也。"孟子说：鱼是我想得到的，熊掌也是我想得到的，若两者不能同时兼得，我宁可舍去鱼，以换取熊掌。

两谋强调有舍有得，差异是前谋讲舍钱财聚人才，后谋讲舍小利保大利。

◎ 骑马找马　狼狈组织

【案例之一】

大凡一个创业者，都需要一个精诚团结、同心协力、无坚不摧的创业团队。如果说人们常常感慨创业艰难的话，那么寻求一个好的创业团队则更是难上加难。

雷军曾是金山软件的掌门人，著名的天使投资人。当他2010年4月宣布成立小米公司时，便为组建创业团队而四处搜索和招揽人才。

第一个进入雷军视野的是林斌。林斌曾经是微软工程院的工程总监，软件产品和互联网产品技术领域的权威级人物。后转任谷歌中国工程研究院副院长，工程总监、全球技术总监。当他负责谷歌移动的研发和Android系统的本地化时，想推动谷歌和UCWEB（首款基于大数据分析用户兴趣，融入信息流式交互体验，为用户提供个性化阅读体验的手机浏览器）之间的合作，帮助做移动搜索。雷军与他在谈判桌上认识，发现林斌对产品非常热爱，两人成为好友后，围绕移动互联网和手机产品，往往从晚上8点一直聊到次日凌晨。当林斌透露想出来创业，做互联网音乐项目时，雷军成功地说服他加入了小米团队。

第二个加入小米团队的是黄江吉。他在微软公司工作13年，不到30岁就是微软工程院的首席工程师。当他同雷军相识后，在创业或是留在微软继续工作而左右徘徊时，林斌协助雷军把自己的朋友劝进了小米团队。

第三个是洪锋。他是美国谷歌的高级工程师，曾任中国谷歌第一产品经理。此人极富创造性，在谷歌期间用20%的业余时间同他人做的Google3D街景的原型及在中国开发的谷歌音乐，广受赞誉。比较强势的他待雷军成功地应答了他提出的近100个问题后，他才饶有兴趣地说：这件事够好玩，富有挑战性，我决定挑战一下。由此登上了小米战舰。

第四位是黎万祥，由一名设计师到金山软件人机交互设计总监、设计中心总监和金山词霸事业部总经理。特别是 10 年与雷军的共事关系及非常好的私交情谊，当他打算离开金山做商业摄影时，被雷军拉进了小米团队。

刘德，是一位美国艺术中心设计学院（简称 ACCD）培育的一流的工业设计师。雷军认为自己请不起，但因已加入小米的洪锋的太太和刘德的太太是好朋友，在雷军、林斌、黄江吉、洪锋、黎万祥的合力攻关下，几经彷徨和思考，终于表态"我非常愿意加入这个团队，因为找到一个好团队实在太难了"！

创业团队扩充到这时，能够做手机系统、软件和设计的人都有了，就是缺少一个能将小米"种"出来的人。雷军几经周折，最后找到了曾是摩托罗拉北京研发中心总工程师的周光平，把他劝进了小米公司。

小米创始人团队 8 个人，5 个是搞软件的，3 个是搞硬件的，可以说每一个人都是业界的精英人物，他们各有所长，志趣相投，优势互补。雷军是董事长兼 CEO，林斌是总裁，黎万祥负责小米营销，周光平负责小米的硬件，刘德负责小米手机的工业设计和供应链，洪锋负责 MIUI，黄江吉负责米聊，王川负责多看和小米盒子。8 个人各有职位，剩下的都是工程师。公司大本营的办公布局非常清晰地把小米的业务区分开来，一层产品，一层营销，一层硬件，一层电商，每层都有一名创始人坐镇，大家紧紧围绕建立智能互联的科技生态圈这一小米科技的发展理想和目标，互不干涉，各司其职，共同奋斗，创造了小米速度和小米奇迹。

【案例之二】

在世界华人企业家当中，来自印度尼西亚的李文正是一位传奇人物。

他祖籍中国福建莆田，1929 年出生于印度尼西亚东爪哇，是印度尼西亚与东南亚华人几乎家喻户晓的人物。他中学时期因参加反荷（兰）殖民统治而被捕入狱，1947 年被驱逐出境。他返回故土，考入南京中央大学哲学系。1949 年来到香港，20 世纪 50 年代又返回印度尼西亚帮助父亲经营蜡染店，后做船务代理。

1960 年的一个晚上，因运营不佳而濒临倒闭的基麦克默朗银行经理皮拉马·沙里，听信误传李文正有 20 万美元（实际只有 2000 美元），请求他投资拯救这家银行。经过缜密考虑后，李文正当机立断，接受挑战，通过福建老乡筹资，认购了这家银行 20% 的股份，踏入了他朝思暮想的金融殿堂。不到半年，他坐上了董事长的座椅，凭着机警敏锐的市场头脑和超级推销员的本领，使基麦克默朗银行起死回生。

据中新网等媒体介绍，李文正之所以能成就他金融帝国的梦想，主要是善于"骑马找马"、精心选择共事伙伴。他说："你应该像牧马人一样，登上一匹好的马，去寻找另一匹更好的马。"他不相信也不想采用美国式的企业吞并方式，而是善于用他犀利的目光，不断搜索和分析市场竞争动态，小心寻觅而又迅速果断地捕捉在市场优胜劣汰中的合作伙伴和出手商机。1963~1971年，李文正依托基麦克默朗银行，先后将岌岌可危的印度尼西亚宇宙银行、繁荣银行救活。进而以这几家银行为基础，与亲友合资并购了工商银行、泗水银行，重组为泛印度尼西亚银行。李文正拥有30%的股份，并担任执行总裁。经过4年的艰辛努力，将这家银行发展壮大成为印度尼西亚最大的民营银行，资产达376亿印度尼西亚盾。

1975年，不久前辞去泛印银行总裁职务的李文正在飞往香港的飞机上遇到了在印度尼西亚办企业、建银行，雄踞世界华人第一大富翁宝座的林绍良（出生于福建省福清县），并接受林绍良邀请加入中央亚细亚银行管理，在两人的共同经营下中央亚细亚银行得到了飞速发展。1978年收购了印度尼西亚商业银行，8年总资产增加了332倍，存款额增长1253倍，在全印度尼西亚设有32处分行，在新加坡、中国台北、中国香港、中国澳门及美国的加州、纽约等地设有分支机构，不仅成为印度尼西亚最大的私人银行，而且成为东南亚最大的银行之一。后来两人合作创办了力宝集团。集团业务范围广泛，包括金融、房地产和制造业等，而力宝银行仍是集团主要支柱之一。

银行业数十载的风风雨雨，使李文正更进一步认识到："要追马，就非得骑着马去追。要追汽车或飞机，就得用汽车或飞机去追。要建立信用，就得找有声望的人合作，把他们的信用变成自己的信用。"李文正预感："21世纪亚洲的经济中心必将是中国！"他特别关注中国的经济发展，拟订进军中国的宏大计划。他以香港为桥头堡，力宝集团在香港投资设立华人银行，站稳脚跟后，力宝集团迅速在大陆的金融、大型实业及房地产方面投资。在深圳成立华侨银行，在上海设立华人银行分行。在实业投资方面，力宝集团投资开发福建循洲湾基础设施建设及循洲岛旅游度假风景区，总投资额100多亿港元。在山东，力宝集团大力投资电厂、码头等基础设施及老企业的技术改造，充分体现他对故乡的一片深情。

【案例点评】

一个人的能力是有限的。"观察地势的高低，识别土地的肥瘦，安排庄稼的种植次序，君子不如农民；使用规矩，弹划墨线，完备器具，君子不如工匠；流通货物，鉴别好坏，辨别贵贱，君子不如商人……"这是大思想家荀子在《儒效篇》一文中的精辟论述。如何用人之长，借贤之智，补己之短，是一个有所作为者应该而且必须考虑的大事。作为一个企业家要成就一番大业，更需要有一批志同道合的合作伙伴或一个精诚团结、同心协力、无坚不摧的创业团队。本案例之二中印度尼西亚华商李文正和案例之一中小米公司雷军的成功，就与他们善假于人、"人智为翼"的借智智慧和选择一个好的创业团队有着直接的关系。

【智略之源】

（1）骑马找马。印度尼西亚著名华裔银行家李文正讲："你应该像牧马人一样，登上一匹好的马去捕捉另一匹更好的马。这好比打仗，你有了稳固的大本营，才能机动地去寻找新的根据地。"后来人们把这一观点称为"骑马找马"论。

（2）狼狈组织。明黄道周撰《博物典汇》讲：狼的前腿长，后腿短；狈则前腿短，后腿长。狈每次出去都必须把它的前腿搭在狼的后腿上才能行动，否则就寸步难行。同时，狼善执行，狈善策略。狼狈相互合作，取长补短。华为公司创始人任正非认为，公司在研发与市场系统建立了一个狼生存组织构架的机制，吸引了大批不顾一切地捕捉进攻机会，积极扩张产品与市场的"狼"，同时又注意培养了一批善统筹、会建立综合管理平台的"狈"，以支持狼的进攻，狼狈一体，默契配合，高效行动。他把这种企业组织形象地称作"狼狈组织"。

两谋强调择优组合、强强联手，不同处是前谋讲以优找优，后谋讲优势互补。

◎ 树背扼吭　先抑后扬

【案例之一】

企业的竞争，归根结底是人才的竞争。而人才的争夺，历来是商战中异彩纷呈的重头戏。

四川畜产公司，20世纪30年代还是一家旧字号的私营企业，要向一个国际托拉斯型的猪鬃出口垄断性企业转化，急需一批精通国际贸易、精通"洋文"，并能预测国内外市场变化趋势的高级专业人才。为此，作为"川畜"公司老板的古耕虞，为招入袁冲宵、王君韧和张华联等一批毕业于美国纽约大学、宾夕法尼亚大学等世界名校，学习过国际金融、国际贸易管理，或业务扎实、具有丰富实践经验和全球眼光的人才，可谓绞尽了脑汁。

拿张华联来说，他祖父张家禄是光绪三年进士，历任翰林院编修、监察御史等清廷要职。父亲张寿镛是旧中国著名的财政家、教育家和藏书家，曾创办和担任上海光华大学校长。当年蒋介石北伐，为筹集浩繁军费，国民党财政部长孙科欲发行公债，上海的江浙财阀不买账，蒋介石还是请人做张寿镛的工作，"坚邀"张寿镛出任财政部次长，上海金融界才同意支持国民党。三代为官、出身名门的张华联，本人又是国民政府财政部贸易委员会所属的中国复兴商业公司（代表官僚资本）的主任秘书兼业务处副经理，与作为民族资本的代表型人物古耕虞互为竞争对手。

在古耕虞看来，张华联虽然是出身高门的阔公子，但却重合同、守信用、有责任心、有生意人的道德观。最能说明问题的是：抗战最困难时期，香港即将沦陷，中国猪鬃被迫改由缅甸仰光出口欧美等国，日本人迅疾进攻仰光，为避免作为战略物资的大批猪鬃落入日寇之手，古耕虞强烈要求代表政府推行猪鬃统购统销政策的复兴商业公司总经理席德柄，设法把猪鬃抢运出来，席以种种理由搪塞不去，而张华联却甘冒生命危险与古耕虞同去仰光，把存放在那里的大批猪鬃装运出口，避免了企业的巨额损失。古耕虞认为，张华联是一个非常难得的人才，必须罗致到手。但用什么办法才能达到目的呢？

1945年7月初，古耕虞利用自己掌管的《商务日报》，发表了一条"爆炸"性消息，公开揭露复兴商业公司贪污、腐败成风。新闻在行文上颇动了一番心思：凡涉及职位高的人，案情就若隐若现，如写到席德柄时只说他"生活奢侈"；提到两个职务较高的人物，则说他们"勾结私商"、"用飞机空运黄金到昆明投机倒把"；指明犯有贪污罪的，只说官职卑微的事务科长。当时，正值国民参政会召开，引起了参政委员的广泛抨击，连国民政府监察院也通过了弹劾案。席德柄本人急托中国银行重庆分行经理出面说情，古耕虞表示："不打老虎，也要打几只苍蝇。"这话传到张华联耳朵里，他分析道：古耕虞肯定明白，我这个主任秘书兼业务处副经理尚没有权力空运黄金，他也不会蓄意害我，冤家对头是席总经理。如今打不了老虎，却要打苍蝇，那么谁够格当苍蝇呢？恐怕要自己当了。

张华联亲自找到古耕虞说："我明白你要搞倒复兴公司。我已表示，愿当牺牲品。"古耕虞笑着说："你自愿当牺牲品，很了不起，我很佩服。这件事我思前想后，只好拿你当牺牲品，没有其他办法。但这正说明一个问题，你不是做官的才。我劝你不要做官了，到我四川畜产公司来做事吧！"张华联这时才恍然大悟：原来古老板想来个一箭双雕，既搞垮复兴公司，又欲擒故纵，把自己拉进他的公司。张华联当即表示："国难当头，我不想弃政从商，等胜利之后再说吧。"古耕虞当即表示："我们一言为定！"

日本宣布投降的当天傍晚，古耕虞就来到张家，笑着说："抗战胜利了，我正式请你到'川畜'公司做事。"张华联意识到，我随口一句话，他竟然当真了，按时来兑现，这个人绝非等闲之辈。他控制住自己的情绪，托词说："战争刚结束，太疲倦，暂时不想做事，请古老板谅解。"

此后，古耕虞"三顾茅庐"，其执着和真诚打动了张华联。1946年6月，在"川畜"公司走向全国、急需人才之时，张华联来到了四川畜产公司。古耕虞力排众议，让他担任了公司驻沪办事处主任，作为公司业务和资金的总指挥部，指挥和联络全国各地的分公司，在经营和管理上的权力甚至超过了总公司，相当于古耕虞的参谋长。1948~1949年中国大陆面临解放，古耕虞与共产党接上头后，马上派张华联到香港筹建分公司，以求在香港经营大陆猪鬃对美的出口。1948年中国出口的猪鬃已占世界需要量的90%以上；1949~1950年全国各地的猪鬃，都是经由香港销往美国和西欧的，为国家赚取了大量宝贵的外汇（其中1950年出口10万箱，价值达8000万美元），又从国外购买大量战略物资，支援了抗美援朝战争，张华联对此立下了汗马功劳，功不可没。

【案例之二】

晚清时期，胡雪岩从钱庄学徒走上经商之路，数十年不懈奋斗构筑起一座纵横交错、遍及全国的商业大厦，全得益于他的商业智慧和揽才之术。

胡雪岩在杭州城开了一家信和钱庄，与他同业竞争的有一家永康钱庄。其掌柜赵得贵为人厚道，待人诚信，手下又有一位得力伙计李治鱼给他撑起门面，钱庄生意日益红火。

话说这位李治鱼，可不是平庸之辈。因家贫少读，自幼进钱庄当学徒，从小伙计、档手一路走来，几乎成了半个钱庄老板。他精于算术，心算神速，记忆力惊人，过目不忘，素有"神算子"之称，与胡雪岩并称杭州城钱庄双璧。李治鱼与胡雪岩素无交情，同业相争，常冷脸相向。胡雪岩常想，此人现为档手，若日后自立门户，岂不成了我信和钱庄的一大煞星。更让胡雪岩不可小视的是永康钱庄掌柜赵得贵对李治鱼厚爱有加，视同已出，薪酬甚厚，据传还打算把漂亮灵巧的娇女许配给他，眼见着这位难缠的竞争对手，即将成为未来的钱庄老板。于是，胡雪岩未雨绸缪，连使三招。

一招拆缘。胡雪岩找到常周旋于达官贵人、太太小姐之间，在杭州城颇有名气的媒婆黄二姑，言明杭州抚台黄大人三姨太因家事不和，吞金而去，抚台大人想有人为他张罗一门亲事，事成之后定有重赏。黄二姑一听心里可乐开了花，东门举人、西门名秀才、南门大财主、北门某老板的千金逐一筛选，与胡雪岩一合计，选定了永康钱庄赵老板如花似玉的千金赵玉菡。黄二姑第二天就匆忙跑到永康钱庄拜访赵掌柜，言明抚台黄大人相上了他家千金赵玉菡。这事可让赵掌柜犯难了，小女确已到出阁年龄，可众多媒婆上门之所以都被自己婉言谢绝，意在将玉菡许配"神算子"，确保永康钱庄兴旺长久。可如今抚台大人相中玉菡，这可是得罪不起的呀！善于察言观色的黄二姑，从赵掌柜紧锁的眉头，猜透了他的心思，鼓起巧舌如簧的铁嘴，大谈喜攀高枝和借势发展之利。两利相权取其重，赵掌柜只好点头应允。黄二姑快速赶到抚台衙门报喜。抚台乐不可支，择期把赵玉菡娶进了抚台宅院。

二招乘机。眼看一场春梦变泡影，可怜的"神算子"失魂落魄，整日待在屋里喝闷酒，生意上的事也爱理不理。一天，潘司陈师爷前来钱庄存银，收银票时吵嚷着少了800两银票，双方争执不休。赵掌柜核查账目，"神算子"如同失忆道不明白，无奈只好补足银票走人。事隔不久，一位外地人来到永康钱庄，点名要找李治鱼，恰巧"神算子"外出，说明有重要物件转交。赵掌柜一番口舌之后，来人才言明自云南来，和李治鱼合伙做药材生意，今日专送利银，并留下一包银锭而去。赵掌柜打开包袱一看，足有1000两花银。这可触犯了钱庄大忌。李治鱼回庄后赵掌柜一再询问，李治鱼一口否决，内伙乘机挑拨，双方关系变得紧张起来。又是一个寒夜，李治鱼在钱庄值夜班，室中生火取暖。深夜，睡意蒙眬中突然屋内火光冲天，左邻右舍也同时起火，店伙及邻居虽奋力扑火，钱庄也已焚烧过半，积年账册也付之一炬，赵氏夫妇痛苦不迭。胡雪岩知道了这几件事后，乘机利用李治鱼与内伙平时的不和，将诸事四处张扬出去，搞得人人街谈巷议。迫于内外压力，李治鱼自认倒霉，满怀怨恨与羞愧的心情，只好卷起铺盖灰溜溜地走人。

三招诱用。有关李治鱼暗算掌柜的飞语在杭州城百姓中一时传得纷纷扬扬，身怀绝技的李治鱼，数次投奔他店均遭拒绝，被迫前往乡下投亲靠友。连续数天在山路上跋涉，又气又饿，李治鱼病倒在一座土庙里。刺骨的寒风将他吹醒时，被两名自称是外出收债躲进寺庙避雪的男子救起，搀扶着他在路边店饱餐了一顿。当两男子问明意欲何往时，"神算子"黯然丧神，两眼茫然。一位男子劝"神算子"投奔他在杭州城内开商铺的亲戚；另一位男子答应引荐他到信和钱庄。来到信和钱庄，胡雪岩热情地接待了李治鱼，言明受一位贵人委托，筹办了信和钱庄，现正缺一名档手，若不嫌弃，可即日上班，干得好可做钱庄主档手，不知意下如何？李治鱼早闻胡雪岩大名，也知道信和钱庄与永康钱庄的竞争关系，但现在自己恶名在外，胡雪岩不计前嫌，愿意收留和重用自己，不能不让李治鱼从内心佩服胡雪岩容人的大度和惜才的卓识。李治鱼拜谢之后，胡雪岩顺手掏出了2000两白银的折子给他，郑重宣布："从现在起，老兄就是信和钱庄的档手了。每月定饷10两白银，年底另有分红。此银可用于买房子、雇伙计、购物品，任你支派，不足另补。""神算子"再次拜谢，脸上又露出了久违的笑容。

【案例点评】

商业竞争，有时就是人才的竞争。而人才的争夺，一贵揽才（甚至"挖才"），二贵用才。本案中"川畜"公司与复兴商业公司、信和钱庄与永康钱庄间的人才争夺，尤具特色。古耕虞通过揭露复兴商业公司的贪腐问题，既打击复兴公司，又打压张华联，欲乘机拉进川畜。胡雪岩一招釜底抽薪，将赵玉菡媒牵抚台，结好官人，拆台对手。二招借力发力，迫使李治鱼"败走麦城"，为"挖才"创造了条件。在爱才用才上，尽管古耕虞、胡雪岩都采取了先抑后扬的策略，前落井下石，后雪中送炭，但古耕虞在知人善任上则更胜一筹。

【智略之源】

（1）拊背扼吭。语出《兵罍·扼》："吾与敌旗鼓相闻，审其何处为背，何处为吭（hāng），因拊而扼之，敝敌之善策也"。这里的"拊"谓轻击；"背"指人体背部；"吭"指咽喉要道。其意是讲：当我方与敌对方战斗之前，应迅速查明何处是对方的命脉所在，何处是非要害部位，迅速而果断地控制其要害，实现一举战胜对方的目的。

（2）先抑后扬。语出南北朝时期傅昭所著《处世悬镜》："将欲扬之，必先抑之。"这里的"抑"指抑制，借喻打击和压制；"扬"指张扬，借喻提拔和重用。先打压，后擢用，不抑不为我用，不抑难为我用。抑是手段，用为目的，一切以为我所用为出发点。

两谋近似点是控制要害，不同点是前者偏重讲以制求胜，后谋突出为扬而抑。

◎ 用人要疑　利出一孔

【案例之一】

张瑞敏，一个与新中国同龄的山东莱州人，1984 年接管濒临倒闭的青岛电冰箱总厂，引进了德国利勃海尔公司的冰箱技术，幸运地搭上了当时轻工部定点冰箱厂的末班车。30 多年的发展，今天的海尔集团已成为中国民族企业的优秀代表，家电行业的世界知名企业。海尔集团非凡的成长历程，有着它非同寻常的一面。尤其是在人力资源开发及其用人、监督等方面，有着它特有的管理奥秘。

为了给人才创造一个纵横驰骋的广阔空间，张瑞敏曾说："作为企业领导，你的任务不是去发现人才，而是建立一个人才辈出的机制，给每个人相同的竞争机会。"

第一个机制，就是"赛马不相马"的选人机制。他讲："企业给你比赛的场地，帮你明确比赛的目标，比赛的规则公开化，谁能跑在前面，就看你自己的了。"企业更注重员工的实际能力和工作努力后的市场效果，让人人都有平等竞争的机会。

第二个机制，就是"能者上，庸者下"的岗位轮流制。既然是"赛马"，企业就要给"每个人可以参加预赛、半决赛、决赛"的机会。但参赛者进入新的领域时，又必须重新参加新领域的预赛。无论是哪个级别、领域的竞赛，竞赛成绩就必然有好与差、输与赢，参赛者就必须接受竞赛挑战，遵守竞赛规则，有勇气面对优胜劣汰的严酷现实。

第三个机制，就是"用人要疑，疑人也要用"的监督机制。张瑞敏认为：古人的"用人不疑，疑人不用"思想是小农经济的产物，是对市场经济的反动，与当代社会实际、企业实际相脱节的用人观，也是导致干部放纵自己的理论温床。法国启蒙思想家孟德斯鸠曾说过："权力会滋生腐败，绝对权力产生绝对腐败。"对于现代企业管理来讲，疑人不用，用人不疑，只是初级阶段。敢用疑人，会用疑人，才是企业家技高一筹、智高一筹，确保人才用之不竭的良策。如果只是用而不疑，那企业迟早必乱；如果只疑而不用，那企业的人才必定越来越少。正确的态度是：用人要疑，疑人也要用。所谓"用人要疑"，是指在用一个还不是很成熟的人的时候，本着对企业对本人负责的态度，疑问在先，把可能产生的风险降到最低；"用人要疑"是适应对事物发展变化的要求，人的品性、观念、知识也是随着事物变化和发展的，现代社会充满诱惑和陷阱，要用发展的观点看待人才，不能盲目一信到底。人才是否经得住考验，自我约束的基础上，还须企业给予严格的检查监督。激励机制和监督制约机制是企业管理不可或缺的"两个轮子"。

海尔集团正是在以上人才思路的指导下，重点建立并完善了一系列的赛马规则：

三工并存、动态转换。海尔集团实行"三工并存"（优秀员工、合格员工、试用员工）、"动态转换"（据工作态度和效果，身份动态转化）制度，并与物质待遇挂钩。"今天工作不努力，明天努力找工作。"

在位监控。集团要求管理干部主观上要能够自我控制，自我约束，有自律意识。集团建立了较为严格的监督控制机制，任何在职人员都须接受自检（自我约束和监督）、互检（所在团队或班组内互相约束和监督）、专检（业绩考核部门）的三种监督。干部的考核并标分为 5 项：一是自清管理，二是创新意识及发现、解决问题的能力，三是市场的美誉度，四是个人的财务控制能力，五是所负责领域的经营状况。五项指标赋予不同的权重，最后得出评价分数分为好、中、差三个等级。每月考评，工作没有失误但也没有起色的干部归入批评之列。

届满轮流。随着集团公司逐步实施跨领域发展需要，海尔集团提出"届满要轮流"的人力开发思路：在一定的岗位上任期满后，由集团根据总体目标并结合个人发展需要，调到其他岗位上任职。以此培养一批多面手，为优秀年轻人"青云直上"扫清障碍。

海尔的用人机制被概括为"人人是人才，赛马不相马"。海尔管理层的最大特色是年轻，平均年龄仅 26 岁，其中海尔冰箱公司和空调公司的总经理都仅 31 岁。日本松下电器公司人员到海尔公司来参观时，曾戏称为"毛头小子战略"。

【案例之二】

华为公司 CEO 任正非曾讲："水和空气是世界上最温柔的东西，因此人们常常赞美水性、轻风。但大家又都知道，同样是温柔的东西，火箭是空气推动的，火箭燃烧后的高速气体，通过一个叫拉法尔喷管的小孔，扩散出来的气流产生巨大的推力，可以把人类推向宇宙。像美人一样的水，一旦在高压下从一个小孔中喷出来，就可以用于切割钢板。华为 15 万人的能量如果在一个单孔里去努力，大家的利益都在这个单孔里去获取，力出一孔，将威力无比。"

如何凝聚活力，实现"力出一孔"的管理目标呢？华为决策者认为必须坚持聚焦管道战略，无论是进军消费还是企业市场，都须沿着信息管道进行整合和发展。而活力凝聚、合力聚焦的根本保障，就在于"利出一孔"。华为高层、骨干层在内的全体员工均须遵从企业价值分配指导方针，更多地体现在管理者的"廉洁自律"上。2012 年的新年献词中，华为集团创始人任正非在讲话中指出：我们坚持"利出一孔"的原则。EMT 宣言，就是表明我们从最高层到所有的骨干层的全部收入，只能来源于华为的工资、奖励、分红及其他，不允许有其他额外的收入。从组织上、制度上堵住最高层、执行层从公司管理及其经营中，包括通过关联交易中去谋取个人私利，避免发生掏空集体利益的行为。20 多年来，我们基本是"利出一孔"的，形成了 15 万员工的团结奋斗。尽管我们管理上还有许多缺点，但我们正在努力改进，相信我们的人力资源政策会在"利出一孔"中越做越科学，员工越做干劲越大，我们没有什么不可战胜。据了解，2013 年华为企业业务 BG 和消费者业务 BG 总裁完成了组织任务，但没有完成个人年初设定的任务目标，年终奖为零，而华为董事会成员也"胜者举杯相庆，败者拼死相救"，全部放弃了年终奖金。坚持"利出一孔"的价值分配原则，真正体现了价值分配的公平性、公正性。

华为坚持"利出一孔"的价值分配原则，同时也是为了在价值分配中更多地向奋斗者、贡献者倾斜，给火车头加满油。任正非说：没有温差就没有风，没有水位差就没有流水，差距是动力。我们就是要在高绩效中去寻找有使命感的人。如果他们确实有能力，就让他们小步快跑。价值分配在华为还有一个重要的理念就是"不让雷锋吃亏、不让雷锋穿破袜子、不让焦裕禄得肝病"，对那些有使命感、自觉主动贡献的人，组织不要忘了他们。这是对"利出一孔"理念的进一步阐释。"这种企业文化不是在大喊大叫中建立和传承下去，而是要落实到考核细节中去。""以奋斗者为本的文化是优秀企业文化传承的基础。"

孟晚舟 2013 年 1 月首度在媒体面前公开亮相时说：过去 20 年，华为员工持股计划，为公司创造了强大的生命力。让所有员工深刻意识到，华为只有一条路："力出一孔"、"利出一孔"。CEO 任正非特别强调指出：只要我们在制度上和组织上保证人力资源政策、价值分配政策能够做到"力出一孔、利出一孔",工作越做越科学,企业员工越干越来劲,下一个倒下的就不会是华为。

【案例点评】

《礼记·王制》中讲:凡从平民中提拔人做官,必先对他的德能情况进行全面考核。考察、审辨后作出结论,再决定是否任用。实际任用时,先交给他一些具体的政务,看他是否具有办事能力。试用合格,根据其才能大小确定其官位高低;根据官位高低给以相应的薪俸。笔者认为,古代这种辨才考德,"先论后使"的官吏选拔方式,对现代企业管理有一定的借鉴价值。本案例中的华为、海尔两家企业,是中国企业走向世界的成功代表,在选人用人上,张瑞敏主张在辨识德能、区别能级、人尽其才中用人,在甄伪、知邪、论失、纠偏、衡弊中用人;在治企兴企中任正非强调"力出一孔、利出一孔",在凝聚人心、上下合力、扶正祛邪、监督制衡中用人,从管理机制、价值分配上保障人尽其才。他们成功的商业实践和企业的欣欣向荣足以证明其用人路线、用人策略的正确性。

【智略之源】

(1)用人要疑。参见《旧唐书·陆贽传》:"夫如是,则疑者不使,使者不疑。"这里的"疑"指怀疑、猜疑,"使"指擢用。本意是说,既然已经任用的人,就应当充分信任;有怀疑信不过的人,就不要用。本谋是对古人"用而不疑、疑而不用"的反用:"用人要疑,疑人要用。"

(2)利出一孔。语出《管子·国蓄》:"利出一孔者,其国无敌;出二孔者,其兵半诎;出三孔者,不可以举兵;出四孔者,其国必亡。"这里的"孔"指渠道或管道。原意是说:财利由国家(国君)统一掌握,这样的国家无敌于天下;财利分属两家,其军队还不致为敌所屈;财利分三家掌握,则不可出兵作战;财利分四家掌握,其国必定灭亡。强调利益由一个渠道流出,即经济利益完全由国家一手控制。

两谋均重视识变制衡,不同在于前谋讲由变识才,后谋讲制度制衡。

◎ 知本主义 股权激励

【案例之一】

"力出一孔",这是华为集团创始人任正非 2013 年元旦向华为在 140 个国家中的 15 万员工发出新年献词邮件中提出的重要思想,目的是要将有限资源做有限的事情,实施战略聚焦,实现新突破新发展,为公司创造强大的生命力。而实现"力出一孔"的保障措施就是股权激励。通过经营者获得公司股权的方式获得一定的经济权利,能够以股东的身份参与企业决策、分享利润、承担风险,勤勉尽责地为公司的长期发展服务。华为的股权激励大致经历了三个阶段:

第一阶段,1990~1996 年:鼓励员工持股以实行内部集资。1990 年华为公司决定由贸易公司转型为自主研发企业,为解决研发投入大、融资困难等问题,试行企业内部员工持股制度,向技术、管理骨干配股,参股价格为每股 10 元,税后利润的 15% 按股分红。这种方式为企业筹集了宝贵的发展资金。

第二阶段,1997~2001 年:实行"普惠"式激励的持股制度。1997 年华为实行员工持股制度改制,当时在册的 2432 名员工的股份全部转到华为公司工会的名下,占总股份的 61.8%,完成第一次增资。新员工资金不足的,通过向公司设立的内部员工银行贷款来购买股票。随着公司效益的提升和从资金困难的缓解,员工持股制度逐步演变为股权激励制度,与工资、年终奖金、安全退休金等一起共同构成了华为的薪酬体系。企业逐渐进入高速增长期,员工股的回报率常常能达到 70% 以上。

第三阶段,2001 年至今:推行"虚拟受限股"的期权改革。2001 年正值网络经济泡沫时期,IT 业融资出现空前困难。严峻的形势面前,华为又推行"虚拟受限股"的期权改革。即将内部股份更名为"虚拟受限股",员工取消 1 元 1 股的原始股票,即以公司年末净资产折算为价值期权,期权的行使期限为 4 年,每年兑现额度为 1/4。并在新期权的配发上从固定股票分红向"虚拟受限股"分红转变,从普惠激励转变为重点激励。2003 年,公司又实施了与以前每年例行的配股方式有明显差别的配股方案:配股额度增大,平均接近员工已有股票的总和；普通员工购买虚拟股权本人只需要支付所需资金的 15%，其余部分由公司以银行贷款的方式解决。同时，股权进一步向核心层倾斜，以此激励一批核心管理层干部，防止高级管理人才流失，实现了销售业绩和净利润的高速增长。

2008 年，面对美国次贷危机引发的全球经济危机和对国内经济的冲击，华为立即实施了新一轮"饱和配股"激励措施。新配股股票价格为每股 4.04 元，年利率逾 6%。凡在华为公司工作一年以上的员工全部参与配股（普惠制），并对不同工作级别匹配不同持股量（差别制）。这是内部员工持股结构的再一次大规模改造。操作办法与过去配股方式类似。

由上可知，华为公司股权激励经历了自由产生到逐步规范的过程，逐渐形成独特的企业全员持股、虚拟股权等融资及激励方式，助推华为员工万众一心，蓬勃向上，从众多的民营企业中快速脱颖而出，成长为世界性特大型 IT 企业。

一是提高了企业资本运作和巨额融资能力。2011 年配股规模 93 亿元，2012 年总规模上升到 98.61 亿元，6.55 万余人持有股票。至今内部融资已超过 270 亿元。反观竞争对手中兴通讯，A 股上市和香港上市，募集资金不过 45 亿元。给企业提供了充足的现金流，让企业有足够的资金去实施各项战略运营。

二是充分调动了管理层和员工工作的极大热情。员工配有公司的虚拟股票，这种分享制成为稳定性高收益的投资理财方式，让员工投资，给员工分红，将员工的收益与公司业绩捆绑在一起，较高的奖励分红机制下，吸引并留住了核心人力资本，调动了管理层和员工的积极性和创造性。

三是促进了企业效益的高速增长。有人说：华为创造了本土企业的神话，不自称"蓝筹"不在股市圈钱、不向股东摊派，但其营收利润却半点不输沪深 300。2008 年全球经济危机以来，爱立信、阿朗、诺西、中兴不是亏损就是利润下滑，而华为的盈利良好，年销售收入保持 20%~35% 的增长佳绩。公司 2012 年实现净利润 153.8 亿元，同比增 24.5%；2013 年销售收入继续增长约 10% 以上，可谓一枝独秀。

【案例之二】

创立于 1984 年的青岛海尔集团，30 多年创业创新，从一家濒临倒闭的集体小厂发展成为全球最大的家用电器制造商之一。集团现在全球建立了 29 个制造基地，8 个综合研发中心，19 个海外贸易公司，员工总数超过 6 万人，是世界白色家电第一品牌。在智能家居集成、网络家电、数字化、大规模集成电路、新材料等技术领域，处于世界领先水平。作为大型国际性企业集团，强力改革公司治理结构，完善经营机制，建立现代企业制度，包括建立运转有效的人事制度。

用张瑞敏的话说：人（包括企业领导人），是企业的战略资本，是企业生存与发展的重要支撑，企业制度创新的根本在于"改人"。实施人才战略是转换经营机制的重要一环。转换经营机制的核心又在于实施股权激励政策。

据 2009 年 5 月《东方早报》记者周玲和 2010 年 5 月《京华时报》等相关报道，海尔集团股权激励大致经历三个阶段：

2006 年 12 月第一次股权激励改革方案涉及六个方面：股权激励有效期 7 年，可行权比例分别为 30%、30% 和 40%。行权数量减少，股权数量是 8000 万股，77 位高管核心员工获得的期权份额占此次授予期权总数的 14.78%。其中杨绵绵在股权激励方案所获股份占期权计划总量的 3.75%。行权条件要求公司业绩较上一会计年度净利润增长率不低于 10%，净资产收益率不低于 8%。股权价格为 7.63 元。受到激励高管管理人员包括 9 位公司高管和一批业务骨干人员。激励方案中预留有 2000 万股为未来激励对象，第一次股权激励，海尔集团 CEO 张瑞敏不是激励对象。此方案后来被否定。

2009 年第二次股权激励改革方案涉及七个方面的实质内容：继 A 股上市公司青岛海尔上市后，重启 5 年期股权激励，激励对象按获授股票期权总量的 10%、20%、30%、40% 分四期行权。此次股权激励仍属中长期激励机制，重点激励 7 位公司高管及 42 位核心技术业务人员。以董事长杨绵绵为首的 7 名董事会成员及高管获得的期权份额占此次授予期权总数的 34.07%，较第一次股权激励改革方案提高 19.29%。其中杨绵绵在本次股权激励方案所获股份占期权计划总量的 12.7%。行权数量减少，本次股权激励数量 1771 万股；行权价格提高，以 2008 年经审计的净利润为固定基数，公司 2009 年度经审计净利润较 2008 年度增长率达到或超过 18%。前一年度加权平均净资产收益率不低于 10%；股权价格为 10.88 元。本次激励方案实行不预留股份计划。本次股权激励，海尔集团 CEO 张瑞敏仍不是新方案激励对象。本次激励的股票来源为公司向激励对象定向增发，行权资金全部以自筹方式解决，公司不为激励对象行权提供贷款或其他任何形式的财务资助。

第三次股权激励改革内容是对赌激励。根据任华、韩海良、贾春娟发表在《中国人力资源开发》书上介绍的情况看，对赌激励的实施背景取决于企业的战略和组织两个要素，对赌激励以小微为基本单元，建立对赌协议，承诺目标价值及分享空间。在达成对赌目标后，小微按约定分享对赌价值，并可在小微内自主分配到小微成员，享有的高度自主经营权和分享权，以此激发广大员工的积极性和主人翁意识，驱动小微的持续发展和企业员工双赢。具体包括"职务酬"、"人单酬"及"对赌酬"三种激励模式。

在人单酬模式下，体系开放，员工自主抢单、创造用户价值、按单的价值付薪，高单高酬，这种激励与单完全挂钩的机制。实施以"小微"为基本运作单元的平台型组织转型，员工成为创客，可以在海尔平台上创新、孵化、成立小微公司，小微与企业不局限于原来的劳动雇佣关系，还包括市场化的资源对赌关系。小微与海尔平台事前确定对赌承诺，承诺目标价值及分享空间，在达成对赌目标后，按约定分享对赌价值，并在小微内自主分配到小微成员，资源对赌、自挣自花。这种主体对等的价值分享模式以及小微拥有的高度自主经营权，有效地驱动了小微的自演进和自发展。

对赌酬激励模式，针对创业小微、转型小微和生态小微差异化特点，实施差异化的对赌酬机制。创业小微对赌股权激励机制，即在网络化战略下，海尔鼓励员工转型创客，聚焦新机会、新事业，孵化小微公司，通过出资持股、期权、跟投等股权激励机制，与创业小微绑定，驱动创客从"打工"转变为小微的"主人"，实现收益共享、风险共担。而生态小微市场交易机制。生态小微加入海尔平台和生态圈，创造用户资源，在生态圈里交换价值创造超利。具体来讲，事前与用户确定对赌协议，约定对赌的目标及超利分享的空间。以智能制造小微为例，事前与用户对赌交货量、产品质量、单台成本、交货期等，二者是委托加工关系，事后小微按照实际交货量结算加工费用，形成小微收入，作为小微自主分配、自主经营的资源空间，自主兑现到小微成员。有关转型小微对赌价值分享，其核心是"资源对赌、自挣自花"，二者分别通过"小微整体按单预算、到小微成员按单预酬"两个机制实现落地。

【案例点评】

知本主义以知识为本钱，坚持知识第一，技术第二，生产第三，体现的是人的价值，支配经济的是知识分子，他们既懂显性的专业、技术知识，又懂隐性的经营管理知识，还有清醒的政治头脑和面向未来的战略眼光，是能为国家和企业创造可观的经济及社会效益的"X"型人才。同时，知本主义也以知识为根本，生产力以知识生产为主，生产工具是人的大脑、电脑等，分配制度上则要求各尽所能、按劳分配，依据对国家或企业贡献的大小确定其地位和分享经济利益。华为公司、青岛海尔作为世界一流的高科技企业，重视以知识为资本，在建立企业现代股权激励制度中，重视员工普惠激励，重点向科技、管理、决策层倾斜，借以保护精英层人才的积极性、创造性，靠事业和利益留人，防止人才流失，为企业的永续发展奠定坚实基础。

【智略之源】

（1）知本主义。知本主义即知识本位主义，是以知识为基础，以知识的实际应用推动社会和经济的发展；是一种以人的解放和自由为目的，追求国民幸福与和谐，提倡社会平等合作，鼓动个人积极创造，提倡信息和知识均衡，以网络等现代化科技手段为媒介，连接社会成员，寻求文明的自我认同，以信息产业和文化产业为支撑，促进社会的整体演变和转型。

（2）股权激励。股权激励是企业为了激励和留住核心人才而推行的一种长期激励机制，属于期权激励的范畴。包括有条件地给予激励对象部分股东权益等，使其与企业结成利益共同体，从而实现企业的长期目标。

>>> 九、特立独行

汉朝郑玄和唐朝孔颖达认为，同则不类，异则不斥，可谓特立独行。由此可以看出，古代智者也主张张扬个性，重视自我，脱俗超凡，立异标新。企业家是企业的灵魂，更应秉承"相似则死、独异则生"、"守陈则死，变革则生"的理念，与时俱进，开拓新路，追求卓越。

◎ 周命维新　与古为新

【案例之一】

青岛海尔集团拥有今天的辉煌，在于海尔把创新视为企业文化之魂，认为创新可以颠覆未来，可以引领时代，创新能够凝聚力量，实现海尔之梦、中国之梦。讲创新，首先要有方向，要求与市场结合。海尔坚持"市场设计产品"，而不是"为市场设计产品"。市场设计产品的主语是市场，主体是消费者，市场设计产品就必须贴近市场，贴近消费者。海尔集团首席执行官张瑞敏一次在国防科技工业的工作会议演讲中，畅谈了几则海尔贴近市场、贴近消费者的创新故事。

海尔开发国内市场时，注意农村市场与城市市场的细分。"我们注意到农村消费水平比较低，现有的冰箱价格农民难以接受；而且农村电压波动，电压最低的只有 160 伏。对此，我们在开发农村市场时，首先削减价格，取消冰箱的多功能，价格自然就降下来了，然后把压缩机重新改造，使之更适合低压启动。这种改装后的冰箱在农村的市场份额逐步上升。"

　　海尔在北京市场销售的冰箱与在上海的就不一样。北京的海尔冰箱宽大、粗犷，上海的则瘦窄、秀气。这是海尔研发部根据市场调研信息专门改进设计的结果。因为上海家庭住宅面积普遍比北京小，不喜欢冰箱占地面积过大，而且上海人更欣赏外观比较小巧的造型。于是海尔瘦瘦窄窄的"小王子"冰箱推出后，在上海非常畅销。

　　冬天本是冰箱市场的淡季，公司推出了科技含量极高的银色变频系列冰箱。在北京、上海、武汉等各大城市再次创造了淡季热销的奇迹。业内人士指出，海尔银色变频系列冰箱的上市，作为成功的技术创新典范为中国冰箱业上了生动一课。

　　在空气质量日渐恶劣的今天，人们对于空气的担忧越发强烈。海尔重磅推出全球首款创新型组合式智能空气产品——空气魔方。该产品拥有 62 项专利，创空气设备之最。综合性价比 NO.1：一机化解决净化、加湿、除湿、香薰等多种空气问题和需求；灵活的送风方式拥有行业首创 360 度无死角式送风，精度检测 0~99% 环境湿度，让空气小魔方化身空气小精灵，智能自动除湿到人体最舒适的 40%~60% 的湿度，感觉空气清爽。高精准度的双风道：空气魔方拥有两个风道，温度、湿度、PM2.5 空气检测传感器，能精确反映空气状态，为健康保驾护航。拥有高效率进风滤网，进风风阻小，过风面积大，能吸附和分解颗粒，净化空气效率高。采用海尔独有 RCD 催化分解除甲醛技术和模块化集成技术，将空气中的甲醛催化分解成二氧化碳和水，让二氧化碳和水重新回归美丽的大自然，不会带来二次污染。同时，还可通过手机 APP 远程智能的遥控。采用圆柱形耦合式设计，占空间极小，一款空气魔方在手，广阔空间拥有。2014 年 10 月 29 日海尔首次试水互联网，众筹项目在京东全面启动，截至项目结束，共获得 7563 名支持者，成功突破 1100 万元筹资大关。

　　在进军国际市场方面，张瑞敏坚持认为价值观的核心就是创新二字。这是海尔的灵魂，也是海尔进军国际市场的不竭动力。"比如开发巴基斯坦市场。我们观察发现信奉伊斯兰教的巴基斯坦人不论男女，都身着长袍。洗这种长袍，需要大功率洗衣机。我们就开发适合当地的大功率洗衣机。销售卖场上当消费者目睹了海尔大功率洗衣机的'威力'后，马上赢得了巴基斯坦消费者的认可。"海尔洗衣机走进韩国市场，开始销售业绩很不理想。"有一次，我到韩国朋友家做客，了解到很多韩国住宅的阳台都是敞开式的，阳台地面都设计出一个大约 12 度的坡度，意在防止下雨天进水。大部分韩国人习惯把洗衣机放在阳台。我们国内洗衣机的'脚'是固定的，放在这个有坡度的阳台上，肯定不平稳，影响了产品质量和洗衣效果。找到了海尔洗衣机滞销的原因，我们及时调整了产品设计，把洗衣机安上可调节高度的'脚'，加上海尔产品的良好性能与服务质量，韩国市场慢慢打开了。"这两件实例告诉我们：技术创新最重要的是市场效果，把产品卖出去才是硬道理。

"又比如我们很早就想进入日本市场，但是不敢，为什么呢？因为我们看到很多国际品牌，包括美国的 GE、欧洲的飞利浦，还有韩国的品牌等都想进入却不很容易。原因是日本是一个家电强国，它们很难相信外面的产品。我们通过与三洋的合作，依靠自主创新，海尔很快在日本市场取得了成效。日本一家医院要几百台半导体冰箱，因为半导体冰箱没有噪声，对病人很好，医院要求 30 天之内必须拿到产品。应该说做半导体冰箱不是我们的强项，但是我们组织人力、调配资源，在 30 天里满足了这家医院的需求，其他很多医院的单子也都拿下来了。"目前，在所有进入日本的外国品牌中，海尔的销售量是最好的。

实践启迪我们：企业发展的核心价值观是创新。第一位是观念创新：不是创造利润，而是创造顾客、创造市场。第二位是技术设计部门的创新。海尔产品开发的原则是"生产一代、研制一代、构思一代"，以市场为导向，始终保持产品在市场上的领先地位。现在，海尔平均每天开发 1.7 个新产品，每天申报 2.7 项新专利。第三位是"人单合一"的全员创新（每一个员工都是自主创新的主体，每一个自主创新的主体与第一竞争力的市场目标的合一）。这个模式引起美国、欧洲一些商学院的关注，被他们做成了案例进行研究。

【案例之二】

雷军及团体创立的小米手机，自面市以来迅速取得了惊人的成功。2012 年 12 月 12 日，雷军获得 CCTV "2012 年中国经济年度人物新锐奖"称号；2013 年 12 月 12 日，雷军又凭借小米 3 年 300 亿元经营业收入获得中央电视台"2013 年中国经济年度人物奖"，被排在获奖名单的第一位。"中国经济年度人物奖"被誉为中国经济界的"奥斯卡"，连续两年获此殊荣，实非易事。对于雷军及其团体从零起步到 3 年销售 2000 万部手机，达到 300 亿元经营收入，小米如何创造销售神话的？与 1400 万名"小米粉丝"一年 300 场线下活动，小米是如何玩转粉丝营销的？雷军直言不讳地说：小米公司的小米手机是创新的产物，是颠覆传统产业概念的新尝试，运用的是互联网思维武装下的盈利模式。

　　所谓互联网思维武装下的盈利模式就是颠覆传统的商业经销模式：颠覆自己，颠覆手机行业，颠覆移动互联网产业。小米公司一是没有工厂，但可用世界上最好的工厂来为小米生产手机，使小米与生产商实现共赢。二是小米做手机，不打广告，只在论坛、微博、微信上做口碑，塑造小米高端高性价比的品牌形象。三是小米卖手机，不开专卖店，不通过渠道代理，完全通过网络电子商务的形式销售，一年卖出 719 万部手机，充分利用互联网的特点为小米服务。四是充分利用小米论坛、微博、微信这些互联网经营手段，节约了大量的渠道成本、店面成本和销售成本。2010 年完成了 100 万台、约 20 亿元的销售额，节约广告费用至少 5000 万元。五是没有工厂，没有零售店，公司 4000 名员工，1500 人精力全部集中于产品研发和与用户的交流。小米其余的人均可去做与用户沟通的事情。这就是小米营销组合战略的秘密武器：论坛＋微博＋微信＋QQ 空间。

　　2011 年中期，作为小米公司股东之一的黎万强创立了小米论坛，核心的技术板块包括资源下载、新手入门、小米学院，后来增加了生活方式板块，如酷玩帮、随手拍、爆米花等。由于有 MIUI 论坛的支撑，小米手机论坛用户两年时间用户达到 707 万，日发帖 12 万。小米论坛还有一个强大的线下活动"同城会"，2013 年已覆盖全国 31 个省市，各同城会自发开展联谊活动。小米官方则两周在不同城市举办"小米同城会"，每次邀请 30~50 个用户到现场与工程师做当面交流。

　　小米营销的第二大阵地是微博。在微博上黎万强发挥产品经理的特长，把图片、视频作为元素的事件型传播点，同时像做产品一样进行精细化运营。做微博，必然考虑粉丝，关键又在于事件营销。为此精心策划了"我是手机控"、"150克青春"等系列时间营销活动。如"我是手机控"，从雷军发图片晒自己以前玩过的手机开始，随后大家跟帖，约 80 万人参与了这一活动，吸引的粉丝远多于参与人群。"150 克青春"则是针对大学学生组织的活动，所有的素材都是校园的插画、篮球、翻墙、考试等场景，一月有余，用户也不明白什么叫"150 克青春"，都互相传问。结果谜底在小米手机青春版正式发售时揭晓：该版手机重量。此外，小米在米聊平台和腾讯微信平台的营销做得风生水起。米聊上小米学院用户超过 80 万，上小米微信平台的用户突破百万人。

【案例点评】

《大学》第二章："汤之《盘铭》曰：'苟日新，日日新，又日新。'"这是说，商朝的开国君主成汤在浴盆上刻上励志的箴言：如果能够更新，就应天天更新，并且保存不间断的更新、求新！由此可见，古圣先贤锐意进取，与时俱进，非常重视变革创新，乃至于在生活器物上也要铭刻上时刻提醒自己创新的铭文。这充分证明：创新是我们中华民族永恒不朽的灵魂。本案例中海尔和小米两家世界知名企业坚持因实制宜，依靠自主创新，特别是打破惯性思维的颠覆性创新，为企业产品走向市场、占有市场、向世界强国及其名牌叫板，展示了民族企业独特的创新意识和非凡的创造性智慧。

【智略之源】

（1）周命维新。典出《诗经·大雅》："周虽旧邦，其命维新。"这是的"旧邦"指夏、周两朝；"维新"指变革创新。其意讲周文王禀受天命，昭示天下：周虽旧时商汤的邦国，但周朝治国理政的使命在于变革创新。借喻为企业的改革创新。

（2）与古为新。语出司空图《二十四诗品·纤秾》："乘之愈往，识之愈真。如将不尽，与古为新。"讲（诗歌创作）乘兴构思越深入，思考领略的诗境越真实，就越能把握纤秀浓郁的诗美真谛。即使是古人已经写过的题材，也能写出新意，永久无尽，老景常新。这里借喻创新为企业永恒主题。

二者都强调变革、进取、创新，不同点是前者由政治上的革新引申到企业创新，后者由诗歌创作中的创新引申到企业管理和技术创新。

◎ 独见独立　独辟蹊径

【案例之一】

食盐是人类生存发展中必需的食用品。中国历朝历代中央政府对食盐均实行专卖制度，后来逐步实行国有商销的"盐引"制（商人运销官盐的凭照）。

明代开国皇帝朱元璋为防御元朝残余势力侵犯，在沿长城一线设置了9个边防重镇（史称"九边重镇"），驻扎军队80余万人。如何解决数十万军队的粮饷等问题，是一件令人头痛的事。于是明朝中央政府实行"开中制"（以食盐销售权为代价，鼓励商人将内地粮、帛、茶、马、铁等物资运到边关重镇，换取经销食盐的专门执照——盐引）。陕西商人作为"边商"，利用地理优势，顺势而起，通过商屯、买粮、内运、纳物换取仓钞，再去指定的都转运盐使司换取盐引，赚取巨额利润。当时，陕商、晋商持有的盐引，很快达到全国总盐引的一半。

后来，随着社会商品经济的发展及中央政府财政收入的增加，到了明代中期，政府在推行"纳粮开中"的同时，也允许"纳银开中"。即以实物（粮等）为中心的边饷筹集制被"纳银折色制"（又称"折色制"）所取代，商人在内地就可到盐运司纳银换取盐引，陕商由此受到重挫。作为"内商"的徽商，乘天时地利，纳银换（盐）引，迅速控制了两淮地区盐业，架空了陕商。到了清代，部分作为皇商的晋商利用与清廷的特殊关系，又在两淮及扬州地区占尽人和优势。受晋、徽两大商邦的夹击，陕商日渐没落。

如何东山再起，再续昨日辉煌？几经周折，陕商将目光开始瞄准因战乱经济不振、盐业产销不畅、资金短缺的四川盐区。弃淮入蜀，避实击虚，就近抢占川盐市场，成为陕商独辟蹊径之策。他们一面经营典当业、钱庄业，积蓄资本，一面挟资观望，静候良机。雍正三年，中央政府在川实行"计口授食"（根据人口多少，确定政府授予盐引的多少）的盐业制度，本地富商资金不足，被迫出租盐井。大批陕商抓住时机，广筹巨资，迅速进入川盐开发领域，食盐被大量运销川、黔、滇等广大地区，赢得了丰厚的投资回报，这一优势连续保持了100~200年，陕商由此成功地摆脱了嘉庆、道光年间两淮经济衰落的命运。

【案例之二】

第二次世界大战结束后，香港人口激增，住房严重不足，加之工商业日渐兴旺，形成对土地和楼宇的庞大需求。1953年初，霍英东注资280万港元成立了"立信置业有限公司"，开始经营房地产业。

开初，他同其他开发商一样，自己花钱买旧楼、拆旧楼、建新楼出售，稳妥地赚钱，可由于资金少，从买地、规划、建楼以至收租，资金周转期太长，发展缓慢。霍英东当时向银行贷款须付一分多利息。担心长此以往，利息都承担不起，何言盈利。他一直思索改进经营方法，却苦无良策。

有一天，一个老邻居跑到工地上找他，言明要买房。霍英东抱歉地告诉他，盖好的楼卖完了。邻居指着工地上正在施工的楼盘讲："就这一栋，你卖一层给我好不好？"霍英东灵机一动，说："你能不能先付订金？"邻居笑着说："行，我先付订金，盖好后你把指定的楼层给我，我就把钱交齐。"两人就这样成交了。

这个偶然的事件，使霍英东大受启发。他想，邻居先交订金的办法就是一种房产预售。这不就是自己苦苦思索而不得的方法吗！假如我用购房者的订金来盖新楼，不但可以解决建房资金不足的难题，而且还可大大加快成品房销售进度，原来年盖 10 栋楼，现在则可能盖数十栋楼。自己快建快销，何愁不发达？同时，这对购房者也有利，原先买一栋楼要一次性交清数十万港元，现在只预付几万港元就可买到新楼所有权，其后分期付款，买房者何乐而不为呢？一想到这里，霍英东一拍大腿，高兴地站了起来。于是，他很快推出了房屋预售方案，购房者只要先交 10%的订金，就可购得即将动工兴建的新楼。他把这种方法叫"房地产业的工业化"。

这一创举，使霍英东的房地产生意迅速兴旺起来，一举打破了香港房地产生意的最高纪录。当别的建筑商也学着采用这种办法时，霍英东已经积累了巨额财富。短短 10 年，已成为国际知名的香港房地产业巨擘。

【案例点评】

创新是企业的灵魂，是企业恒久不变的财富源泉。讲创新，第一是要思维的创新、思路的创新、实践的创新。"独见独立"强调思维的创新、思路的创新；"独辟蹊径"则注重实践的创新。思维、思路和实践的创新，必须摒弃墨守成规，抄常袭故，打破传统的思维定式，以独特的视角，独立的思考，独出心裁，独具匠心，想人所未想，谋人所未谋。要践行于思，身体力行。以独创的方式，做人所未做，创人所未创，特立独行。清代陕西盐商避实击虚，弃淮入蜀；港商霍英东开发房地产，由买地、建楼、收租到建楼预售，无疑在这方面走出了一条自己的创新之路。

【智略之源】

（1）独见独立。语见尹宾商《兵罍·独》："独见者，见人所不见；独断者，断人所不断；独立者，立人所难立；独往者，往人所难往。"其意是说，所谓独见，就是能认识到别人认识不到的事情。所谓独断，就是对别人难以作出判断的情况作出判断。所谓独立，就是在别人不敢的激战现场指挥作战。所谓独往，就是对别人不敢深入的虎穴险途孤身前往。

（2）独辟蹊径。语出《晏子春秋·内篇杂上》："昔者婴之治阿也，辟蹊径。"这里的"辟"指开辟；"蹊径"指小路。这是晏婴回答齐景公的问话，原意指晏子治理东阿（山东阿城镇），独自开创了一条新路。今天比喻以独创的方法，开辟新的途径。

两谋突出独创性，在新路径的选择上有共性，但前谋强调独识、独见和独立，后谋更突出新的路径选择。

◎ 领异标新　独具匠心

【案例之一】

著名史学家司马迁撰写的《史记·货殖列传》，为我们展示了西汉初期洛阳市一位极富创新思维的大商人师史的崭新形象。

师史这个人经商很厉害，他拥有 100 多辆运输各类货物的车辆，长期在中原各大城市和诸侯国之间跑长途贩运。洛阳的地理位置居于齐、秦、楚、赵等国的中央。各郡国都在洛阳城内设店列肆（市中店铺），涉及多种行业，人们由此称为"洛阳街"。洛阳城街巷的贫民在富人家中学做生意，并以长久经商为自豪，经常在各国经营贸易，即使几次经过家门也不回家。师史就是洛阳城街巷千百贫民中的杰出代表，很有经营头脑，个人财富达到 7000 万之巨。

民间传说，洛阳街中有一个旅店，师史老板经营有方，独具创意地设计了一套请客猜谜的妙法，以此吸引四方来客。每天店主先贴出商品谜语，邀请客人竞猜，若哪位首先猜对，即可免去当天住店费用。许多文人墨客和儒商出于好奇，也慕名前来住店。众多谜语中有三则流传后世："店中有一物，打开像座亭，独柱立正中。上边在流水，下边有人行"、"店中有一物，又圆又扁肚子空，似面镜子在当中。用时人人把头低，摸脸搓手又鞠躬"、"店中有一物，铁打一只船，不在江河间。开船就起雾，船过水就干。"经过一番思考，先后有 3 个客人答对了。第一个是雨伞，第二个是脸盆，第三个是熨斗。

长此以往，人们一传十，十传百，许多客人慕名前往，该店总是住客盈门。店老板又不时更新谜语，一直保持旅店的儒雅风味和文明经营之风，生意始终兴盛不衰。

【案例之二】

川菜是与鲁菜、苏菜、粤菜并列的四大名菜之一。常言说：吃在四川，吃在成都。如果说川菜闻名遐迩，那么成都小吃更是誉满中外。在此，说说独树一帜的成都糯米糍粑"三大炮"。

旧时，每年农历三月十八和七月十八，成都人都要在西郊青羊宫举办花会，届时蓉城人挟老携幼，着上春装，喜气洋洋赶花会（又名花市），十里八乡的各种小吃汇聚一处，一展精美技巧，作为南北东西人都爱吃的糯米糍粑，经营商也会卖给游客。

每逢花会之日，人们摩肩接踵，人潮涌动，花市上商贩对各种商品的叫卖声、吆喝声此起彼伏。用什么样的叫卖声让自己的糍粑脱颖而出，又如何把顾客吸引到自己的摊位上来？卖糍粑的商贩煞费苦心，思谋良策，最后从川剧中获得启发。大家知道，川剧一开台，所有器乐锣鼓一起响，演员吼出高腔还不够，还有一群人帮腔，真是振聋发聩。于是，卖糍粑的人便从川剧的响器上动起了心思。

师傅把捏糍粑桌子上的钢板两边排列成 12 个紧紧相挨的铜碟子，糍粑捏成乒乓球大小的团，一个接一个，像表演杂耍般用力投向桌子上的薄钢板，糍粑从薄钢板上弹跳进桌后盛满黄豆面粉的簸箕里，咚、咚、咚！钢板震动碟子，喔、喔、喔！碟子碰着碟子，一阵清脆的响声吸引着老少游客，人们闻声而至。

每当赶花会的人们，看着师傅从簸箕中抓出裹满黄豆面粉的糍粑，3 个一碗，浇上用红糖白糖熬成的稠糖，端到顾客手里时，口福、眼福、耳福俱享。十分幽默诙谐的成都人便给香、甜、糯俱佳的糍粑取了一个很有特色的名字："三大炮"。

【案例点评】

选择什么样的策略参与商业竞争，尽管各有"神通"，但其核心是不循常路，别出心裁。要做到标新立异，也不是一件易事。一重推陈。先贤讲不破不立，破为立先。要勇于革故，为出新、纳新、图新创造条件。二重容异。容许万象中的差异，容忍事物演化中的变异，关注事物中的颖异，对市场百态中的异样、异类现象，取包容的态度，不致扼杀新生、杜绝新巧、桎梏新奇。三重创新。解放思想，冲破禁锢，在出新、布新、鼎新和创新上下功夫。洛阳师史开旅店，以猜谜兑奖吸引顾客；成都卖糍粑的小商，借鉴川剧响器的独特作用，在花会上推出"三大炮"，其经营策略的确独到新颖。

【智略之源】

（1）领异标新。语出郑观应《盛世危言·商战上》："下至淫巧奇技，亦领异标新，锥刀竞逐，穷天地之精华。"这里"淫"指过分，"奇"指奇异。其意讲：过分追求奇艺巧技，用尽各种钻孔雕刻技具，创造让人着迷、新颖独异的制品，以图穷尽自然，巧夺天工。

（2）独具匠心。语出唐代张祜《题王右丞山水障》："精华在笔端，咫尺匠心难。"这里的"咫尺"指长度短或距离近；"匠心"指能工巧匠独到巧妙的心思。本意指唐代诗人、画家王维画中有诗，匠心独运。这里借喻为商经营，要"笔走偏锋"，特立独行。

两谋均突出了独特、创新之意，差异在于前者反映商品及其工艺技巧上的新异，后者体现创作构思上的新异。

◎ 智从不释　以奇取胜

【案例之一】

话说甲午战争中国被日本打败，令以老佛爷（慈禧太后）为守的保守派感到亡国的危险，先特命荣禄、袁世凯等编练新军，后命户部郎中载洙按照西方列强样式，去上海采购新军的几万套服装。

载洙这位晚清朝廷大员，来到香粉里的高等妓院与名妓白玉兰鬼混了几天。而这个白玉兰恰又是上海滩赫赫有名的大买办虞洽卿的老相好。当虞洽卿又一次来到香粉里与她缠绵时，交谈中获知了清廷大员来沪采办军服的信息。一提起生意，虞洽卿两眼就放光了，连问："官员叫什么名字？采购多少套？现住何处？"白玉兰扫兴地说："这位老头自命不凡，故示清高，公开申言不愿同洋行买办谈生意。"虞洽卿苦苦思索如何抢到这笔"订单",这些清廷大员居高临下、财大气粗、自命不凡,商业合作也讲究"门当户对"、"阶级成分"。若毛遂自荐,卑躬屈膝,必令其不齿。靠人牵线搭桥,一时又不易找到足够分量的朋友。靠洋人促成,自己也只有喝点残汤剩水的份儿。他盘算着,与其丧失转瞬即逝的商机,不如转换自己的思维。他由《水浒传》中"先打后识"的故事中得到启示,决定以撞促识,以奇制胜。

想到这里,他马上对白玉兰说:求你一件事,打听清楚清廷大员明日几时回府,从哪条街道路过?吩咐一个人告诉我。事成后,我给你定做一只大号钻石戒指。又立即吩咐三北轮埠公司的洪先生,快速置办一辆马车,越气派越华丽越好。

第二天,虞洽卿坐着一辆十分豪华的轿篷马车,在公馆马路和新北门大街交会的十字路口,与清廷要员的马车迎面相撞。在清廷要员惊魂未定之时,虞洽卿匆忙下车迎上去扶住清廷大员,一再表示歉意,立即递上"荷兰银行买办虞洽卿"的名刺(名片),并把自己那辆崭新的马车送与清廷大员乘坐,作为对撞车的赔偿。当晚又载上名妓白玉兰前往大员下榻的公馆看望和拜访。摆下高档宴席,以名酒名曲名菜盛情款待,交谈中虞洽卿有意表明自己捐的是二品江苏候补道的虚衔。虞洽卿的百般殷勤和白玉兰的曲意逢迎,让清廷要员冰释所怨,笑逐颜开,畅谈了这次来沪的使命。虞洽卿立即恳请载大人将事交他筹办,并表示当"殚精竭虑,不辱使命"。载洙沉吟片刻,便说:"好吧,此事就交给你办。不过,新军是老佛爷的命根子,你要小心从事哦!""谢大人!"虞洽卿深深地作了一个揖。虞、白二人对视一笑。

虞洽卿与各承担加工军服的厂家议定交货付款的时间后,又把载大人拨付的10多万元预支费全部划入自己独资经营的惠通银号,利用"时间差",还另赚了一笔可观的利润。

【案例之二】

虞洽卿身为买办,与政界要员、商界大贾交往密切,加之他特别善于投机,与外商、洋行和民国政府大员建立起了千丝万缕的联系。常言说在商言商,虞洽卿把这种社会关系视为一种潜在的生产力,直接服务于他所追求的经济利益。

1929年,虞洽卿得知南京中央政府财政部即将发布命令,非银行业不得经营储蓄业务。上海永安百货公司的储藏部在大量吸收存款,虞洽卿又从一定渠道获知,永安百货公司尚未领取银行执照。他认为有机可乘。于是虞洽卿立即向财政部呈报成立"上海永安储蓄银行"。财政部核准批文下发不久，上海永安百货公司才书面向南京中央政府财政部申请领取银行执照，中央政府财政部以上海已有永安储蓄银行备案注册为由，不予受理。

永安百货公司总经理郭琳爽一下子懵了，查明情况之后，郭总经理陷入两难境地：若不成立储蓄银行，已大量吸收的存款业务均属非法，将受到国民政府从重处罚；若成立，则"永安"域名已被人家抢先核准注册。迫于无奈，郭琳爽只好亲自出面与旅沪宁波商会会长虞洽卿等坐下来谈判，几经曲折，虞洽卿同意永安百货公司重金购买"永安储蓄银行"的经营执照。就这样，虞洽卿略施小计，就为他及其商会带来了不菲的商业利益。

【案例点评】

本案两例反映了虞洽卿为商的三大特点：一是先经营人脉，后经营商业。他利用与外商、南京政府内部良好的人脉关系，广泛获取市场和政策信息，并将资源优势转化为商业优势、商业利益。这种以人脉经营促商业经营的做法，十分可靠。二是制造商机，智从不释。为商经营，卖炭等天冷、卖伞等下雨等靠天吃饭的理念，是难以在市场竞争中立足的。没有商机，就要设法创造商机；有了商机，就应有"鸷鸟"般迅捷的行动力，不能失去商机。三是全向思维，不循常路，智无常局，出奇制胜。

【智略之源】

（1）智从不释。语见《六韬·龙韬·军势》："智者从之而不释，巧者一决而不犹豫。""释"即解释，引申为放下。兵家认为，明智的决策者对于有利战机绝不放过，机智的指挥员对于一经决定的事就绝不犹豫。

（2）以奇取胜。语出南宋时期叶适《习学记言序目》（卷第46）："故《易》称师出以律，否臧凶；律者，正也；否而臧者，不以律为正而以奇取胜也。""律"原意为号令军队进退的乐律，引申为军令或法律。《易经·师卦第七》强调：军队出征必须严明法纪，不守法纪必有凶险。这里的"律"借指常规战法。认为以常规战法对付常规战法为正兵，按临机制变战法作战为奇兵。能临机制变的军队，就能出奇制胜。

两谋共同处在于强调有用奇谋制胜的良机，绝不放过；不同点是前者重时机，后者重出奇。

◎ 前覆后鉴 他石攻玉

【案例之一】

雷军及其小米公司的成功之道，就是雷军及其团队善于剖析和学习世界一流企业的成功经验，深刻吸取他们失败的教训，潜心研究互联网及其智能手机发展的国际走势，从而确定小米公司及其小米手机的战略定位和发展路径。

成大事必有玄机，这个玄机就是"顺势而为"。雷军曾经反复思考和比较分析美国和中国 IT 界存在的一种现象：美国微软董事长比尔·盖茨生于 1955 年，苹果创始人史蒂夫·乔布斯生于 1955 年，谷歌 CEO 埃里克·施密特生于 1955 年，他们都在计算机方面做出了重大成就。因为 1955 年前后正是计算机革命的时期，早生和晚生恐怕都可能没有或错过大作为的机会。在中国，张朝阳、丁磊、马化腾等一批创业者，几乎都是 1998 年进入互联网领域的，很短时间内就成功了，因为 1998 年前后正是互联网在中国起步并迅猛发展的时期。雷军由此感慨道：中国人说"时势造英雄"，成大事 85%靠运气，这个"运气"就是"顺势而为"。美国苹果公司的巨大成功，正是基于顺应了移动互联网这一时代潮流。2010 年，他敏锐地感到全球刚刚起步的移动互联网是未来与人类生活关系非常密切的发展方向，是一个"站在风口上，猪也飞起来"的千载难逢的创业机遇。于是，雷军毅然决然地选择了做一款大屏幕智能手机这个最大的"台风口"，2010 年 4 月 6 日，"小米"诞生了！

借鉴"苹果"的经验，确立"小米"的四大发展理念。雷军认为，小米手机采用互联网形式开发，就要走彻底的互联网模式，用网络设施和互联网思想指导，制造颠覆传统产品的产品。所谓互联网思想，是雷军在研究乔布斯及其苹果产品中总结出的专注、极致、口碑、快"七字诀"的四大发展理念。说专注，接近破产的苹果公司 1997 年请回乔布斯。乔布斯作的第一个决定就是苹果公司砍掉 70%的产品，集中研发四款产品，尤其是研发移动设备，最终推出了 iPhone 和 iPad。雷军讲：苹果赢就赢在专注一款手机的开发。这启发我们：小米手机的研发必须专注。说到极致，小米手机就是要像苹果那样将产品做到极致，研发中要形成别人不能复制和替代的核心竞争力。所谓口碑，雷军认为好的口碑是用心经营出来的。在经营口碑上，雷军和他的团队曾经做了一件回馈 30 万老用户的事情，每户每人 100 元的现金券，不附加任何条件，在小米网上购物。谈到快，雷军讲："互联网追求的就是速度，天下武功，唯快不破。"产品开发上，他坚持把开发周期控制在 3~6 个月内，快速跟上市场节奏。产品销价上，则主张用最高的配置和 1999 元的最低价格的巨大反差，快速打动消费者，赢得一定市场份额。

吸取"谷歌"网络销售失败教训，创立小米的独特营销模式。雷军要以颠覆性措施创办小米手机：不设任何线下销售渠道，用电子商务的方式在互联网上销售手机。但雷军知道，小米之前采用互联网销售模式销售手机的著名企业是谷歌，其第一款自有品牌手机 Nexus One 网销业绩并不看好。仔细分析一下，几乎验证了互联网销售手机的所有短处：如消费者看不到和体验不到实体机，很难下决心购买；网上购买的手机与顾客的期望值往往有较大落差；互联网销售取消了分销商，易导致在最底层缺乏营销的渠道；售后服务单靠网络解决，在时效和返修的费用方面均存在较多困难；等等。雷军从解剖谷歌失败案例中看到，谷歌还没有真正搞懂如何通过互联网的方式做手机。从中受到的启发是：互联网销售手机，首先要做好营销，打造知名度，让人知道在网上可买手机。其次要有足够力量解决售后服务问题，让人放心在网上购买。找到了问题症结，雷军及其团队便采取了五项对策：第一，在核心发烧友团队中进行口碑营销，用核心发烧友团队取代终端销售商。第二，与具有丰富电商经验的凡客诚品合作，由他们负责仓储、配送及其售后服务。第三，在 MIUI 论坛事先经营好 30 万高活跃度的用户。第四，将微博营销变成塑造品牌的主战略，用小米网的 100 余人的新闻媒体团队全力造势，开展营销工作。雷军及其团队除在个人微博上宣传外，还频繁参与新浪微访谈，出席腾讯微论坛等活动。还通过雷军投资过的 10 余个公司的高管出面为小米手机作宣传。第五，购买域名自建电商平台，直接在小米官网上销售，并在电商平台建设中，借鉴凡客、乐淘等兄弟公司的经验和资源，打造完整流畅的在线销售服务体系。由此，小米手机创造了奇迹，没做任何广告，成功地实现了品牌手机营销，首发 34 小时，预订量就超过了 30 万部。

【案例之二】

王石，中国企业家群体中阳光式的人物，被称为地产预言家，中国地产"教父"。他 1984 年创立万科并任总经理，1988 年出任万科董事长兼总经理，带领万科进军房地产行业,写下了一个又一个业界传奇,而万科曾被《华尔街》日报评为"中国十大最受尊敬企业"。

王石也曾是普通人。他 17 岁开始了参军生涯,退伍当过铁路工人,当过国家干部,当过工程师。尽管父亲是当时柳州铁路局的副局长,但他主动放弃了当时的"铁饭碗",只身南下深圳创业。他卖电脑、卖服装,甚至卖饲料、搞印刷等,只要是不违法的事王石都干过,后来他选择了房地产行业。

万科的成功,除了王石及其团队的努力拼搏外,还与王石及团队善于学习,借"他山之石,攻自己的玉"有关。他们善于从国际化的全新视角审视和判断行业发展前景,以优秀企业为标杆,向他们学习全球视野、科学管理,客观剖析国内外企业发展中的失误及教训,从中受到启迪,力求少走或不走弯路。在国内没有竞争对手的情况下,视自己为对手,向自己的巅峰发起挑战。

王石学习的第一个企业是日本的索尼公司,不但学习到了营销能力,还建立了物业管理的概念,这是万科创建自己品牌迈出的重要一步。

万科学习的第二个企业是香港新鸿基。2000 年左右,王石想为万科找一个大股东,锁定了香港的新鸿基和大陆的华润。尽管新鸿基对投资内地房地产业持谨慎态度,最后选择了华润,但万科还是积极向香港乃至东南亚房地产企业的翘楚新鸿基学习。学习他们极强的风险控制能力和成本控制意识,先进的生产管理和丰富的市场运作经验,特别是借鉴他们运用资本市场的金融杠杆应对市场风险的经验。

为了走向国际化,万科学习的第三个目标瞄准了帕尔迪公司。帕尔迪公司是美国房地产开发行业的翘楚,有着连续 56 年盈利的骄人业绩。不仅在发展战略上有缜密的思考,还在客户服务、消费者调查上细中求细,追求完善。尤其善于借"他石攻玉",精心选择学习标杆。而帕尔迪公司一是以丰田汽车的生产方式为目标,降低管理成本和提高服务水准、工厂化住宅开发水平;二是以美国的世界性连锁企业——沃尔玛的供应链管理为目标,与制造商密切合作,致力于提高建筑材料和住宅设备大规模采购能力;三是以香港丽嘉酒店客户服务为目标,提升公司在住宅售前、售中和售后客户服务水平等。

积极学习成功经验的同时,万科特别注意吸取其他企业,特别是顺驰房地产公司的教训。成立于 1994 年的顺驰房地产公司,2003 年决定成为一家全国性房地产公司,从同年 9 月开始,在华北、华东和华中等城市疯狂拿地,其速度和"大手笔"在业界有"天价制造者"之称。2003 年提出年销售额 40 亿元,力争为当时全国房地产业龙头老大；2004 年又提出年销售额 100 亿元目标（当时排在全国前三位的万科和富力地产加起来还不到 100 亿元）。后来提出 3~5 年做成 1000 亿元企业，5~10 年成为中国企业 10 强，进入世界 500 强，扩张速度甚至比公司规划更快。为解决超速扩张带来资金的巨大缺口，大势推行"缩短从现金到现金"的商业模式（用一个项目的回款来补另一个项目所需费用），以此缓解资金压力。2006 年顺驰公司拖欠土地出让金和工程款 10 亿元，尽管年底就有 30 亿元销售回款，但资金链的断裂，迫使公司总裁孙宏斌不得不以 12.8 亿元的超低价，把 55% 的公司控股权卖给香港路劲基建公司。吸取顺驰公司的失败教训，王石尤其注意对企业发展节奏的管理。2004 年，万科完成了权力的交接，王石把企业管理大权交给了财务出身的郁亮。郁亮一上任，就开始了万科的急速扩张，2004~2011 年，公司销售额由 91.6 亿元猛增到 1026 亿元，2011 年第三季度末的 2832 亿元的资产规模中，有 2236.5 亿元的自负债。一系列事件把万科推到了风口浪尖，在外游学的王石突然回到国内。他直接表明："急速扩张是把双刃剑，有抢占市场、壮大实力的一面，但易出现资金和产品质量问题。顺驰的问题表面看是资金问题，而实质是决策层没有把握好企业扩张速度和发展节奏。万科任何时候都不可头脑发热，要不疾而速，控制好发展节奏。万科要开始进入平稳发展模式。"他警告说："如果一意以利润为导向，那么后千亿时代，万科可能面临覆灭式的危机。"后来的实践证明，王石注重保持企业发展节奏是有一定道理的。

【案例点评】

一个成功企业和企业家的成长、发展史，都是他对自身企业和其他企业实践经验的积累史，这包括对企业发展自身实践创造的经验和企业间交往中获取的间接经验，企业自身遭受挫折或国内外其他企业失败得来的教训等，加以客观而科学地总结分析，进而转化为企业成长和发展中的宝贵精神财富。当然，也是对人类优秀文化和现代科学技术学习、运用和再创造的历史。本案例中雷军及小米公司、王石及万科集团的发展和走向成功的历程，都充分证明了这一点。

【智略之源】

（1）前覆后鉴。汉代刘向《说苑·善说》："《周书》曰：'前车覆，后车戒。'盖言其危。"这里的"覆"指翻车；"戒"通"鉴"，指铜镜，引申为前面翻车的教训。亦省作"前鉴"、"前车"。比喻把前人或以前的失败作为今天人们的借鉴。

（2）他石攻玉。语出《诗经·小雅·鹤鸣》："他山之石，可以攻玉。"意指别的山上的石头，能够用来琢磨玉器。原意喻别国的贤才可为本国效力，后喻能帮助自己改正缺点的人或意见。

两谋共性的东西均讲"借"，不同在于前者是借"错"避错、由败转胜，后者是借石琢玉，锦上添花。

◎ 富无经业　商者无域

【案例之一】

张颂贤（1817~1892），字竹斋，祖籍徽州休宁，他一生秉持"富无经业"的理念，历经多年发展，成为南浔"四象"之一（"象"以其身躯之大象征财产之巨）。

张颂贤随父学习经商，最初以弹棉花为业，后在南浔华家桥开设糕团店，后又独资（随后合资）开办了张恒泰、张恒昌、张元泰、张启泰、张义隆等酱园，在外地广设分店，经营造酱业，发展酱油、辣酱、酱菜和腐乳等加工业，扩展腌腊制品加工业务。

1842年因鸦片战争失败，国门洞开，外商涌入，上海成为通商口岸，南浔的辑里蚕丝因质地洁白细匀、富有拉力，优于其他湖丝而驰名畅销国内外。张颂贤看准商机，在南浔丝行埭和上海增泰丝栈分设张恒和丝行与丝号，聘请得力助手，全力经营蚕丝出口业务，成为巨富。

营丝发家的同时，张颂贤又着眼经营利润更丰厚的盐务。按照清朝律规，食盐以引（已纳税的称引盐）计算，经营引盐的商人，国家给予引商运销引盐的票据，统称引票，引商划定经销区域范围，又称引岸，因此有"专商引岸"之说。1851~1864年，太平天国农民起义军与清军连年混战不断，浙江沿海动乱不定，盐官逃跑，私盐充斥，盐商所持食盐引票失去统销保障，商人纷纷抛售，食盐引票价值暴跌。张颂贤廉价购进杭州大盐商朱恒源的10万食盐引票，其他盐商有转让引票的，他都悉数收纳，于是张家一跃成为引商大户。1864年太平天国军队退出浙江，清政府在盐区重新设官统制食盐，食盐引票价格猛涨 10 倍，张家骤然大富。为维护既得利益，希望获取更多好处，张颂贤积极配合政府整顿盐务，甚至联合其他盐商低税酌价收购余姚岱山盐民的私盐，惠及广大盐民，与政府合力缉查私盐，断绝了私盐的来路，实现了官商两利。

后来，他看到日商蚕丝在国际市场与华商蚕丝激烈角逐，市场价格逐步被日商控制，预感辑里蚕丝外销好景不长，于是放弃营丝业务，专营盐务。张颂贤在上海九江路大庆里设立恒源总账房，由外甥李惟奎出任总经理，原恒和丝行账房林梅生为副总经理，在姻亲周湘龄的鼎力相助下，掌控了浙西大部分引盐权，进而掌握苏州、常州、无锡、镇江、太仓等地大部分引盐权。张家拥有 20 多万引票（每引 381 斤），仅苏州、常州、无锡、镇江、太仓等地食盐年销量就在 30 万担以上。他还联合官府，在浙北、皖南、苏南的部分城镇增设盐引"公堂"，为统销引盐的基层机构，经营盐业批发业务，同时兼有查缉和扣押私贩之权。这项公权由此成为张家的摇钱树，从中盈利甚丰。当时张家经营浙盐与刘家经营淮盐，都相继成为盐业界的巨商。

另据浙江《南浔名人》网载，张颂贤还在徽州、常熟、南浔等地大量购置庄田。并经营典当业，开设钱庄，成立通运公司，投资银行，经营房地产等。多业并进，财源滚滚，家大业大，富甲一方。到了光绪年间，张家已成为南浔富豪中的"四象"之一，实力仅次于"四象"之首的刘家。

【案例之二】

广东省潮汕人做生意往往不拘一格，他们始终牢记"商者无域"的古训，无论经营什么，怎么经营，只要有利可图，有钱可赚，都不太拘泥于形式。从摆小地摊，靠 700 元本钱起家，后来成为亿万富翁的张庆杰，其发家史就是对"商者无域"最好的诠释。

张庆杰，1968 年出生在人均不到四分地，连稀饭都吃不饱的潮阳县港头村。作为家中的老大，张庆杰刚读完小学就辍学经商卖水果，借以帮补家用。1987年春节听村里外出务工的人说，深圳的钱比较好赚，于是他告别家人，踏上了深圳的淘金之路。

路上他和同伴约定，等赚足 5 万元钱就回家盖房子！就这样，他怀揣梦想，和同伴在现在深圳书城所在的小山坡上，租了一间以前部队废弃的水泥瓦房住了下来。仅凭手中一辆旧单车和卖水果赚来的 700 元钱，捡起老本行——卖水果。

他踩上 3 小时单车到南头贩香蕉，再到人民桥小商品市场出售，一天收入几元钱，一月收入刚够交房租，连糊口都成问题。

一次他与老乡聊天，听说深圳很多村民到香港种菜，每天捎回一些味精、无花果等畅销商品，利润不错。第二天，张庆杰那部旧单车上驮的货品由香蕉换成了无花果、袜子、阿婆衫、西裤等各种时髦的港货，并在人民桥的小商品市场出售。每次现金购回的商品不到一个小时就卖完了。他打算把生意做大，但资金难题出现了。经一番琢磨，他想到了小本快转，以快取胜。于是，每天凌晨出发，一天 20~30 趟来回，终于赚来 1.6 万元的第一桶金。

在小商品市场混熟后，张庆杰发现最赚钱的生意是经销服装。于是，转行摆起了地摊。20 世纪 80 年代末的深圳特区，人民桥小商品市场里各家的生意都很兴隆，没有人愿意租一片地方给他。在一家经营手表的商店门前，张庆杰和店主软磨硬泡了一个星期，店主终于答应将刚够摆一箱河北鸭梨大小的档口，以每月 400 元的价格租他经营。摊面虽小，却是张庆杰事业真正起步的地方。头脑灵活的他通过市场调查，发现款式时髦的西裤是市场上走货最快的商品之一。他每晚厂里拿货，早上 7 点开铺销售，几年先后在东门、人民桥等繁华的小商品市场摆了 10 多个地摊。整天奔波于南海、广州、汕头各地进货。他坚持薄利多销，一块布料只赚 0.8 元，一块手表只赚 5 元钱。财富就这样一分分地积累了起来。

张庆杰是个有心人，随时在寻找身边的商机。1997 年服装生意不好做，他看到很多游客喜欢到沙头角买相机、黄金项链等商品，他便立即转行在沙头角做起了珠宝和小家电生意。同年通过竞拍信息，以每平方米 5000 元的价格，拍下了盐田区政府所在地的几个店铺，现在那里的铺价已经涨到每平方米 1 万多元。2000 年，他看好华强北的物业可能会升值，又以 980 万元拿下赛格广场的几间铺位。现在证明他的眼光是对的。同年，他又在南山找到一块约 2 万平方米的地块，调查发现南山还没有一个大型建材市场，周围又有大量楼盘在建，觉得建材市场应该很有潜力，于是办起了建材超市。

30 多来年，张庆杰大大小小从事了 10 多种行业，生意越做越大。曾有人问他经商成功的法宝是什么？他回答说："产业下滑苗头现，立即转型不恋战。"别人请教生意经，他很爽快地说："我的生意经是：本小利多利不多，本大利小利不小。"

【案例点评】

司马迁讲治生致富没有固定不变的行业和经营品类，现代粤商更注重打破疆域、地域、行业的制约，认为搞活商品流通，应不受域野（境内乡野）、域内、域中的限制，不受区域、地域的限制，不受领域、行业的限制，也不受异域、境外的限制，只要是不违反域内或域外国家法律和政策规定，不与民族和宗教禁忌相冲突的行业，皆可经营。本案例之一中浙商张颂贤和案例之二中粤商张庆杰在商业经营中，都遵循了"富无经业"、"商者无域"的为商原理。更可喜的是，当代粤商多有创新。每当一个新楼盘盖起来后，潮汕人会联合起来在一条新街上开张装饰材料、五金、窗帘经销等一系列商店，满足新房入住家庭的需要，店面服务与经销产品互相补充，形成气候，共营生意。一两年后，当这个地方住进了许多居民，潮汕人就改头换面，将原来的店面改为餐厅、茶室、零售店、药店、发廊等，再在居民日常消费上赚钱。充分体现了无论经营什么，怎么经营，只要有利可图，有钱可赚，不太拘泥于形式。

【智略之源】

（1）富无经业。语出司马迁《史记·货殖列传》："富无经业，则货无常主。"这里的"经业"指常业。其意是说：致富没有经常不变的行业，而财货也没有固定不变的雇主。商家名谚也讲："商如行船，客如流水，花不常开，货不常卖。"

（2）商者无域。"域"指区域、疆界，泛指境界、范围。商业经营没有固定的疆界和区域，经营方式也没有固定的模式和途径，凡法律允许的范围和能赚钱获利的行业、项目，都可以经营，都值得尝试。

两谋共同处在于强调因情适变，不同点是前者突出经营行业的调整，后者则突出经营领域的变化。

>>> 十、奇不泥常

唐代的吴道子之所以被后世尊为画圣，是因为他的绘画不循陈规，富于创造，自成一体，独树一帜。而直接影响他艺术成长之路的是他当年刚学画时所拜的村野画匠，老师将他半生心血结晶的八个字告诉了他："不拘成法，另辟蹊径。"

◎ 奇货可居　利中取大

【案例之一】

无论是土地、矿产等有形资源，还是光、热等无形资源，这些自然资源都是自然环境中与人类社会发展有关的、能被利用来产生使用价值并影响劳动生产率的自然诸要素。自然资源数量的有限性、空间分布的不均匀性、区域的不平衡性、利用的发展性、存在数量（或质量上）的地域差异性和部分不可再生性，占有或垄断这些资源，对地方经济发展或企业市场竞争力的提高，无疑都具有不可争辩的优势。

地处太湖西岸，具有久远烧陶历史的江苏宜兴，素有"陶都"之称。此地生产的"紫砂器"（又称"紫砂壶"），近千年来畅销国内外，成为享誉世界的一张"名片"。早在宋代，文学家欧阳修、梅尧臣等都曾写诗填词，纵情歌咏"紫瓯"一番。明朝末年伴随东印度公司大量贩运中国茶叶、瓷器到西欧，引起了欧洲人对中国紫砂器的极大兴趣，被称为来自东方的"红色瓷器"、"朱泥器"。日本江户时代末期传入镌有"惠孟臣"和"陈鸣远"名款的紫砂茶具,一时成为日本人的最爱。清光绪年间,紫砂器大量销往日本及墨西哥等国。美国纽约人莫塔赫德多方收藏中国人郑宁侯所制梅花方壶、双流壶。时至现代,中国近代最杰出的紫砂陶艺家顾景舟的作品,20世纪80年代在香港拍卖价为65万元,海内外收藏家争相购藏。顾景舟与著名书画家江寒汀、吴湖帆合作的作品"石瓢壶",2003年在台湾也拍出100多万元的价格。

说到紫砂壶,就不能不涉及宜兴特有的颜色绛紫的紫砂原料:陶泥。它和景德镇、龙泉窑的瓷土同属高岭—石英—云母类型,但铁、硅量更高,主要颜色呈现出紫红色、浅紫色的"紫砂泥",呈灰白色或灰绿色的"经泥",烧成后为浅灰色或灰黄色。而呈红棕色的"经泥",烧成后则为灰黑色。至于说绿泥极为稀少,更是上佳原料。这几种陶土中,仅紫砂泥一类,就可烧成海棠红、朱紫砂、葵黄、墨绿、白砂、淡墨、沉香、水碧、闪色、葡萄紫、榴皮、梨皮、豆青、新铜绿等数十种颜色的陶器。创造者赋予的品位与紫砂泥独特个性的精妙融合,逐步使紫砂陶器成为色泽天然、高雅质朴的美饰之物。

紫砂陶土作为稀有的国之瑰宝,早在明朝时期,宜兴有一个有关"富贵土"的传说。一个奇特的和尚经过黄龙山边的村落,向村人高声叫卖"富贵土"。人们以为是这和尚用疯话骗人,纷纷嗤笑他。和尚并不生气,依旧高喊:"贵不欲买,买富如何?"于是村中老人随他上山,指出黄龙山中蕴藏着一种使人受用不尽的"富贵土"。说完"富贵土"的妙用后他便离去了。村人半信半疑地开始发掘,果然挖出了带有红、黄、绿、青、紫等五色缤纷、奇丽绚烂的陶土。从此以后,一传十、十传百,丁蜀山村的村民都争先恐后地前来挖掘山间"富贵土",开始烧造最早的紫砂壶等陶器。特别是独产于黄龙山一带的优质紫砂泥,作为陶土中的精华,其色泽之瑰丽朴雅、品质之优良,更是独步天下。清代诗人汪文柏赞美宜兴紫砂陶土说:"人间珠玉安足取,岂如阳羡溪头一丸土。"

既然紫砂及其紫砂土如此重要,自然就有"奇货可居"的价值。近几年,随着紫砂市场的复苏,紫砂泥的市场需求逐年加大,平均每年的采挖量达到几万吨。有限的矿藏被无限制地开采着,不但影响了紫砂产业的可持续发展,而且不正常地催生了一大批粗制滥造的低品质紫砂产品,"5元、10元一把"的劣质壶,在旅游市场随处可见。昔日"富贵土",而今贱卖成了"平民价",既严重地浪费了紫砂泥资源,也极大地损毁了紫砂陶的声誉。宜兴民众,特别是一批陶艺大师和陶艺工作者,纷纷呼吁保护紫砂这一不可再生的独特资源,重振紫砂辉煌。

2004 年，宜兴市人代会通过了《关于加强宜兴紫砂保护和发展议案》，出台了 7 个方面的保障性政策意见，全方位呵护紫砂产业。2014 年 4 月又颁布实施"禁采令"：暂时冻结对紫砂泥土的开采，建立黄龙山紫砂陶土资源保护区，实现紫砂资源的科学利用，保障紫砂行业可持续发展。

随着精品紫砂陶文化附加值的迅猛提升，名人名家的紫砂作品早已价逾"黄金"。这轮紫砂泥矿的强制性"急刹车"，使得各类紫砂泥成为稀缺资源，价格直线飙升，出现了部分紫砂艺人大量收购囤积紫砂泥的现象。特别是泥中极品"底槽青"的价格连续上翻，普紫泥、段泥、龙皮泥、白麻子泥的价格上涨了 300%~800%。紫砂壶历来都是按人定价，现在明、清时期的紫砂壶价格一般售价均在万元以上，名家名作可达 10 万~15 万元，清代名作至少也要 5 万~10 万元。诸如国家级陶艺师设计的"圆通"、"婉玉"、"高瞻"、"长方如意"等一批陶艺壶，市场价格均在 6000 元以上。

【案例之二】

《战国策·濮阳人吕不韦贾于邯郸》（卷 7）记载了一件奇事。阳翟（今河南禹县）大商人吕不韦，他往来各地经商，低价买进，高价卖出，积累了上千金的资产。为了牟取更大利益，他打算进行新的投资，但又不知投向何处。吕不韦茶饭不香，夜不能寐，整日精心筹划着如何凭借手中的商业资本去换取更大的利益，一时举棋不定。于是，他回家问父亲："种田能获利几倍啊？"父亲回答说："10 倍。"吕不韦又问："经营珠宝生意能获利几倍？"父答："100 倍。"吕不韦再问："帮助一个人登上王位，安定一个国家呢？"父答："获取的巨大利益无法估量。"

常言说：两害相权取其轻，两利相权取其重。为了实现父亲所言"获利无数"的宏愿，吕不韦特意来到邯郸城，设法结识了在赵国作人质的子楚。尽管子楚是秦王的孙子，但由于秦国多次攻打赵国，赵国对子楚冷漠相待，子楚生活窘迫，车马及用度极不宽裕。吕不韦视子楚如同一件稀世宝物，认为值得"囤积"。

吕不韦经常去看望子楚，并对子楚道："我能使您的门第高大起来。"子楚以十分诧异的目光看着吕不韦："你自己的门第尚未高大起来，又如何狂言让我的门第高大起来呢？"吕不韦讲："您不懂呵，我的门弟要等待您的门第高大起来了，才能高大起来。"子楚明白了他的意思，两人就此密谈起来。吕不韦道："秦王（昭王）老了，安国君被立为太子（原太子已死，安国君是昭王第二个儿子）。我听说安国君宠爱华阳夫人，华阳夫人又无儿子，但能立嫡子的又只有华阳夫人。如今您兄弟 20 多人，您居其中，长期在诸侯国抵作人质，不受宠爱。如果大王逝世，安国君继位为王，您就永无希望与早晚侍奉父亲跟前的兄弟们争当太子了。"子楚着急地问道："请问我该怎么办？"吕不韦讲："您目前无钱孝敬亲长，结交宾客。我愿携 1000 金为您去秦国侍奉安国君和华阳夫人，让他们立您为太子，您意如何？"子楚叩头致谢："如能实现您美好的计划，甘愿同您共享秦国。"

于是，吕不韦拿出 500 金送给子楚做生活及交结宾客的费用，又拿出 500 金购置奇珍异宝西去秦国，通过华阳夫人的姐姐献给华阳夫人。顺便谈及子楚贤能聪明，结交诸侯宾客遍及天下。子楚常对人讲："我终身依靠的就是华阳夫人，日夜流泪思念太子和夫人。"华阳夫人闻言大喜。

吕不韦趁机鼓动她姐姐劝说华阳夫人："我听人说，凭借姿色侍奉人，尽管可受宠一时，一旦容颜衰老时宠爱就会减退，再想进言还能行吗？如今子楚在赵为质，贤能而可怜，夫人如果有心提拔他做嫡子，那么夫人一生都能在秦国受到尊敬。"华阳夫人认同这一说法，趁太子方便时，流着眼泪荐举储立子楚为嫡子，安国君应允，华阳夫人找人刻下玉符作为凭证。安国君和华阳夫人于是给了子楚许多财物，并请吕不韦做子楚的老师。

吕不韦从邯郸城中优选了一位非常美丽又能歌善舞的赵国豪富人家的女儿为妾，已怀孕在身。一次，子楚在吕家饮酒，目睹这位艳丽无比的绝色女子顿生爱慕之心，借祝酒之机，向吕不韦表示希望能得到她。尽管吕不韦十分生气，但转念一想，自己所做的一切不都是为了实现"获利无数"的既定目标吗！千金都耗费了，何况一个女人。为此，他忍痛割爱，奉献了美妾。美妾隐瞒了自己已身怀有孕的事实，数月后生下了嬴政。于是子楚立她为夫人。

吕不韦又设法帮助子楚逃回秦国。安国君继位为王之后，立子楚为太子，楚国于是很快送子楚夫人和儿子嬴政回到了秦国。后来，子楚继位为秦庄襄王，吕不韦原来的小妾当了皇后，吕不韦自己做了丞相，封为父信侯。秦王将河南洛阳 10 万户作为吕不韦的封地。

庄襄王在位三年而逝，太子嬴政继位为王，尊奉吕不韦为相国，称"仲父"。吕不韦一生苦心经营，凭借手中商业资本实现了他换取权力资本，获利"无数"、"泽可遗世"的夙愿。

【案例点评】

追求资源的合理使用、科学利用，是我们今天发展经济的优先选择；追求利益最大化，也是商人的好利本性和职业秉性。就投资主体而言，无论是企业的资本投资，还是商人的资本投资，决策前必然要审慎地研判投资方向、投资对象、投资价值，预估增值潜力和回报率高低等，这种反复比选的择优性投资，无疑是追逐利润、效益的最优化。用20世纪新经济学的一句话叫"未来成长性"。这些道理古代商人懂得，今天的宜兴人民更懂得。

【智略之源】

（1）奇货可居。语出司马迁《史记·吕不韦列传》。其意指珍奇的货物可以囤积起来以待高价。明末清初学者黄生所撰训诂书籍《义府（一）·奇货》讲："奇"当读作奇偶之奇，表明此货独一无二，独占可获重利（见清《字诂义府合按》）。

（2）利中取大。语出《墨子·大取》："利之中取大，害之中取小也。"这是说，在利与害的比较中，强调趋利避害。在大利与小利的比较中，利中择大；在大害与小害的比较中，害中取小。

两谋强调独占珍奇，利中取大。不同点在于前者以独占珍奇商品，待时而沽，后者强调利害比较，利中择大，害中取小。

◎ 褒寓贬中　适左而得

【案例之一】

商人重商誉，商誉创商利。这一道理为商者都谙熟于心，驾轻就熟。而如何获取商誉，办法可谓五花八门，花样百出，八仙过海，各显神通。

清朝时，吴地（今江苏苏州）某父子，在天津府（今天津市）分别建立了两家商铺，相距不过3000米，都以经营吴地特色产品为主，很受消费者欢迎。两家商铺中，父亲的商铺先开业，数月后儿子的商铺也开张营业，两商铺经营范围、经营物品、经营方式颇为相似，无形中形成了竞争关系，相互争夺客源，各施奇招。

作为父亲眼见儿子的商铺生意兴隆，他心中是高兴的，而儿子的商铺处处与他争客源、抢生意，他心中又觉得十分窝火。处于矛盾状态的父亲，某天突发奇想，一纸诉状把儿子告上了法庭，理由是儿子的商铺所经营的吴地商品是冒牌货。儿子认为，父亲这么做，有悖父子情义。他也毫不示弱，同样一纸诉状把父亲告上了法庭，申言父亲商铺经营的吴地商品才是冒牌货。父亲指责儿子攻击他经营冒牌商品，意在诋毁他的商誉。父子两家商铺诉讼于法庭，天津府的大小报刊跟踪报道，部分读者也来凑热闹，不断发表评论，广大市民视为奇闻，街谈巷议时代迥异，人心不古，为求商利，父子互讼。有好心人出面相劝：父子情深，血脉相通，两铺合一，何必对簿公堂？有人大谈家和万事兴，竭力劝解父子息诉求和。父与子置若罔闻，仍我行我素，互不相让。

此番争讼，两家商铺在整个天津府可谓家喻户晓，其经营的吴地特产人人皆知。由于经营对路、质量上乘、价格合理，声名鹊起，商誉四播，生意愈做愈大。

有卓识智慧的人一眼就看穿了父子的计谋。指出："父子互相诉讼，是扬名播誉的一种策略。其借讼播誉的手法，不能不使人想起唐代诗人李绅《拜三川守诗序》所说：小街小巷里的少年恶作剧，抛帽散衣，引来街巷市民哄抢争斗，如同球场上争相抢球一般。老百姓戏称为"打棍"，可害苦了庶民百姓。清代光绪、宣统年间后，人们又把这种假托善名而徇私者，称为"善棍"。

这则实例出自清代徐珂著述的《清稗类钞·棍骗类》，为我们揭开了清代商人灰色智慧神秘面纱的一角。

【案例之二】

李渔（1611~1680），初名仙侣，后改名渔，字谪凡，号笠翁，浙江金华人，明末清初文学家、戏曲家。他出身商贾家庭，18岁补博士弟子员，明代中过秀才，入清后无意仕进，特别是40多岁时，为躲避乡村纠纷来到杭州，走上了能俗能雅、能"儒"能"商"的道路。居于南京"芥子园"，开设书铺，编刻图籍，经营出版发行和搭建家庭戏班，广交达官贵人和文坛名流。

李渔一生著述颇丰，著戏剧文学《凰求凤》、《玉搔头》，小说《肉蒲团》、《觉世名言十二楼》、《无声戏》、《连城璧》以及《闲情偶寄》等很多作品，深受读者欢迎。但让他特别苦恼的一件事，就是很多书刚一推向市场，就被不良书商疯狂盗印，经济损失很大。于是，他一方面对觊觎他作品的人不时发出恫吓，如将威胁之意登上书店广告，印在各种出版物的扉页上，甚至写进《闲情偶寄》等著作中，希望别人尊重他的著作发明权；另一方面，又在苏杭两地打反盗版官司，希望能以讼治盗。

顺治八年，李渔完成了第一部传奇文集《怜香伴》。根据以往的经验，李渔断定此书一旦付梓上市，立刻会引来非法书商的猖獗盗版。怎么才能避免自己呕心沥血多年创作的成果沦为他人的"嫁衣"呢？他想出了一计奇招。

一天早上，李渔挥笔写了一份诉状，对家人和众仆说将去南京府衙告状，家人着急地问去告什么状？李渔回答说："昨日我有一批新书从兰溪老家运往南京，不料刚进入南京地界就被强盗抢劫去了，这种事情我岂能不去衙门报案？"家人和众仆人听后吓坏了。因为他们明白，老爷子这一年里根本没有回过兰溪老家，就连书稿也是几天前才刚刚整理好，啥时候印刷过呢？怀疑是不是老爷子一夜睡糊涂了。

李渔根本不理睬家人和众仆诧异的目光，匆匆地来到南京府衙，向知府大人述说了新书被抢之事。他以十分痛苦的心情强调说："大人啊，这批遭劫之书是我第一次印刷出来，尚未在市场上流通。如果有人在那里出卖我的书，谁就是强盗，最起码也是与强盗有关！"知府大人也是一个文化人，十分痛恨这种强盗行径，更何况他也读过李渔不少的著作，对李渔钦佩有加。现在李渔报案说新书被抢，当然应该重视，赶紧予以立案，派出衙丁前往各地市场查巡。

李渔报案后，一面静候知府派人查询情况，一面开始大量印刷这本书。由于新书被抢案及官府各地查巡情况已引起社会极大关注，正规书商们踊跃前来批发取货，投放市场后便立刻受到读者疯抢。颇有心计的李渔，还煞有介事地把这些正规书商订货情况一一作了登记，将名单送交南京府衙，表明意在避免衙门抓错人。

于是出现了一个很有趣的现象：一边是衙门在市场上到处查寻抢书强盗，一边是李渔出版的书大量投向市场。那些平时靠印刷盗版书牟利的不良书商，谁还敢冒失地去盗印李渔的书？多年后，李渔的《怜香伴》一直无人敢盗版。

【案例点评】

为人以德载誉，为商以诚播誉，都忌招惹诉讼，败坏声誉。本案中的吴地商人和儒商李渔却反向思维，左道而行，以人们避之不及的特殊方式以讼播誉，褒寓贬中，不可谓不标新立异，不可谓不精明老道。也许有人会问：难道他们就不怕他人拈过拿错，找碴儿毁誉吗？实际上他们之所以自导自演，其实他们心知肚明，自己经营对路，质量上乘，富有特色，价格合理，不惧他人诋誉，这是根本前提。

【智略之源】

（1）褒寓贬中。此为清褚人获《隋唐演义》第78回"寓贬于褒"一语的反用。对值得肯定和褒扬的事，不从正面褒扬，而是用贬抑的语气去褒扬，看似贬抑，实为褒扬。其中，无论是明贬暗褒，假贬真褒，虚贬实褒，还是借贬扬褒，先贬后褒，都是一种灵动机巧之谋。

（2）适左而得。参见《兵经百篇·左》："适可而左，则适左而得，若左其所左则失矣。"这里的"左"指"反其道而行之"。其意是讲适时采取以逆为顺、以害为利、反道而行的办法，则往往可收到意想不到的效果。但用"左"一定要适当，若"左"得过度，往往会反受其害。

两谋相同点在于都强调明与暗、虚与实、真与假错位，反道而行，不同点为前谋是明贬实褒，后谋是以逆为顺。

◎ 以水投水　将机就计

【案例之一】

1921年1月，韩云根、刘宝馀、李翼敬、刘鸿生、朱葆三等23名股东联合投资，在上海成立了上海水泥公司，朱葆三为董事长，控股52.2%的刘鸿生出任总经理，刘宝馀为厂经理。为办好这家公司，刘鸿生带队考察唐山华资启新洋灰厂，3次东渡日本参观日本小野田水泥厂，用30天时间细心考察学习德国水泥生产企业，并购买德国全套水泥制造设备，聘请从美国、德国一流大学毕业的科技人才担任总工程师、工程师，于1923年生产出了中国象牌水泥，其产品拉力和压力均超合格产品标准，产品畅销华东及全国其他市场。

然而市场的争夺和分割是无情的。当时，上海象牌水泥与唐山华资启新洋灰厂生产的马牌水泥和日资大连小野田水泥厂生产的龙牌水泥，已呈三足鼎立之势。对于新冒出来的强劲对手，傲居同业之首的启新厂，凭借其雄厚的经济实力，首先对象牌水泥毫不客气地给予坚决打压，意在巩固北方传统市场，积极开拓南方市场。他们派人刺探象牌水泥售价，以顾客的名义购买少量象牌水泥，研究其成色，采取"以水投水"策略，搞乱象牌水泥成色，直接将降价后的马牌水泥销往上海等地，抢夺市场份额。

对于启新洋灰厂的打压，刘鸿生早有思想准备，还在象牌水泥开工生产前5个月，刘鸿生就暗地派人在天津设立了办事处，委派于守一为经理，插足启新洋灰厂控制的主要地盘京津地区。但自知实力不如人的刘鸿生，对于启新厂的打压具体如何反击，也让他颇费了一些思量。因为他明白：若把象牌水泥运往京、津地区，要受到关内地税、前门税、落地税、厘税和铁路运费等勒索，在免税未得允准的情况下，象牌水泥是无法在京、津地区与马牌水泥竞争的。权衡利弊后，他采取了四项反击措施：一是提醒上海水泥厂经理刘宝馀特别注意，拟于出厂的象牌水泥，在麻袋收口处加钳铅皮印字等，以防启新厂拆包混装，败坏企业产品质量和声誉。二是派人送上一个启新公司水泥桶，请总工程师认真研究箍桶的篾箍，可同样采取"以水投水"之谋，使己方做出的水泥桶几乎与启新厂水泥桶一样。三是趁启新厂在上海跌价销售之机，用"将机就计"之谋，大量购进马牌水泥，返运天津，按启新厂售价每桶下跌二三角出售，鱼目混珠，以此搅乱天津的水泥市场，迫使启新厂在上海市场销售的水泥不能降价过低。四是令于守一在天津有限跌价销售本公司的象牌水泥，使启新不能独占北方市场。双方明争暗斗，佯攻侧击，你来我往，一时难分胜负。

面对中国企业的马、象缠斗，竞相跌价，日本大连小野田水泥厂生产的龙牌水泥乘机在华北、华中市场大肆攻城略地，挤占市场份额。刘鸿生为此清醒地认识到：长此内斗，只能两败俱伤，而让日本企业坐收渔利。他便派人主动与启新厂协商，同业联营。开始无果，数次协商，双方终于于1925年5月在天津达成联合经销协议，重新划分势力范围：象牌水泥退出华北、华中市场，换取马牌水泥不再向南扩张。双方停止竞相跌价销售。此后，市场购销两旺，刘鸿生又及时建议以略低于日企龙牌水泥市价的价格，联合涨价，借以弥补双方原跌价竞销的亏损，夺回被日企抢占的市场。随后的两次涨价，象牌、马牌水泥销路继续向好，1926年两企双赢，上海水泥公司生产水泥36.4万桶，销售34.4万桶，盈利12万元。

1928年，中国水泥公司在南京近郊成立，并迅疾收购了无锡、太湖两家小型水泥厂，日产泰山牌水泥 2500 桶。刘鸿生预测上海水泥公司与中国水泥公司如此近距离争夺市场，必有一场恶战。为避免华资企业间的恶性竞争，刘鸿生联合启新厂总经理陈一甫，以"联合经营、一致对外"的名义，共同做好中国水泥公司的工作。1930 年 11 月三方达成"协定销量、协定售价、联合管理、限制扩张、联合对外、联业区域"等协议，3 家年生产水泥 335 万桶，约占全国水泥产量的 85%，全面左右了市场价格，日本小野田水泥所占市场份额极速下降。1931年，三家企业产销两旺，利润日增，上海水泥公司实现纯利 48.3 万元，是 1930年盈利的 6 倍，稳居全国同行业之首，刘鸿生也当之无愧地成为中国的"水泥大王"。

【案例之二】

某天，一位男子拿着一颗很大的宝珠来到质库（当铺）典当。老朝奉作为当铺掌柜，当时只粗略地鉴定后，双方估价 1000 两白银，按值 10∶5 比例，当铺当即支付男子 500 两白银。

在此说点题外话。所谓"朝奉"者，推其原始，最早源自秦始皇时期以乌氏、倮氏为代表的富豪，有时奉诏列席朝臣活动等。汉代沿袭下来，是对富有社会、经济地位，受朝廷顾请者（没有规定人员名额），又不属朝廷正式官员职位，逢朝廷研究某一事项受顾列席会议人员的称谓。宋代政治家、文学家韩愈和苏轼文章中曾多处提到"朝奉"，后来许多文学作品中俗称"郎中"、"员外"、"司务"、"待诏"之类。近代安徽有"朝奉"之称，也是出于对乌倮等富比王侯者的倾慕，于是把富商都统称为"朝奉"。

话说老朝奉闲暇时，将那颗宝珠拿出来把玩、审视，让他大吃一惊的是：这颗"宝珠"原来是一颗假珍珠。珠皮坎于绸缎之上，绸缎里面是用硬纸片撑起的，珠面纹理加于绸缎的丝线之上，整个珠面色彩灿然，晶莹剔透。

老朝奉悲叹道："真想不到，我从事典当业 30 多年，经历过多少商界风雨，见识过多少骗人伎俩，而今却被骗子所骗。这是我的过失啊！"他正式通知当铺的伙计：约定一个时间，召集同业掌柜们会面。会上，老朝奉愤然地讲述了受骗经过，当众碎珠，警醒同人。宣称自己将向股东宣布减股自赔，并辞去掌柜职务，回家赋闲养老，从此不再过问商界世事。

隔了一段时间，骗子拿着当券来到当铺，请求赎回宝珠。当铺伙计讲："其珠已碎，可否协商理赔？"骗子听到此话，理直气壮地讲："我当时因急迫之事，一时财力周转不济，无奈典当。今天特来赎回祖传至宝。"当铺伙计说："十分抱歉！宝珠既毁，已无法赎取。"骗子有恃无恐地说："千金之珠，绝非小事。莫非贵铺要独占我宝珠不成？"

这时，只见老朝奉缓步从当铺里间走了出来。老朝奉问道："你带来利钱了吗？"骗子马上回答讲："岂止当利，500当金我也带来了。"老朝奉当着众人的面，如数清点和收取了白银数量，从柜中从容取出骗子所典当的"宝珠"，交与骗子。骗子与同来的几位同伙，个个瞪大惊愕的双眼，面面相觑，只好拿着假珠败兴而去。

原来，老朝奉当众所碎之珠，也同为假珠。当众碎珠之戏，意在将计就计，借当铺同业掌柜之口向骗子传播消息，诱使骗子自觉走出来。而骗子所料未及，只好自讨没趣。源于《清稗类钞·棍骗类》一书的所述事例，十分生动地再现了老朝奉的老谋深算。

【案例点评】

商业经营，市场博弈，时刻充满着"雾霾"，充满着相互算计。本案例之一中象牌水泥公司与马牌水泥公司，案例之二中老朝奉与诈银骗子之间的相互斗智，一方巧玩错杂实物、混淆真假之谋，而另一方则相机用谋，反相用计，直挫其锐，避害护利，形象地演绎了"商场如战场"的市场"活剧"，给人以警醒。

【智略之源】

（1）以水投水。语出《吕氏春秋·精谕》："（白公）曰：'若以水投水，奚若？'孔子曰：'淄、渑之合者，易牙尝而知之。'"文中的"白公"指楚平王之孙；"淄、渑"指齐国的淄河、渑河；"易牙"是齐桓公识味之臣。双方对话时白公说："就像把水倒入水中一样，类同难别，不让人知道如何？"孔答："淄、渑两河的水汇合在一起，易牙也能把不同的味道尝出来。"喻错杂相似之物，真假容易混淆。

（2）将机就计。语见《水浒传》第104回："范全听这一席话，沉吟了一回，心里思想道：那段氏刁顽。如不允这类亲事，设或有个破绽，为害不浅。只得将机就计罢"。这里指利用时机，在对方施谋之时反相用计，以求避害护己。

两谋的共同点是相互算计，不同点是前者讲真假易乱，后者是相机用谋。

◎ 计因人设　蚁慕羊膻

【案例之一】

桐油是制造油漆、油墨的主要原料，大量用于建筑、机械、兵器、车船、渔具、电器的防水、防腐、防锈，并可制作油布、油纸、肥皂、农药和医药等，一向是中国出口的传统土产原料之一。桐油出口贸易曾经为中美贸易发展奠定了坚实基础。说到桐油出口贸易，就必然要提及一个人，他就是中国的"桐油大王"李锐。

李锐，号毅斋，1885年生于天津大沽口一个小市民家庭。童年时进入教会学校，英语成绩优秀，毕业时考入英商开办的开滦矿务局，常与洋员打交道，英语口语娴熟。1919年，教会学校的老同学张英华出任四川盐运使，常驻成都、重庆，结识了重庆"聚兴诚"银行外国贸易部总经理杨希仲。当时该行因出口业务扩展，急需一个精通英语，能与洋行直接洽谈业务的人。张英华遂向杨希仲推荐李锐。李锐来渝后，先任该行外贸部顾问，不久又聘任他为外贸部副经理，赋予他处理进出口业务的实权。"聚兴诚"的桐油业务从此越做越红火，李锐为"聚兴诚"银行立下了汗马功劳。杨希仲去世后，杨粲三兼外贸部总经理，李锐与杨粲三双方因发展方针和发展路径等意见不合，后另起炉灶，于1928年2月在汉口创办"义瑞公司"。义瑞公司是民国时期起步较晚的买办商，但又是发展最快的买办商，它背靠美商施美行这座大山，积极推动桐油参与国际市场竞争，很快脱颖而出，享有"桐油大王"的称号。这里简述义瑞公司与主要竞争对手中原公司的市场博弈。

中原公司是单允恭创办的，他本人曾经是义瑞万县分公司经理。因为义瑞公司创办于汉口，但桐油主要经营地在万县，公司经营量和创利最大的分公司也在万县。单允恭自恃自己经营有功，要求义瑞平分利润，这既得不到由聚贸部转来人员的支持，也得不到李锐的同意，由此发生争执。后经协商，由义瑞一次性给予单允恭10万元了清。以这10万元为资本，久思独立门户的单允恭于1930年联合四川军阀王陵基，组建中原公司，自立门号。

单允恭熟悉桐油业务和贸易，熟悉公司的内部管理，掌握着公司一批业务关系、业务渠道。为增强竞争力，单允恭又进一步采取了两大措施：一方面以四川军阀王陵基作为中原公司的强大支撑力量，凭借其军阀势力，派军队一同"抢"购桐油，堵截义瑞公司货源，商家们望而生畏，只好把货物出售给中原公司。另一方面，单允恭设法与美商其乐洋行建立业务关系，发展桐油对外贸易。从外国公司获取资金和出口渠道。由此在国内、国际市场上与义瑞公司展开竞争。

李锐认真分析了中原公司的优势和不足：一是有军阀支撑，社会上处于强势地位，尤其是军队一同参与抢油，短期有利于掌控油源，不利在于有压价强买之嫌，其他油商不敢平等议价，这些遭人忌恨的行为，把中原公司置于其他油商的对立面，兔子的尾巴长不了。二是出动军队参与抢油，增加了经营成本，加之公司刚成立，无多少利润积蓄，"升秤"较少，无价格竞争优势。三是利润丰厚的出口业务才起步，国内购销业务利润薄。但比义瑞公司有利的是国内贸易可以补助外贸不足。

彼此优、劣势比较以后，李锐对与中原公司竞争充满了信心。他与施美行反复商议后，决定采取四项对应措施：第一，加强与其他油商的联系，联合众油商以自己巧妙的方式抵制军队参与抢油，反对低价强买。第二，把"升秤"（当时桐油交易计价单位是担。因为全国度量衡不统一，四川每担比汉口大 5% 以上，除去运输、提炼损耗外，到汉后折合汉口担，每担仍有 3% 多一点的溢量。这个溢量称"升秤"）所得利润贴入成本。即将历年"升秤"所得总量清查出来，并根据区域市场情况，将"升秤"灵活地贴入采购成本，用于价格竞争，以此掌握市场价格主动权。第三，在油源必争之地，攻其必救，实行以重御轻策略。即当中原公司在万县等地抢购油源时，义瑞公司抢先抬高价格收购。若中原公司涨价，义瑞公司连续跟进，始终以比中原公司略高的价格进行收购。尤其是当中原公司出口期迫近急需补进时，抬价收购，迫使中原公司在汉口以更高价格补进现货来履行贸易合同。第四，在施美行没有生意时，义瑞公司在汉口低价卖油，以此抵制中原公司。义瑞公司本来不做国内桐油贩运业务，但因中原公司有时经营国内贩运生意，在川内收油，运汉口出售。为挤占中原公司在汉口的市场份额，义瑞公司也开始经营国内桐油贸易，在价格上却有意低价倾销，使得中原公司在汉口的业务受到冲击。中原公司随之降价，义瑞公司价格始终比中原公司低，使得中原公司购销业务无利可图，有时多有亏损。加之中原公司内部管理未跟上，经营成本高，铺张浪费严重，不到 3 年就因严重亏损而宣布破产。

【案例之二】

近代小说家许指严，名国英，一字指严，清末民初开进（今江苏常州）人。他对清代掌故，特别是扬州盐商野史素有研究，所著《骨董祸》，揭示了当年扬州盐商与两淮盐官之间彼此利用，相互勾结，以致酿成惊天奇案的内幕。

清朝乾隆时期，士大夫阶层除竞相崇尚典籍考据研究，尤其重视金石碑帖、诗书名画的收藏，由此形成了向高官贵胄赠送金石碑帖、诗书名画的风气。两淮盐商富甲全国，一批暴富盐商也奔忙其中，借名金兰之交，于书叶画轴之中藏匿银票或金石之片，动辄以 1000 万两白银横扫稀世文物古玩，作为厚结朝臣权贵之礼。

时任盐政大臣普福，出生名门望族，常以侵蚀公帑自肥。当任两淮盐运使卢雅雨是位旷代逸才，骚坛（诗坛）盟主，与大才子纪晓岚有嫡亲关系。大盐商汪某为追逐两淮盐引的更大利益，正精心谋划与两淮盐政官员的弥缝之术。手下门客程生，工于心计，多智善变，科举失利，投奔汪某做了一名书记员。

程生曾向汪某进言："厚取盐引的解困之道，贵在选择不同对象的喜好和需求去做。据我所闻，普福大人喜欢金钱美女，卢雅雨大人所喜所好在金石书画。"某日，程生向汪某报告：盐政大臣普福已探知，扬州徐宁门外某民居住着舅甥俩人，舅父属市井小民，无业闲荡，外甥名银荷，父母早亡，随舅父生活，年方十八（岁），美慧能诗，身藏有一祖传珍宝阗玉马。欲嫁读书郎君，而舅父贪财慕官，欲嫁富商高官为妾，舅甥常有争执。舅甥贫穷，备受邻里冷眼，银荷日常闭门不出。数日后，程生又向汪某报称："卢运使正四处搜寻蔡中郎《石经》原拓本。这《石经》的来历，源于东汉灵帝熹平年间，大臣蔡邕上书，为统一国家经典版本，刻了 7 部经书，共 46 块石碑，石碑正面背面都刻了字，此碑称为熹平石经。石碑由蔡邕书写，蔡邕曾封中郎将，后人因此又称蔡中郎《石经》。我族人曾见过蔡中郎八分书《石经》墨迹，完全没有残缺。大人可以从我族人稈某处设法买来。"程生的两条信息，让汪某惊喜不已。若两宝俱获，可一举搞定普、卢两位朝廷重臣，为日后掌控更多盐引，打开财富大门。

第二天，汪某随程生探访其族人。族人说："《石经》属我家亲戚赵生所有。他是陕西关中人，自幼随江南做官的父亲生活，崇尚江南风雅，有名士之气。父死扬州，仍游荡江南，侨居秀才（富商汪某家的家庭教师）之家。喜爱读书，流落扬州，现为一刀笔小吏（书记员）。他虽经济拮据，但性格桀骜，夺其所爱，恐难游说，且容我与他商议。"汪某说："他想求功名富贵不难，拜托你从中撮合。"随后，汪某又假借拜访 10 年前老朋友金某（已故银荷之父）之名来到徐宁门外银荷舅父家。汪某表明念及与金家多年友情，临走时给予银荷 100 两白银，以示体恤；给老妇人数十两白银。并告诉汪府地址，望银荷小姐如有急难可投奔汪府，帮助府上做一点刺绣之活儿。

不久，富商汪某获知，银荷舅父与赵生相邻，常与银荷隔窗眺望，郎才女貌，两情相悦。这可让汪某犯难了，原本想将美女牵线普福大人，想不到中间横着个小赵生。善于察言观色的程生立刻向汪某谏言：此事大人不必忧虑。于是，二人合谋设下连环妙计。先由银荷邻居老妇人说服银荷客居"先父老友"汪府。随后，外雇一少妇某日怀抱小儿哭诉于汪府门外，由汪府佣人传言赵生始乱终弃，置妻儿于不顾等，借以离间赵生与银荷之情。又借汪府家庭教师之口传言赵生，盐政大臣普福大人近欲迎娶银荷。再让银荷舅父放出话去，赵生须出 1000 两白银作为聘礼从速婚娶银荷远去，否则只能出嫁盐政大臣为妾。赵生囊中羞涩，逼其贱价出售蔡中郎《石经》以筹款。最后，假借他人之手，以赵生关中家人名义给赵生写信：其母病重，盼儿速归。赵生必匆忙返回陕西老家探母。待明了情况，银荷已成普福之妾，而蔡中郎《石经》拓本已成卢运使囊中之物。由此，银荷舅父得到了 500 两白银，银荷出嫁为妾，卢大人喜获墨宝。汪某一跃成为盐商总董，一切亏空概由官府银库弥补。

且说赵生千里跋涉返家，方知受骗。墨宝和爱情尽失，无奈只好奋力一搏，考中进士。后与朝廷其他官员合谋，弹劾盐政官员与盐商暗相勾结，大肆侵吞官银之弊。正逢乾隆帝整饬朝廷外派官员贪腐，最终查得原任盐政大臣高恒贪赃 13 万两白银，普福贪赃 8.3 万银两，卢雅雨贪赃 1.624 万两白银（古书、字画和铜、瓷器等文物古玩折银）。清高宗览奏后，特降旨高恒、普福问斩，卢雅雨处绞刑；所欠国家库银 927 万余两由各盐商分年完缴。同时处理的还有一大批官员。

【案例点评】

古代商人有不同类型，有治生求富的小商，有交通王侯的皇商，有富埒（lie）王侯的巨商，有贾而好儒的儒商，有重利轻义的奸商等，但好利、重利，追求市场垄断，是他们的共有特性，甚至不惜连环施计。本案中的"桐油大王"李锐和徽州大盐商，他们潜心研究竞争对手的优势与劣势、长处与短处；潜心研究欲拉拢对象的嗜好、兴趣和人性弱点，因其所喜，投其所好，择人而施，相机用谋，其用心之苦，思虑之细、玩谋之精，颇令人惊叹！

【智略之源】

（1）计因人设。语见《兵经百篇·计》："计有可制愚不可制智，有可制智不可制愚，一以计为计，一以不计为计也……故计必因人而设。"其意是说，有可以制服愚人，但不可以战胜聪明人的计谋，有可以制服聪明人，但制服不了愚人的计谋。有的以为是计就是计，有的以为不是计但恰恰是计。所以，计谋必须因人而异，因时、因地、因事、因需而设。

（2）蚁慕羊膻。语出《庄子·徐无鬼》："羊肉不慕蚁，蚁慕羊肉，羊肉膻也。"这里的"膻"指羊肉的味道，喻因爱嗜而争相附集。其意是说，羊肉并不倾慕蚂蚁，蚂蚁却倾慕羊肉及其固有的膻味。

两谋共同点是蚁与人都有灵敏的嗅觉及欲望，主张因欲设谋，因欲思治；不同点是前者因人设谋，后者讲用膻诱蚁。

◎ 恩足以结　以蚓投鱼

【案例之一】

老一代的北京人喜欢喝莲花白酒，不单纯是因为它酒味甘醇，芳香清洌，还在于它酒含药理，有祛病强身的作用，声名远播的莲花白酒，促成了仁和酒店的异军突起。

仁和酒店原是北京郊外海淀的一家默默无闻的小酒店。酒店的老板姓杨，以经营自制的白酒为主，也兼营一些副食品和日用杂品，生意做得像模像样。

清朝时期的宫廷用酒，最初都取自全国各地的民间传统工艺，然而又不是纯粹的民间传统工艺。如社会上质量上乘的白酒进入宫廷后，来自民间的基本配制方法和酿造技术就会被宫内一批"官橱大师"加以改造。那些内务府酒局的高手和大师们，从原料的增减择用到酿造全过程的不同工序，都要不遗余力地加以研制，终年积累，也就形成了最优质的选材、最上乘的工艺和最严格的质量标准，最终形成了珍贵的宫廷酿造秘方。由此可见，清朝宫廷内的御用酒都是由内务府的酒局组织加工生产的。

随着需求量的日益增加，内务府酒局也难以满足需求，不得不从宫外寻找一些品质纯正的民间加工作坊为其加工。杨家仁和酒店经过数十年的加工和经验积累，在民间已有良好的口碑，深得消费者的好评，内务府的太监在民间巡访中获知了杨家仁和酒店白酒质量上乘，信誉良好，试着酿造了少量佳品送进宫去，得到了内务府的认同，逐步建立了与宫廷内务府酒局的联系。

杨家掌柜作为精明的商人，深知保持这种联系可以给仁和酒店带来商机及其丰厚利益。于是，通过多种方式拉拢内务府酒局的太监，将销往内务府的白酒数量与酒店对太监的利益回报联系起来，默许太监持有酒店暗股，形成了利益联结机制。时间一长，太监便将宫廷内酿造莲花白酒、菊花白酒、陈酒、桂花酒、五加皮酒等几种酿造秘方告知了杨家老板，使仁和酒店白酒更能迎合朝廷百官及后宫佳人的品酒口味和生活习惯，生产规模日益扩大，宫里内务府酒局的订单量也越来越大，气煞了同类酒家。莲花白酒作为宫廷"御用"酒声名远播，除供应宫中以外，仁和酒店在自己的门店上也大肆销售"御酒"，获得了巨大的经济利益。

【案例之二】

1851年，山西籍商人李某，在北京繁华的前门大街觅得一处铺面，开设了一家冠以"通三益"招牌的干果海味店，主营干鲜果品和海味产品的批发业务。时间长了，李掌柜也加工一些果脯、蜜饯、炒红果等市场销路较好、消费者欢迎的休闲食品，生意经营得有声有色。

"通三益"真正成为一家驰名京城的老字号名店，还是少掌柜主舵之后。每年秋末冬初，"通三益"都要向皇宫销售大量的秋梨。起初，也不便打听他们作什么用，一个偶然的机会，少掌柜通过从皇宫外出购梨的太监结识了宫内负责监制秋梨膏的一名太医，交谈中了解了皇宫购进大批秋梨的真实用途。聪明的少掌柜内心盘算着：我"通三益"也在加工果脯类休闲食品。如果这些休闲食品既能调剂人们生活口味，又能健身治病，岂不是锦上添花吗？眉头一皱计上心来。于是，少掌柜千方百计迎合太医，变着名目请客送礼，太医渐渐成了少掌柜的忘年之交。起初太医猜想少掌柜百般讨好他，无外乎是希望宫廷多买"通三益"的秋梨，自然也就少有防范心理。

又一年夏去秋来，正是秋梨大批上市之时，也是宫内外出订货品的最佳时节。少掌柜借机请出宫内太医，在当时京城内颇有名气的正阳酒楼宴请太医吃螃蟹。少掌柜殷勤劝饮，一番觥筹交错之后，借请教果脯加工技术和提高食补成效为由，循循善诱地从太医的嘴里套取秋梨膏的宫廷秘方和加工技巧。说到高兴处，太医不无自豪地讲：秋梨膏是以秋梨汁为主料，砂糖和蜂蜜为辅料，再配以茯苓、贝母等中药材，制成具有药用价值和营养价值的饮用软膏。我指导加工的秋梨膏既好吃又具有润肺祛痰、安神生津、健脾养胃等功效，对于咳嗽者和小孩、年老体弱者均有良好的疗补成效。平素精明能干、记忆力惊人的少掌柜佯装醉酒，想不到民间早闻其名、未见其物的秋梨膏秘方，已被自己探得，禁不住心中窃喜，高兴地与太医一醉方休。实际上太医也似醉非醉，他之所以以醉的方式将宫廷秘方告知少掌柜，是因为多年与少掌柜盛情相交，实在是推辞不得。

随后，少掌柜潜下心来按照太医提供的宫廷秘方精心调制，并多次邀请太医品尝，指点迷津。秋梨膏研制成功后，少掌柜便以"苓贝秋梨膏"的品牌推向市场。百姓闻知，"苓贝秋梨膏"是借用宫廷秘方调制而成，无不好奇地争相购买品尝，特别是"苓贝秋梨膏"在服用中对体弱咳嗽患者的明显疗效，更是赢得了众多消费者的青睐。加之，市场上只有"通三益"一家经营，人们又只能在"通三益"才能买到，"通三益"生意日益红火，很快成为京城中声名远播的老字号名店。

20世纪20年代在北京商品博览会上，以醉翁牌注册商标驰名的秋梨膏，仍畅销于南京、青岛等地，逐渐畅销于国内外市场。

【案例点评】

按《说文·门部》解："间，隙也。从间，从月，会意。"这是说，夜里把两扇门闭了，月光从两扇门中间的缝里透入，这门缝儿就叫"间"。古人把乘隙侦察敌情或对手情况的叫作"间谍"。本案两例均属"友间"。常言说：吃别人的口软，拿别人的手短。仁和酒店杨掌柜与宫里内务府酒局太监的"合作"、"通三益"干果海味店少掌柜与太医合作研制"苓贝秋梨膏"，双方交往密切，酒商、果商对宫里人用温情、友情感化对方，用利益共享打动对方，盛情所至，石头也能温热，何愁不能如愿以偿。现代商业竞争，特别是国际商业竞争中，此类情况屡见不鲜，值得企业管理者警惕和防范。

【智略之源】

(1) 恩足以结。语出《兵经百篇·勾》："恩足以结之，力专以制之，乃可以勾。"其意讲与敌方内部人员在思想、友情、感情、利益上结交，并以足够的力量和方式控制他们，方能使用兵法上所讲"勾"的策略和方法，使之为我方提供信息、情报，内外呼应，为我所用。

（2）以蚓投鱼。典出《隋书·薛道衡传》："……魏收曰：'傅縡所谓以蚓投鱼饵。'"其意是讲：魏收曾引用傅縡（zāi）的话说，（如同钓鱼）用蚯蚓作为鱼饵，意在要投合鱼的胃口。这里强调用较轻的代价，换取更大的利益，有抛砖引玉之意。

两谋共同点在于认同人为利来，亦为利往，恩结于内，抛砖引玉，不同点反映在前者讲恩结于外，以为内应，后者讲如同以饵诱鱼，失少得多。

◎ 抽薪止沸　累敌杀势

【案例之一】

盛宣怀（1844~1916），字杏荪，又字幼勖，晚年自号止叟，江苏常州府武进县（今常州市）人，清末官员，官办商人，洋务派代表人物，著名的政治家、企业家和慈善家，被誉为近代"中国实业之父"。如果说盛宣怀是"中国商父"，那么胡雪岩更是晚清巨贾。但盛宣怀与胡雪岩分属洋务派中李鸿章、左宗棠两个不同利益集团。李鸿章与左宗棠有极深的矛盾，互为政治对手，由此导致盛与胡之间在商界的争斗。

1883 年，对于胡雪岩来说，是特殊而又特别难熬的一年。法军进攻常驻越南的清朝军队，中法战争爆发，清廷命左宗棠领战击敌。常言说：打仗就是打钱，军事斗争也是经济斗争的延续。左宗棠每次征战都需要大笔资金作后盾，作为左宗棠幕中筹款高手的胡雪岩，自然又要奔走一番，全力为左宗棠征战筹款。而筹款的重要途径之一，就是胡雪岩常年囤积的生丝业务，垄断生丝市场，控制生丝价格，可牟取高额利润。

作为胡雪岩的商业对手，盛宣怀通过他自己所掌控的电报系统和商业通信，对胡雪岩在各地的商业买卖情况一览无余，这些商业情报帮助盛宣怀完全掌握了先机。同时，盛宣怀也十分清楚，胡雪岩 5 年前曾代表清政府，以私人名义向英国汇丰银行借款 650 万银两，约定期限 7 年，每半年归还本息约 50 万两。去年（1882 年）他又帮助清政府向汇丰银行借了 400 万两白银。两项借款，胡雪岩每半年须归还本息约 80 万两。清廷承诺，这两笔借款都以各省的协饷作担保。虽然真正使用这笔款项的是清廷，但经手人却是胡雪岩，洋行只认定胡雪岩为债务人。这些借款每年由清廷以协饷的方式来补偿给胡雪岩，通常每年的协饷一到，上海道台府就会把钱送给胡雪岩，以备他还款之用。李鸿章和盛宣怀一合谋，决定以斩断胡雪岩"资金链"为突破口，趁机重创胡雪岩，借以打击政治对手左宗棠。

盛宣怀首先从生丝入手展开攻势。他通过密探掌握胡雪岩买卖生丝的情况，组织人力大量收购，再转售胡雪岩谋利。同时，出资收买各地商人和洋行买办，设法阻止他们购买胡雪岩的生丝，致使胡雪岩生丝库存日增，资金占用日多，苦不堪言。

紧接着，盛宣怀开始实施他的"釜底抽薪"之谋。鉴于胡雪岩归还本息 80 万两白银已到期，尽管借款清廷有承诺，每年由协饷补偿胡雪岩，但各省协饷到位时间有差异。于是，盛宣怀便在时间上动起了手脚。他亲自找到上海道台邵友濂："李中堂（李鸿章）想让你迟一点划拨这笔钱，时间是 20 天。"邵友濂是李鸿章派系的人，李鸿章的话自然照办。20 天时间，对于盛宣怀来说，已经足够了。因为他事先已将胡雪岩资金即将断流的消息暗示了英国汇丰银行，银行担心其资金风险，立即向胡雪岩催款。事出突然，胡雪岩考虑左宗棠正在朝廷军机处筹谋抗法迎敌大计，不便分心。只好将他在自己阜康钱庄的钱调出 80 万两白银，补上这个窟窿。他猜想，协饷反正要给的，我可立即催促上海道台协饷银两。

盛宣怀通过内线，对胡雪岩调银情况了如指掌。当他得知胡雪岩 80 万两白银已调出阜康钱庄后，立即趁钱庄银两空虚之际，托人到钱庄挤兑提款。挤兑率先在上海开始，盛宣怀坐镇上海，自然把声势搞得很大。挤兑初起，胡雪岩正在回杭州的船上。时任浙江藩司的德馨与胡雪岩一向交好，听说上海阜康钱庄即将倒闭，便料定杭州阜康也会发生挤兑。忙叫两名心腹到库中提出 2 万两白银，送到阜康。杭州的局势尚能支持，上海那边却早已失控。胡雪岩得知消息，星夜赶往上海，一方面叫高达赶快去向左宗棠发电报告急，殊不知，盛宣怀暗中叫人将电报扣下；另一方面又让总管高达去催促上海道台邵友濂发下协饷，官府的人回答说：道台不在。第二天，胡雪岩见左宗棠那边没有回音，急得像热锅上的蚂蚁，亲自去上海道台府上催讨，邵友濂却借视察制造局之名，溜之大吉。

加之，此时有人在社会上大肆放风，说胡雪岩囤积生丝大赔血本，只好挪用阜康钱庄的存银。如今，尚欠应当期归还汇丰银行 80 万两白银，阜康钱庄即将倒闭。尽管人们相信胡雪岩财大气粗，但他积压生丝和欠外国银行借银却是不争的事实。很快，人们由不信转为相信，纷纷提银。胡雪岩这时才明白，自己遭到了他人暗算。

挤兑风潮愈演愈烈，各地阜康钱庄门前人山人海，门槛都被踩破。穷途末路之时，胡雪岩仍以"输得起才是英雄"的坚定信念，将自己名下的地契和房产全部抵押出去，同时廉价卖掉积存的蚕丝，用于清偿债务。不久，各地阜康钱庄纷纷倒闭，胡雪岩的财富大厦在短时间内轰然倒塌，一代红顶巨商胡雪岩，在悲愤中死去。

【案例之二】

中国"猪鬃大王"古耕虞早年经营"古青记"时，为保持已有的猪鬃出口主导权，与另一猪鬃经营商爆发了激烈的商战，上演了一场"小鱼吃大鱼"的好戏。

中国的猪鬃，特别是重庆产猪鬃，当年主要销往英法德等欧洲市场和美国市场。别人的猪鬃一斤只能卖出一斤的价钱，猪鬃经过古耕虞的手，一斤却能卖出五六斤甚至十多斤的价钱，后来重庆市场的猪鬃，基本上都由古耕虞的古青记父子公司占据主体地位。但巨大的出口市场和丰厚的商业利益，对其他商家来说，还是充满巨大诱惑力的，由此引发了一系列市场争夺战，其中最著名的就是所谓"老虎战飞熊"之战。

当时有一位名叫朱文熊的人，他是时任中国银行总经理张公权的妹夫。此人颇具才干，学贯中西，谙熟国际贸易，说得一口流利的英文。有人说朱文熊是一头飞熊，非同凡响。厚利的猪鬃生意引起朱文熊的极大兴趣，他跑到重庆注册了一家公司——合中，注册资金是 500 万元，是古耕虞"古青记父子公司"资金量的 10 倍以上。因为古家父子平时向国外出口猪鬃都用"虎"牌为标记，朱文熊于是给自己的出口猪鬃定为"飞虎"的响亮品牌，力图从气势上压倒古家父子。由于朱文熊的金融背景和靠山，人们都认为，古耕虞在这场争斗中必输无疑。

朱文熊入川大量收购猪鬃，面对来势汹汹的竞争者，古耕虞倒是显得比较冷静和审慎，先后使出两招。第一招，示假隐真。他装出一副很害怕的样子，马上缩小了猪鬃的收购规模，一段时间甚至停止了猪鬃收购。对方一看，古家父子害怕了，连收购都部分放弃了，从内心上就对古耕虞瞧不起，放松了对对手的警惕。第二招，暗度陈仓。朱文熊是外省人，他本身对猪鬃业务并不是很精通，一入川就自恃大有来头，显示出一副财大气粗的样子，平时颐指气使，很瞧不起人，让很多人心生反感。川人自古就有内部抱团的习惯，在生意上，都喜欢互相帮衬。古耕虞利用自己熟悉业内情况，与各位经营业主关系都不错的优势，引导他们将大量的二等货统统卖给朱文熊，对于一等货，却悄悄提高收购价格，暗中收购。有时候他自己也会收些二等货、三等货加上自己淘汰出来的劣品，派人悄悄倾销给朱文熊，朱文熊对此毫无察觉。这样，朱文熊非常顺利就收购了几千箱质量相对较差的猪鬃。

数千箱猪鬃发运伦敦，古家父子公司却毫无动静，朱文熊又认为古家父子已被自己声势所吓倒，不敢再做猪鬃出口生意了，自认为自己是独家买卖，于是一开口就向英商提出了一个很高的价格。其实这时古耕虞已将自己的货悄悄运到了伦敦，货虽不多，但都是上等的猪鬃。朱文熊一出价，古耕虞就从幕后站了出来，报出了自己的价格。价格不低，但明显低于朱文熊的报价，而猪鬃质量则明显好于对方。俗话说，不怕不识货，就怕货比货。两种猪鬃质量、价格一对照，高下立判，立刻将朱文熊置于十分尴尬的境地。英商为此大哗，纷纷要求朱文熊退货索赔。按照当时英国法律，只要买主能够提出足够理由，证明受到货主欺诈，就可以要求货主全部退货，由卖主赔偿买主在交易中的一切损失，赔偿额一般会达到交易总额的30%以上。同时，按照英国法律，这些被退回的货物还必须限期离境。朱文熊这下着急了，资金占用和巨额赔偿，加上几千箱猪鬃运回国的费用，损失巨大。无奈，朱文熊只好寄希望于商会仲裁，即通过商会仲裁，重订货价。因为按照当时英国法律的规定，如果货主愿意赔偿的金额超过货物售价的12.5%，而买主又愿意接受，那么交易就可继续进行，而不必非走退货一条路。不料，商会派出的仲裁员又是古青记父子公司过去在英国的代理，这一来，朱文熊算是彻底失望了。走投无路，朱文熊只好恭谨地求助于古耕虞。

这一切正是古耕虞预料和期望的结果。古耕虞借着朱文熊亲戚的请托，表示愿意出面替朱文熊解决问题，但条件有一个：朱文熊不再经营猪鬃生意。朱文熊被迫接受了古耕虞的条件，两人言和。于是，古耕虞将朱文熊在伦敦的货全部接了下来，经过重新整理，分级出售给英商，又大赚了一笔。

这档生意，古耕虞借着朱文熊的要价，先赚了一笔，随后通过接手朱文熊的货物，又赚了一笔。不付任何辛劳，不付一文代价，不担任何风险，空手套白狼，把朱文熊挤出了猪鬃贸易。

【案例点评】

董卓《上何进书》讲阻止锅中开着的水不沸腾，最好的办法就是"抽薪"。胡雪岩所讲："八个罐儿七个盖，盖来盖去不穿帮。"所谓"穿帮"就是资金链断裂。本案例之一讲盛宣怀连环施计，抽的就是对手胡雪岩资金链这个"薪"。对于案例之二中的朱文熊来说，猪鬃作为出口贸易，关键就在于质量和价格，从对手口中夺食，挤兑同行，抢占市场，更应该重视这个问题。但他狂妄自大又急功近利，被古耕虞巧妙"抽薪"，败得一塌糊涂，也是势所必然。但换个角度讲，胡雪岩、朱文熊的失败，也是"自累"的结果，诸如"穿帮"和劣质高价无疑都是他们自酿的"苦酒"，某种程度上说，是他们为对手提供了"抽薪"的机会。

【智略之源】

（1）抽薪止沸。语出北齐文学家、史学家魏收《为侯景叛移梁朝文》："抽薪止沸，剪草除根。"这里的"薪"指柴。其意是说，把柴火从锅底抽掉，阻止锅中的水沸腾；斩草除根，避免杂草的滋生。比喻从根本上解决问题。

（2）累敌杀势。语出《三十六计·连环计》："将多兵众，不可以敌，使其自累，以杀其势。在师中吉，承天宠也。"这里的"自累"指使其自相钳制；"承天宠"指承蒙上天的宠爱。其意是说：敌方兵多将广，不可与其硬拼。将帅可运用一计累敌、一计攻敌的计谋，数计并用，使对手自相钳制，以削弱其力量。巧妙地运用此计，克敌制胜，就如同得到天神相助一样。

两谋都强调克制强敌并非只有硬拼一法，抽薪止沸和使对手"自累"均为良策；差异在于前计讲阻止"水沸"必抽去正燃柴草，后计讲使对手"自累"是制人妙计。

》》》 十一、破难做强

洞察市场、面对竞争和展望未来，不管我们是否愿意或喜欢，总得直面成功与失败、机遇与挑战的纷扰，总是顺势或被迫走向一片陌生而又令人困惑的、没有经过开垦的处女地，那又有什么关系呢？唯一的出路就是百折不挠、克难而进、做大做强。毋庸骑墙，我们必须在畏缩后退还是勇敢地承担起企业的历史使命间做出自己的选择。

◎ 期其中极　并敌一向

【案例之一】

1949 年新中国刚成立，以上海、天津为先导，华中、西北跟进，五金、化工等进口工业原料和纱布、粮食等价格节节上涨，大幅度跳升，每天以 10%~30% 的幅度上涨。年末，上海、天津、汉口、西安四大城市的物价比 1949 年 7 月平均上涨 3.2 倍。人民币币值狂跌，通货膨胀已到非常严重的地步。作为全国经济中心的上海，不法资本家与不法势力遥相呼应，在大米、纱布、煤炭三大物品（陈云、陈毅简称为"两白一黑"）上疯狂投机。面对不法商人、反动资本家的公然叫板和直接挑起的经济战争，中央政府决定以上海为中心，以"两白"为重点，运用经济的、商业的手段予以坚决反击。

首先打响的是棉花之战。上海从来就是全国棉纱和棉布的生产和交易中心，与 1937 年相比，上海棉纱字号已从 60 家发展到 560 家，棉布字号从 210 家发展到 2231 家。贸易投机商此次集中攻击纱布，棉纱价格 1 月内上涨 3.8 倍、棉布上涨 3.5 倍，拉动其他商品价格大幅上扬，成为新中国成立数月内物价涨势最猛、波及范围最广、局面最紧张、延续时间最长的一次全国性物价涨风潮。

陈云敏锐地察觉到，华北投机商集中冲击粮食，上海投机商主要是囤积纱布。为避免两面受敌，陈云决定自 11 月 15 日起，每日从东北抢运粮食 1000 万~1200 万斤入关，供应京津地区，稳定北方粮价，安定民心。遵循"将欲弱之，必先强之"，欲夺其利，厚利善唠的智略，拉开了全面反击的大幕。

11 月 13 日起，坐镇上海的陈云以财经委的名义给全国各地密发 12 道指令：各国营贸易公司趁抢购风盛行之时，乘机将冷货、呆货抛给投机商，控制其主要物资。处于长江中游棉花和纱布中心地位的汉口则将纱布囤积并秘密东运，西北地区将陇海路沿线的纱布尽速运至西安，华北的纱布则聚集京津；各地国营贸易公司暂停交易，将纱布调集到中心城市待命；各工矿投资及物资收购资金暂停支付，由中财委统一掌握。10 月 10 日至 11 月 10 日，上海国营贸易公司市场抛售棉纱 2 万件、棉布 30 万匹。11 月 25 日全国各大城市也统一行动，上海、北京、天津、武汉、沈阳和西安等大城市开始大量抛售纱布。

上海等地的投机商立即投入大量资金争相购入，甚至不惜借用高利贷、以日计息（号称"日拆"），疯狂抢购。然而，当国营贸易公司降低牌价源源不断地抛售纱布时，投机商眼见汹涌而来的纱布，预感大事不妙，又急忙外抛。国有贸易公司又乘机迅速买进。市场信息立刻以瘟疫般的速度散发开去，市场顷刻间反向反转，价格 1 天之内腰斩近半。同时，所有国营企业的资金一律存入国家银行，暂停向私营银行和资本家企业贷款；全国各地从速取缔地下钱庄，截断投机分子的资金来源。规定私营工厂不准关门，须照常发放工人工资；配合使用税收、信贷等多种手段，完全不给投机资本喘息的机会。数招并下，投机商两面挨打，资金和心理防线全面崩塌，不得不派出代表请求国营贸易公司买回他们吃进的纱布，国营贸易公司借机低价购进。这番交手，上海的投机商人元气大伤，有的血本无归，有的因应付不了"日拆"而跳楼自杀，有的被迫远遁香港。有人跟陈云讲，这招是不是太狠了？陈云说：不狠，就将天下大乱。

纱布大战刚刚鸣金收兵，中财委立刻转入粮食大战。1949 年末，上海存粮 8000 万斤，仅够市民 20 余天的口粮。粮食交易市场历来是春节休市，正月初五开盘，开盘时的一波行情非常关键，俗称"红盘看涨"，上海投机粮商们都把宝押在中财委开盘日。因为整个 12 月他们大量囤积粮食，把全部资金都押了上去，渴望最后一场豪赌。中财委紧急从四川征集 4 亿斤粮食支援上海，华中、东北也运粮济沪以备急用。在上海周围部署了三道防线：第一道是杭嘉湖、苏锡常一线囤粮，第二道是从江苏、浙江和安徽急速运粮，第三道由东北、华中、四川组织抢运。三道防线，国营粮贸公司掌控周转粮食 10 多亿斤，足够上海保障一年半的粮食供应。

农历正月初五上海粮食交易市场"红盘"开出，所有投机商的发财梦彻底破灭了，粮价连续数日不涨反跌。国营粮贸企业持续抛售 2 亿多斤大米，投机商们不得不打碎牙齿往肚里吞，损失巨大。

【案例之二】

从霞飞先生撰写的《陈云在上海打的经济仗》（发表在《纵横》杂志 2005 年第 5 期）一文可以看出，"两白"问题一解决，陈云为首领导的中财委从容地在"一黑"（煤炭）上对上海投机商人和不法资本家展开了强有力的反击。

起初，不法资本家利用铁路运输效率低和受到内战破坏的部分铁路一时难以修复的时机，针对上海对煤炭等各种商品和物资需求量大等特殊情况，操纵私人运输渠道，竭力控制上海商品市场，给新生的人民政权出难题。陈云一到上海，抓住铁路运输这个关键，立即指示抢修毁损铁路，组织专门机构解决行车速度慢、调度不灵的问题。同时，增加错车点，放长支线，增加通信设备，加快装车卸车速度，缩短列车停留时间。政府财政还追加资金投入，全力修复主要公路汽车运输线路，组织马车、骡车、驴车运输，千方百计保证上海的物资需要。由此而来，上海的物资供应、商品流通问题都解决了，不法资本家所掌握的私人运输渠道几乎被彻底挤垮，在运输之战中也相继败下阵来，不得不依靠人民政府掌控的运输部门做生意。

三战告捷，上海及全国的物价日渐企稳。毛泽东对上海的反投机、反通胀经济战役评价很高。据薄一波当年回忆，一次他向毛泽东主席汇报工作时，毛泽东说：陈云同志有这样的能力，我在延安时期还没有看出来。他借用诸葛亮《前出师表》里有关"将军向宠，性格善良，处事公正，精通军事，从前试用时，先帝称赞他很能干"的典故，顺手在纸上写下一个"能"字。

【案例点评】

市场博弈，短兵相接，竞争双方在力量强弱相当，或人优我劣、势众我寡，或对手欲与我展开宽大正面的横阵"对决"之时，如何以劣胜优、以弱胜强，扭转被动局面？《孙子兵法》的"并敌一向"和《孙膑兵法》的"期其中极"两种谋略，对此提出了积极的应对之策。陈云在全国经济中心上海围绕"两白一黑"与不法商人和反动资本家展开的经济反击战，成功运用了这两种谋略，先多翼掩护，后中央突破，再举全国之力，合力破敌。

【智略之源】

（1）期其中极。语出《孙膑兵法·十问》："敌既众以强，延阵以衡……击此者，必将三分我兵，练我死士，二者延阵张翼，一者材士练兵，期其中极。"文中"期"指会集，"衡"指抗衡，"中极"指正中央。其意是说：两军对阵，敌人数量多，战斗力强，双方展开宽大正面的横阵，我方人少如何抗衡？可兵分为三，挑选一些敢死之士，以两部分的兵力延伸阵线，两翼掩护；另一部分精兵则集中进行中央突破。这就是杀敌将帅，击破宽大正面横阵的方法。

（2）并敌一向。参见《淮南子·兵略训》："夫五指之更弹，不如卷手之一挃；万人之更进，不如百人之俱至也。"这里的"挃"指撞捣。其意是讲：五个指头轮番敲打，不如攥紧拳头一击；一万个人轮番进攻，不如一百个人同时动手。

两谋均为克强之事，区别是前谋讲"击横"之道，后谋讲合力攻敌。

◎ 百折不挠　矢志不渝

【案例之一】

刘国钧（1887~1978），原名刘金生，江苏靖江人，著名红色资本家，曾任江苏省副省长。幼年时因家中贫困无法继续学业，游走各地当学徒。1909年终筹得600银圆，在奔牛镇与同乡华渭川一同开设"和丰京货店"，华渭川退出后便独资经营。当时正值辛亥革命之后，镇上其他店铺因避战乱而关闭，他一家经营，获利颇丰。

1915年，他弃商从工，改名刘国钧，立志走"实业救国"之路。次年，他同两位股东在常州创办大纶纺织有限公司，生产阔幅斜纹布。为解决疵点多、稀密路和歇梭多问题，他与上海英商怡和纺织厂洽谈购买技术被拒，托该厂李师傅帮忙混进车间学技术，被英国领班及厂警追逼翻墙而逃。李师傅被打残后开除，刘国钧为他治伤和安置就业。他又前往常州盛宣怀开办的上海又新纱厂参观，花1000元重金购买浆料配方，解决了浆纱问题，又增加投资，更换160台手拉木机为铁木机，引发与一批老董事争执，被迫撤股。

他返回家乡创办公裕土纱厂和广丰、广益布厂，当年盈利3000元。他请来上海技师，将利润全部用于投资，又组织10个布庄，把畅销的阔幅斜纹布延伸到乡下，按统一标准、品格和质量回收布匹，形成了近似于一个大工厂的生产能力，赚取了利润。他迅速在常州东门外创办了广益一、广益二两个厂，后将两厂合并成织染一体企业，顶着欧、日等强大纺织企业的压迫和挑战，坚持走纺、织、染一体化道路。

1912~1925年，日商在中国不断扩大纺织业投资，先后在大连、青岛、上海等地广设福纺株式会社，扩建日华、东洋和丰田等一大批纺织企业，日本输华棉纱占中国市场63%的份额，逼迫欧美纱厂退出中国市场，也极大地摧残了中国纺织工业。秉持"师夷长技以制夷"的理念，刘国钧同技师陈鉴清、严光弟深入日本大大小小纺织企业学习技术，从日本纺织女工迅速换纱的动作中悟出了可节约大量人力和费用的筒子纱技术。回国后首创了以筒子纱代替盘头纱工艺；将筒子车改成电动机牵引，从日本引进铁制电动织机、浆纱机、漂布洗布机、烙烘车、40尺拉幅车等，与日本同类产品在中国市场上展开竞争。1930年，刘国钧以15万元的资产毅然盘下50万元的较现代化的大纶久记纱厂，并改名为大成纺织印染股份有限公司，兼任总经理。1932年，原独资经营的广益布厂并入大成公司，改名为大成二厂。他以年薪5000元引进总工程师华笃安、从英商企业抢来纺织专家陆绍云，推进技术进步；推行著名教育家黄炎培、陶行知的职业教育法，大办实验区，提高员工素质；以厂为家，实行工厂办社会的管理方式。

1931年7月，刘国钧同陆绍云、朱希武又一次赴日本长崎、名古屋、东京考察学习。1934年，刘国钧带上夫人鞠秀英、长子刘汉堃和华笃安、陆绍云等，第三次前往日本学习灯芯绒制造和其他纺织技术。从日本带回旧的八色印花机，并经多方攻关，创造性地印出了中国人自己生产的印花布，为企业带来了滚滚利润。1936年，刘国钧创办了现代化的大成三厂，从日本高薪聘来灯芯绒、平绒的挑割师。同年7月又与武汉震寰纱厂合营为大成四厂。开工当月获利10万元。随即挺进中原和西南，首战告捷。

1937 年 10 月后大成一厂、二厂被日军炸毁，三厂被日军当作马厩，四厂则结束与大成合作，大成公司遭到严重破坏。其后，三厂迁往上海，由瑞士刚运抵的设备在上海租界以英商名义开办安达纺织公司。存放在汉口的设备则运往四川，抗战结束后大成各厂均恢复生产，而刘国钧又在台北开设台安兴业公司，并与彭浩徐等创办中国纺织机械公司。1948 年，在香港九龙开设东南纱厂。1949 年底回到大陆，出任大成公司董事长兼总经理、安达公司副董事长兼副总经理。

【案例之二】

张弼士是中国近代史上著名的爱国侨领和实业家。他曾历经变幻莫测的商海风云，以"实业兴邦"为己任，兴办了众多实业，最有名的是其酿制的"白兰地"，被孙中山誉为"品重醴泉"，在巴拿马万国博览会上荣获金质奖章，为中国商品首创殊荣。

张弼士出身贫寒家庭，18 岁随回家探亲的黄姓"蕃客"（华侨）下南洋，来到印度尼西亚吧城一纸行当杂工。由于吃苦耐劳和勤勉好学，不久担任跑街（推销员）和管账员，后成了陈家女婿。岳父过世后，他与妻子改纸行为酒行，经营各国酒类。接受老华侨建议，疏通与荷兰当局提辖亨利等官员关系，获得吧城酒税、典当捐务承包权，荷属东印度一些岛屿的鸦片烟税承包权，很快成为一位小有名气的富贾。他于 1866~1877 年创办裕垦公司，在荷属葛罗巴埠、怡厘、爪哇日里开垦大批荒地，又在英属马来亚彭亨州东文埠和雪兰峨巴生等地区开办公司，雇用数万华侨工人经营垦殖业，种植椰子、咖啡、谷玉、茶叶、橡胶等经济作物。还先后开办锡矿、银行、建筑业、药材批发及轮船公司等行业，成为南洋华侨垦殖业的先驱之一和富冠南洋的巨贾。

1890 年，清廷驻英公使龚照瑗，奉命考察欧美富国之道，途经新加坡时，特意倾听张弼士介绍在南洋兴商辟地致富经验。清朝廷在槟榔屿设立领事馆，朝廷便委任张弼士为槟榔屿首任领事。上任伊始，张弼士拜会殖民当局和各国领事馆，法国驻吧城领事馆领事邀他共进晚餐时，品味了法兰西帝国名酒三星斧头牌白兰地。当听到"如果用中国烟台所产葡萄酿造，酒质并不比法国白兰地逊色"之言后，张弼士大脑中突然萌生在烟台创办酒厂，酿造世界上最好的美酒的想法。

经过精心策划，张弼士召集张氏子弟和亲戚来做助手，任命族侄张应东为总办，在烟台购买土地，定制机器，建筑厂房和酒窖，开辟原料基地。1894 年 9 月朝廷批准他在直隶、奉天、山东三省专利 15 年，免税 3 年。侄儿问他取何名？

他说："我在国内外有几十个企业，多冠以'裕'字，那就叫'烟台张裕酿酒公司'！"

为了实现既定目标，张弼士把原料开发和酿制工艺列入同步发展的规划中。在原料上，他对所属的葡萄园经营采取新式的管理方法。如土壤调理、肥料施用、品种改良、病虫害防治等均派专人管理，对葡萄结粒实行人工控制，使其适合酿酒要求，不同品种的生长、结粒、收获等情况都作详细记录，作为以后改进栽培种植的依据。

在酿酒工艺上，为了聘请酒师，张弼士可谓绞尽脑汁。他首先从史书记载中寻找酿造工艺试酿，结果一无所获。第二次，他带着侄子返回新加坡，托朋拜友物色酒师。两个英国朋友介绍一位在英国酿酒界享有盛誉，名叫俄磷的英国人，特聘为酒师。此人到上海后因牙痛拔牙而死。第三次，德国朋友希尔推荐荷兰皇家酿制学校酿酒专业毕业的雷德弗做酒师，两年酿制出来的酒化验不合格。第四次，奥地利驻新加坡领事介绍本国一位叫哇务的酒师。此人对烟台气候、土壤及葡萄品种实地考察后，指出烟台葡萄质地虽好，但品种不多，颗粒不丰，出酒率不高，建议从西方引进亲本，改良本地品种。张弼士一面在烟台购买两座荒山，劈山造田，扩大原料基地；一面派张子章两次带人到欧洲购买240万株优种葡萄苗（第一次购买的120万株因保管不善全部死亡），到1906年终于建成占地1000余亩，有124个品种的葡萄园，建成3层楼1976平方米的地下酒窖和一座玻璃制造厂，并从国外引进了压榨机、发酵机、白橡木储酒桶等。正当即将投产时，酒师哇务因年老多病，又告老回国了。第五次，张弼士宴会上结识了奥地利驻烟台领事拔保这位天才酿酒专家。拔保回国参加"一战"，特意推荐技术好、清高傲慢的意籍巴狄士多奇为酒师。张弼士派张子章和朱寿山跟师学技，又设计让他喝醉，套出技术，试制成功味美甘醇的葡萄酒。

1914年，遵照张弼士的意思，张子章和朱寿山用玫瑰香为主要原料，酿制出艳如红宝石，香气浓郁，滋味醇厚，甜酸适口的玫瑰香"红葡萄"；又以白葡萄为原料，参照中国传统药酒工艺，加入肉桂、豆蔻、藏红花等10余种中药材，酿制出既有葡萄酒特色又有滋补价值的味美思"琼瑶浆"。同年，南洋劝业会和上海招商会在南京举办中外商品陈列赛会，张裕葡萄酒获得金牌证书。1915年参加巴拿马万国商品博览会，张裕白兰地荣获国际金牌奖章，味美思和玫瑰香获得优质奖状。

【案例点评】

任何企业从创立、发展到成功，无不经历异常艰难的创业历程。本案例中刘国钧艰辛发展中国纺织工业，张弼士百折不挠酿造出荣获万博会金奖的中国"白兰地"。其卓绝的发展史，正如张弼士在自己的日记中所言："备历艰阻"、"掷无数之金钱，耗无量之时日，乃能不负初志"。这至少向我们说明了"实业兴国"要具备三点：要有一支具有宏大抱负、脚踏实地、务实肯干的实业家队伍，要有一种甘愿为国家富强、民族振兴、人民富裕献身的精神，要具备无畏炼狱般洗礼的顽强意志和坚韧不拔的品格。

【智略之源】

（1）百折不挠。语出汉蔡邕《太尉乔玄碑》："其性疾华尚朴，有百折不挠，临大节而不可夺之风。"这里的"折"即挫折；"挠"即弯曲。意指无论受到多少挫折都不退缩。比喻意志坚强，品节刚毅。也作"百折不回"。

（2）矢志不渝。语出《晋书·谢安传》："安虽受朝寄，然东山之志始末不渝，每形于言色。"这里的"矢"即箭，"志"即意志，"渝"即改变，"东山之志"本意指隐居的念头，借指服务社稷的志向。其意是说：我谢安虽然依靠朝廷俸禄生活，但我发誓为国家社稷服务的意志从来没有动摇，并常常在自己的言论和行动上表现出来。

两谋共同点是意志坚定不移，区别点是前者突出遇折不挠，后者表明面对诱惑也宿志不变。

◎ 贷贩兼并　不抑兼并

【案例之一】

上海"童涵春堂"是宁波人童善长于1783年在上海创办的，至今已有230多年的历史了。虽历经沧桑，却长盛不衰。

童善长（1745~1817），字在元，浙江奉化人。他自幼聪明伶俐，生长在经商世家，耳濡目染，对做买卖有着浓厚的兴趣，10多岁时已不满足于祖传药业的现状，转而跑到上海发展。先在小东门外里咸瓜街开设恒泰药行，专做中药的批发生意。他常去四川等地贩运药材，一年四季长途奔波，不畏劳苦，自采、自运、自销，资金的原始积累逐渐雄厚，很快跻身于上海滩的药材买卖行业。

真正决定"童涵春堂"快速崛起的，是药店奠基人和继任者的两次并购决策。一次是童善长对"竺涵春"的收购。当年，上海小东门瓮城地段（今方滨中路宝带弄口），有一家"竺涵春"药铺，老板姓竺，与童善长的恒泰药行有业务往来。童善长十分欣赏"竺涵春"药铺招牌中"涵和理中、永葆青春"的深意，曾想，若自己的药店能用上这两字该多好。奇巧的是乾隆四十八年"竺涵春"药铺因久欠药材款和其他债务无力偿付，意欲转让。童善长得知这一信息，主动找到竺老板磋商，两人一拍即合，由童善长用药材款和新增投资，将"竺涵春"收购过来。"竺"改为"童"，变成了"童涵春"。38岁的童善长由此成为"童涵春堂"国药号的创始人。

童善长经营上不仅批发兼零售，还多方搜集各种传统秘方，研制成功祛风活血、强身健体的"人参再造丸"，专治跌打损伤的"太乙保珍膏"和治疗风火赤眼的"童涵春堂眼药水"。为扩大社会影响力，童善长在所经营药品的外包装显眼处印上"童半夏"、"童胆星"、"童厚补"等记号，作为"童涵春堂"药品特色商标。童涵春堂生意更火了，名声更大了，成了当地首屈一指的富豪。一首民谣即是佐证："童姚马经张，白银好打墙。"

"童涵春堂"完成第二次大并购的是童善长的第四代传人童祥权。他长袖善舞，精心管理，药业发展如鱼得水，经营规模不断扩大，在沪上各繁华地段和埠外城区分别增设分号。后来，随着药业在大江南北的影响日益扩大，他顺势发展，在日晖港建立码头，独资开设元享木行，重金并购"元、享、利、贞"4艘大船，利用黄浦江做运输、做买卖，常年从山东购运高粱酒回上海，制作药酒，又连同精制的各种中药饮片（中成药）等，用船外运到华南的汕头、厦门、香港和越南、泰国、马来西亚、印度尼西亚等地区和国家销售，深受国内外患者好评，打开了外埠和国际市场，获得了良好的国际声誉。

200多年来，"童涵春堂"国药号长盛不衰，如今已是上海的一家百年名店，被消费者誉为"金字招牌"的购物放心店，现已成为雄踞上海国药行业榜首的佼佼者。

【案例之二】

2008 年 7 月初，香港利丰集团主席冯国经出任国际商会主席。作为全球最具代表性的商业组织，国际商会数以千计的公司会员来自全球 130 多个国家的各类私人企业。利丰集团市值超过 140 亿美元，员工来自 41 个国家，它已成为全球最大的采用虚拟生产模式的民生消费品供应商。

利丰集团起步于 1906 年广州的一个小小的铺位，创办人是冯柏燎，他靠着能说流利外语，把瓷器、古董和工艺品出口到欧洲与北美，开始了与外国洋行的竞争，成为中国第一家华资出口贸易公司。1937 年，利丰公司迁往交通运输更为便利的香港，因日本侵华及香港沦陷被迫停业。抗战胜利的第二年，利丰公司第二代接班人冯汉柱，看准了来自美国人发明的圆珠笔，他巧妙利用美国在日本投下原子弹的巨大影响力，将圆珠笔商业包装为"原子笔"，使之迅速成为时尚商品，畅销神州，为公司开拓了百年基业。

利丰公司发展的转折点是在 1972 年。刚拿到哈佛 MBA 学位的冯国纶和在哈佛商学院教书的冯国经兄弟俩先后回到香港，他们运用西方先进管理理论和经验，通过改善内部管理、家族公司上市、吸引优秀人才、实行薪酬激励等系列改革，使公司从一个传统单纯的中介人角色，转变成新型产品供应企业。

公司真正走向全球的关键，在于全力推进全球扩张和并购战略。利丰在 15 年中先后进行了 35 次购并，其中影响最大、最艰难的要数对香港历史上最悠久的英资洋行"英之杰"（管理层以外国人为主）的并购，如同"大象吞大象"。冯氏兄弟将"英之杰"原有的以地域为基础的采购构架，转变为以客户为中心的利丰组织构架。这次并购使利丰规模扩张近一倍，营业额增至 100 亿港元，员工增为 2000 人，由一个区域贸易商变身为在 18 国拥有据点，联系 2000 余个产品生产、供货商的全球供应链经营者和香港最大进出口贸易商。美国哈佛商学院将这起并购写入教案，命名为"利丰超越'填补空间'"。

并购也使利丰集团公司实现成功转型，迅速成长为一个虚拟生产王国。这里没有工厂、没有工人，却构筑起遍及全球的网络，囊括了 4 大洲、41 个国家和近万家工厂。有人比喻"利丰"的供应链好比 X 光，从香港发散、穿透到全球各地，彻底打破了原来由上到下、环环相扣的直线性生产制造和销售模式。每天，利丰要处理上千张订单，等于每天要组织上千家虚拟生产工厂，由此可以说，"利丰"既是一家贸易公司，又是一家虚拟化经营信息公司。

【案例点评】

兼并多指通过产权的有偿转让，把他人资产或企业并入本人资产或企业（企业集团）中，使被兼并的商家或企业失去财产支配资格或改变法人实体的经济行为。兼并现象也是一种历史现象，汉代晁错《论贵粟疏》就指出商人兼并农人（土地）的问题；北宋王安石从《周官》理财的角度看待兼并，专作《兼并》一诗。案例中童善长的两次并购，奠定了童涵春堂的长盛基业；冯氏兄弟15年35次购并，也使利丰快速成长为国际性的企业集团。这充分说明兼并是优势企业寻求或推动企业更大发展，包括取得充足廉价的生产原料和劳动力，降低成本费用；扩大生产规模，增强企业市场竞争力；提高市场份额，提升行业战略地位的重要路径。

【智略之源】

（1）货贩兼并。语出唐元稹《长庆集·估客乐》（卷23）："子本频蕃息，货贩日兼并。"这里的"子"指利息，"本"即本钱；"蕃"通"繁"，指繁殖生长；"货贩"指买卖，借指买卖人。其意讲显贵巨贾发放高利贷，不断地算计着由本生息，由息变本，子本相倂；一般商人整天谋划着如何吞并他人产业，据为己有。

（2）不抑兼并。参见《宋史·食货志》。在土地政策和处理农业与工商业关系上，中唐以后特别是北宋统治者摈弃"抑兼并来"，采取"田制不立"、"不抑兼并"的土地政策，顺应了土地私有化的发展要求。

两谋共同点是兼并被视为一种经济现象。不同点在于前者讲贪心驱使商人不断谋求兼并他人产业，后者讲北宋政府对土地兼并采取不干涉政策。

◎ 拔茅连茹　刨根掘苔

【案例之一】

卢作孚，1893年出生于四川合江县一个贫寒家庭。他读完小学就辍学，随后自学成才，加入同盟会，参加辛亥革命，后来成为高举实业救国大旗、不懈追求强国富民理想的实业家的杰出代表。

1926年卢作孚集资购买了一艘70吨的小轮船，命名为"民生号"，成立了民生公司。为在航运市场中与英国太古、怡和和日本日清、美国捷江等轮船公司竞争，改变外轮在长江上横行的境况，夺回长江航运大权，一种民族自尊心激发他立志"服务社会、开发产业、便利人群、富强国家"，创办民生实业。

为提高民生公司在长江航运管理权、运营权上对英、美、日等外商航运公司的抗衡力，卢作孚坚持以客货航运为主，全力抓好配套开发，把目光锁定在民族造船业及船舶维护上，投资上海市中华造船厂，创建了西南最大的民生机器厂和宜昌船厂。修造船舶需要大量的钢铁机械和建材，于是投资建设大鑫铁厂、四川水泥厂、国家木业公司。

轮船运输需要烧煤，他投资组建了天府煤矿等公司。为保证轮船货源，卢作孚又自设物产部，经营进出口贸易，投资中国纺织企业及国货公司等。

发展壮大一大批民族企业，需要发展资金，卢作孚又先后投资兴建金城银行、聚兴诚银行等。

为唤起国人对发展民族工业的舆论支持，他又投资《商务时报》、《上海商报》、《新民报》和《金融导报》等民族报业，借助媒体不停地为实业救国鼓与呼。

通过多年的连续商战，迫使美国捷江、英国太古、日本日清等外国轮船公司相继卖船收旗，退出长江上游航运，有力地维护了川江上国家内河航运权。

【案例之二】

商机是生机，是金钱，也是财富。浙江温州均瑶集团已故的创始人王均瑶是一个在瞬息万变的市场竞争中，善于把握、发掘和用好商机的能人。

春节，千百年来是中华民族一年中最传统、最隆重和最热闹的节日。1991年春节前夕，常年在长沙推销商品的温州人，都急急忙忙赶回家乡与家人团聚。由于火车票一票难求，年仅24岁的王均瑶同一些老乡联合包租一辆从长沙返家的豪华大巴，1200公里的漫长路程，归心似箭的王均瑶不由得感叹"坐汽车太慢了"！邻座的一位老乡开玩笑说："要快，包架飞机就快！""承包飞机？"王均瑶的思维快速地旋转起来，他想到温州老乡在长沙经商的上万人，市场前景一定不错。王均瑶真还为自己这一"闪念"惊喜不已。

对温州人在湖南经商情况有所调查分析后，王均瑶果敢地决定：承包长沙到温州航线。此后几乎班班爆满，机无虚席，证明"承包飞机"真正成为了他赚钱的有效途径。

这位尝到奇思妙想甜头的年轻人，大胆地成立了"天龙包机有限公司"。两个月内开辟了上海—温州、上海—黄岩两条包机航线，生意红火。几年下来，王均瑶的公司先后与国内20多家航空公司合作开辟了航线承包和航空客货运输代理业务，成立了10多家分公司，包机业务遍布全国，每周达400多个航班。

由航线承包的巨大商机，王均瑶进而联想到了航空客货业务和开拓空中游览、飞行员培训业务，联想到了由乘客购票到接机预订宾馆等系列的乘客服务。于是，他再次投资7000万元在温州新区车站建造了均瑶宾馆。再由宾馆联想到乘客赴机场须乘坐出租车，他又利用市政府拍卖出租车经营的机会，一举拍得百辆出租车经营权证。他将出租车与包机、宾馆餐饮业等连接起来，免费让乘客乘坐均瑶出租车到均瑶宾馆用餐，住均瑶宾馆，坐均瑶飞机。

不仅如此，王均瑶还从西方航空公司乘客坐飞机配送食品饮料的经营方法中获得启示，立即以租赁方式租赁温州乳品厂的设备和引进技术人员，开发"均瑶牛奶"。2000年后移师上海、湖北宜昌，兴建大型乳品生产基地。

短短10年时间，王均瑶由一个白手兴业的温州农村青年，一跃成为创下数亿元资产的商业巨子。

【案例点评】

市场经济的发展，无时无刻不在创造着发展商机，有时甚至是由一个商机还衍生出许多新的更多、更大的商机。如何敏锐地发现和把握这些商机？笔者认为，一要慧眼识机，二要抢抓商机，三要巧掘商机。实业家卢作孚为战胜外商、夺回长江航运权，全力抓好配套开发；浙商王均瑶由承包飞机到其他相关业务的争创开发，真正做到了如同挖掘牛尾苕一样，深挖细掘，由此及彼，顺须掘苕，切实收到了意想不到的奇效。

【智略之源】

（1）拔茅连茹。典出《周易·泰》："拔茅茹以其汇。"这里的"茅"指白茅，一种多年生的草；"茹"指植物根部互相牵连的样子。原意讲：拔起一根茅草，发现它们的根系紧紧缠连在一起。

（2）刨根掘苕。牛尾苕（又名野山苕）是一种野生薯类，根须发达，根须上都生长着许多苕薯。缺乏经验的挖苕人，挖出一块苕来，便弄断根须，另找新的地方挖掘。相反，有经验的掘苕人，则往往谨慎地刨开苕块附近的土，沿着根须不断地挖出许多苕块来。百姓俗语讲：不会挖苕挖一个，会挖苕者一大箩。

两谋共同点均突出植物的"连"字，即关注事物的相互联系；不同点在于前者讲茅草的盘根错节，后者由苕须发达讲掘苕方法。

◎ 趋时若鹜　先发先收

【案例之一】

曾宪梓带领他的"领带王国"和"金利来"产品，走遍了亚、欧、美、澳等世界各大洲和地区，他本人被称为世界"领带大王"。

这种让中国香港和世界刮目相看的成就的取得，一切源于曾宪梓的世界眼光和质量意识、品牌意识、竞争意识。反映在经营管理上，曾宪梓提出了"三字方针"和"四快口号"。

"三字方针"即"看、想、做"。"看"即多调查，中国香港、亚洲乃至世界各国的领带的市场供求情况；"想"是多思考人家在想什么、干什么，我们在想什么、干什么？"做"是多实践，不断探索创新之路。为了了解世界领带的行情和发展趋势，曾宪梓以超人的精力奔波于整个世界，法国、西德、瑞士、意大利、奥地利等国家的名牌领带厂都留下了他的足迹。曾宪梓不囿于一方一域，不存门户之见，虚心地学习和借鉴各国的经验。

"四快口号"的灵魂在于一个"快"字，即"快设计、快制作、快投产、快上市"。说到"快"，曾宪梓首先强调的是时间上要快，与时间赛跑、与日月同行。法国、意大利都是生产领带的大国，拥有世界一流的众多设计师，其研究处于领先地位，以不断生产出新颖别致的领带闻名于世。当他们有新的花纹图案设计出来后，曾宪梓立即派人去洽谈，不惜重金买下版权，抢在别人前面，为我独用。

同时，主张应变要快。他不断分析各国不同款式的领带，在此基础上大胆创新发展。如对以意大利为代表的传统领带在宽度、系法、制作面料上进行新的改造，使宽型领带造型更优美、图案更丰富；使窄型领带更纤巧自由、潇洒飘逸。继而创新设计出齐头领带、细条领带、徽章领带；改变蝶型领带常用的黑白两色，增加各种色彩、星点、条纹图案。他还一改过去单一面料的设计风格，形成了毛织、丝绸、化纤三大系列，品种扩大为提花、印花、色织；图案花型的排列增加为几何排列、散点排列、纹样排列，等等。

争取代理权要快。考虑到西欧布料，特别是法国、德国布料是西欧各国之冠，曾宪梓抢先包揽了西欧领带布料在亚洲的总代理权，迫使亚洲多数国家领带商从曾宪梓手中进口布料。

【案例之二】

2005 年 3 月 12 日，美国福布斯杂志公布了当年全球富豪榜排名，中国台湾鸿海集团董事长郭台铭，以 32 亿美元的身价位居第 183 名，成为台湾首富。他从台北县城板桥市一个 20 多人的小工厂开始，再到深圳龙华建立 300 亩工厂大本营，北上上海、杭州、北京、郑州、山西，西上成都，其据点的扩张，建厂的速度，与市场征战一样快，被媒体誉为华人电子业的"成吉思汗"。

郭台铭自初创鸿海，就把奋斗目标定在台湾第一、亚洲第一、世界第一。他在经营实践中提出了"四流人才、三流管理、二流设备、一流客户"的经营哲学。为了选择一流的客户，他在美国自己开车，住 12 美元一天的汽车旅馆，跑了美国 51 个州中的 32 个，与世界大厂做生意。自进入个人电脑时代，鸿海就把客户锁定在英特尔、康柏、戴尔等国际一流大厂。为了拿到康柏公司的订单，郭台铭索性在康柏公司总部旁投资建了一个成型机厂，康柏只要有新设计，当天就能见到模型，最终获得了康柏的长期订单。

鸿海"将提高服务客户能力放在首位"作为厂训，为了在竞争激烈的世界高科技产业中求得生存发展，郭台铭创造出"CNN"的生产模式，应用"自制零件、零件模块化、快速物流"的组装，再加上 E 化的信息流连接全球客户，从而达到"交期准、品质好、成本低"的境界。鸿海用 10 年的时间，培养了 14000 余名"模具"工人，自己开模具，自制零组件。

张殿文先生在《虎与狐——台湾新首富郭台铭的全球竞争策略》文中写道：鸿海根据"全球分工接力"的时代特征和时代需求，让"速度"这个助推器助推鸿海快速成长。鸿海在美国硅谷有小型工厂，1 名业务人员在硅谷按照客户要求，修改完式样，当欧美人睡觉时，富士康的大陆工厂利用与亚洲 8 小时以上的时差，继续接替修改工作，明天重新送回客户办公室，也就是这种全球接力，让富士康一次又一次击败竞争对手，抢下愈来愈多的订单。另外，鸿海很早就开发了电脑物流系统，也就是所谓的"N 化"。鸿海不但把全球 24 个工厂联结起来，还把研发、制造、采购、行政、法律单位联结起来，这可是鸿海最重要的中枢神经，使企业始终保持反应灵敏的速度。

更重要的是，这条神经也和市场客户联结起来。如惠普向鸿海订购千万台电脑，惠普不需要库存和提供各种零件，因为鸿海早就把各种组装零件"模块化"放在自己库房之中，马上组装、出货到客户指定地点，让客户完全没有库存压力。不过，这需要准确地估算、快速地制造、科学地测算零组件的成本和使用数量，否则仅零组件的价格变动，就会让眼见的赚钱生意变成赔本买卖。这就是鸿海独创的"CNN"生产模式。

所以有人说，鸿海在每一个市场中，不是靠抢先推出新产品，而是靠能在最短时间内达到全球第一的出货量。换句话说，鸿海很清楚自己的优势，不在于先行开发市场，而在于速度、效率和成本。

【案例点评】

"趋时若鸷"的核心是一个"快"字。这与尹宾商强调的"迅"字是相通的，像听到迅雷来不及掩耳、看到闪电来不及闭目般快速、果决、迅捷。诚如商家格言所说："有智而迟，人将先计；见而不快，人将先发；发而不敏，人将先收。""快"决定成败。本案例中曾宪梓的领带能风靡世界，郭台铭能在"全球分工接力"赛跑中创造全球第一的出货量，其秘诀就是以快制胜。

【智略之源】

（1）趋时若鸷。参见司马迁《史记·货殖列传》："趋之若猛兽挚鸟之发。"这里的"挚"通假"鸷"，指凶猛的鹰、雕等猛禽。其意是说：为商经营，抓住发财的时机，要像猛禽博取猎物时那样敏捷出击，突出一个"快"字。

（2）先发先收。语出明代揭暄《兵经百篇·速》："见而不决，人将先发，发而不敏，人将先收。难得者时，易失者机，迅而行之，速哉！"意在告诉人们：发现机会而犹豫不决，对手就会抢先；我虽先发而行动缓慢，对手就会先期获利。难得的是时间，容易失掉的是机会，迅速而果断地行动，才能以快取胜，凡事突出一个"先"字。

◎ 雕橼鬻珠　傅致工巧

【案例之一】

何况先生所著《火柴大王——刘鸿生》曾有这样一段文字描写"痴迷"。他说："无论做什么，想要达到某种境界，都少不了一份痴迷劲。学者痴迷书，画家痴迷线条和色彩，政治家痴迷权力，吝啬鬼痴迷金钱，账房先生痴迷算盘……若说失败是成功之母，恐怕痴迷就是成功之父了。"那么刘鸿生痴迷什么呢？他痴迷的是他的大中华火柴公司，痴迷大中华火柴公司的产品如何走向全国。

一天傍晚，刘鸿生独自一个人走出"企业大楼"，走上（上海）四川路，他无所思想地散着步。突然，他看到了美丽牌香烟的霓虹灯广告牌，莫名其妙地久久凝视着，被它优美的线条和出神的效果深深地吸引着，直觉告诉他，似乎有一种东西触动了他的心，为此他心花怒放。

翌晨起床，刘鸿生心情不错。吃过早饭，他便驱车直奔华成烟草公司而去。接待他的自然是公司老板。"哟！是什么风把刘总经理给吹来了？"经理与刘鸿生是熟人，见面免不了开几句玩笑。刘鸿生笑着说："我来与贵公司商议合作事宜。"华成公司经理一脸困惑，他大脑高速地思索，实在是想不出有什么项目可以与刘大老板合作的。刘鸿生直言相告："我想把贵公司美丽牌香烟上印有'美丽'字样的美女图案商标，翻印在大中华火柴公司出品的火柴盒上做广告，不知贵公司意下如何？"华成烟草公司经理一听，愣了一秒，随即拍掌大笑："妙，实在是妙！"双方一拍即合。

这一合作项目，给刘鸿生的火柴公司带来了两方面的好处，巧借美丽牌商标使大中华公司火柴畅销于全国市场。后来的事实证明，曾经风靡上海等地的瑞典凤凰牌火柴，很快就让位于美丽牌火柴，成为华东地区的第一品牌。另外，大中华公司又可以拿到华成公司一笔可观的广告费。后来，刘鸿生主动放弃了广告费，华成公司不久也把美丽牌商标无偿地让给了大中华火柴公司。

【案例之二】

虞洽卿当年在瑞康颜料号当跑街（业务销售员），在上海滩的商海已搏击了5年。奚汇如做掌柜的瑞康颜料号与德国商人托尼·鲁尔为老板的鲁麟洋行业务合作已有10余年，彼此信誉很好。

虞洽卿到鲁麟洋行采购12桶颜料。洋行小伙计指着库房里东倒西歪的一批货物，对虞洽卿说：这是新进的一批桶装颜料，因为路途遥远，货在海运途中被海浪沾湿了。虽侥幸躲过了风暴，已运到上海，但包装颜料的铁桶却全部生了锈，挤变了形，像经历了多年风飘雨蚀似的。许多客商都不要这批货。虞洽卿一听，好奇地走过去，躬着腰，这儿嗅嗅，那儿瞧瞧，还用手摸摸、捏捏。反复验货的结果，他发现这批货只是外面的包装物铁皮生了锈，外壳被挤压得坑坑洼洼的，里面的货并没有改变，质地很好。他稚气的脸上露出了笑意。

虞洽卿问洋行小伙计："这么多颜料被海水打湿了，托尼·鲁尔先生不是亏损大了吗？"小伙计说："不会的。阿德，你跟洋人打交道少了。他们做生意跟我们不一样，这些颜料从德国一启运，托尼·鲁尔先生就在德国巴伐利亚保险公司里投了保。这些被海水打湿的颜料，损失由保险公司赔偿。昨天，赔偿金保险公司已送给托尼·鲁尔先生了。"虞洽卿一边用指甲轻轻刮着铁桶上的铁锈，一边问小伙计："托尼·鲁尔先生打算怎么处理这批颜料？"小伙计讲："托尼·鲁尔先生说准备把这批颜料送公正行贱价拍卖。今早公正行派人已看过货了。"

于是，虞洽卿找到托尼·鲁尔先生："听说先生要把被海水打湿的颜料交给公正行贱价拍卖？"托尼·鲁尔回答道："是的。"当虞洽卿问估计什么价，得到的答复是："原价的四折。"虞洽卿砍价道："这批颜料我已看过。我愿意出两折的价钱，把它全部买下，怎样？"紧接着又说道："200桶颜料按四折一次性买进要10000多两白银。没有人敢一次性吃进。"托尼·鲁尔讲："我如果把价格变成三折呢？"虞洽卿答道："托尼·鲁尔先生，三折后是易出手，但洋行自己出力张罗，加上公正行的佣金，最后得到的钱比两折卖给我们多不了几个钱。"最后双方商定以两折的价钱成交，瑞康颜料号一次性付清5000两白银。于是，虞洽卿征得鲁麟洋行同意，暂借一桶颜料回去给奚汇如掌柜看，保证今天打烊前给回话。

虞洽卿回瑞康颜料号将情况向奚掌柜一介绍，又仔细看了原料及质量。奚掌柜说："若全部吃进，需5000两白银，我们瑞康号现只有500两白银。我们一起去与托尼·鲁尔先生商量，让他卖50桶给我们，银两不足，我们可以再筹一点。"

虞洽卿着急地说："师傅，托尼·鲁尔先生肯定不会同意。我与托尼·鲁尔先生反复砍价，最后商定我们瑞康号全部吃进，洋行才同意价格降到两折的。"奚掌柜说："阿德，你以为我怕钱扎手啊？我这是没办法，瑞康号这匹小马拉不动大车。"虞洽卿态度十分坚决地讲："不，师傅，要全部吃进！只要师傅愿意拍板，资金的事情我们可以想办法。"奚掌柜说："有什么办法？说来听听。"虞洽卿说："我们只差 4500 两白银，凭您的信誉，可向源丰润钱庄贷款 1500 两。其他 3000 两白银我来想办法，只要你同意我用瑞康号名誉就行。"虞洽卿接着说："前段时间，我已经和叶澄衷老板说好，他订购我们 50 桶颜料，并预付 1000 两白银。现在只差 2000 两白银了。"听到阿德这样一说，奚掌柜心里热乎乎的。他高兴地说："走，阿德，我们去找托尼·鲁尔先生，告诉他那批颜料我们全部吃进，让他给我们 3 天筹集资金的时间。"

后来，虞洽卿通过叶澄衷老板借得 500 两白银，加上预付 50 桶颜料的 1000 两白银，又筹集到 1500 两白银。再通过陈春澜做担保，从汇丰银行抵押贷款 1500 两白银，成功地购得鲁麟洋行 200 桶因外包装生锈而质量完好的颜料。

奚掌柜采纳虞洽卿的合理建议，雇请几个人手，在库房里将 200 个铁桶逐一架在木架上，撕下桶壁原先锈蚀、破烂的商标纸，用砂纸将铁桶上的锈迹全部打磨掉，重新贴上崭新的商标。经过一番新的包装，奚掌柜惊喜地看到，这些颜料和平时销售的鲁尔颜料一模一样。几个月后，瑞康号冒险吃进的颜料全部销售一空，年终结算这批颜料瑞康号一下子就纯赚了 20000 两白银。

【案例点评】

包装与商品的关系，本质上是形式与内容的关系。内容是形式的内核，是形式的本质凝聚，形式是内容的表象，是内容的外在表现方式。常言说，"人靠衣裳马靠鞍，佛靠金装，货靠包装"。上乘质量的商品配上精美的包装，恰似锦上添花，这与好花全靠绿叶扶同理。但外在包装毕竟是服务商品、衬托商品、美化商品的手段，若过分夸大外在包装、外在表现形式的作用，也就背离了我们研制、生产商品，满足消费者日益增长的物质文化需要的初衷和意愿，无疑就是喧宾夺主，与"买椟还珠"无异。

【智略之源】

（1）雕椟鬻珠。此是"买椟还珠"的反用。参见《韩非子·外储说左上》：楚国商人到郑国去卖珍珠，他用皮香质好的上等楠木做成匣子，匣子又用园桂和花椒两种香料熏染过，用珠子和宝玉作点缀，用红色的玫瑰色来装饰，积聚起绿色的翡翠。郑国人惊慕楚国商人设计精美、浓香扑鼻的珍珠匣子，用高价买下匣子，退还了他的珍珠。韩非子之意在于讥讽郑国人不识高贵的珍珠，而偏爱精美的珍珠盒子。

（2）傅致工巧。语出汉代陆贾《新语·道基》："伎巧横出，用意各殊，则加雕文刻镂，傅致胶漆丹青玄黄琦玮之色，以穷耳目之好，极工匠之巧。"这里的"傅致"指从外面附着；"丹青"指国画常用朱红、青色等色；"玄黄"指天地颜色；"胶漆"指胶和漆两种具黏性的物质；"琦玮"指美玉。其意是说：能工巧匠以他们高超的技艺，在器物上刻镂花纹图案，用丹青描绘天地间自然景物，展示美玉般的浮华景象，以图穷尽人们的耳目喜好，并从外面附着具有黏性的胶和漆，保护其绚丽色彩，借以表达他们的审美情趣和深沉意蕴。

》》》十二、为商有道

商道就是经管之道、经权之道，而经权之道就是谋略的权变之道。商者的商务实践，就是商人的近道、悟道、行道过程。道贵能行，智在有为。

◎ 问羊知马　以迂为直

【案例之一】

商业经营，要研究市场，了解行情，分析商品流向和市场走向。班固的《汉书·赵广汉传》记载了颍川太守赵广汉关于以迂为直了解市场行情的策略。

赵广汉，字子都，西汉涿郡蠡吾县（今河北博野县）人，一代名臣，生活的年代大致在汉昭帝后期及汉宣帝前期。

汉宣帝时期，聪明能干的赵广汉做颍川太守，他治理地方军政事务很有一套办法。《汉书》记载，赵广汉为人强力，年轻时先被推举为秀才，曾做过郡吏、州从事，以廉洁和礼贤下士闻名，被朝廷提拔为阳翟县令，因政绩突出，升迁为京辅都尉，不久又擢升为守京兆尹（代理京兆尹），之后调任为颍川都的郡守。他疾恶如仇，以铁腕治理地方治安，执法不避权贵，深受百姓爱戴。

因为他曾担任过管理物价的平准令，对了解和掌握市场行情很有一套办法。一次，他安排家里仆人到牲口市场去购买马匹，并向仆人传授了解和询问市场价格的具体策略和方法。他说：要了解市场马匹价格，首先应询问狗价、羊价、牛价，然后再询问马价。若先询问马匹价格，售马人了解了你的购买意图，必然抬高马价。你先了解狗价、羊价、牛价，通过辗转推问，掌握实情，分析比较，就能举一反三，顺利掌握市场马匹价格，以合适的价钱购买马匹。

家仆听后十分佩服主人对他的信任，尤其是直接向他传授经营经验。

【案例之二】

虞洽卿早年在上海瑞康号、鲁麟洋行从事颜料推销工作时，因手段巧妙，推销有术，被人们尊称为"颜料经营之神"。

一次，瑞康颜料号担任跑街的小师弟贝润生，得知一位姓谢的华侨在法租界里新开了一家复泰公司，因经营印染业需要使用颜料，便前去推销。但与公司谢老板谈了几次都没成功。无奈之下，贝润生只好来请教虞洽卿。虞洽卿对贝润生说：直接谈不行，那就采取以迂为直的办法。

他们设法结识谢老板的一位随从。这位随从住在闸北，到法租界上班有点远，很想在法租界租房，但又一次性拿不出 20 两白银的租金。虞洽卿悄悄帮他把租金交了，办好手续，将钥匙送到他的手上，这位随从非常感激，双方很快成为好朋友。

随后，虞洽卿又通过他了解了谢老板家一些情况，特别是谢老板小儿子的情况引起虞洽卿的高度重视。原来，谢老板是中年得子，视儿子如同宝贝一般。在国外，常常带他去看跑马比赛。回到上海，儿子天天缠着父亲要去看跑马，因公司刚刚开始运作，头绪万千，做父亲的一时无暇兼顾儿子的嗜好。虞洽卿听到这一趣闻后，心中一下子豁然开朗了。于是，他由谢老板的随从牵线，自己掏腰包，带着随从和谢公子一同去跑马厅看跑马。在跑马厅里，谢公子兴高采烈，十分快活。回到家里，仍兴奋异常地向他父母说个不停。这一举动，令谢老板很受感动，面对虞洽卿一时不知如何答谢才好。虞洽卿说："谢老板，我不要你谢我。我的小兄弟贝润生想和谢老板做颜料生意，恳请谢老板能够关照关照。"谢老板很爽快地说："我买谁的颜料不是买呢？没问题。"

由此，贝润生做成了这笔生意，以后逢人都说："阿德哥的推销术真是了不起。"

【案例点评】

直径近，曲径远，这是普通常识。但事物的发展往往不以人的意志为转移，欲直则曲，欲近则远，欲速不达。所以，古人从实践中悟出一个道理：水曲流长，路曲通天，人曲顺达。商业竞争复杂而激烈，对手众多或强大，商业成功之法往往可以借鉴事物迂回曲折发展的规律。本案例赵广汉向家仆传授由此及彼了解购马行情的经营经验，虞洽卿通过帮老板随从租房、带老板儿子看跑马赛，赢得了老板信任，进而助友推销颜料的方法，无疑为"以迂为直、问羊知马"作了精妙的注脚。

【智略之源】

（1）问羊知马。语出南北朝时期陈朝徐陵的《晋陵太守王励德政碑》："问羊知马，钩距兼设。"这里的"钩距"是"退者钩住，进时拒之"的攻防工具。本意讲若想知晓市场马匹价格，你就应先问狗、羊、牛等牲畜的价格，再问马匹价格，经过辗转推问，从旁分析推究，就能掌握市场价格行情。

（2）以迂为直。语出《孙子兵法·军争篇》："故迂其途，而诱之以利，后人发，先人至，此知迂直之计者也。"这里的"迂"指曲折。有意迂回绕道，并用小利引诱迟滞敌方，就能做到比敌方后出动而先到达双方必争的军事要地。这就叫"以迂为直"。

两谋相同点是以曲折的途径达到近直的目的，不同点是前者讲了解市场行情的方法，后者讲曲径近直的谋略。

◎ 伺时非价　候时转物

【案例之一】

子贡，姓端木，名赐，春秋战国之时的卫国人。他是孔子的学生，又是大商人，是个儒商。

司马迁对孔子这位弟子特别称道，《史记·仲尼弟子列传》讲：子贡不信奉人的一生由天命安排那一套，特别喜欢经商，善于根据农业和粮食生产形势，预测行情变化和价格走势，往往与实际相一致，能够把握市场供求规律。所以，当物价低迷时，他大量购买商品，物价上涨时，便迅速抛售，利用时间差和季节差，从商品交易中赚取差价。《史记·货殖列传》说："子贡在孔子那里学习，把学和干结合起来，做官于卫国，又在曹国和鲁国之间经商。经商办法，特别强调在物价低迷时，大量囤积货物，物价上涨时快速抛售，从中赚取高额利润。孔门70多个高足弟子中，端木赐是最富有的。"说明子贡从事的是国际贸易。

《论语·子罕》还记载：子贡也经营珠宝玉石。从他与老师孔子的对话中可以看出，他明白高档商品的经营，不能像一般商品经营那样现买现卖、快进快出，而需要买而藏柜，待价而沽。这既有等待市场价格变化的原因，更有等待善于识货和愿意出价，特别是出得起高价的买主，这样才能赚取高倍利润。

由此可以看出，子贡"饶益"（富有）的途径，就是乐观时变，候时转物，囤积居奇，买贱卖贵。他经营得法，所以家产很快积累到千金。

子贡利口巧辞，善于雄辩，富有干才，办事通达。他富裕起来后，先后担任鲁国、卫国的相国。几次出使他国，使鲁国保存、齐国大乱、吴国破灭、晋国强盛、越国称霸。

司马迁还特别提到，孔子困于陈、蔡，绝粮挨饿时，其他门徒个个面面相觑，不知所措。子贡出使楚国，让"楚昭王兴师迎孔子"。孔子的儒学能成为显学，名播天下，也多借助于这位高足弟子。

【案例之二】

刘基（1311~1375），字伯温，浙江青田人，是明朝创立者朱元璋的主要谋臣，著名政治家和军事家。

刘伯温所著《郁离子》一书第7卷，讲了一位名叫"蹶叔"的人。此人特别自信，别人讲的话，朋友提的建议，他都置若罔闻，不以为然，颇有一点以自我为中心。《蹶叔三悔》之一就与经商有关。

蹶叔前往汶上（金泰和八年，取"汶水在上"（北）之意，始称汶上县。地处山东省西南部，今辖属济宁市）这个地方去经商。他眼见市场上货物价格上涨，便认为是吸纳囤货的大好时机，抑制不住急切的心情，积极参与抢购，无处不与人哄抢涨价，唯恐落后于人。当他将高价抢到的大量商品囤积后，市场行情已发生很大变化，商品价格大幅下跌，他又害怕亏本太多，又匆忙降价抛售。他抛得愈快，买家压价愈多，手中的商品愈难销售，最终亏得愈惨。

有朋友对他讲："善于经商的人，贸易经营中从不与人哄抢抬价，商品滞销时也不能急于抛售囤货。要善于抓住市场商机，适时买进售出，获利可至数倍。这是商人鼻祖白圭致富之法。"蹶叔根本听不进去，仍然我行我素。

10年经商，别人已致富，蹶叔却日益穷困。后来，他反复总结失败教训，思考朋友所言，方觉有理。回拜朋友说："我而今十分后悔，不听朋友益言，才致血本无归。"

【案例点评】

在商业竞争中，时机和价格都是商人特别关注的两大重点。但"时"与"价"比较起来，古人更重"时"。《史记·货殖列传》说白圭"乐观时变"，就是指喜欢观察市场行情和年成丰歉的变化，注意探索市场变化和经济发展规律，选择参与市场竞争的时机和方式。又如《国语·越语》，范蠡就一再强调时机的重要性，他对越王勾践说：抓住时机，就仿佛救火和追捕逃犯一样，务必全力以赴，紧抓不放，若稍有迟疑，就可能处置不及。至于说"价格"，相比"商机"来说，就处于次要地位，因为相机"入市"或"出市"，商品价格虽贵犹贱，"逆市"而动，商品价格虽贱犹贵。

【智略之源】

（1）伺时非价。语出《战国策·赵策三·希写见建信君》："夫良贾不与人争买卖之贾（价），而谨司（伺）时：时贱而买，虽贵已贱矣，时贵而卖，虽贱已贵矣。"这里讲高明的商人不去与人争论价格，而是仔细观察和把握物价涨落的时机。当物价较低时就买进，即使这时贵一点，与价格上涨时比也是低的；当物价贵时就卖出，即使这时价格低一点，与价格极低时比也是贵的。

（2）候时转物。语出《史记·越王勾践世家》："（范蠡）复约要父子耕畜，废居，候时转物，逐什一之利。"这里"废"即出售；"居"即囤积；"候时"即等待时机；"转物"即转卖货物。其意是说：范蠡自定家规：父子耕田畜牧，经营商贸，价格低廉的商品都囤积起来，等待市场价格上涨时就出售。为加快资金周转，坚持薄利多销，只赚取1/10左右的利润。

两谋共同点，就是重视比较，善抓关键，不同处是前者讲物价涨落时机远比价格本身重要，后者强调"候时"远比"转物"重要。

◎ 有物有则　物贱征贵

【案例之一】

陈丽华，曾被媒体喻为"房地产界的巾帼英雄"。她创办的香港富华国际集团，主要在北京、香港等地从事房地产开发与建设，经过 20 多年的打拼，已成为拥有 60 余亿元财富的女富豪。

陈丽华出生于北京一个满族家庭，属正黄旗世家，叶赫那拉氏后裔。"文革"后已 30 多岁的陈丽华，为圆自己的"紫檀家具梦"，开办了家具修理厂，由修家具、做家具、卖家具，挣了几十万元，完成了资本的原始积累。

1982 年，大陆商品经济刚起步，香港经济很发达，陈丽华心怀"淘金梦"，从北京来到香港，谋求发展机遇。当时正值香港房价低迷时期，许多房产企业濒临倒闭，人们纷纷抛售房地产以求"解套"。香港地少人多，又是大陆走向世界的窗口，凭直觉她意识到物极必反，贱必返贵，现在市场价低，也许正是自己"吃"进的大好时机。于是，她不惜用去自己所有的积蓄，甚至举债经营，在比华利这个地段一口气买下 12 栋别墅。随后，她静观其变，期待房地产业的复苏。诚如她所预期的那样，数月后的香港房地产市场果然迅速转暖，房价快速飙升，陈丽华果断地将热旺地段的别墅全部售出，连续"吃"进较偏地段的几处房产，几个回合的纵横腾挪，陈丽华积攒了非常可观的资本。

诸多亲朋好友盼望陈丽华在香港地产界大展拳脚，快速崛起。陈丽华经过一段时间的市场调查和缜密的思索，认为香港房价涨得太猛，可能出现下跌之势，自己继续在香港发展的空间十分有限，必须寻求新的突破。于是，她做出了一个令许多人费解的决定，离开香港，回到人熟地熟情况熟的北京城。也许是上苍对陈丽华的特别眷顾和精心呵护，正是这次战略转移，使她躲过了 20 世纪 90 年代末期席卷亚洲乃至香港的金融风暴。

【案例之二】

"杨百万"（杨怀定）这个称呼，在 20 世纪 80 年代的中国，几乎是家喻户晓的人物。

只有初中文化的杨怀定，原是上海铁合金厂工人。因企业一吨铜锭被盗，受到无端怀疑而愤然辞职。他下海买卖国库券，也炒过股票，后因闯荡股票市场而迅速成为百万富翁。

股市风云，变幻莫测，跌宕起伏，风险极大。杨怀定炒股，为了尽可能规避风险，他十分注意研究股票行情走势。他的做法是：每天晚上不管睡得多晚，他总是要把当天在股市记录下来的股票行情以及当天的每一笔交易认真地整理成 3 张图表：显示当天股票价格随成交量波动的变化图，当天股票价格变化轨迹图，当天股票成交量变化图。由此计算出当天各种股市盈率，掌握各种股票市盈率的变化态势。周末没有股市时，坐下来，细致研究一周来股市运作状况，画出本周股票价格变化图、成交量变化图以及股票与成交量的相关图等，摸索股市演变规律。

杨怀定相信"物贱征贵"的道理。1991 年初，上海"豫园"股票价格在 600 元时，杨怀定认定股票有跌必有涨，不可能只跌不涨，现在正是自己购股发财的天赐良机。他毅然决定动用 30 万元买进 300 多股，放在那里等待增值。1992 年 4 月，"豫园"股票价格已涨到 5000 元，他逐渐抛售，净赚 120 万元。这一方法，他总结为"睡眠法"。

后来，他又发明了稳步跟进，巧用"三级跳"的方法（又称"风险分散法"），把股票生意做"活"。

【案例点评】

春秋时期著名商业理论家计然认为，考察市场商品有余与不足，便可预知商品价格的贵与贱。价格上扬到极限就必然下跌，价格下跌到极限就必然反弹上扬。价格转化的关键在于一个"极"字，这符合哲学上"物极必反"的道理。将这一原理用以指导商业经营，在于研究市场走势，把握市场规律。本案例中的陈丽华投资房产遵循"贱极必贵"法则，而杨怀定投资股票则以遵循"有跌必涨"法则，都迅速致富起来。

【智略之源】

（1）有物有则。语出《孟子·告子章句上》，诗曰："天生烝民，有物有则。"这里的"烝民"指百姓。孟子借用《诗经·大雅·烝民》中的话说："老天生下这众多百姓，有事物便有事物发展的自然法则。"这法则是什么？南北朝时期傅昭《处世悬镜》有一段话，可视为注解：事物发展到极点，必然转向它的反面，这与月圆必亏同理。

（2）物贱征贵。语出司马迁《史记·货殖列传》："物贱之征贵，贵之征贱。"这里的"征"是迷信者所说的"应验"，引申为迹象、预兆。其意表明：市场供求及价格的走势，贵极必贱，贱的先兆便是贵；贱极必贵，贵的先兆便是贱。

两谋一致处是事物发展遵循其自身法则，通过预兆或迹象可认识和利用法则；不同处是前者讲自然法则，后者讲市场物价演变规律。

◎ 轻车熟路　不熟不做

【案例之一】

香港锦兴集团总裁翁锦通，出生于广东汕头市郊蓬洲乡一户农家。他本人一次在中山大学演讲时，简介了自己的发家史：12岁时经姐夫介绍到厚生抽纱能源公司洗熨部做童工，3年后随抽纱老板到山东烟台创办抽纱分公司。抽纱，最先是由西洋传入中国的工艺品技术，特点是在棉布、亚麻布、玻璃纱、各种化纤等织成的台布、床单、窗帘、枕套、被套、椅套、餐套、手巾、花边上进行抽绣，勾成多种花纹图样。

少年翁绵通十分重视强身，练过拳，有体力、臂力，特别是有眼力，做事眼明手快。抽纱中有一项工活叫开布，一般人速度较慢，经纬不直，而翁锦通开布一线排开，一剪到底，不偏不倚，经纬分明，多快好省，深得工友赞许。他不仅全面掌握了抽纱生产的一整套技术，而且一人干几个人的活儿，深得老板赏识，3年后成为工厂主管。

然而，命运有时偏爱捉弄人。"二战"时期，太平洋战争爆发，致使他所在的烟台纱厂歇业，自己改做苹果园长工和南北货物转口买卖。39岁前，翁绵通几乎跑遍了社会各个角落，但真正使他感兴趣并能全面掌握行当的只有抽纱技术。40岁时，在生意人张可好帮助下才大器晚成，在香港创办了"锦兴绣花台布公司"和"香港机绣床布厂"，由此为翁氏家族事业拉开了创业大幕。

由于自己精通抽纱技术，翁锦通 20 世纪 60 年代中期开始对西德、意大利、比利时、希腊等欧洲进行市场考察，又多次参加广州交易会，广泛收集和研究来自欧洲和东南亚地区的抽纱样品，深谙抽纱行业货源、销路及其市场行情，能迅速捕捉市场信息。70 年代初，他便大刀阔斧地购地建厂、创办公司，迅速把生意做到中东、欧洲和美国。

进入 20 世纪 80 年代，绵兴绣花台布公司先后在中国香港地区，以及美国、意大利、新加坡设立了分公司，其产品销售网络遍布全球，成为享誉世界的"抽纱大王"。而成就翁锦通抽纱大业的商业智慧就是"轻车熟路，不熟不做"。

【案例之二】

利陆雁群，被人们称为香港"第一阔太"。30 多年前，丈夫利孝和因患心脏病猝然离世，家庭台柱的轰然倒下，数亿元财产和一大堆企业全部摆到了她的面前。

利陆雁群的丈夫喜欢创业，自 20 世纪 50 年代开始，一生先后创立了"联合汽水"、"利园酒店"、"无线电台"等一系列企业。与丈夫最大的不同是，利陆雁群尽管也渴望富裕，但只把生意当作生财致富的工具。当时，儿子大学毕业，在万国宝通银行做练习生，大女儿去了澳洲，小女儿尚在美国读书，如何让丈夫一生辛勤开创的事业稳步发展，是摆在利陆雁群面前的最大难题。

经过一段时间的市场调查和缜密分析，她果断地作出了三项决定：

第一项，放弃市场前景黯淡的汽水生产。把汽水厂厂房卖给了佳宁集团，把业务卖给了杨协成，收获数亿港元。后来十余年的事实证明了她精明的商业头脑和远见卓识。

第二项，1987 年澳洲奔达集团主席庞雅伦正在香港大展宏图，一口气买入邵逸夫 23%的香港无线电视台（简称无线）股份。利陆雁群乘机把自己名下 3%的无线股权以每股 14 港元的价格出售给了庞雅伦，套现 1.2 亿港元。其后，无线业绩连年下跌，再一次佐证了她对无线发展前景的正确判断和商机的科学把握能力。有人问她为什么要卖掉企业？她回答说："不熟不做。力不到不为财。有所不为，是为了更好地有为，更佳地作为。"

第三项，把大量资金投资到自己相对熟悉，又能控制的现金、股票、外汇和物业等项目中去。后来的商业实践，充分证明了她是"以钱赚钱"的高手。1981年美元币值处于低潮期，1 美元兑换 5 港元多一点，利陆雁群把卖掉"联合汽水"得到的资金投入到换购美元中去，一年后1美元兑换价上升到八九港元，她狂赚了一笔。1995年，她又在低买高卖日元中大捞了一把。当有人再次请教她赚钱秘密时，她十分爽快地回答道："我自己没有做过生意，也不会做生意。但我知道'不熟不做'的道理。我卖厂套现，再用套现的资金买股份、换外汇、购地产，不是一样可以赚钱吗？也用不着像办实业那么辛苦。"

【案例点评】

老百姓有句俗语：隔行如隔山。这是说每个行业都有它特殊内涵、运行奥秘和发展规律，不懂行就始终是门外汉。评论他人外行或内行主要是指他对这个行业的熟与不熟和对其行业或专业的精通程度。自古商界就有一句话：生意不熟不做。至今广东潮汕人还有一句熟语：生事勿做，熟事无忘。本案例中港商翁锦通一生经营始终围绕自己精通的抽纱技术展开；利陆雁群的投资取舍，也始终坚持扬长避短，不熟不做成为她为商的不二法宝。

【智略之源】

（1）轻车熟路。语出唐朝韩愈《送石处士序》："若驷马驾轻车，就熟路，而王良、造父为之先后也。"这里的"轻"指轻便的车；"熟"指熟悉的道路。"王良"即春秋时晋国大夫赵简子的车夫；"造父"即西周时周穆王的车夫。其意讲：驾着四匹马的车，走熟悉的道路，对于善于驾驭马车闻名的造父、王良而言，其技术的娴熟和速度的快慢明眼人一眼就能看出来。

（2）不熟不做。商谚道："生行莫入，熟行莫出。"香港恒丰珠宝首饰有限公司总经理林世荣也曾讲："做事情要就熟不就生。任何事不熟不做，这样出错的机会低。还要注意见好要去，见不好要收。"

前者讲技精路熟，是造父、王良成名的原因，后者讲为商经营的重要策略，共同说明熟利于驾驭和管理，熟利于发展和创新。

◎ 生不若聚　藏轻出重

【案例之一】

曾经创建中国第一家啤酒厂（北京双合盛五号啤酒厂）的张廷阁，是一位善于运用"藏轻出重"智慧的高手。

张廷阁，1875年出生于山东掖县，幼年家境十分贫寒。中日甲午战争后，日军侵入他的家乡，战乱、掠夺、贫穷、饥饿迫使他背井离乡到海参崴（今俄罗斯符拉迪沃斯托克）一个叫"福长兴"的店铺当学徒，学做生意糊口。

在海参崴同俄国人的日常交往中他开始接触俄语，逐步掌握了日常交往用语。生意中他结识了当地杂货铺"双全盛"商铺掌柜郝升堂，郝掌柜欣赏张的精明能干，张也感怀老乡郝掌柜的平易近人，关系日密。1898年张廷阁离开"福长兴"入股"双合盛"，成为一名副经理。

张廷阁头脑灵活，善识商机。他利用初步掌握的俄语，与俄军后勤管理的军需官拉上了关系，承揽了俄军日用品供应的一大笔生意，为"双合盛"赚取了很大一笔利润。

在深入交往中，他发现俄军与日军交恶日多，日俄战争一触即发，敏锐地意识到又一商机显露端倪。他先人先识，立即大量囤积货物，待机出售。1904年2月日俄战争爆发，俄国远东地区的海上运输线被封锁，海参崴货源奇缺，物价飞涨，人心惶惶。张廷阁随即将战前4戈比（沙俄及苏俄时期主要货币卢布的辅币，1卢布等于100戈比）1斤的粮食和日用商品以55~60戈比1斤的高价售出，人们疯狂抢购，"双合盛"再获巨额暴利。

"双合盛"的实力倍增，借此在海参崴广设分号，逐步把生意做到了俄国的莫斯科，日本的大阪、横滨，新加坡和中国香港。

【案例之二】

"敛轻散重"也是徽商重要的经营策略。休宁人程守仪同哥哥共同经商于楚地，一人坐贾囤积，一人行商贩运，"囤积"与"走贩"结合。甲地商品价低，就批量购买贩运乙地高价出售；乙地价格偏低，又批量购买贩运甲地高价售出，兄弟配合，同心谋利，3 年成为巨富。

将商品囤积与放债谋利结合起来，也是快速谋利的一种方式。明朝嘉靖年间，休宁人程锁父亲外出经商客死他乡，资财被人侵夺。迫于养家糊口，他弃学从商，10 位宗族人每人以 300 贯钱为本合伙经营于江苏溧水。赚钱之法就是在春荒不接之时向粮农贷款，秋收时节向粮农收取利息，或秋粮产新时让农民以粮抵贷。若逢大灾粮荒、谷价暴涨时，加价抛售，一籴一粜之间大获厚利。中年时程锁已成为拥有数百万资产的一代富商。

有的徽商客籍苏浙，还将粮、棉、丝的囤积与典当行业结合起来。甚至与典当商人合谋融资，于粮、棉、丝上市时乘贱收购囤积，待市价上涨时高价出货，典商囤商共享厚利。

【案例点评】

市场商品流通，有时求大于供，有时供过于求，这就为古今商家纵横腾挪提供了无限商机。其轻重之术，《管子》称为"藏轻出重"；韩愈则称为"贱金贵出"，有人又称为"敛轻散重"。前提是"藏轻"、"贱金"、"敛轻"，关键是囤积，核心是"出重"、"贵出"和"散重"，目的是谋取重利。一言以概之，就是货物低价时囤积，高价时抛售获利。本案例中的张廷阁和徽商中的程守仪等人，其致富就是通过"生不若聚、藏轻出重"的手段和方式，与放债、典当结合谋利。

【智略之源】

（1）生不若聚。语出《管子·轻重甲》："《道若秘》云：物之所生，不若其所聚。"这里的"生"指从事物质生产的收益；"聚"由积攒引申为指囤积货物。其意是说直接从事粮食生产活动的收入，远不及通过囤积居奇等商业经营赚取的利润多。

（2）藏轻出重。语出《管子·山至数》："藏轻，出轻以重，数也。""藏"指储存；"轻"指粮价低廉；"重"指粮价高扬。意在强调粮价低迷时积极收储，囤积粮食，粮价上扬时及时抛售谋利。这是经济战谋略中的一种轻重之术。

两谋比较，前者讲"生"与"聚"的比较效益，后者讲价格战中籴粜（dí tiào）的时机选择。

◎ 诚壹不懈 专心一志

【案例之一】

在《史记·货殖列传》中，司马迁认为治生路上，没有行业的好与坏，没有职业的贵与贱，发家致富，并非只有一种行业、一条门路，各行各业都可通向财富的殿堂。

司马迁为此举例说：耕田务农是很愚拙、辛苦的行业，而秦阳却靠它成为一州的首富。小商小贩，挑着小货担边走边叫卖，是一个男子大丈夫看来很低贱的职业，而雍乐成却靠它走上了富饶之路。贩卖动物的油脂，在一些人看来是一件很没脸面的事，而雍伯却靠经营它，获得了千金的财富。贩卖豆浆、米质"凉虾"、"凉粉"等小本生意，在人们心目中是很不起眼的事，而张氏却能赚到上千万的钱。替人磨柴刀、菜刀、剪刀是一件很小的技艺，而郅氏却靠它让全家过上了富裕的生活。卖羊肚肥肠是一件小玩意儿，并不需要多少烹饪技术，但干这一行的浊氏，每次出门都是前呼后拥，有自己的豪华车队。又如给马牛羊治病的兽医，所拥有的都是很浅薄的方技，张里却能靠它拥有贵族般的享受。

这些人能成功致富，靠的是什么呢？靠的是正确选择一种自己熟悉的行业，诚心专一地发挥自己的一技之长。

【案例之二】

1882 年 1 月 16 日出生于缅甸仰光一条偏僻小街道的胡文虎，曾经是闻名海内外的"万金油大王"，著名的爱国华侨、企业家、慈善家。他祖籍福建永定县金丰里中川村，父亲胡子钦 1861 年因贫穷为谋生计和对"蕃畔"（外国）新生活的向往，孤身一人，漂洋过海，来到了地陌人生的仰光。

胡文虎自小在祖籍老家中川村长大，读了 4 年书，就重返缅甸仰光，帮助父亲料理药铺店务。因自小喜读《水浒传》、《三国演义》等古典小说，有经商发财、仗义疏财、帮助他人的志愿。他对医药有浓厚兴趣，无论父亲配什么药方，抓什么药，他都仔细观察，一一记下，潜心琢磨，铭记于心。每逢闲暇，便翻阅医书。1908 年父亲病逝，他同弟弟胡文豹悉心经营起父亲创下的永安堂药铺。但年轻人经营药店，生意日下，濒临倒闭。他受"仁丹"的启示，决心改办药厂，闯出新路。

1909 年，告别母亲和弟弟，胡文虎登上了回唐山（南洋人称中国人为"唐人"，称中国土地为"唐山"）的海轮。他先到香港办货，接着回到祖国调查医药的产供情况，又到暹（xiān）罗（今泰国）、日本等地区了解药业行情，学习制药技术。在日本，他见德国拜耳药厂生产的西药十分畅销，为了找到说明书，摸清西药的性能和用途，特意到德国人开的西药行买了一些药膏和药水等。经过一段时间的考察，胡文虎掌握了一些制造成药的技术。

返回仰光后，在弟弟的协助下，他在"玉树神散"的基础上，利用山苍子、薄荷、樟脑等中药为原料，吸收祖国传统的膏、丹、丸、散的优点，采用科学的方法研制一种药膏。经过 3 月的辛勤劳动，终于研制成既可外抹，又可内服，治疗感冒、头疼、鼻塞、晕船、晕车的"万能"良药，取名叫"万金油"。经当地政府注册，开始批量生产，并将"永安堂中药铺"改名为"永安堂虎豹行"。由于实用效果好，加之广泛宣传，"万金油"终以携带方便、价格低廉、功效显著赢得人们的普遍欢迎，生意一天天兴旺起来。

胡文虎并不满足已有的收获，日夜构思把产业做大。当时，橡胶和锡矿供不应求，种植或经营橡胶或开凿锡矿成为许多人的投资热点，不少熟人或朋友都来动员胡文虎参加投资，但都被他一一婉拒。他认为，内行不丢，外行不学，自己应始终不移地干好老本行。很快，他便在新加坡设立总行，建立制药厂，扩大经营范围。1932 年又把总行迁到香港，并在广州、汕头建立制药厂，还先后在厦门、福州、上海、天津、桂林、昆明、重庆、汉口、梧州等城市及马来西亚、菲律宾、越南、荷属东印度（今印度尼西亚）等地广设分行，在欧美一些大城市设特约经销部。胡氏兄弟的虎标牌"万金油"成为中国和东南亚各地家喻户晓、人人必备的药品，其财富大幅剧增，成为客家籍华侨中的超级富豪。

【案例点评】

司马迁的《货殖列传》中所讲的致富途径以及"万金油大王"胡文虎的成才之路告诉我们：一个人，乃至一个企业，要使自身在市场竞争中立于不败之地，需要掌握别人不具有或缺乏与其竞争的一项或多项专业技能、专利技术。而这些优势的形成，正如《荀子·性恶》篇中所讲，需要解决"积伪"、"积靡"与专心一志的问题。这里的"积"指人主观上的累积;"伪"(通假"为")指"可学而能、可事而成"的知识(包括经验)的日积月累,强调人的后天作为。而"累积"和"作为"又是一个渐进式的过程,除了主观上的累积外,更重要的是人与人之间、同行之间的相互模仿、彼此借鉴的环境,更重要的是教育对人的客观影响和客观环境中人的主观能动性的发挥。

【智略之源】

(1)诚壹不懈。参见《史记·货殖列传》:"诚壹之所致"。这里的"诚"指专注而不息,全力以赴;"壹"指专一不懈,心无旁骛。其意是说:一旦认准了一条路子,就应诚心专一,一心一意,一往无前,做到熟中见巧,巧中出奇,干出一番事业。

(2)专心一志。参见《荀子·性恶篇》:"今使涂之人伏术为学,专心一志,思索孰察,加日县久,积善而不息,则通于神明,参于天地矣。"其意是说:现在让普通的人掌握发家致富的方法,专心一致地思考并仔细地考察,年深日久地积累经验而不休止,就可达到"神明"的境界,就可与天地相配合。

两谋均重视诚心专一问题,不同之处在于前者强调专一不懈,后者则强调集中精力。

>>> 十三、经营筹划

绘画讲布局，中国画的最高境界在于水墨留白。作文讲布局，要领是组合构造，遣词造句。弈棋讲布局，布置阵势，抢占要点，中盘战斗。为商经营，何尝不需要布局，"经营天下，略有四海"（西晋杜预语），同样需要筹划治理，方能算无遗策。

◎ 略从局出　谋世非时

【案例之一】

陈永栽，菲律宾华侨首富，曾任菲华商联谊总会理事长。他 1934 年 7 月出生于福建晋江，4 岁随父母前往菲律宾。9 岁父病随母返乡。后因家乡遭灾，被迫随叔父再次来到菲律宾，在一家烟厂做杂役，靠半工半读完成中学学业，后考上远东大学化学工程系，毕业后成为烟厂化学师。1954 年，刚满 20 岁的陈永栽成立了制造玉蜀黍（玉米）淀粉的公司，创办甘油厂，填补并控制了菲律宾甘油市场。经数十年的奋斗，陈永栽建立起汇集烟草、啤酒、银行、航空、地产、炼油、养殖、旅游、建筑等产业的庞大商业王国。他能创造如此非凡的业绩，源于他是一位富有战略思维的企业家，深谋远虑，驰骋纵横，确立了"立足菲土，先机北美，拓展香港，进军大陆，抢滩沿海"的发展战略。

"立足菲土"。20 世纪 60 年代，菲律宾严格控制商品进口，陈永栽借机筹资创办了福川烟厂。历经 10 余年，发展成为全菲最大烟厂，产品占全菲卷烟市场的 70%，辐射中国香港及东南亚各国，成为赫赫有名的"烟草大王"。70 年代起，他创办与国计民生相关的椰油厂、肥皂厂、石棉厂、电子厂、炼油厂和养殖场。购入有 90 余年生产历史的生力啤酒公司股份，收购菲律宾最大烈酒公司丹怀酒厂，80 年代筹建亚洲酿酒厂。后期涉足金融业，接管了濒临倒闭的菲律宾联盟银行和遍布全菲 90 多个机构和 8 家海外分行的菲律宾第三大华资银行，迅速扭亏为盈。90 年代中期，以超人的胆识和魄力收购危机重重的菲律宾航空公司，注资 40 亿美元更新 40 架飞机，开辟飞往亚欧及北美 10 多条新航线，菲航起死回生，当年盈利近 100 万美元，一时在世界各地传为佳话。

"先机北美"。20 世纪 90 年代，陈永栽犀利的目光又瞄准了美国旧金山和加拿大。在南太平洋的巴布亚新几内亚购置大片土地，开办种植、畜牧场，创立土产、养殖、钢材、汽车、货运公司等企业。

"拓展香港"。90 年代，正值中英香港回归谈判之际，不少香港富商纷纷抽资外逃，股市暴跌。陈永栽独具国际眼光，毅然在香港设立福川贸易公司和新联财务公司，重金投资香港房地产业，先后建成裕景商业中心、步云轩、裕景花园等一大批香港最优越地段的高级地产，而今已达数百亿港元优良资产。他的远见卓识和果断快捷的行事作风，折服了香港各界知名人士和社会贤达。

"进军大陆，抢滩沿海"。陈永栽长期关注祖国的发展。他投资的北京、上海、江苏、武汉、大连、重庆、山东、黑龙江等，成为最负盛名的菲华企业家。

【案例之二】

《中国证券报》、《新浪房产网》、《经济观察报》都曾报道过地产大鳄朱孟依。

1959 年出生于广东丰顺的朱孟依，是一位个头不高，身材瘦弱，双目炯炯有神的地产大佬。他做事非常低调，极少和媒体接触，以工作为人生最大乐趣，擅长资本运营和资源整合。短短 12 年，成长为身家 45 亿元的中国大富豪。2005 年财富统计 14.3 亿美元，福布斯中国富豪排名第二，胡润中国百富榜排名第八。

只有高中文化的朱孟依，由当年镇上的包工头走向今日的地产超人，由贫穷走向巨富，这与他一生重视策划和追求大动作、大策略、大资本运作不无关系。

20 世纪 80 年代中期，经商热潮席卷丰顺县城，刚 20 岁出头的朱孟依成了镇上一名包工头。那时镇上很多人在家门口开商铺，集镇显得很乱。朱孟依想，如果把这些人集中到一条街上，便可以成市不乱。他去找镇政府，表示愿意筹资建设一条商业街，条件是政府批土地，回报是与政府分享业主商铺租金。尝试着把策划投资、参与经营与地产开发捆绑在一起。迈出的第一步，就超出了包工头的业务范围，把自己定格为地产开发商。他由此掘到了自己的第一桶金。

到了90年代初期，身家不菲的朱孟依已懂得未来事业的发展需借助资本市场力量的道理，针对当时国内限制私营企业，尤其是房地产企业在国内上市的政策。他来到香港，设法获得香港永久居住证，与张荣芳、陆维玑夫妇联合成立香港共创合生创展集团公司，在广州成立广东珠江投资公司。"两块牌子，一套人马"，"两条腿走路"，"左手牵右手"，协同发展。既享受国家有关外商投资的优惠政策，积极融资（包括上市），抬高"身价"，又利用他与广州地方政府的良好关系，快速购得土地。

朱孟依获知广州市天河区政府所在地，拟规划发展未来商业中心的信息，他便以香港合生创展与珠江投资公司合作的方式，抢占先机，率先以低廉价格购得位置尚很偏僻、属大块农田的天河地区土地。他一鼓作气，建成了颇具气魄的华景新城，使其很快成为广州市内最繁华的商住区。这使合生创展集团公司在广州顿时声名鹊起。

深知商机稍纵即逝道理的朱孟依，接连在广州展开一系列大动作，连续开发了骏景花园、帝景苑、愉景雅苑、华景新城、暨南花园、华南新城等16个大项目。其中建筑面积超过50万平方米的项目13个、超过100万平方米的项目3个，有的项目甚至超过200万平方米。

地产的大批量开发需要资本助力。而快速筹集资本的最佳途径是借助资本平台，上市筹资，上市筹资的关键又在于找到一位精通资本运作的行家。1996年，朱孟依以年薪100万元请来香港一家上市公司执行董事谢世东，担任合生创展总裁。1998年合生创展在香港上市，筹资6.7亿港元，年底合生创展总资产达到56亿港元，净资产25亿港元。拥有巨额资本的合生创展，立即在广州购买大量土地，以低廉的土地价格，在珠江以南的番禺区等地，造就了大盘与别墅式新村而闻名全国的"华南板块"。

即使在2005年，几乎全中国的房地产大佬们都选择了"抓内控"、"收缩战线"、"抱团过冬"之时，朱孟依再出奇招，以500万元地产界最高年薪以及2000万元的股权等优厚条件，聘请金融要员出身和政府高官背景的武捷思，出任合生创展的执行董事兼行政总裁，逆势布局，实施面向全国的快速扩张计划：在上海购地1400亩，在深圳拿地300余亩，在北京一口气拿下了5500亩开发用地，在天津宝坻县拿地 1.8 万亩，形成了以广州、北京、上海、天津四大城市为核心，向珠三角、环渤海、长三角经济区的新兴城市渗透，由点到线，由线到面，点、线、面结合的地产开发布局。

朱孟依在地产开发中，实施全产业链通吃的垄断策略。朱孟依建立自己的设计中心，工程由关联公司韩江建设负责，物业交关联的康景物业管理，社区内的五星级酒店由自己开发并与专业酒店管理公司一起经营。甚至在广州办起了以业主为受众群的建材、装潢、家具城。扎牢堤坝，产业内部和企业内部各环节链环环相扣，相互监督，降低成本，肥水不流外人田，形成垄断利润。

【案例点评】

就经济领域来说，小到一个普通企业，大到一个国际性企业集团，其发展的方向、战略定位、发展路径及其实施策略，都离不开精心的策划和长远的规划。本案中菲律宾华侨首富陈永栽"立足菲土，先机北美，拓展香港，进军大陆，抢滩沿海"的战略布局，给人耳目一新的感觉。另外，地产大鳄朱孟依从小镇起步时的"三合一"捆绑式开发模式；针对国内对民营企业改革精心设计"两条腿走路"、"左手牵右手"策略，让成批土地开发并在香港上市融资；在珠三角、环渤海、长三角经济区点线面结合的开发布局；发展全产业链垄断利润，都给人以重要启迪。

【智略之源】

（1）略从局出。有句格言讲："先谋于局，后谋于略，略从局出。"这里的"局"指棋局，下棋时的布局或布子的形势。"略"指谋划及主张。其意是说，对弈之要，首先在于着眼棋局，排阵布子。其后才谋划如何对弈走子。又如棋语所言："善弈者谋势，不善弈者谋子，谋子不如谋势。"

（2）谋世非时。参见清末民初陈澹然《寤言二迁都建藩议》："惟自古不谋万世者，不足谋一时；不谋全局者，不足谋一域。"意在阐明：自古以来，不谋长远利益的人，是难以谋划好一时的事情的；不谋划全局利益的人，是难以谋划好局部事情的。

两谋都高度重视谋划工作，不同的是前者突出棋局的谋划，后者更强调战略性谋划。

◎ 有胆有识　举大略细

【案例之一】

祖籍山西霍州，原籍广东番禺，出生于香港的霍英东，在香港众多的亿万富翁中，恐怕是知名度最高的。这并非因为他是全国政协副主席，拥有130亿港元的庞大资产，主要还是因为社会上传播了数十年有关"霍英东50年代靠走私起家"的流言。据记者叶中敏介绍（参见《新闻信息报》），霍英东80岁生日接受媒体采访时说："80岁了，有件事我今天愿意向社会讲清楚，当年我不是走私起家的。"

话题回到了1950年爆发的抗美援朝战争，美国操控联合国对新中国实施全面封锁、制裁和禁运。英国殖民管制下的港英当局也加入了对华禁运行列。前线十万火急，海外爱国商人的援朝物资却无法运到内地。当时的霍英东拥有10多条船和1个修船厂，有人便找到霍英东，希望他帮助运送抗美援朝物资到内地。霍英东清楚地记得这些物资有黑铁皮、橡胶、轮胎、西药、棉花、纱布等，但从没有运过军火枪械。1950~1953年，我们几乎每晚开工，没有一天停止过，白天要联络和装货，晚上开船，一天只睡3~4个小时。当然，三年的"海上运输"为企业带来了一定的利益回报。但他坦言，那些钱赚得"公道"。

运送物资十万火急，又充满危险。一次，船队中最大的渔船"黑猫"号被水警截获，霍英东作为船东被告上法庭。因当时船在香港水域没法入罪，最后被指控"黑夜航行没有开灯，罚款200元，船货发还"。还有一次，他的船被截住了，上来一名洋帮办，不由分说就是拳打脚踢，差点把命赔上。同时，还有盘踞在万山群岛一带的国民党散兵游勇的威胁，他们像海盗般专门从事海上截劫活动。"最怕的就是这些人，拥有13厘米口径机关炮等强大火力，钢板都能打穿。"

更大的代价是港英当局的政治打压。霍英东开发房地产业，全港首家发明"卖楼花"，生意如日中天，港英当局千方百计压制他。他占最大股份的尖沙星光行出租，美国领事馆不准美资公司租用，香港公司租用不能做美国生意。甚至电话公司不给接电话，水务局、电灯公司拖延供水供电。最后，霍英东被迫将其后值 30 多亿的星光行以 7700 万港元"贱价"卖给英资置地公司。中区"地王"旧海军船坞拆建卖地全球招标，霍英东第一个中标，港英当局立即宣布不卖……凡香港的官式活动或上流社会活动，甚至包括捐款兴医助学的善举也把霍英东排斥在外。

霍英东讲：香港是个自由港，货物进出都是允许的。对大陆禁运封锁只是那时的特殊政策。"对此我当时只想冲破它，很大程度是出于自己一向爱冒险犯难、喜欢面对挑战的性格。当年甘冒风险，冲破禁运，后来受到中央政府和历史的充分肯定，证明我做对了。对于遭受的责难，我无怨无悔。"

【案例之二】

对商人或企业家而言，能成就他们大业的往往是一两件大事。杨粲三能成为著名金融家，其创立的聚兴诚银行能成为首屈一指的川帮大银行，在全国金融界占有一席地位，全得益于杨粲三父子二人有气魄、有胆识，善于抓住重大历史机遇，发展和壮大自己。

第一次机遇：1898 年（光绪二十四年），大足地区爆发了余栋臣反清灭洋起义，震撼了整个川东地区。消息传至重庆，坊间人心惶惶，市民纷纷准备逃难。各个商号纷纷抛售存货，换取现金，导致重庆物价大跌，杨文光所在的票号也受到直接冲击。正当满城票号都在准备跑路时，杨文光反倒冷静了下来，认为余栋臣事件应该不大，其他票号要跑路，自己应抓住机遇，做到"人弃我取"，不是有"历来富贵险中求"的说法吗？他主动与票号同业签下合约，由他帮助其他票号收款放款，条件是所托管的资金，杨文光可以无息使用。于是，杨文光便用这些资金以极低价位在市面上大量收购、囤积货物，还在上海大量囤积奇缺货物，数量之巨足可让他能够左右重庆的市场价格。几个月后，余栋臣事件平息，市场贸易逐步恢复，杨文光囤积的货物价格成倍上涨，仅此一年他获银 60 万两，是所投资本金的 60 倍。由此奠定了杨家的雄厚基业，一举成为重庆商界大户，博得了"杨百万"的大名。这年杨粲三才 11 岁，但父亲这次重大决策，事后深刻影响了杨粲三的性格，在他追逐利润的商业生涯里经常流露出来。

第二次机遇：1911 年 5 月，四川爆发了声势浩大的保路运动。7 月重庆保路会成立，同盟会成员开始酝酿武装起义；9 月 7 日四川都督赵尔丰公开镇压，制造了死伤数十人的"成都血案"，大肆逮捕革命党人，保路同志军发动了武装起义。10 月 13 日，清廷重臣端方率领湖北陆军进驻重庆。重庆城四处弥漫着浓浓的火药味。城内流言四起，商界风声鹤唳，商人纷纷抛货求现，物价狂跌，大批商号倒闭。他人认为是危机，杨家却视为发财的大好商机。受革命党人童氏兄弟的影响，杨粲三对此显得非常镇静，他坚信清政府必败，反清革命必胜。与父亲反复分析时局后，他毅然决定乘物价大跌之机，集中大量资金收购、囤积一批货物，静待时变。1911 年 10 月 10 日武昌起义成功。11 月 22 日蜀军政府在重庆宣告成立。政局开朗，社会稳定，市场复苏，需求转旺，物价回涨，杨粲三趁机将低价购进的货物高价售出，聚兴诚商号这次纯赚 10 万两白银。当新成立的重庆军政府号召士绅捐款救济饥民时，拥护辛亥革命的杨粲三慨然捐助 1 万银两，万县分号也资助过境部队饷银 3000 两，以示对新政权的拥护。

在经营商业的同时，杨粲三注意扩大票号业务，先后揽办了重庆铜元局购销业务，取得了代收川北盐税的特权，每年承汇总额逾 900 万银两。民国初年，聚兴诚商号兼营的存、放、汇兑业务的总额近 1000 万银两，年收益 10 多万银两，成为商号最赚钱的一项业务。由杨氏家族财团集资创办的四川最早一家民营银行——聚兴诚银行，于 1915 年 3 月 16 日在重庆正式开业。

【案例点评】

闯荡商海，直面各种挑战，需要胆魄；无畏失败和挫折，需要胆力；注重谋划，胆大心细，需要胆略，与"胆略"直接相关的就是"胆识"。许多企业家能兴企立业的成功实践启迪人们：他们的成功往往是先有识后有胆，或识大于胆，识重于胆。一是善于辨识，有一双火眼金睛，识骗识诈，识谋识奸，识局不入局，识套不入套。二是比较博识，见多识广，学识渊博；研究和追踪市场，能眼观六路，耳听八方。三是富于卓识，先识于人，先识于机，有远大的眼光和卓越的见解。四是胆识统一，有识无胆，百事无成；有胆无识，瞎乱折腾；胆识统一，无往不胜。

【智略之源】

（1）有胆有识。语出傅昭《处世悬镜》："有胆无识，匹夫之勇；有识无胆，述而无功；有胆有识，大业可成。"这里的"胆"指胆魄，"识"指识见；"述"指陈说、叙述。其意是说：仅有敢作敢为的胆魄而缺乏识见，只能算匹夫之勇；仅有识见而缺乏敢作敢为的胆魄，只说不做、坐而论道，不可能建功立业。既有敢作敢为的胆魄又有远见卓识的人，才可能成就丰功伟业。

（2）举大略细。语出《抱朴子·接疏》："明者举大略细，不忮不求。"这里的"忮"指妒忌；"求"指贪求。其意讲一个聪明睿智的人，要善于提出和抓好重大问题，敢于舍弃细小的事项，不妒忌，不贪求。形容为人要有气魄，有胆识。

在此，前者讲建功立业须胆识兼备，后者侧重讲抓大弃小。

◎ 削峰平谷　旱则资舟

【案例之一】

李嘉诚出售"长江塑胶厂"和另外一座工厂大楼后，他与太太庄明月经过许多个不眠之夜的研究，决定改行经营地产生意。

初涉地产业，李嘉诚非常审慎，"摸着石头过河"，从小规模干起。他先买下一块地皮，请人测绘、设计，寻找承包商，干起信心十足。但楼房刚建到一半，一场突如其来的大风暴席卷而来。1966 年，正值"文化大革命"时期，香港的"左派"也借机制造混乱，受此影响，香港工人不上班，学生不上课，贸易倏减，治安混乱，人心浮动。有经济实力的人纷纷外逃，争相廉价抛售产业。李嘉诚的楼房建设施工也被迫停工。面对严峻的投资环境，李嘉诚冷静地分析了香港地区土地、房产、人口构成、市场供求情况和大陆与香港不同的社会制度、不同的社会管控方式等。他临危不乱，沉着应对，绝不移民他乡。又经过一段时间的观察，他不仅不撤资，反而加大投资，别人抛售地产，他大量吸纳地产，用卖厂的数百万港元，快速地收购别人贱卖的楼盘和地皮。有些人对此很不理解，甚至有朋友也劝他别犯傻，小心变成穷光蛋。李嘉诚对此只是淡然一笑。

成功的形势研判，回报也是异常丰厚的。一段时期后，香港终于风平浪静，经济发展重新步入正轨，地产价格又开始扶摇直上，李嘉诚乘势加快建设步伐，快速地推出一批房产，高价抛售一部分地皮，几乎一夜之间跃升为亿万富翁。1971 年，李嘉诚创办了长江实业有限公司（简称"长实"）。第二年，又改组公司，顺利上市。同年，"长实"已拥有 1500 万平方英尺的楼宇面积，其中大型楼宇达 138 万平方英尺，一举跃居香港各大地产商之首。

1972 年，一场世界性的石油危机席卷香港，香港经济又一次陷入萧条之中。

李嘉诚立即采取收租、停建新楼等系列投资紧缩措施，静观其变。紧接着的1973 年，世界经济又出现第二次大衰退，由此引发了前所未有的股市风潮，恒生指数猛跌 50%，许多百万富翁破产。经过几次风浪的考验和洗礼，李嘉诚已经感悟和懂得了"削峰平谷"、波浪式推进的市场经济演变规律，他以超然的态度，时刻关注市场的变化，充分调动手头的资金，悄悄地吃进地产，购买别人抛售无法完成的建筑工程。1976 年，香港经济慢慢走出了危机和风潮的浩劫，逐步恢复了应有的元气。李嘉诚低价买进的地产，再次卖出了好价钱。他立即向长江实业有限公司注入 6800 万港元的资金，提振股民的信心，人们纷纷买进"长实"股票，为李嘉诚 1976~1980 年地产开发黄金时代的对内对外投资筹措了更多的资金。

【案例之二】

位于湖北兴山县境内的宜昌兴发集团，是一家集移民搬迁、资源加工、外贸出口于一体的大型磷化工企业集团。

兴山县磷资源十分丰富。过去，该县在磷资源中，大量贫矿无人开采，废矿抛弃无人管理，废渣、废泥等废料四处堆砌，无人问津，造成大量资源浪费和环境污染。改革开放以来，这些问题逐步引起人们和企业的重视，特别是李国璋担任兴发集团董事长以来，高度重视磷资源的合理开发和科学利用工作。他认为，磷资源是 21 世纪 17 种最紧缺的资源之一，没有贫矿、废矿无用问题，核心是如何巧用活用；没有绝对的废物，只有放错位置的资源。当然，他也不回避磷化工废料对环境有严重的污染作用。他们活用古人"旱则资舟，水则资车"的经营策略，根据不同时期、不同地域、不同企业对磷化工原料、产品的需求情况，不断探索开发、利用、供给的有效途径。

第一，产需对接，李国璋提出了"富矿精用、贫矿巧用、废矿活用"的资源开发指导思想，仔细研究国内外市场对磷化工产品的需求量、需求品类，有针对性地抓好磷矿资源的综合开发、分类使用、优矿优用。

第二，未雨绸缪，在矿山附近，把市场需要的大量废矿、废渣、废泥储存起来，以备后期科学利用。

第三，科工贸结合，加强与各科研院所、高等院校的合作力度。公司利用不同产品间的共生耦合关系，不断加强技术创新和工艺改进，通过企业内各工艺之间的物料循环，在每个环节和内部之间形成封闭式回路，形成了各个主导产品环环相扣、环环生金的循环经济产业链。如在固体磷渣、磷泥等废料利用上，通过做水泥，把磷渣做到了百分之百的利用；又通过提取磷酸纳，将其废渣改由过去的深埋为进一步提取磷酸钙，变剧毒废料为动物饲料的添加剂。磷泥是废物中污染最重、危害最大的，通过提取磷酸盐后，废料全部卖给了肥料企业。在废水的处理上，因企业建在三峡库区香溪河的支流，影响非常大，企业投资数千万元，真正做到了零排放：生产用水实行大封闭循环。在废气的处理上，因黄磷生产排出二氧化碳、一氧化碳，他们将一氧化碳回收，作为燃料对热能的补充，企业年节约7万吨标煤；对燃煤锅炉、溶磷炉产生的二氧化碳，改对空排放为溶磷炉通过转换机制把蒸汽全部回收，其回收热能又为企业节约标煤9万吨。

兴发集团2007年销售30多亿元，利税4亿元，年出口创汇1亿多元，已进入中国化工500强中前100位，到2010年已发展成为中国最大的磷酸盐生产企业，世界最大的六偏磷酸钠生产企业，企业年销售收入实现100亿元。

【案例点评】

大自然的地壳运动，江河湖海的波浪运动和市场经济的供求变化，都遵循着自身的发展运动规律。企业参与市场博弈，贵在研究自然、社会、经济的发展规律，探索顺应、把握和驾驭这种规律的市场策略。李嘉诚利用"削峰平谷"式的经济周期变化规律，抓好房地产开发投资；宜昌兴发集团活用"旱则资舟，水则资车"的经营策略，根据不同时期、不同地域、不同企业对磷化工原料、产品的需求情况，保障有效供给，不断拓宽了企业发展创新之路。

【智略之源】

（1）削峰平谷。语出《诗经·小雅·十月之交》："百川沸腾，山冢崒崩，高岸为谷，深谷为陵。"这首诗描述的是亿万年地震及地壳变化，导致百川汹涌，山峰崩塌，高峰变深谷，深谷变山陵的自然巨变。后来经济学人将这种自然运动借喻为经济发展的周期性演变，商家亦把这种峰谷演变视同市场供求、价格波动演变，把顺应这种变化延伸为一种商业韬略。

（2）旱则资舟。语出司马迁《史记·货殖列传》："旱则资舟，水则资车，物之理也。"其意是说：旱则备船以待涝，涝则备车以待旱，这种"待乏"的经营谋略，大致符合农业年景丰歉演变的自然规律。

两谋同受自然规律和市场供求规律的启迪，不同的是前者多喻于对经济发展周期运动的认识和经济管理的决策，后者则侧重于商品供求及经营谋略的运用。

◎ 展成奠价　驶足置驿

【案例之一】

物价是关系国计民生的大事，而价格关乎为商经营的盈亏和企业的兴衰。唐玄宗、唐德宗时期的刘晏（718~780），8 岁就因向唐玄宗敬献诗赋而被称为"神童"，被授予秘书省正字官职（朝廷图书管理员），后来成为管理唐王朝财政达 20 年的杰出理财家，是历史上最重视市场信息和物价变化，并建立了一整套市场行情、物价信息搜集、分析和传递的第一人。

唐初，政府对农民实行"租庸调"的赋税制度，还实行按田亩计征的"地税"，按户计征的"户税"等。"安史之乱"后，出任江淮租庸调使的元载，不顾兵荒马乱，强迫百姓缴纳 8 年所欠租调，甚至派员查抄百姓家产，拷打逼索，大批百姓逃亡避难。刘晏担任江淮租庸调使后，宣布废除额外税赋，按照当地百姓粮食实际收成情况，适当减免农民负担。但又面临如何完成朝廷巨额财政税赋任务等难题。

刘晏担任中央政府度支郎中兼侍御史，管理全国财政时，他便在全国各道（行政区划名）的院内，选派干员担任"知院官"，又由各地方政府任命官吏主持驿站（文书传递人员中途休息换马处所），招募了许多"驶足"（行路迅捷的调查员），给予优厚的报酬。凡有关农业生产、粮食收购、物价变动及百物行情价格涨落，物资余缺，均由"驶足"负责反映。每旬每月把各州县的雨、雪天气情况和农业、粮食丰歉等情况上报给刘晏。

刘晏及时对获取的大量经济信息资料进行全面、系统的整理分析，从中探索市场物价变化规律，用于指导全国粮食等物资供求调节。如粮食收购，过去在收购季节前，先由各地呈报粮价，再按所报价格确定收购数量，而且要待州县申报齐后才能批示收购数量。由于交通不便，公文呈报手续烦琐，几经周转，批示下达收购时，粮价已随市场价格涨跌变化，国家收购时常常是价高粮少，商人从中赚取了大量利润。

刘晏有针对性地采取了两项措施：首先让交通方便的产粮州县汇集近几十年中粮食收购价格和数量等历史资料，将收购数量、价格高低分为五等，上报议定后，即作为各地确定收购数量的依据，对于当时粮价最高的地区按最低价收购，最低价地区按最高价收购，由各地区在收购时自行掌握，由此价格低的地区收购数量就多。再就是要求各地收购数量每天必须飞马快报政府，由政府汇总收购数量后，按照"避贵就贱，取近舍远"的原则，及时进行调节安排。如收购数量不足，价格高的地区先行停购，价格低的地区增量收购。

由于刘晏及时了解了全国各地农业生产和粮食丰歉变化，中央政府对于各地的经济调控措施也更有针对性。往往不等当地州县申请，刘晏已清楚当年哪些作物减产，哪些地区应予减赋，如实禀报朝廷及皇上核准后执行，主动解决各地困难，成功地避免了地方官员弄虚作假，欺上瞒下，做到了"丰收之年政府以高价征购粮食，歉收或灾年政府则以很低的价格卖出粮食"，有效地调节了市场粮食的余缺供求。

《旧唐书》对此作了这样的记载：全国各地市场物价的上下波动情况，即使是最偏远地区也不过四五天时间，刘晏便能知道。全国各地哪里物价高低，粮食的余缺，货币供给是否充足，所有这些情况尽在刘晏掌控之中。中央政府获得了实际利益，对全国各地物价也没有奇高奇低、波动过大的担忧。

【案例之二】

上海商业储蓄银行的创立者陈光甫，是一位较为罕见、独具特色的银行家。他经办金融业，对事情看得很深远，全得益于他高度重视信息工作，每一件事情都从调查研究入手。他认为，作为银行经理，必须"上通天文，下知地理，中知人和"，要通过对周围天气好坏、灾情有无、收成丰歉、工业兴衰、政局动乱的研究，得出银行业务特别是放款业务应该采取的对策。他常讲："本行既为商业银行，所办之事皆为商业之事，则一举一动皆应与商业合拍，方不愧'商业'二字。"他在行内建立了一整套完备的信息网络，是上海各大银行最先成立调查部的，从总行到各分支行处均设置了调查机构。调查部门的主要任务是收集五大类信息：国内外政治形势，各种重要会议信息，国际黄金市场价格升降及金融、币制、汇兑、证券发行等情况；国内外经济形势，如国民党政府的经济政策变化；各地工农业产品产销（米、面、豆、糖、盐、蚕、棉、纱、布、丝、毛、麻、纺织、服饰和化工、原料、建筑、五金、日用百货、文化卫生用品的产销）情况，进出口价格，季节性变化等；国内各主要商号的资本、信用、营业情况，主要实业家及其工厂的生产成本，经营情况；各主要学校的师生人数，经费源流等。调查结果均作系统记录。为让广泛收集的大量信息发挥作用，上海银行还专门创办了《海光》月刊，先后达数十卷之多。

专职调查部门十分重视研究调查方法，制定调查规划，接受其他部门委托的调查任务，根据调查所得编制放款统计，商品丛刊，多项专题报告，以便部门经理随时批阅，搜集到的各地经济资料则分类整理，依次归档，以便取用。

上海银行经常召开各种专业对口性的研究会议，并设立经济研究室、棉花研究委、农业工人研究委等。通过调查研究，为业务开展提出建议，供领导决策参考。如针对都市游资膨胀、农村资金缺乏、无从改进生产等情况成立了农贷部，聘请农业专家邹秉文以副总经理名义主持农贷业务。很快，其他银行纷纷仿效，国民政府还成立中国农业银行，各省、市也相应设立农业专业金融机构。

存贷款是商业银行的主要业务。为抓好这项业务，陈光甫把调查的范围扩大到上海市各工厂、商店、居民住宅区，分别遴选适当的人和客户打交道，包括尽管当时没有多少业务往来的上海荣家、刘家、郭家等巨商。调查部也暗中收集研究他们的实力，包括当年盈亏，经营管理和负责人情况。尤其是对于放款，调查项目分信用调查和经济调查两大类，信用调查主要是对客户分户列卡，了解其财产情况及个人品质、家庭和社会关系、经营作风、经营成败等。如天津有一个叫奚东曙的大商人，是北洋政府内阁总理段祺瑞的女婿，开了一家大贸易商行，生意做得很大，出手非常阔气，许多大银行都巴结他，给他大量贷款。上海银行调查部从掌握的材料中发现他存在投机倒把等经营不正问题，随时可能发生风险，在贷款上采取十分审慎的态度。后来这家商行倒闭，给他大量贷款的银行吃了巨额倒账，而上海银行损失甚少。

【案例点评】

信息是金钱、效益，也是生产力。中国先贤创造了"聪明"一词，明代许仲琳所著神话小说《封神演义》，塑造了"千里眼"（高明）、"顺风耳"（高觉）的文学形象，对"耳聪目明"作了精妙的诠释。本案例中刘晏、陈光甫重视信息搜集、整理，迅捷分析、传递和利用信息的系列举措、办法，活用了"展成奠价、驶足置驿"的谋略，更为我们参与市场竞争提供了史实参考。

【智略之源】

（1）展成奠价。语出《周礼·地官司徒下》："市之群吏，平肆，展成，奠价……胥师贾师莅于介次。"这里的"肆"即店铺；"展成"指调查、校录市场商品交易情况；"奠价"指其他商品价格参照价。其意是说：市场管理官员（胥师贾师等）检查各店铺货物是否名实相副和成交价格是否与参照价相符。他们收集市场各类商品价格信息的目的，是为了核定物价和在众多商品价格中找出有代表性的商品基准价。

（2）驶足置驿。语出《新唐书·刘晏传》："诸道巡院，皆募驶足，置驿相望，四方货殖低昂及它利害，虽甚远，不数日即知。"其意讲在全国设置专门的市场信息机构，以各地巡院为基地，重金招募快捷吏员为各驿站传递信息，使全国各地物价信息数天便可知晓，朝廷以此适时调控物价，防止荒歉谷价暴涨于未然。

两谋的共通性在于高度重视市场和价格信息的收集、分析和传递，不同点是前者重视市场价格，特别是商品基准价格收集，后者重视国家农业丰歉、物价信息收集及快速传递。

◎ 趸买零售　趸买趸卖

【案例之一】

明代，有个传奇的人物何心隐（1517~1579），原名梁汝元，字柱乾，号夫山，永丰（今属江西）人。他是宋代哲学家王阳明"心学"派重要分支泰州学派的弟子。与他同时代的思想家、大学问家、东林党领袖顾宪成（1550~1612）所著的《小心斋札记》一书，记载了一则有关何心隐谈经商秘诀的故事。

明朝万历年间，大官僚耿定向挑选家僮4人，每人发给白银200两，让他们做生意。其中一个人前去拜访何心隐，向他请教挣钱获利的秘诀。何心隐略加思索后，提起毛笔在纸上写了六个字："买一分，卖一分。"这位家僮觉得此言太平淡，但又不便直言，隔会又问道："挣钱的办法有了，除此还有其他办法吗？"何心隐马上又给他写了四个字："趸（dǔn）买零售。"家僮看后，仍感不满足，又问："还有挣钱获利的第三种办法吗？"何心隐十分干脆地回答道："十字足矣，岂有更多？"家僮道谢后便离开了。

何心隐所提这十个字，后来被商界称为"六字诀"和"四字诀"，成为华人为商的金科玉律。其实"买一分，卖一分"就是告诉人们：商业贸易，即买即卖。尤其是从商时间较短、对市场行情研究不多的"新手"，或者在市场行情剧烈波动时期，不宜积货或押货。

"冤买零售"，是紧接前面六字讲的，他要求人们逢低（价）批量进货，有利润便零售出手。

10字秘诀中即买即卖，就是"买了就卖"，这包括议价时，不必过多讨价还价，不必过于精打细算；还包括买卖应一气呵成，容不得优柔寡断。对商人来说，赚钱的方式各异，赚钱的途径多样，蚀本就是亏，微利也是赢。商人重理性，很实际，一切都是为了赚钱，利益高于一切。

【案例之二】

明末科学家宋应星所著《天工开物》曾以赞美的口吻说："织造尚松江，浆染尚芜湖。"这里的"尚"是伸出拇指夸奖松江曾经是全国的织造中心，芜湖是全国浆染业翘楚。说到芜湖的浆染业，这里不能不提到徽商阮弼。

阮弼，字良臣，号长公，安徽歙县人。他自幼入学，智商极高，极为勤奋，能"日记数千言"。其父崇儒尚侠，凡乡间经济上告急告穷者，阮家均向他人借钱或担保，而借债人多借不还，阮家受困破落，落下个"其仁足愚"的名声。家道破败，学费难支，阮弼含泪辍学，转而学医，又因难以拿到出诊执照，被迫向父亲要钱"贾于四方"而来到了芜湖。

为何把经商的首要目标选定在芜湖呢？阮弼有他自己的考虑：芜湖交通发达，商情灵通，更重要的是赫蹏（指西汉末年流行的一种小幅薄纸，唐宋后通称染色纸）行业还无人问津。

自古以来，中国民间春节、清明、端午、中秋、重阳等许多节日和婚丧嫁娶红白喜事，家家都喜爱张灯结彩，用彩纸铺设装点。阮弼深知染色纸的巨大市场，他最先染试手的是染纸业。阮弼是一个商业天赋极高的人，他花工夫攻克朱砂笺纸（又名万年红），正如《芜湖县志》所语：明代朱砂笺纸已誉满天下，清代康、乾年间又被列为芜湖蜚声大江南北的地方特产之一，而创造这个业绩的就是阮弼。

由于生意兴隆，财源茂盛，一些小染坊先后被阮弼企业所兼并，形成规模日壮的大型手工工场。阮弼特将自己的店号称为"芜湖巨店"。对于如何实现新的跨越？他早已开始谋划"利且数倍"的方略。他聚集一批贩运商，筹集大量货款，将芜湖染色纸载运到南京，再批发全国。芜湖一些染坊主因为利少资小，主动找到阮弼，向他请教合作赚钱的办法。阮弼借机向他们提出一个大胆的设想：在芜湖设立赫蹄局，由染坊主共同治理，既可节省运输费用，又可实现盈利"滋倍"。染坊主们当即同意筹建赫蹄总局，一致推选阮弼为"祭酒"（相当于今天的行业协会会长），并在全国各商业"要津"处设立赫蹄分局。芜湖不仅很快成为全国赫蹄的生产批发中心，而且实现了商业资本向产业资本的转化。

后来，阮弼又"进军"棉布浆染业。他深知棉布质量好坏取决于纺织和浆染两大关键，而浆染的好坏又决定于碾石质量的优劣。芜湖大小荆山所产碾石最佳。阮弼抓住关键，凭借雄厚的资本实力，囤积大量的优质碾石，他家所染布帛和丝绸，质量最好，颜色最鲜。

"芜湖巨店"具有先进的染料和浆染技术，各地将布帛纷纷运往芜湖浆染加工，带动了染料业的快速发展，一些如"铜绿"、"银朱"等较为特殊的染色颜料迅速扩大生产。据明代文学家汪道昆在所著《太函集·明赐级阮公弼传》（卷三十五）记载：东西南北中的购物商云集于芜湖，经批发的彩色纸、多色布，迅速运销于苏州、南京、绍兴、襄阳、江陵、燕京、汝阳、淄博、曲阜、兖州及其广大的相邻地区。从芜湖巨店到赫蹄局，阮弼带领众多染坊主使芜湖走完了一条由染纸到布绸浆染的道路，奠定了全国浆染业中心地位。追溯之源，阮弼功不可没。阮弼去世后，他的子孙承继祖业，与同行一道不断改进生产工艺，提高浆染技术，使芜湖浆染业有了更大发展，享誉国内外 300 多年。

【案例点评】

本案例前例讲何心隐的"四字诀"：整批进货，以零出售，后例讲芜湖阮弼经营浆染业，整批生产（进货），整批出售。具体采取何种经营方式，一切源于自身实际。无独有偶，清人唐训方搜集整理湖南常宁方言词语 1135 条，作三卷本《里语徵实》，该书上卷中也讲了一段与商业经营有关的话："一字徵实引人生要览：贵时卸丢，贱时趸。"意在告诉人们：经营人生如同做生意一样，商品涨价时，应乘机快销，价格低廉时则应批量购进，大胆吸纳。这里讲的是"敛轻散重"和"趸买零售、趸买趸卖"的道理。

【智略之源】

（1）戥买零售。语出明代顾宪成 18 卷本《小心斋札记》："心隐授以六字诀：买一分，卖一分。又有四字诀：戥买零售。""戥"指整批。其意是说，何心隐又向耿定向的家僮手书了四字诀的从商诀窍：商业贸易要整批地进货，有利降低进货成本；商品出售采用零售的方式，有利提高经营利润。

（2）戥买戥卖。源于晋商谚语。这里的"戥买"即整批购进；"戥卖"指整批出售。整批地买卖，又称"戥批"，也就是我们今天讲的批发业务。戥买戥卖，往往靠规模经营赢利，靠批量批发赚钱。

戥货戥售和戥货零售均是商业经营的重要策略，不同处在于前者是成批进货、零售出货，后者是成批进货、成批销售。

◎ 积钱逐重　回利作本

【案例之一】

汉景帝三年（前 154 年），诸侯王中的吴王濞，楚王刘戊、赵王刘遂和胶西王、胶东王、淄川王、济南王以"清君侧"为名，发动吴楚七国之乱。汉景帝以周亚夫为太尉，率军平叛。由于列侯、封君的封邑都在关东，而吴楚等诸侯国在关东叛乱，直接危及列侯、封君的政治、经济利益，列侯、封君们纷纷请缨，愿随周太尉从军平叛。汉景帝出于朝廷财力不足考虑，要求列侯、封君自行筹备行装，参与平叛。列侯、封君们一时筹助困难，被迫向富商巨贾借贷。但当时成败难定，富商巨贾作为投资者，担心投资收不回本息，大都不愿放款。这时，有一位被称为无盐氏的富商，愿意拿出 1000 金（1 金约合 10000 钱）用于借贷，但年息为本金的 10 倍。吴楚七国之乱仅 3 个月就被平息了，无盐氏获利 10 倍，立刻成为关中首富。

后来人们将富商无盐氏作为历史上高利贷的典型，痛加挞伐。笔者认为，这恐怕有欠公允。大家都知道，秦汉时期已经专门有一批人从事借贷业务，被称为所谓"子钱家"，也就是以母钱赚子钱。尽管正常的借贷一般不会有这么高的利息，但需知，无盐氏的将本求利，并非一般意义上的借贷关系，应视为一种商业风险投资。风险投资的特点是风险越大，利率就愈高。试想，吴楚七国叛乱若得逞，或者平叛战争形成久拖不决的拉锯战，或者列侯的封邑遭受严重破坏，无盐氏极可能面临连本金都收不回来的巨大风险。若是一点风险都没有，或风险很小，相信其他"子钱家"都不会轻易放弃这个赚钱的极好机会，列侯、封君们又怎么会愿意接受这种高利率呢？

更不能忽略一个事实：无盐氏将 1000 金交给借贷方时，汉景帝及其朝廷机构没有为他做过任何承诺以及风险担保，所谓 10 倍的利息自然是毫无保障的。应该说，无盐氏所冒风险远远大于 10 倍的收益，我们把无盐氏这种投资行为视为风险投资也并不为过。

【案例之二】

豪商巨贾为了获取垄断厚利，往往利用自己的资本优势，大搞囤积居奇、买空卖空的生意。晋商把这种生意叫作"虎盘"，又叫作"耍空盘"。1921 年，晋商间就发生了这样一件事。

旅蒙晋商大盛魁支持它的小号通盛远银号，在包头大量地抛售铜圆，收买银圆。当时包头的广生店，在山西祁县帮巨商复字号的支持下，大量地倒卖银圆，收购铜圆，想趁机把大盛魁的资本排斥出包头市场。双方背后都有富商巨贾作后盾，势均力敌，皆不服输，赌注越下越大。

紧张的相持阶段，通盛远银号利用与大盛魁的关系，除向附近的城镇尽量多收铜圆外，还向各中小城市和村镇大量收集铜圆，调动各种运输工具，日夜不停地将铜圆运进包头，交付广生店，并立即向广生店逼索银圆。与此同时，暗地阴结马福祥的都统署，以官府名誉下令限制包头的铜圆出城，以遏制广生店在农村和其他城镇收购银圆。

尽管广生店所依靠的复字号，资本雄厚，周转灵活，但其长期的经营活动范围多局限于大中城市，在小城镇和广大的农村经营远比不上大盛魁。加上官府限制包头铜圆出城，使其经营施展不开"拳脚"。对方铜圆源源不断运来，催逼立即交付银圆，使广生店很快陷入严重困境之中。万般无奈的情况之下，广生店经理胡振业被迫亲自到归化城求见通盛远的经理邢克让，低头认输，央求放松一步，代其祈求官署撤销前颁限令，以期结束恶性竞争。最后达成协议：空盘变为实盘，互相交收实物，即通盛远银号收回所卖出的铜圆，交出所买下的银圆；广生店要收回所卖出的银圆，交出所买下的铜圆。

这场恶性竞争，通盛远大获暴利，广生店被迫关门，胡振业忧愤而死。

【案例点评】

常言说"儒为名高，贾为厚利"。商人是食利阶级，利益最大化是商人的行为准则，"积钱逐重"只是商人逐利的重要表现形式。它至少向我们反映了几点："两利相权取其重"，是商人的价值取向。投入费用和产出效益的比值，是商人效益为本原则的价值评判标尺。当然，对利多利少的选择，也一定程度上折射出成本核算、过程控制、细节管理和量化分析等科学管理理念。投资费用与系统效能之比，即规模性投入、规模化经营、规模性效益，无疑始终是商人追求的最高目标。

【智略之源】

（1）积钱逐重。语出《新唐书·食货志》："豪家大商，积钱以逐轻重。"这里讲的是唐穆宗四十年，农业衰败，百姓日益穷困，豪强贵胄和富商巨贾大量囤积钱财，投资厚利行业，千方百计谋取暴利。

（2）回利作本。语出《唐会要》。武则天长安元年，朝廷对质库（旧时以收取衣物等物品做质押进行放贷的高利贷机构。宋以前称质库、质铺）的经营规定："不得回利作本，并法外生利。"即禁止融资商人复利计算（把欠息折算成本金计息）。对于放款月利率，唐玄宗开元十六年下诏：公私举放，禁止突破月利率"私本四分收利、官本五分收利"的法规，另行收利。

两谋共同点体现在追逐厚利，法外生利；不同点反映出前计讲重金投入厚利产业，后计讲负债出举，复利作本。

下 卷
与狼共舞

　　人类文化的起源与其生存、繁衍、发展的环境有着直接关系。华夏文化起源于黄河流域，黄土高原和黄河平原的气候与土壤等生态条件特别适宜农耕经济的发展，利于实现生活的自给自足。正如萧功秦先生所分析的那样，华夏先民居住区以北是浩瀚的戈壁、沙漠和寒原，东部是一望无际的大海，迤南是丛林的烟瘴之地，金沙江、怒江和横断山脉的险峻地势，以及世界屋脊的青藏高原，横亘在华夏文明和印度等其他异域文明之间（参见《儒家文化的困境》）。这种相对独立性和相对隔绝性，有利于华夏民族与四邻僻远部族的同化和融合，有利于保持历史和文化的连续性和稳定性，有利于维护遍及九州的古老民族的发展和统一，但也隔绝了与世界其他早期异域文明的沟通和交流，由此强化了本土文化的自信心理和以尊临卑的优越感，助长了安土重迁、封闭保守、不思进取的文化传统。加之西汉开始的"罢黜百家、独尊儒术"，受儒家文化长期熏陶下的华夏农耕文化，反映出六个特点：一是以研究人与人之间关系为主，重视对人生经验的反思，为人处世讲求克己内敛，中庸之道，温良恭俭让。二是人间际遇中注重机敏睿智，讲识时务，尤重权变，强调好汉不吃眼前亏。三是注重谋略，无论是政治、军事、外交斗争，还是商域博弈，更强调"运筹于帷幄之中，决胜于千里之外"。四是做事瞻前顾后，三思后行，害怕出头，畏惧风险，力倡从众，压抑个性，文化血脉中天生就缺乏一种无畏的果敢和奋力一搏的血性。五是面对强者竞争和挑战，主张上善若水，倡导以柔克刚，以退为进，后发制人。六是注重实际，讲求实用，缺乏理性思维，忽视理论研究。

古希腊古罗马为代表的西方文化，是起源于地中海北岸岛屿和半岛的海岛文化。经济上不靠农业而靠商业，代表着以海洋为生存背景的人类另一种不同发展阶段与发展水平的商业文化。海洋文化的主要特点：一是海洋的浩瀚开阔，流动开放，激发人们开阔视野，向外探求，对外移民，并在开疆拓土和征服他国中体现出狼性的嗜血和扩张性。二是与巨浪、台风、暗礁的搏击中求生活求生存，生命的本然中就有一种崇尚力量的品格，有强烈的冒险冲动和拼搏意识，表现出浓厚的英雄崇拜色彩和"以力服人"的霸道文化。三是商品生产刺激和发展生产力，促进了经济繁荣，也孕育了充满血和泪的商业竞争。反过来说，竞争性质的商业作为西方人的命根子，牟取丰厚利益回报的巨大诱惑力和人心贪婪的天性注定了资本原始积累的血性和竞争的严酷程度。四是强烈的个体自觉意识、崇尚自由的天性和对海洋无穷奥秘的求索精神，决定了海洋民族的开拓性和原创性。五是以研究人与物（自然）的关系为主，西方文化注重哲学思辨，重视玄思和理论追寻，积极构建具有科学色彩的哲学体系，重视数学、物理和逻辑研究。

明清以来，历史未容得我们发展商品经济和走向市场经济，特别是19世纪中叶后，大英帝国因外贸入超、银圆流华、鸦片祸华受阻，凭借坚船利炮轰开了我华夏国门，随之列强环伺，国难迭兴，西方工业品肆虐中国，跑马圈市，如入无人之境，东西方两种迥异的文化出现了广泛而激烈的碰撞，外族强加于我们的市场经济受到了丰富、悠久而又带有一些顽固的华夏农耕文化的强烈抵制。尽管春秋战国时期的华夏大地曾经发生过国与国之间的经济"战争"，齐桓公和管仲最先践行这一思想。《管子·轻重甲》就贸易战提出了平衡供求、调节物价、物资流通、政策号令、因势利导五种竞争方略，《管子·轻重戊》第84篇所选案例对国际商战作了十分精妙的诠释。伴随资本主义的萌芽，明清以来出现了十大商帮，涌现了一批为复兴中华而兴商重工的启蒙思想家，特别是17岁便放弃科举之道，赴沪习商，先后于英美在华企业担任高级买办，在洋务派创办的一批企业中出任要职，并亲自创办和经营贸易和航运公司的郑观应，对外国在华企业的经济侵略有切身感受。在《商战》一文中痛斥洋商日渐扩大的经济侵略，其震撼力作《盛世危言》提出了一整套工商立国、实业救国、振兴商务的图强方略和十大纲目，奋臂疾呼商战救国、抵御外侮。一批批有胆有识而不甘任人宰割的华商精英，从拜师习商、买办经营，到创办实业，与肆虐华夏的国际洋商贴身"肉搏"。也曾谱写出一篇篇动人的华章，彰显了华商精英的自强勇力和无畏精神。遗憾的是历经艰辛站起来的民族实业，后来横遭日寇的战争践踏而枯萎。

历史进入 20 世纪 80 年代，国家改革开放，与世界经济接轨，一批批国际性大企业纷纷进入中国市场，一批批华商企业走向世界，与狼共舞，同台竞争，虽有许多斩获，但也常伴折戟沉舟。在此，让人想起青岛海尔 CEO 张瑞敏的一句诤言："要与狼共舞，就要先变成狼。"是的，要与狼共存，首先你必须研究狼，了解狼，认识狼的特性和禀性。数十年市场经济的风雨洗礼告诫我们：第一，狼属犬科动物，机警多疑，耳竖不曲，视、嗅、听觉异常灵敏，其信息的捕捉能力异常敏锐。与狼为伍，就要具备千里眼、顺风耳的异常才能。第二，狼是肉食动物，其本性决定了狼只要还剩一口气都想吃羊，当它张大尖锐犬齿，绝不会有仁慈之念；当它把头伸进羊圈时，也决不会谦虚地把身子留在外面。对于狼来说，因生存无小事，每一口食物都是救命之食。对此，不要心存幻想。第三，狼绝不会轻视对手，每次攻击前它都会认真了解、熟悉对手，故一生的捕猎极少失误。故决不做待宰的羔羊。第四，狼有执着的信念和顽强的精神，围捕强大的对手（猎物）时分工明确，合力攻击，决不单打独斗。与狼相斗，要更重视团结协作的团队精神。第五，狼捕猎十分讲究策略，从不做无准备的事。缘由很简单：今天准备不好，明天就可能被饿死。生存竞争，我们不仅要有无惧危险的勇气，而且更需要发现危险、规避危险的能力，否则明天就是你的"死期"。当然，我们强调竞争，并不意味我们忽视并摒弃合作，但"以力服人"的生存哲学决定了以竞争求合作，才是共存共赢的生存之道、发展之道。

》》》 十四、心竞力争

市场经济条件下，生意就是时机，每天都上演着冒险与谨慎之间的战争。有人由此感叹道：每天都在胜负中度过，一切都以竞争的形式出现。为了在竞争中取胜，或者至少不败给对手而奋斗，如果有一天懈怠，就将面临失败。这就是商人严峻的人生。

◎ 借力打力　乘间取利

【典型案例】

盛宣怀是中国洋务运动的得力干将。他一手创办了中国的轮船航运业、电报业、银行业、铁路干线运输业和北洋大学堂（今天津大学）、南洋公学（今上海交通大学）及红十字会，被誉为近代中国商业之父，也是外国商人眼中最难对付的劲敌。

盛宣怀的祖父曾经是浙江知府，父亲是湖北省粮道和盐法道。27 岁时，他经杨宗濂介绍进入北洋大臣李鸿章的幕府。1873 年 1 月李鸿章推行洋务运动，官府投入 20 万两白银，交由朝廷运输漕粮的朱其昂负责洋务。由于他用官款办理轮船航运，只运漕粮，不拉客货，无法吸引商人投资，几个月后生意就做不下去了。李鸿章开始起用盛宣怀，因为此前盛宣怀曾向李鸿章递交了一份《轮船招商章程》，第一个提出了集商资商办、官督商办的经营理念。盛宣怀走马上任后，大运漕粮，广做生意，还借鉴外国人的经营模式，募集商股 50 万两白银（每股股值 100 两白银），1 年小结，3 年大结，按股派息，认股不认人。为了全力办好轮船招商局，盛宣怀还动员父亲变卖了家中的几处典当行，个人带头入股。在他的带动下，资本迅速从 20 万两白银猛升到 100 万两白银，洋务发展步入正轨，每股面值由 1884 年的 50 两，很快恢复到 100~200 两之间。洋债逐年按数偿还，官款也得以逐步归还。

然而，招商局的发展却招来外国轮船公司的嫉恨。1890 年，正值与怡和、太古两个英国轮船公司所签齐价合同届满，因续约谈判未果，英国怡和、太古轮船公司协同美国旗昌轮船公司，同招商局展开了新一轮价格战，企图把中国招商局扼杀于摇篮之中。资格最老的美国旗昌公司和英国太古公司率先展开攻势，水运运费立刻打 7 折，继而 6 折、5 折、4 折、3 折，最低时达 1 折或 5 厘，怡和公司也不甘落后，直至 1 折。盛宣怀同他的知己郑观应对此都持一致看法，对外商的排挤不能示弱。盛宣怀立即采取了一系列应对措施，对外，指挥招商局将水运运费也打 4 折、3 折，甚至 2 折。对内，要求各分局总、会办将争胜旗昌和怡和、太古公司，作为主要考成标准，要求九江、汉口、福州等分局抓紧夏秋新茶上市商机，全力联络和招徕客商，多揽客货，并与各栈家暗中商议，给予全年一成回用（返利），务使货物全装招商局货船，提高商业经营盈利。对上，盛宣怀利用朝廷对每年 40 万担漕粮运输给予政策性补贴的优势，密请李鸿章与总署、户部商定，设法酌加厘金（补贴），又以客商所省水运运费之名，暗加厘金之上，从而争取到更多的政策性补贴。通过官商协同，一致对外，价格战相持一年之久，尽管招商局背负重压，年盈利只剩下白银 1 万余两，但仍能勉强撑持。美英三家轮船公司损失惨重，特别是旗昌公司被迫出售属下全部轮船、码头和货栈。怡和、太古公司随着价格战的持续，承受不住，内部矛盾日深。盛宣怀借机主动出击，时而拉太古以攻怡和，时而又拉怡和夹击太古，各个击破。英商眼见势难一胜，被迫再次坐到谈判桌上，双方签订齐价合同，盛宣怀终于实现了"以斗求和"、"以斗求存"。

旗昌公司对外宣布破产，盛宣怀敏锐地意识到，绝不能让怡和、太古公司买去，否则，今后招商局的生存将更加艰难，于是决计一口"吃下"旗昌公司。这对于成立不到 3 年，平均只有 7 厘盈利的轮船招商局来说，又怎么能快速筹集 200 万两白银呢？情急之下，盛宣怀首先想到的仍是李鸿章，理由是李也认同买下旗昌公司。在李鸿章的授意下，盛宣怀便打着李鸿章的旗号，找到南京的两江总督沈葆桢，经过数天的软磨硬泡，沈只答应借出 50 万两白银。盛私下疏通门路，买通沈葆桢的师爷（高级幕僚），再借了20万两白银。尚差的100多万两白银，盛宣怀穿梭于朝廷和商民之间，游刃于官场商场，硬是东拼西凑筹足了200万两白银，一口"吃下"了美国旗昌公司。盛宣怀的轮船招商局在这轮价格战中成为最大赢家。

招商局和怡和、太古公司齐价合同的再次签订，实际上即是三家垄断同盟的形成。1890~1892年间，在一时无力挤走怡和、太古公司的情况下，盛宣怀又"借力"联盟关系，着手排挤和打击麦边洋行的"萃利"、"华利"船，华昌行的"益利"、"长安"、"德兴"、"宝华"船，和兴公司的"飞鲸"、"飞龙"、"飞马"等一大批外国洋行企业的"野鸡船"，避免这些船主四处招徕揽载，与招商局等抢夺货源客源。排挤的主要方式是代理、吞并或邀之入伙。如利用和兴公司一时的资金周转不灵，设法代理其船，商调这些船运营南洋或营口至汕头、厦门航线，每年给予一定的水运运费补助。而对于"益利"、"长安"、"德兴"、"华安"等一批小船或趸船，用20万两白银收买、吞并，让其尽泊不走，借以掣肘祥生、耶松二厂，阻止其生产和制造长江小船或修理小船。另外，对于在长江上占有多数生意的小轮，尽邀入伙，力避相互间的跌价争衡。

当然，盛宣怀也明白，要撇开洋商，发展和壮大民族航运业，独得其利，只有发展内河航运。为此，他积极疏通与李鸿章的关系，上疏发展内河航运业有利御外争利、增税利国、利民便商的好处，争取李鸿章的支持。李鸿章便特许盛宣怀"试办"，不是通商口岸的国民轮船只经营民用轮，领牌纳税，不与洋船交混，还授意盛宣怀对总理衙门采取"先斩后奏"的办法，待初现成效，促使朝廷承认事实。盛宣怀首选广东和台湾作为突破口，在广东又重点放在广东至佛山、三水、肇庆等处轮运，后逐步扩大。在他接任招商局督办的不数月内，他即与马相伯、马建忠一起，乘中法战后恢复台湾经济之机，禀请台湾军务大臣刘铭传设立台湾商务总局，举办轮船航运。在运营策略上，盛宣怀又玩起了"外合内分"之计。所谓"外合"，即台湾轮船与招商局表面上合起来，用以对付怡和、太古公司，避免将它们当作"野鸡船"加以排挤，维护民族航运业发展；而"内分"，就是保护台湾轮船的独立经济体制和利益。

经过几年的发展和竞争，招商局开始拥有26艘轮船的规模，它们往来穿梭于长江内河、黄浦江和沿海各大城市之间，迎来了招商局的大繁荣、大发展时期。

【案例点评】

哲学上讲"一分为三",事实上任何一个群体都有左中右之分、上中下之分。本案例中盛宣怀与英美三大公司的价格战中,注意观察对手内部矛盾,仔细研究内生矛盾根源,特别是英商内部怡和、太古公司相互对立情况,洞察、分析和判断其利益冲突点,设法团结和利用利益相近的第三方,分化、削弱和瓦解竞争对手一方。在招商局与英资两公司形成垄断联盟后,仍借联盟之力排挤英资公司下属的"野鸡"企业,以彼抑此,借矛抗盾,借力打力,展示了中资企业的生存智慧和竞争智慧。

【智略之源】

(1)借力打力。源于体育竞技的两类拳法:一种是太极拳法,对立双方作为两个独立的太极体,对方用力打来,我方为阻止对方改变我太极体状态,只以反作用力迫使进攻者受挫;另一种是化力打力拳法,即采用勾、挂、格、挡等手法和"借势之力"、"借己之力"、"借敌之力"等方式化解对方招式,再打击对方。

(2)乘间取利。语出无人氏著《草庐经略·游兵》:"伺敌之隙,乘间取利。"意在告诉我们:要瞄准对手的弱点和软肋,抓住时机打击它、削弱它,从中获取好处和利益。

两谋的共同处在于以善借求善打,不同点在于前者只注重借力打力,后者则强调击敌获利。

◎ 以智角智　围魏救赵

【典型案例】

在旧中国,民族化学工业起步异常艰难。如果说起初受到本土盐霸干扰而可以忽略不计的话,那么对于外国盐商及工业巨头的百般阻挠和扼杀,却不能不奋起抗争。可以说民族化学工业是在扼杀和抗争中发展起来的。为此,不能不提到一个人,他就是范旭东。

范旭东（1883~1945），1910 年以优异成绩毕业于日本京都帝国大学化学系，留校担任助教，1911 年回国在北洋政府北京铸币厂负责化验分析，因不满官场腐败，亲赴西欧英、法、德、比等国考察制盐及制碱工业。从刘卫阳、罗帝整理的《工业先导：范旭东、侯德榜》一文就可以知道：他 1914 年在天津塘沽创办久大精盐公司，1917 年创建永利碱厂，1926 年青岛开办永裕盐业公司，在汉口开办信孚盐业运销公司，1933 年末创办永利碱厂，4 年后生产出我国第一批硫酸铵产品，被誉为我国杰出的化工实业家，重化工业的奠基人，"中国民族化学工业之父"。

化学工业，就离不开酸、碱、盐。针对中国盐业资源丰富而制盐工艺粗糙落后的情况，范旭东决定首先从研制精盐入手，改变中国食盐质量差的现状。这是因为按照西方人的标准，氯化钠含量不足 85% 的盐（粗盐）一般禁止用于喂养牲畜，而当时中国许多地区百姓还在食用这种粗盐或更差的土盐（硝土盐）。西方人由此讥笑中国人是"食土民族"。

他从欧洲回国后，积极研究精盐生产技术，与曾担任过盐务署长的景本白合作，1913 年招股集资筹备，集资 5 万银圆，1914 年成立久大精盐公司，范旭东自任总经理，在天津塘沽建厂，以海滩晒盐加工卤水，用钢板制成平底锅升温蒸发结晶制成精盐。"久大牌"精盐在本埠生产，各地经销分店做批发不做零售，随运随销，物美价廉，深受消费者欢迎，产品很快占领市场。范旭东成为民族工商业界崭露头角的人物。

可别小看这小小的精盐，触犯了外国盐商及当地盐霸的利益。盐商集合朝野势力，同外国盐商合谋编造谎言，在天津城的大街小巷散布："久大精盐毒死人！"闹得人心惶惶，企图把久大公司扼杀于摇篮之中。1915 年 8 月，英国驻天津港军舰也接到命令，一旦发现天津久大精盐公司的运盐船，立即予以拦截，严禁该船驶出天津港。这突如其来的打击，令久大精盐公司上下有大祸临头之感。范旭东等经过冷静分析，意识到这是商业竞争对手的打击陷害。他决定以"以毒攻毒"之计反击。范旭东通过朋友杨度将久大精盐放到时任民国大总统袁世凯的饭桌上，吃饭时坐在一旁的杨度提醒他，菜里放的就是一直被外传有毒的久大精盐。袁世凯颇感意外地再次品尝了一下，连声说好。第二天，这则新闻便见诸各大报纸，"久大精盐有毒"的谣言不攻自破。由此，久大精盐一路南下，很快占据了国内很大一部分市场。特别是久大公司生产的"海王星"精盐，氯化钠含量达到 90% 以上，彻底改变了中国人吃粗盐的历史，其产品还远销南洋地区和朝鲜、日本等国。

碱被称为"化学工业之母"。范旭东早在 1911 年赴欧考察时就曾将苏尔维法制碱技术列为重点考察项目之一。但他清楚,尽管我国 20 世纪初就已广泛使用碱,但碱市场一直被英国卜内门公司所垄断(称为"洋碱")。"一战"期间,远洋运输受阻,外商乘机抬价 7~8 倍,甚至捂住不卖,严重影响我国纺织印染、玻璃、锑矿冶炼等许多工业的生产和民用。山东一位姓葛的有识之士创办碱厂,由于斗不过洋碱而倒闭。尽管如此,范旭东仍决心发展中国自己的制碱工业。

制碱工业需要大批学有所长的人才。范旭东特请美国华裔巨商李国钦帮忙物色化学人才,为永利碱厂聘请了 3 位技术大师:毕业于美国麻省理工学院和哥伦比亚大学的化学博士侯德榜、哈佛大学化学博士孙颖川和美国制碱专家李佐华。范旭东也找到了陈调甫、李烛尘等在内的一批优秀人才。1917 年,范旭东与陈调甫、王小徐合作,在天津寓所的庭院内建起一座 3 米高的石灰窑和一套氨碱法制碱装置,打通了工艺流程,成功研制了 9 公斤工业用碱。1918 年 11 月成立了永利碱厂。

对于制碱技术,范旭东曾与拥有专利权的外商谈判购买。对方提出的条件十分苛刻:要求必须在合同上规定生产关键工序由他们派人操作,不带学徒,不传授技术;产品在我国销售,由他们规定市场。范旭东断然予以拒绝。他打算从国外购买设备,自己组织设计。但当时垄断制碱技术的国外几大公司相互间也严格保密,各藏"绝招",重要机器设备均各厂自制,都不出售成套设备。范旭东委托他和纽约华昌贸易公司的李国钦在美国聘请技术人员搞设计、选购和订购设备。1920 年,永利制碱公司筹得 40 万银圆,向国家申办工业用盐免税,获北洋政府大总统特批,农商部颁布准予工业用盐免税 30 年。卜内门公司通过英国外交大臣和驻华使节指令充任财政部盐务稽核所的英籍会办丁恩,强行公布了《工业用盐征税条例》,规定"工业用盐每担纳税两角"。有意把每吨碱的成本凭空提高 8 元,意图将永利碱厂扼杀在襁褓中,即使永利碱厂生产出碱也难与卜内门竞争。范旭东上告北洋政府行政院,起诉财政部盐务署违反政府颁布的准予工业用盐免税 30 年的法令。几经周折,永利碱厂胜诉,获准盐税再"暂免一年"。由于设计图纸一改再改、产品质量久攻仍不过关,4 台船式煅烧炉已全部烧坏,全厂被迫停产。加之盐税"暂免 1 年"也即将到期,永利碱厂再一次陷入困境。

卜内门公司总经理尼可逊一再邀请范旭东会谈,企图乘人之危,接管永利碱厂,控制中国制碱业。范旭东明确回复:《永利公司章程》规定:"股东只限于享有中国国籍者，同时也牵动政府所许优惠政策，无可变通"。谢绝了"合作"建议。后来发生了"五卅惨案"，激起全民爱国反帝高潮。永利碱厂通过上海英文《大陆报》发表题为《请看英人摧残国货毒辣手段》的文章，披露工业用盐收税案的经过，揭露丁恩侵犯主权、摧残我国工业的情况，在舆论界引起了强烈反响。慑于舆论压力，丁恩被迫同意将工业用盐免税再延期 5 年。碱厂在侯德榜领导下，解决了技术问题，1927 年永利厂终于生产出纯净洁白的合格碱。范旭东特将产品取名为"纯碱"，以区别于"洋碱"。永利纯碱开始畅销全国。1927 年 8 月在美国费城举行的万国博览会上荣膺金质奖章。

这时，卜内门公司挟其雄厚资本及其掌控的市场，从国内调来大批纯碱，降价 40% 的价格，在上海、汉口、长沙等地市场大肆倾销、赊销，企图从市场上将永利纯碱打垮。相反，在永利纯碱厂所在地的天津则不降价，以诱使永利厂将大部分产品用于本地销售，让英国产品继续占领我国广大市场。范旭东针锋相对，在天津及其他地区都以同样的价格或低于成本的价格大幅度降价销售，甚至延长赊销兑付货款期限。对于部分股东的不理解，范旭东耐心做好说服工作。另外，范旭东又巧用"围魏救赵"之谋，东渡日本，与日商三井协商，委托三井以低于卜内门产品 40% 的价格降价代销永利"红三角牌"纯碱，迫使卜内门公司在日本也跟着降价。不过永利纯碱在日本市场只相当于卜内门公司 1/10 的销售量。这样一来，卜内门公司的损失就比永利公司多出 8 倍多。这场价格战的结果：卜内门公司的中国经理李立德被解除职务，公司被迫主动与永利制碱公司坐下来商定市场分割条款：卜内门公司只占有中国 40% 的纯碱销售市场，其余 55% 的市场份额划归永利公司。今后在中国市场上，卜内门公司的碱价如有变动，必须事先征得永利公司的同意。永利公司不在日本市场扩大销售量。

搞化学的人都知道，酸、碱、盐不分家。在永利碱厂走上正轨后，范旭东又开始琢磨创建硫酸厂，满怀热情地继续发展民族化学工业。由于硫酸及相关产品涉及军工，1930 年末南京国民政府将工商、农矿两部合并为实业部，制订了所谓 10 项实业计划，其中有办硫酸铵厂一项，于 1931 年成立中国氮气公司，负责筹备此事。1934 年 3 月永利旗下的南京铔厂成立，设计能力为年产硫酸铵 5 万吨。消息传出，英国卜内门公司和德国蔼奇颜料工业公司表示愿与中国合办硫酸铵厂。条件是中国不必办厂，可"合作办厂"，12 年内中国政府不得在湖南、湖北、江西、安徽、江苏、浙江、福建、四川 8 个省与其他公司开建新的硫酸铵厂，中国氮气公司的硫酸铵产品全部由英、德两国公司组织联合包销。

范旭东耳闻目睹商谈经过，更增强了独办中国硫酸铵厂的决心。他取得上海商业储蓄银行、浙江兴业银行、金城银行、中国银行、中南银行和交通银行的支持，加上永利制碱公司积累的资本，于1933年11月呈请实业部备案，自办硫酸铵厂，永利制碱公司更名为"永利化学工业公司"。1937年2月初，一座远东第一流的大型硫酸厂在南京大厂镇顺利落成，中国人以自己的勤劳和智慧，生产出了第一批国产硫酸，揭开了中国化学工业崭新的一页！像这样一个具有世界先进水平的联合企业，能在30个月的时间里顺利投产，令国人为之振奋。范旭东在《记事》里写道："列强争雄之合成氨高压工业，在中华于焉实现矣。我国先有纯碱、烧碱，这只能说有了一翼；现在又有合成氨、硫酸、硝酸，才算有了另一翼。有了两翼，我国化学工业就可以展翅腾飞了。"

遗憾的是，有了两个"翅膀"的中国化学工业却没能飞起来。1937年7月日本帝国主义发动了野蛮的侵华战争。日方曾通过多种途径，诱惑范旭东与其合作，但范旭东坚决予以拒绝："宁可举丧，不受奠仪。"历尽艰辛开创的中国化学工业，遭受毁灭性的打击。抗战期间，范旭东继续在大后方创办实业，1938年在四川自流井开办了久大自流井盐厂，又在四川犍为县五通桥开办永利川厂。1945年10月4日下午2时，范旭东因黄疸病与脑血管病同时发作逝世。

1945年10月21日，重庆各界召开了追悼大会。当时正在重庆与国民党谈判的毛泽东，为他题写了"工业先导，功在中华"的挽联。郭沫若的挽联是："老有所终，壮有所用，幼有所长；天不能死，地不能埋，世不能语。"

【案例点评】

没有工业基础的旧中国，长期处于受工业强国欺压、剥削和宰割的地位。范旭东、侯德榜为代表的工业先驱们，在发展民族制盐、制碱、制硫酸工业中，面对狡诈阴险、层层设防、全面封锁和垄断中国市场的英商，充分利用国内的资源、人脉优势，巧施以毒攻毒、围魏救赵、司法维权等多种策略，与英商展开了一场智力、韬略和毅力、耐力对抗赛，打破垄断，合力图强，实干兴业，实现了民族化工产业零的突破，为民族化工产业的崛起、腾飞培育了两个翅膀。案例从一个侧面揭示了民族工业崛起的艰难与曲折。

【智略之源】

（1）以智角智。《后汉书·仲长统传》引仲长统《理乱篇》中一段论述说："拥甲兵与我角才智，程勇力与我竞雌雄。"这里的"角"即比较，"角智"即斗智，指才智的较量。其意是说，天下未分，豪杰并起，战端竞开，各拥雄师，较量才智，力决胜负。

（2）围魏救赵。语出《史记·孙子吴起列传》，记述了战国时期齐魏桂陵之战。魏军围攻赵都邯郸，赵国向齐国求救，齐将田忌和孙膑采取攻其必救，歼其救者，攻其必退、歼其退者的谋略，避实击虚，直攻魏都大梁，迫使魏军回师救援，乘疲大败魏师，成功地化解了赵都之危。

两谋均有斗智的特点，区别在于前者讲智慧与智慧的较量，后者讲避实击虚、直击要害。

◎ 李代桃僵　借虎驱狼

【典型案例】

孟洛川在北京大栅栏和烟台开设的"瑞蚨祥"极负盛名，经营绸缎、洋货、皮货、百货。当时民谣就盛传"南有胡雪岩，北有孟洛川"。

36集电视剧《一代大商孟洛川》，以1884年朝鲜金玉均等"开化党"人士发动甲申政变，驻朝日本军队想乘机行动，挟持王室。国王李熙奔赴清朝军队营地求助，袁世凯指挥清军在朝鲜战场上与日军作战为背景，揭示了中朝与日方战争处于僵持阶段时，为截断清军的后勤保障，日本政府借用三国"乌巢烧粮"之谋，派出有皇室背景的松原次郎来到山东，以瀛华洋行之名，与孟洛川为代表的鲁商展开了一场棉业资源争夺战。

曾以万两白银买《论语》的沙闻英向瑞蚨祥老板孟洛川报告，济南突然出现了一家名为瀛华洋行的日本商号，老板是日本人松原次郎，而经理就是孟洛川商业竞争老对手艾隆标。他们大肆推销由洋纱土纱混织而成的洋经土纬布，其纱价和布价低得惊人。在商务学堂任教的程家驹找来资料，查明了日本人松原次郎的皇室背景以及眼下他们的商业行为叫作商品低价倾销，是一种极不正当的商业竞争手段。济南布行掌柜们纷纷找到孟洛川和沙闻英商量对策，表示由于日本洋行的低价倾销，本地商号正面临严重危机。

艾隆标向日商松原次郎介绍济南布行目前的市场竞争态势，以贷纱纺织为主。破局之策就是从布号入手进行大肆倾销，以价格为撒手锏，彻底打垮孟洛川。

艾隆标出面首先找到瑞蚨祥的同业竞争对手谦祥益的代表人物耿宝坤，在利益的驱使下，谦祥益掌舵人耿夫人同意耿宝坤经营东洋纱。为了与日商抗衡，孟洛川发起成立济南布行公会，用以团结广大布号合力对抗日本洋行。同时，由瑞蚨祥出资支持布行公会商号进行赊卖，百姓看到可以赊销，纷纷回归本地商号。瀛华洋行的第一步进攻被有效化解。

日商松原次郎又使出以利益引诱、拉拢、分化、瓦解布行公会的毒招。他通过耿宝坤拉走了布行公会中以孙介安为首的几家大布号。眼见布号有人见利忘义，沙闻英和孟洛川十分痛心和失望。但他们也深知，商人总体上是个趋利群体，在重大利益诱惑下，也不能太苛求同行。当务之急重在认识和揭露瀛华洋行破坏山东棉纺织业，进而夺取山东棉业资源，截断清军在朝鲜战场的后勤保障线等罪恶阴谋，耐心说服布行公会会员以国家和民族利益为重，合力击败瀛华洋行。

松原次郎与艾隆标暗里勾结、贿赂清知府胡大人，由胡大人颁布告示勒令百姓只能购买东洋纱，禁购西洋纱。孟洛川急忙出面向胡知府讲明利害关系，却被胡知府撵出衙门。

沙闻英、程家驹于是向孟洛川提出了"借虎驱狼"的应对之策。作为西洋棉纱在山东的代理商（兼营），我们理应将日商瀛华洋行在鲁大肆倾销洋经土纬布的事告诉上海的英国银鹰洋行和法国鸿丰洋行，让英法两国洋行了解日商恶意倾销、挤占市场、侵害他们利益的行为，让英法两国洋行和驻华领事出面干预，借助英法两国力量，沉重打击日商的嚣张气焰，击退日商的倾销进攻。

沙闻英向百姓讲明利害关系，仍有部分人去进购东洋纱。程家驹两次前往上海面见英法两国洋行大班，详细介绍了日商瀛华洋行在鲁恶意倾销及其在客户争夺情况，说明了英法西洋布纱滞销严重，英法在华利益受损。洋行大班紧急向驻华领事和国内政府上报情况，英法两国政府责成驻华领事出面阻止日商继续在山东大肆倾销东洋棉纱。

在英法两国领事的强力干预下，松原次郎不得不停止倾销，孟洛川为首的鲁商强有力地维护了山东棉业资源和棉业基地地位，支援了清军在朝鲜战场上的军事斗争，也有效地保护了英法商人在华在鲁利益。

【案例点评】

日商与鲁商之间的棉业资源争夺战，是一场商业智慧之战。日商针对鲁商"贷纱纺织"方式，施用"李代桃僵"之谋，以争夺布行入手，实行政府补贴下的洋纱大倾销；鲁商联合成立济南布行公会，以让利赊销相反击；日商又实行"倾销加返利"促销，挖走唯利是图的布行大户，瓦解布行公会，鲁商巧用"借虎驱狼"之策，以夷制夷，以洋制洋，既维护了英法商人在鲁利益，又缓解了因灾棉花减产、洋经土纬布供求困局，成功地挫败了日商抢夺山东棉业资源、截断清军朝鲜战场后勤保障线的企图。

【智略之源】

（1）李代桃僵。语出《三十六计》第11计："势必有损，损阴以益阳。"这里的"阴"指局部，"阳"指全局，"僵"即枯死。其意是讲在敌优我劣或势均力敌的情况下，无法避免损失时，决策者要善于用牺牲小的局部利益的代价，换取大的全局的胜利。

（2）借虎驱狼。指借用第三方的力量，去打击或削弱对立一方的力量（势力），改变我方被动局面，有效避免被拖入泥潭、削弱实力的一种谋略。

两谋共同点讲以小的代价赢得大的胜利，不同点在于前者讲牺牲局部利益赢取全局利益，后者讲以牺牲一定利益为优惠条件，借用第三方力量战胜或削弱对手。

◎ 功致为上 师夷制夷

【典型案例】

说起中国的民族毛纺织工业，必然提到一个人，他就是无锡协新毛纺厂的奠基人、上海协新毛纺厂的创办人——唐君远。

唐君远（1901~1992），字增源，出生于江苏无锡严家桥镇一个家底殷实的纺织之家，父亲唐骧廷创建了无锡丽新棉纺织厂，名震江南。唐君远自幼刻苦读书，勤于思索。"五四运动"爆发时，正在沪江大学、苏州东吴大学化学系学习的唐君远，和其他热血青年一样，积极投身于反帝反封建斗争。父亲新开的丽新布厂缺少人手，电报强令他赶紧辍学回家，参加丽新布厂的筹建工作。回家后，唐君远本以为父亲会给他安排一个管理层职位，不料父亲却要求他从最底层的考工员做起。也许正是考工员的职位，让他全面了解了很多基层的情况，熟悉了纺织企业的生产流程和质量管理。他 24 岁任丽新布厂厂长，26 岁担任了新毛纺织厂总经理。几经坎坷，唐君远成为了一代毛纺业大家。

唐君远是一个知识型商人，眼光长远而且独到，对市场有很强的洞察力和敏感度，在他身上体现了传统与现代意识相结合的经营理念，其创业史里与日本人有过 3 次激烈的交锋，每一次都凝结了他自己的血和泪。

第一次世界大战结束后，日本纺织企业利用资金和设备的明显优势，趁机在中国各地办厂，与华商抢夺市场。在竞争策略上，针对华商资金少、设备差、技术弱、规模小等特点，实施高端位发展战略，有意拉开技术、质量、价格差距。中国纺织厂当时只能纺 20 支纱的大路货，外商就把 20 支纱产品价格压得很低，以此削弱华商的市场竞争力。转而集中力量发展细支纱，把价格提高一倍，以高端产品牟取厚利。有鉴于此，唐君远大胆地向父亲建言：脱困之策，唯有改革，更新设备，扩建规模。父子凭借振兴实业的真诚和家族声望争取到银行贷款，从国外进口 1 万锭机器，专纺 40 支细支纱，增加了 1 套精梳设备。丽新厂实行的精品策略，产品很快畅销全国，尤其是印花府绸、麻纱和首创的泡泡纱很受市场欢迎，成功地从日本人手中夺回了市场。日本《朝日新闻》当年报道，日本人把丽新厂称为日本纺织品在中国最大的劲敌。

1934 年，日商纱厂利用他们在技术、设备、规模和成本管理上的优势，在华又一次掀起低价抛售棉纱，打击华商企业狂潮。许多华商企业受此冲击，被迫竞相甩卖库存棉纱，苦撑度日，有的只好停业破产。为了扭转被动局面，唐君远决定：高起点筹建毛纺厂，要建就建一个能精纺、能染色、能整理的全能厂。他主动联合申新三厂的副经理、毕业于美国罗宛尔大学纺织专科的堂弟唐熊源，庆丰纱厂的创办人唐莹镇，共同集资 30 万银圆，懂纺织、通化工、会管理的 3 人实现强强联合。1935 年初，唐君远经过慎重比选后，直接向英商信昌洋行订购了帽式精梳纺机 1800 锭，粗梳纺机 400 锭，毛织机 40 台，向德商谦信洋行订购的染整机也很快全套安装到位。1935 年秋天，无锡协新毛纺厂正式建成投产，成为我国第一家全能精纺厂。

为了打击刚投产的协新毛纺厂，日商立即将呢绒、哔叽、直贡呢等产品一年内降价达 20% 以上。很多华商一时慌了手脚，有些好心人也劝说唐君远改做绒线，可是唐君远仍决意生产呢绒，相信协新的呢绒产品一定能打开市场。唐君远分析认为，日商挤占市场靠的是压价，表面看是个价格问题，核心是成本问题。他仔细观察了市场情况和不同进口品的税率差异，发现呢绒的进口税率为 30%，而进口羊毛或毛条的税率仅 5%。经过测算，唐君远决定钻孔觅隙，直接用进口毛条做原料深加工呢绒，既减省羊毛加工工序，又省去制条工序设备再投入。协新厂开足马力生产高档呢绒，华达呢、马裤呢产品的生产成本明显低于英国进口呢绒。1935 年以后的两年里，他们生产的马裤呢、人字花呢、薄花呢、华达呢等系列呢绒产品 24 万余码，获利 22 万余元，很快收回首期投资。刚满 34 岁，风华正茂，锐气逼人的唐君远，借一流的洋设备、一流的加工能力，抵消了日商的设备优势和高端产品的质量优势，成功击败日商价格战，夺回了失去的大量市场份额，引起了日商的嫉恨。

唐君远心里明白，日本人已容不下他，今后的路可能会更坎坷。但是，作为中国人决不能输掉自己的气节。为了应对更多的挑战，他利用 20 世纪 30 年代受世界经济影响，欧美钢铁市场凋零，纺织机械无人问津，洋行廉价推销，付款期限也十分宽松的机会，建议董事会立即向英商、德商洋行订购纺锭 2600 枚，织机 28 台。这批引进投产后，产品供不应求，机器款还未付清，企业已获利不少。

一段时间，多次听到顾客叫苦："呢绒服装最苦恼的就是遭虫蛀。"唐君远急顾客所急，立志解决这一难题。当他听到瑞士嘉基颜料厂已拥有这一技术时，他立即与瑞士厂方联系购买"灭蠹"专利产品（羊毛不蛀粉），并亲自与技术人员一起试炼，证明效果的确不错。随即与瑞士嘉基颜料厂签订为期 7 年的包销合同，在中国准予协新厂独家使用。一时间，整个呢绒市场都知道协新有不蛀的呢绒，比英国货、东洋货还好，大大提升了协新羊毛产品质量和协新的市场竞争力。唐君远还巧妙地利用国人喜欢讨口彩的心理，为协新新上市产品起名"五福临门"、"万宝聚来"、"福禄寿喜"等，市场销路日旺。

【案例点评】

我国是历史悠久的纺织大国，但近代半封建半殖民地时期落后了。在列强环伺的商业竞争中，华商仅靠自身的资金、技术和实力是无法与外商竞争的，需要借助西方先进的技术、设备、工艺，需要利用列强间利益冲突和固有矛盾，削弱和击败在华国际商家的竞争力，为民族企业的生存发展开辟一片天地。这种在夷强我弱、夷优我劣的不利情况下，民族企业求生存求发展之术，谓之"师夷制夷"、"乘间取利"之术。唐君远是我国毛纺织工业的杰出代表，也是"师夷制夷"、"功致为上"谋略的成功践行者。

【智略之源】

（1）功致为上。语出《礼记·月令》："（孟冬之月）命工师效功……毋或作为淫巧一荡上心，必功致为上。"这里的"功致"指坚固细密。其意是说：十月的任务，就是督促工匠呈缴百工制作的器物……不准制作奢侈奇巧的物品惑乱君主，必须以精巧细致为上。在此，强调产品质量既精美细密，又质地坚牢。

（2）师夷制夷。参见魏源《海国图志·叙》："是书何以作？曰：为以夷攻夷而作，为以夷款夷而作，为师夷长技以制夷而作。"所谓"师夷"主要指学习西方各国军事和科技方面的长处。所谓"制夷"指抵抗侵略，克敌制胜。强调以师夷为手段、以制夷为目的。

两谋共同主张生产精巧坚牢的高质量商品，不同点是前者强调高质量商品生产，后者主张学习西方先进科技和生产富有市场竞争力的商品，借以反击经济侵略。

◎ 虚与委蛇　先屈后伸

【典型案例】

处于半封建半殖民地的旧中国，出生于广东省佛山南海县黎浦乡的简照南、简玉阶两兄弟，不满洋烟垄断中国市场的状况，决心为中国人争口气，创办了"广东南洋兄弟烟草有限公司"，成为中国民族卷烟工业的开拓者之一。他们一家生产的卷烟总量曾占有旧中国全国产量的 20%，是中国近代史上名副其实的"卷烟大王"。

1902 年，英美烟商联合起来，在香港成立了外国在中国最大的烟草托拉斯："驻华英美烟草有限公司"，总公司设在伦敦，厂设上海陆家嘴，建立了伸向全国城镇的销售组织，一时间"洋烟"充斥中国城乡，贪婪地攫取中国人民的钱财。简照南认为，中国是烟叶生产地，又有广阔的销售市场，为什么中国人不自己生产烟叶而去吸外国人的烟呢？由此便萌生了创办民族卷烟工业的想法。

简照南得到叔父简铭石和挚友曾星湖的资金支持，从日本川井烟厂请来技师解决技术问题。1905 年 1 月在香港罗素街一幢旧楼前成立了"广东南洋烟草公司"，公开喊出了"肥水不流别人田，中国人吸中国烟！"的口号。派出人员下乡四处收购烟叶原料，通过拣、筛、烘、焙等程序处理和切烟、卷烟、装包、入盒、装箱等十几道工序的深加工，生产出卷纸柔软、烟丝整齐饱满、色泽鲜亮、口味醇和的"双喜"、"飞马"、"白鹤"三种品牌卷烟。这些具有民族特色、人们喜闻乐见的香烟一推向市场，立刻受到消费者的欢迎和市场的追捧。

连连击败北洋公司的"龙球"、"龙云"牌香烟和香港华人生产的"朱广兰"牌香烟的英美烟商，岂能容忍"双喜"、"飞马"、"白鹤"牌香烟动摇他们的市场垄断地位？总部设在香港的英美烟草公司向香港巡理府交涉，要求严厉处置侵犯他们专利权的"南洋烟草公司"。香港稽查局长带领武装警察强行没收、销毁了"南洋烟草公司"生产和销售的"双喜"、"飞马"、"白鹤"牌香烟，严重败坏了"南洋烟草公司"的声誉，堵塞了市场销路。当时，简氏兄弟也曾想到过抗辩，但英国人统治下的香港，岂有华人评理的地方。他们强忍不满，被迫接受歇业的现实，工职人员纷纷卷起铺盖各谋生路。沉重的一击，简照南悲愤交加，大病一场，由此染上了肝疾。

1909 年简照南经过一番筹划，决定将原公司更名为"广东南洋兄弟烟草公司"（简称南洋兄弟），向香港巡理府注册为无限公司，资本总额为 13 万元。为解决发展资金问题，简照南决定几路出击：自己坐镇"南洋"，弟弟玉阶重赴新加坡、泰国、马来西亚一带经商，在泰国开设了"怡生公司"，从事贩运风灯、槟榔盒、毛巾、瓷器等生意。不到一年获利 4 万元左右。1911 年辛亥革命爆发，民国建立，国人欢欣鼓舞，到处掀起"提倡国货，抵制洋货"的运动。简氏兄弟审时度势，再次推出"双喜"、"飞马"、"白鹤"牌国产香烟，利用各种形式宣传"中国人吸中国烟"。海外烟商纷纷来电要求代销"南洋"公司香烟。仅爪哇一地，"飞马"牌烟便月销 1000 箱左右。于是，简氏兄弟集中精力经营"南洋"。1911 年、1912 年各获利 2 万元、4 万元，1913 年、1914 年各盈利 10 万元，1915 年向北洋政府注册"广东南洋兄弟烟草公司"时，资本已达 100 万元，工人 1000 余人日产卷烟 600 万支，系列产品已增加到 11 种，远销中国香港、新加坡、马来西亚、印度尼西亚等地。

南洋兄弟公司的迅速发展，英美烟商如芒刺背。他们没料到这个几年前被他们搞垮的对手，恢复和发展得如此之快，还挤占了他们大量市场。于是，又接连出招，先通过洋买办邬廷生出面当说客，愿以 100 万元收购南洋兄弟公司（全部资产约 50 万元）。若不同意，将采取其他手段对付他们。面对利诱威胁两手，简氏兄弟虚与委蛇，回答是："南洋"可以卖，但要价 300 万元。

1915 年后，英美烟商公司获知南洋兄弟公司拟在广州、天津、汉口、上海等地建立销售网，筹备上海建厂生产，便派遣人员贿赂、威胁各地烟商：你们已同英美烟草公司签订合同，不得代售他厂产品，否则将承担违反合同的一切责任。一时间，南洋兄弟公司的推销员奔走各地均受阻，甚至售后付款各地烟商都不敢接受。好在同年全国掀起的"提倡国货、抵制外货"运动帮了简氏兄弟。他们立即在"飞马"烟盒上印上"振兴国货"字样，送往展览会陈列，价格也比英美烟商的更低。烟客们一比较，纷纷选择南洋兄弟牌子的香烟。简照南趁机提高经销商的销售费，各地订单接踵而来，南洋兄弟香烟出现了供不应求的局面。

一计不成，英美烟草公司采取更恶毒的手段，不惜花费大量钱财收购南洋兄弟品牌香烟，故意放到发霉时才销往市场。甚至买通印度尼西亚雅加达的仓库保管员，把大量搁霉的南洋兄弟公司香烟卖到市场，以此败坏南洋兄弟公司的市场声誉。各地经销商纷纷提出换货，给南洋兄弟公司造成了重大经济损失和市场负面效应。南洋兄弟公司采取了一系列反击措施：一是派人秘密调查英美烟商捣乱的区域、窝点、方式、手段，搜集证据，予以公开揭露。二是放宽货款兑付期限，按比例提高经销商佣金。三是南洋兄弟公司向各地发函征求各地烟商意见和要求，组织技术人员用不同配料制成适应南、北方人不同口味香烟的需求。四是聘请长于写作的报人刘豁公、漫画家潘达微、文学家王世仁、甘璧等做公司广告人，使广告宣传更大众化。五是公司有意在卷烟纸盒内藏带奖券和包括戒指、日用品、美术画等，吸引了更多的消费者，击败了英美烟商的各种进攻。

1919 年揭开了中国现代史上反帝反封建爱国运动新的一页。广东南洋兄弟烟草公司开始走向辉煌，许多资本雄厚的富商纷纷入股，南洋兄弟公司股本由原500 万元迅速增加到 1500 万元，简照南成为公司"终身总经理"，简玉阶为协理。

【案例点评】

社会生活中，屈与伸也是人们的一种生存哲学和生活方式。《孔子家语·屈节解第三十七》讲：君子于己的志向操守必要明达。委屈时可委屈，施展时便须施展。如此，降身屈从是为了等待知遇的机会；施展才华是为了及时抓住良机。即使暂时得不到发展，也不会败坏自己节操；有机遇实现抱负，也不会违背道义。现代市场经济条件下，经济亢奋，物欲横流，尔虞我诈，若一味强调锐意进取，以斗求进，忽略因实制宜、量力而行，势必遭遇大的挫折。尤其当处于创业期、原始资本积累期、发展低潮期，更应该借鉴简氏兄弟的生存法则和处世哲学，当屈则屈，当伸则伸，以屈求伸，一飞冲天。当然，这里的屈，只是作为一种手段和策略，伸才是最终目的。只有这样，屈才是一种韬略，伸才是一种智慧。

【智略之源】

（1）虚与委蛇。语出《庄子·应帝王》："壶子曰：'乡吾示之以未始出吾宗，吾与之虚而委蛇。'"这里的"壶子"指庄子；"虚"一解为假，另解为无所表示；"委蛇"一解为敷衍应付，另解为随顺应变。庄子说：刚才我显示给他看的是（万象俱空的境界）未曾出示我的根本大道。我和他随顺应变，让他捉摸不定。

（2）先屈后伸。语出马王堆汉墓出土帛书《黄帝四经·经法·国次》："人强胜天，慎辟勿当。天反胜人，因与俱行，先屈后信。"这里的"辟"通"避"；"信"通"伸"。其意是：在敌国尚处于强盛时，要谨慎地避开它。当敌国由强转弱时，就应该乘机去征讨它，这便是先屈后伸的道理。

两谋共同之意随顺应变，让对手难辨虚实，不同处是前者只讲敷衍应付，后者则只把随顺作为一种手段，目的是求伸求强。

◎ 随机逞术 以柔克刚

【典型案例】

古有"蜀道难，难于上青天"之说，在没有公路、铁路、航空的时代，川江航运无疑就成了四川人与外界沟通和经济发展的动脉，这尤其对于因没有登上船而失去投考清华学校机会的卢作孚来说，感受更深。

1925 年，卢作孚决定利用四川丰富的水路资源兴办航运公司。最早给予他支持的是他的老师陈伯遵和同学黄云龙。黄云龙与卢作孚一起去重庆，对当时重庆所有的轮船公司及其船只进行了一番考察。从中发现，长江上游的航运几乎完全由外国轮船公司垄断。20多只中国小轮船分属20多家轮船公司，均处于破产倒闭的边缘。重庆至宜宾段竞争已经白热化，江面触目可见英、美、日、法、意、瑞典、挪威、荷兰等国国旗。相反，合川至重庆段，还从来没有运行过轮船，卢作孚心中立刻有了主意：避实击虚，全力经营嘉陵江、重庆、合川短途航线，客运为主，兼营货运，定期航运，便利人流。

32岁的卢作孚邀请亲戚、师友和地方绅士募集股金8000银圆，前往上海订购了一艘取名"民生"号的70吨小轮船，定期航行于重庆至合川之间，过去两天的路程，现在顺水4小时，逆水9小时，旅客连连称便。第一年股东分红25%。1928年春，民生公司为适应枯水期，定制了第二艘取名"新民号"的34吨轮船。第二年公司又从一个商人手里买下一艘较大的轮船，改名"民望"号。从此，合川到重庆这条航线在丰水期和枯水期都有了定期轮船航行。

1928年冬，四川军阀杨森、罗泽州、李家钰、赖心辉、陈书农、郭汝栋等联兵攻打刘湘，混战直至第二年春天才结束，刘湘胜。刘湘坐镇重庆，扼守川江咽喉，管理好川江航运，利于货物流通、捐税征收、以裕饷源和统一四川政局。但外轮公司势力膨胀，华轮公司极难生存发展，刘湘渴望有一个精明强干的人牵头搞一个航业联盟组织，抗衡外轮公司，进而掌控川江航运。刘湘的高参刘航琛（二十军财政处长）推荐峡防局局长卢作孚出来领导与外轮公司竞争。卢作孚的民生公司当时尽管只有3条总吨位不足230吨的轮船，但卢作孚还是雄心万丈。他精心筹划，采取先易后难、先小后大、先商后军、先华后洋的策略，走好三步棋，以小搏大，夺回长江航运权。

第一步棋：统辖川江航运管理权。1929年，卢作孚利用四川军阀刘湘力邀他出任川江航务管理处处长之际，用半年时间整顿川江航运：政府拉兵差或军人乘船均需支付费用，在川江上下游成立大船公司管制其他小公司，所有进入重庆的中外轮船都要接受川江航务处的检查，维护川江内河航运权。航管处的命令张贴出去后，迎来的第一艘轮船就是日本的云阳号，日船重庆靠岸，公然拒绝接受检查。朝天门码头上停泊的所有外国轮船，都瞪大眼睛注视着云阳号的动向，纷纷猜测航务处的下一步行动。远远出乎他们意料的是，航务处官员并没有与云阳轮发生正面冲突，以后的几天里也没有官员靠近云阳轮，同样没有靠近云阳轮的还有停在江边的划子。聪明的卢作孚以柔克刚，暗地动员码头工人拒绝为云阳轮装货、卸货，就连码头上的小商小贩也自觉响应，拒绝卖货给云阳轮。多日孤零零漂泊在江上的云阳轮，眼见要断炊，驻重庆的日本领事被迫出面请求会见卢作孚，同意接受航务处检查。云阳轮事件沉重打击了川江上外国轮船的嚣张气焰，彻底扭转了外国轮船在川江航运长期不受管束的局面。当时四川所有报纸都进行了报道，军阀刘湘也十分佩服卢作孚的胆略，赞扬这位年轻人一不动用军队，二不打破外交关系，却给外国人立了规矩。

川江航运管理步入正轨后，卢作孚思考的第二步棋，就是统一长江航运。当年宜昌到重庆的货运，最贵时一个单位货物大约 100 元，最便宜时 4 元就够了。坐船也是如此，贵时要花很多钱，便宜时不收钱，船方还请吃饭。巨大的价格落差，规模较小的国内几家公司怎么经受得住折腾，而财大气粗的外商轮船公司则仗势垄断长江航运，歧视华人。卢作孚决定依靠民生公司运用经济手段，完成统一川江航运的重任。竞争方略是"联合国轮，一致对外，避实就虚，各个击破"。

首先，扩大股额，筹助资金。将民生公司事务所从合川迁到重庆，股本从30 万元扩大到 70 万元；北碚训练出来的大批学生编入他的队列。

其次，化零为整，壮大实力。卢作孚采用的一项措施是兼并经营不佳、亏损严重、负债较大的华商小型轮船公司。凡愿意合并的，不论负债多少，民生公司一律帮他们还清债务，需要现金多少即交付多少，其余的作为股本加入民生。卖船或并入民生公司的所有船员，一律转入民生工作，不让一个人失业。所接收轮船，都按民生的制度运转。1930 年 10 月以后，先后收买或兼并了福川、九江、通江、协同、定远、川东、利川七家轮船公司，船只数由 3 只扩大到 12 只，总吨位由 500 吨增加到 1500 吨，员工人数也从 164 人增加到 518 人。1932 年，轮船航行到了上海，开通了长江下游的航线，在上海设立了分公司。1933 年，卢作孚又在长江沿线各个重要口岸设立分公司或办事处。第二项措施就是冲破重重阻力，兼并了军阀杨森的"永年号"、范绍增的"蜀平"轮船公司，收购二十四军军长刘文辉的哥哥刘文彩的 3 艘轮船，承租了刘湘千余吨的"永丰"轮。1934年，先后兼并 22 家公司，将重庆上游至宜宾一线、下游到宜昌一线的华商轮船公司逐步吃掉，已拥有轮船 30 艘，总吨位 1.1 万余吨，占中外航商在川江航行吨位的 1/3。

第三步棋：逐鹿长江，机智应战。统一川江航运的节节胜利，使英、美、日等外国轮船公司再也坐不住了。1935 年，外商轮船公司巧乘民生公司因连续收购致使公司已负债累累的机会，依仗强大的资金优势，率先发动了价格战。最先挑起价格战的是美商捷江公司，随后日商、英商公司也加入进来。如上海到重庆，一件棉纱的运费降为 2 元，一担海带的运费仅为 0.25 元，这样的价格连航运基本的燃料和转口费用都不够。在客运方面，外商大幅度压低票价，日商的日清公司甚至公开打出招牌：顾客可以不买票，白坐船，外送一把东洋伞。面对外商客货轮滥放运价，卢作孚立即采取了六招对策：

第一招，扬长避短，及时将以货运为主的运输业务调整为以客运为主，实行客货联动。

第二招，大打服务争夺战。针对外轮过去对华人旅客服务态度粗暴蛮横，伙食质次价高，货运差损不管的恶劣经营方式，卢作孚的"民生号"公开打出"中国人乘中国船"、"中国货不装外国船"的旗号，秉承"服务社会、便利人群"的宗旨，改善经营管理，热情接待旅客，服务周到细致，伙食经济可口，货运质量上乘，坚持在固定时间、固定码头开出，风雨无阻地航行在川江航道上，赢得了大众的普遍支持。特别是随着"九一八"事变后中日关系的恶化，作为救国会重庆分会核心成员之一的卢作孚，把日资公司作为最主要的对手，民生公司轮船的卧铺床单和职工宿舍的床单上都印有"梦寐毋忘国家大难"的字样。特地制定了一套针对日资轮船的"五要"服务标准："招待乘客和蔼周到的精神要超过日船；保护客货的办法要超过日船；保护船身、节省费用的精神要超过日船；清洁整饬调理秩序的精神要超过日船；对于乘客要随时提起其抗日救国的精神。"靠"民生精神"和上乘的服务质量，民生公司的轮船大受欢迎。1934 年进出川江的旅客将近一半搭乘的是民生公司的客轮，民生公司在竞争中取得了绝对优势，公司年度盈利 16 万多元，而英商怡和洋行却亏损 4.5 万英镑，日商、美商亏损也很大。

第三招，争取官府支持，获取财饷补贴。卢作孚通过何北衡游说刘湘，货运繁忙时，不分派民生公司兵差，业务清淡时再派兵差，弥补公司淡季收入。

第四招，借助银行之力，发行百万债券筹资。数年的市场拼杀和激烈竞争，民生公司负债高达 70 多万元。卢作孚邀请国民党元老张群一同拜访时任国民政府交通部长和中国银行总裁的张嘉璈、交通银行、金城银行和川帮银行的巨头们合力支持卢作孚在上海发行 100 万元债券，渡过资金难关。

第五招，私下无偿地为美国捷江轮船公司的大买办童少生付清 2 万元私债，与童密定君子协定，抢在英国太古轮船公司和中国招商局的前面，以 65 万元的价格，一举购得已破产的美国捷江公司的 7 艘轮船。其他外国轮船公司也相继卖船收旗，败退长江上游航运，民生公司乘势收购了日商"长天丸"轮，意商"光跃"轮，英商"怡和"、"皮托谦"、"嘉和"轮等。实力大增的民生公司轮船承担起长江上游70%以上的运输任务，开拓了近3000公里的内河航线。

第六招，廉价购买"万流"轮，夺取长江航运主导权。"万流"轮是英商太古公司当时的一条1000吨大轮，价值60万两白银。一年前在长寿县境内触礁沉没，委托上海打捞公司打捞没有成功，太古公司只好标价拍卖。卢作孚亲派民生机器厂的驾引和工程技术人员实地勘察后，以5000银圆拍得。民生机器厂将其打捞起来后，拦腰切断，接长十四英尺，变成一艘长达220英尺、3500马力、航速17海里的新船，成为民生公司的主力，创下了川江修造史上的一大奇迹，奏响了民族航运业发展壮大的凯歌。1935年，长江上游约80艘轮船中，绝大多数属于民生公司，外商的轮船只有10余艘，卢作孚收回内河航运权的愿望得以实现。到抗战爆发的1937年，民生公司已拥有大小轮船46艘之多，航线由长江上游延伸至中、下游的武汉、上海，基本统一了长江上游航运。

战后，卢作孚把长江航线的重点移至上海，以此作为向沿海远洋发展的基地，增辟由上海到台湾、汕头、香港等南洋航线和由上海到连云港、青岛、天津、营口等北洋航线。并在台湾、广州、香港等地设立民生公司分公司或办事处。同时又与金城银行集资100万美元，创办"太平洋轮船公司"，购入海轮三艘，把航线延伸到越南、泰国、菲律宾、新加坡和日本。到1949年拥有各种船舶150余艘，吨位7.2万余吨，职工9000余人。新中国成立初，在构思民族工业蓝图时毛泽东曾深情地说：四个实业界人士不能忘记，他们是搞重工业的张之洞、搞化学工业的范旭东、搞纺织工业的张謇和搞交通运输的卢作孚。

【案例点评】

商界风云变幻，波诡云谲。商家在寻求生存之道，或与对手频频过招时，如何做到随机逗术？笔者认为，贵在一个"善"字。要善察，通过事物表象捕捉市场变化端倪，能拨云见日，看透和把握事物本质，做到先觉先识。要善变，市场在变，对手在变，对手的斗争策略在变，处变不乱的良策，就是人变我变，随机逗术，见招拆招。要善柔，商战中攻城略地、以硬碰硬是必要的竞争手段，而柔性进攻，以柔克刚，也是一种竞争手段，甚至是更具事半功倍效果的竞争手段。卢作孚成功统一长江航运管理，从英、美、日商手中夺回长江航运权的实践，就印证了这一点。

【智略之源】

（1）随机逞术。见南北朝时期梁朝陶弘景注的《鬼谷子·抵巇（xī）》："因化说事，随机逞术，通达计谋，以经纬识微，而预防之也。"这里的"机"指事物变化端始、征兆；"逞"指施展；"术"指方法和策略。其意讲：根据事物纵横交错变化情况，捕捉事物变化征兆，透析变化背后的隐秘或疏漏，陈述自己意见，施展对应策略，防患未然。

（2）以柔克刚。参见诸葛亮《将苑》："善将者，其刚不可折，其柔不可卷，故以弱制强，以柔制刚。"其意讲：一名优秀的高级指挥员，要刚强但不能刚烈，刚中有柔；能柔软但不能柔弱，柔中有刚。具备这种素质和指挥艺术，就能以弱小的力量战胜强大的敌人，以柔软的策略制服刚强的对手。

两谋共同点在于前者主张及时关注变化情况，提出应对良策，后者则主张以巧妙、柔和的方法克制强硬对手。

>>> 十五、资源争夺

无论是物质、能量，还是信息形态等经济资源，都是有用性和稀缺性的财富。美国前国务卿亨利·基辛格曾讲过一段发人深省的话：如果你控制了石油，你就控制了所有的国家。如果你控制了粮食，你就控制了所有的人。如果你控制了货币，你就控制了整个世界。对于发展中的大国中国来说，粮食、能源和金融均是经济持续稳健增长的软肋，如何从悄然打响的国际经济资源争夺战中胜出？必须直面我们面临的挑战。

◎ 欲取姑予　抽梯先置

【典型案例】

2000多年前的春秋时期，齐国君王齐桓公大胆起用一名叫管仲的囚徒，担任卿职（齐国的高级长官），锐意推进政治、经济、军事、法律等一系列改革，开创了一直延续到战国时期的春秋霸业。齐国强大后，迅速加快了削弱、兼并邻国的步伐。从《管子·轻重戊第八十四》一文讲述的两则案例，可以看出齐国围绕农业和粮食展开的经济战。

第一则案例。且说齐桓公采纳了管仲的谏言，大力推进"尊王攘夷"（打着尊崇周天子的旗号，讨伐、吞并邻近小国）的战略。一天，齐桓公对管仲说："鲁国、梁国对于齐国来说，如阡陌中的庄稼，蜂身上的尾螫，牙齿外面的嘴唇一样。我想吞并鲁、梁两国，但又不知怎么办才好？"管仲回答道："鲁、梁两国的百姓，历来都以织绨（纺织光滑厚实的丝织品）为业。国王您只要带头穿戴绨织品的服饰，左右大臣也穿用绨织品，普通百姓也就会跟风学样。随后，大王您再下令全国不准纺织绨织品，一律从鲁、梁两国进口，鲁、梁两国百姓为了赚钱，就会主动放弃农业和粮食生产，而专心栽桑养蚕，纺织绨织品。这样，我们就有办法对付鲁、梁两国了。"桓公说："好。"

齐国马上在靠近鲁、梁两国的泰山南面加工制作绨服，10天就穿上了。接着，管仲告诉来往于齐、鲁、梁国间的商人："只要你们为我齐国采购1000匹绨织品，齐国就给你们300斤黄金；采购10000匹绨织品，我就给你们3000斤黄金。这样一来，你们鲁、梁两国无须向百姓征税，国家财用也就足够了，这不是很好吗！"鲁、梁两国的国君得到本国商人禀报的情况后，就命令全国百姓都来纺织绨织品。

13个月后，管仲派人到鲁、梁两国刺探两国栽桑养蚕和纺织绨织品的情况。谍报人员回来报告：鲁、梁两国百姓云集城中织绨，道路上尘土飞扬，相距10步就互不相见，人们接踵而行，不能举步。车轮相互碰撞，骑马也只能排队而行。

管仲于是向齐桓公进谏说："鲁、梁两国可以攻取了。"桓公问："怎么攻取法？"管仲回答说："办法很简单，首先，您只要改穿帛衣，带领大臣和百姓不再穿用绨织品就行了。同时，您下令封闭关卡，禁止齐国与鲁、梁两国商贸往来。"桓公说："好。"

10个月以后，管仲再次派人去鲁、梁两国打探情况。鲁、梁两国的民众相继陷入饥荒。平时可以正常收到的实物赋税（粮食），现在都收不起来了。鲁、梁两国的国君赶紧下令百姓停止织绨，转而发展农业和粮食生产，但粮食生产是有季节性的，又怎么可能在3~4个月内生长出来呢。齐国粮价每石才10钱，鲁、梁两国粮食每石疯涨到1000钱。

两年后，鲁、梁两国投奔齐国的百姓占两国人口的3/5。三年后，鲁、梁两国的国君被迫请求归顺齐国。

第二则案例。齐国和楚国同是长江以北的两大强国，齐桓公一直把楚国视为自己王霸事业上的"假想敌"，整日里琢磨如何削弱楚国。齐桓公曾打算举兵讨伐楚国，但又担心楚国军事实力太强，弄不好则两败俱伤。假如军事上失利于楚，那就更谈不上削弱或兼并楚国了。

始终未获良策的齐桓公，某天突然问贵卿管仲："楚国是一个军事强国，其人民精通格斗。我们要驯服楚国，你说该怎么办？"管子回答说："那就将军事上的竞争之道用于经济上好了。"桓公问："此话怎讲?"管仲说："大王您可以出高价购买楚国特产的活鹿啊。这一招准管用。"

齐桓公于是在与楚国接壤的边境上新建了一座百里鹿苑，派人到楚国大肆购买活鹿。楚国活鹿当时价格为 8 万钱一头，购买活鹿需要很多的钱，齐桓公便派左司马伯公带领新丁到庄山开矿铸币，派中大夫王邑带了 2000 万钱去楚国收购活鹿。

楚王听说了这件事情，可高兴了。他对丞相说："金钱是人人都喜欢的呀，也是国家搞活经济的财力支撑，君王也可用它来奖赏功臣，造福黎民。而活鹿，不过是野兽而已，楚国多的是，即使全都卖了也无所谓。现在齐国花那么多钱财来购买我们不需要的东西，这是我们楚国百姓的福气啊！是上天惠顾我们啊！赶快发布命令，让老百姓上山捕捉活鹿，尽快把齐国人手上的钱财都换过来。"于是，楚国的民众纷纷放弃农业和粮食生产，上山猎鹿。

为进一步诱惑楚国人全力捕鹿卖鹿，管仲还煞有介事地对来自楚国的商人说："你能给我捕来 20 头活鹿，我就赏赐你 100 斤黄金；若捕来 200 头活鹿，你就可以拿到 1000 斤黄金。财用足够了，楚国就可以不向老百姓征税，你们也从中大赚其钱，又何乐而不为呢?"楚国商人回国一鼓动，于是楚国朝廷上下都积极行动起来，无论官方还是民间整天都谈鹿议鹿，楚国的男子在外猎鹿，女子在路上贩鹿，漫山遍野都是捕捉活鹿的人群。

在此之前，管仲又建议齐桓公运用轻重之策，将国内的粮食储藏了 3/5。随后，管仲又派另一大臣隰朋在齐、楚两国的民间悄悄地高价收购并囤积粮食。楚国靠卖活鹿赚的钱，比往年多了 5 倍，齐国收购囤积的粮食也比往年多了 5 倍。

管仲见时机已经成熟，便对齐桓公谏言："好了，这下大王可以安心攻打楚国了！"齐桓公问："为什么?"管仲回答说："楚国得到了比往常多 5 倍的钱财，楚王一定会自鸣得意，认为这是楚国强盛的象征。但楚王犯了一个致命的错误，楚国耽误了农业和粮食生产。粮食是不可能几个月时间就可以生产出来的。只要我们封锁边境，不卖粮食给楚国就行了。"齐桓公于是下令封闭与楚国的边境，禁止民间与楚国进行粮食贸易。楚国的粮价迅速疯涨起来，每石粮食卖价高达 400 钱。

齐国便派商人将粮食运到邻近楚国的芊地南部高价出售，大量钱币又重新回流到了齐国。楚王派人向别国购买粮食，粮道又都被齐国截断。受饥饿所迫，逃往齐国的楚国难民多达楚国人口的 2/5，楚国由此元气大伤。

据史书记载，公元前 656 年齐桓公大会诸侯，以楚国一直不向周王室交纳贡品为由，由齐国主导的诸侯联军出兵讨伐楚国。楚国百姓饥寒交迫，无心参战，军队也丧失了战斗力，楚成王只好派大臣屈完出使齐国向齐桓公示好，表示愿意接受齐桓公的责备，并答应向周王室进贡，战争结束。三年后楚国向齐国屈服。

【案例点评】

管仲深知无农不立、无粮则乱的道理，提出对鲁、梁、楚等邻国开展经济战，削弱邻国经济，实现齐桓公吞并邻国、称霸诸侯国的战略目标。其策略有四：一为利而诱之，抽梯先置。针对鲁、梁两国百姓历来以织绨为业，齐桓公带头并引导朝臣和百姓穿戴绨织品服饰；面对楚国盛产活鹿，又以高价购鹿诱使楚国朝野议鹿。二为欲取姑予，厚利善啖。动用国家财力以数倍乃至十倍的高价收购鲁、梁两国的绨织品和楚国的活鹿，诱导鲁、梁、楚等国国民全力发展国际贸易，放弃农业和粮食生产。三为多管齐下，釜底抽薪。对三国先打经济仗，齐国于内大量储备粮食，又通过粮商暗地高价收购和囤积他国粮食。随后展开政治、军事攻势，如联军出兵讨伐楚国。四为封锁边贸，"借骨熬油"。封锁鲁、梁、楚等国边贸，造成三国粮价飞涨，齐商借机在边境地区高价卖粮，致使邻国民心不稳，社会动荡，内乱不断，百姓纷纷逃亡，极大地削弱了邻国国力，迫使鲁、梁、楚等国俯首称臣，归顺齐国。

【智略之源】

（1）欲取姑予。语出《战国策·魏策一》："《周书》曰：'将欲败之，必姑辅之；将欲取之，必姑予之。'"这里的"辅"指辅助，"予"指给予。其意是说：想要让对手失败，暂且先去辅助他；想要从对手那里有大的获取，暂且先给予对方一定好处。此为任章迂回曲折之谋。

（2）抽梯先置。语出《三十六计·并战计·上屋抽梯》按语："故抽梯之局，须先置梯，或示之以梯。"其意是说，若想削弱敌人，打败敌人，就应事先设局，先安置楼梯，诱人乘梯，随后借机抽梯，断其退路；或者假示置梯，诱使他人犯错。置梯在先，抽梯在后，先示形欺敌，后者趁机败敌。

两谋强调的是以假象迷惑对手的韬略，不同之处是前谋讲先予后取，后谋讲先置梯后抽梯败敌。

◎ 巧于迂回　百计选出

【典型案例】

齐国强大后，齐桓公根据管仲的谏言，继续推行远交近攻战略，对邻国有计划地实施蚕食、兼并政策。

战国时期的衡山国，农业和手工器械制造业很发达，经济发展很好。

一次，齐桓公对管仲说："我想寻求一个制服衡山国的办法，你看怎么办才好？"管仲回答说："衡山国的手工业很发达，手工械器价格很便宜。您可以派人到衡山国高价购买衡山国的械器，既可缓解国内手工械器生产的不足，又可转手高价倒卖到燕国、代国，从中获利。燕国、代国一旦知道我们从转口贸易中获利甚多，又获知我们所卖械器是衡山国所生产，他们就会直接到衡山国去采购，并仿效我们的办法，转手倒卖到秦国、赵国赚钱。秦国、赵国听说后，也一定会像我们齐国和燕国、代国一样，直接到衡山国购买械器。待到天下各诸侯国都争相到衡山国购买手工器械时，衡山国的械器价格必定会成倍，甚至十倍上涨。到那时，制服衡山国的办法也就有了。"桓公说："行。"

于是齐国派人到衡山国去购买械器，根本不同他们讨价还价，衡国人叫什么价就给什么价，到后期甚至有意抬价收购。齐国将衡山国器械转手倒卖到燕国、代国谋利，燕国、代国3个月后得知是齐国人从衡山国倒卖谋利。再后来，秦国、赵国也得知货源渠道，果然都抛开齐国，派人直接到衡山国直购械器。

衡山国的国君对其丞相说："天下各国争着购买我国的械器，我们为什么不趁机提高价格呢？可将价格提高10倍以上，赚更多的钱。"各国争抢衡山国械器，产品供不应求，衡山国的百姓眼见获利很大，纷纷舍弃农业和粮食生产，一心钻研制造械器技术，加速扩大生产规模，以利生产更多械器。

管仲不动声色，用倒卖衡山国械器所赚的钱，派遣大夫隰朋带着人马到赵国暗地采购粮食，从水路运回齐国。当时赵国的粮价很低，每石只卖15钱。隰朋采用管仲之谋，按每石粮食50钱的价格抬价收购。各国商人听说齐国在赵国高价收购粮食，为谋取暴利，纷纷将大批粮食从相邻国运销齐国。

齐国收购衡山国械器 17 个月，收购、囤积各国粮食 5 个月。其后，齐桓公突然下令封闭关卡，禁止齐国与衡山国商贸往来。

齐国是强国，燕国、代国、秦国、赵国都不想招惹齐国。加之，衡山国械器都卖光了，制造成本和出售价格愈来愈高，各国也相继从衡山国召回使臣和商人。

齐国派兵攻占了衡山国的北部，鲁国趁机攻占衡山国的南部。衡山国国君自知国内械器出口太多，已没有多少兵器可用于打仗，只好闭关避战。又由于衡山国百姓舍弃农业和粮食生产已久，国内粮食非常紧缺，百姓日渐恐慌。齐国商人借机在衡山国边境高价贩卖粮食，广泛吸纳衡山国财力。衡山国国王眼见军事上已无力举全国之力抗击两大强国，被迫示好和归顺齐国。

【案例点评】

齐桓公、管仲三计削弱和兼并衡山国：一为巧于迂回。变政治打压、军事进攻为经济"掏空"策略，诱使贪利受惑的衡山国弃农兴工，经济失衡，畸形发展。二为百计迭出。眼见衡山国"入套"后，立即封锁边境，禁止贸易；与鲁国从南北两面军事入侵衡山国，国力衰弱的衡山国被迫闭关自守，加速了内乱。三为以重射轻。采取"人低我高"的粮价策略，借衡山国盲目兴工扩产之机，抬价囤粮；又在大兵压境、内政混乱之时，在边境高价贩粮，加速内乱，迫使衡山国降服归顺。

【智略之源】

(1) 巧于迂回。参见《孙子兵法·军争篇》："故迂其途，而诱之以利，后人发，先人至，此知迂直之计者也。"这里的"迂"指曲折。其意讲：采用迂回绕道的办法，用小利引诱迟滞敌国，做到比对手后出动而先到达军事要地。讲的是以迂为直的计谋。

(2) 百计迭出。计出明末军事家揭暄所著《兵法圆机·迭》："百计迭出，算无遗策，虽智将强敌，可立制也。"其意告诉我们：使用计谋时，前计未实行后计已备用，计计相连，没有失策的。即使遇到强劲的对手，也能将其制服。

两谋强调巧计多谋败敌，不同处是前者注重以迂为直，后者重视多谋并用。

◎ 人进我进，以攻制攻

【典型案例】

2015 年 8 月 4 日《观察者网》以《美媒：产业链大逆转 中国纱厂登陆美国》为题，报道了中国浙江杭州科尔集团投资 2.18 亿美元，在美国棉花主产区南卡罗来纳州兰开斯特县开建第一家海外纺织工厂，这也是中国纺织企业在美设立的第一家制造工厂。

浙江杭州科尔集团，始创于 1995 年，至 2010 年底总注册资金 5.12 亿元，总资产 22 亿元，年上缴税费超亿元，员工 2000 余人，现已发展成为一家以经营各类棉纱、棉布纺织为主导，投资、贸易为辅助和房产为支柱的多元化综合型企业集团。有人认为，纺织业是劳动密集型、低劳动力成本制造的缩影，国内纺织企业将生产线逐渐转移到成本更低的国家和地区，表明中国纺织产业的比较优势正在加速消失。科尔集团认为，近年，由于国内外棉价长期倒挂、人力成本上涨、土地和资源等要素成本上升等原因和贸易壁垒等要素制约，企业被迫实施"走出去"战略。

2013 年底，科尔集团开始在越南、印度、巴基斯坦、美国等国家寻找投资机会，最后将办厂地点放在了美国。为此，科尔董事长朱善庆等集团内部人员详细地算了几笔账：

第一笔账：成本账。就劳动力成本来说，新厂大约需要 500 个劳动力，国内劳动力每人年成本 5 万元左右，美国则需 20 万元，国外劳动力成本高出 7500 万元，但国内劳动力成本逐年在上涨，美国这个水平已经维持了 20 年。就原料成本来说，公司年加工用棉量 15 万吨左右，国内每吨均价约高于国外 5000 元，棉花原材料比国内可省下 7.5 亿元。就耗电费用来说，棉纺织耗电较多，国内每度电成本 0.7 元，美国只有 0.3 元。

第二笔账：汇率和贸易壁垒账。就汇率因素来说，现在人民币升值的趋势是没有变化的，最近 1 美元兑换人民币 6.1 元以上，这个趋势继续下去，一年之后投资海外市场房产就少花了 10 多万元，现在去海外投资是最有利的时机。就贸易壁垒问题来说，美国贸易壁垒对于纺织品来说还是比较明显的，征税从原材料直到成衣，这个税率阶梯是不断提升的，最高能达到20%。直接在美国办厂也就避开了贸易壁垒。

第三笔账：员工素质和工业基础账。这次设厂在美国东南部的南卡罗来纳州，南卡罗来纳州是美国传统制造业比较密集的地方，有较好的纺织工业基础，当年上一轮大型产业转移，就是美国这些纺织企业转移到了现在我们看到的一些发展中国家。到该州办厂不仅是科尔集团，中国的海尔2000年左右就已经在美国这个州设厂了。现在印度的一些企业也到南卡罗来纳州直接设场做纺织业。

第四笔账：区位优势账。南卡罗来纳州位于美国的东南沿海，毗邻大西洋，离中美洲、欧洲非常近，区域优势是非常明显的。美国与北美洲国家签订有"北美自贸协定"，在北美区域内贸易伙伴相互间是免费的，能够起到很好的降低成本的作用。

第五笔账：产业转型升级账。科尔集团到美国这样的发达国家去办厂，模式还是我国早期传统制造业的模式，我们先行先试可以给制造业的发展带来一些新的探索和启示，有利于推动我国纺织产业转型升级，实现在资源、技术、品牌、市场、竞争力等方面的壮大和改善。

同时，科尔集团到美国办厂，预计5年内可为当地创造501个就业岗位，减轻该州就业压力，同时还为该州增加税收，美国政府对此是欢迎的，这是一次互利双赢的投资和合作。

实际上，科尔集团的示范效应背后，还有更深层次的意蕴。我们过去常说："中国人1亿件衬衫换一架波音客机"，现在"美国3.3万吨大豆换一台中国港机"，中美在国际产业链中的位置正在发生微妙的变化，这种变化也出现在其他领域。这说明几个问题，一是改革开放初，我国刚开始工业化建设，基础差，劳动力成本低，工业初级产品生产、发展出口拉动型经济存在优势。现在我国工业正在转型升级，劳动力成本大幅度上涨，劳动密集型产品根本无法同东南亚国家竞争，这是中国企业走出去的必然选择。二是劳动力成本的上升，国际投资资本的趋利性决定其大量撤资或转移到劳动力成本低廉的东南亚等国家投资，这些国家生产和加工的劳动力密集型产品不仅挤进了中国市场，且大量挤占了我国的国际市场份额，导致我国引进外资和出口贸易同步下滑，人进我退只有死路一条，人进我进、以攻对攻才是中国企业解困良策。三是中美贸易的不平衡、美国的反倾销以及中国纺织企业远道从美国引进棉花的高成本，同样促使中国企业走出去。尽管科尔集团走出去也面临风险和挑战，但权衡利弊得失，仍然是利远大于弊。

【案例点评】

我国经济已经到了转折、转型的十字路口，经济增长的逻辑面临根本性改变，原有出口导向型经济增长阶段基本结束，降低成本、提高效益已成为企业竞争的重点，国家政策已允许通过外汇储备的运用，结合人民币国际化，鼓励企业走出去。杭州科尔集团顺应经济发展大势和国家政策调整，在精心比选投资地和算好"五笔账"的基础上，抓住时机，人进我进，以攻制攻，窄路相逢，勇于进击，抢先投资美国棉花主产区南卡罗来纳州，为中国企业走出去，参与国际竞争，树立了标杆。

【智略之源】

（1）人进我进。参见中央文献研究室史全伟的回忆文章：罗荣桓抗日战争时期根据毛泽东常说的"你打你的，我打我的"的军事原则，提出了"敌进我进"的战术思想，在摸清敌情后，瞄准敌方弱点，由根据地经游击区，打到敌人后方去，乱敌部署，粉碎"扫荡"。

（2）以攻制攻。明太祖洪武元年（1368 年），徐达、常遇春率军北上攻击元军。徐达精心运筹，挥师挺进，攻占元大都，元朝灭亡。朱元璋下诏改元大都为北平府。元太原守将扩廓帖木儿，率军出雁门关，经保安（今河北涿鹿），企图入至居庸关，进袭北京。徐达分析敌我态势：知敌远出，太原空虚。北京现有孙都督防守，可保万全。我当以攻制攻，直捣太原，使之进不得战，退无所守。此为批亢捣虚之策。

◎ 民食为天　巧谋并行

【典型案例】

2008 年 11 月中旬，《新闻晨报》记者徐颖报道了旅德美籍学者威廉·恩道尔携新作《粮食危机：运用粮食武器获取世界霸权》，在中国进行巡讲签售活动。该书从地缘政治的视角入手，通过翔实的史料与有力的思辨，揭示了围绕粮食展开的一场场不为人知的商战。2009 年 12 月初，南方都市报、中国新闻网、香港凤凰网先后发表香港著名经济学家郎咸平的警示之语："中国 90%食用油已被外资控股"，"美国人对中国发动经济战！"由此揭开了美国人如何控制中国粮油的谜底。一石激起千层浪！因为食用油在中国饮食文化中居于"主宰"地位，无论烹、炒、煎、炸，都是不变的主角。"高油耗"的国情决定了该行业历来是关乎国计民生的传统行业。国际大粮商染手这一行业，无疑是蓄谋已久、早有算计的。

攻势一：利用入世谈判，暗藏算计。中国申请加入 WTO（世贸组织）15 年漫长的谈判，美国把迫使中国开放农产品市场（包括大豆市场）作为必备条件提了出来。特别是在进口配额分配使用上，美方坚持由国有和民营企业平分。最后双方达成妥协：中方国有企业退出豆油贸易，玉米的进口配额 50%让给民营企业。当时有人曾天真地认为，中国是世界大豆产量第一的国家，也是净出口国，玉米生产大国，又何惧之有？后来的实践证明，对手早已埋下伏笔，处处暗藏算计。

攻势二：操控大豆期货贸易，上下其手。1995 年前，国产大豆总量世界第一，一直是净出口国。为了打开中方市场，美方农场主借助政府巨额补贴，将国内生产的大批转基因大豆低价倾销中国市场，打压中国大豆产业链。尽管中央政府高度重视农业，但政策扶持重点是水稻、玉米、小麦等大宗农产品，对于大豆等产品远未顾及。2000 年中国由美国进口大豆首次突破 1000 万吨。此后，进口量逐年攀升，本土非转其因大豆量少价高，产量逐年萎缩，以大豆主产、加工大省黑龙江省为例，种植面积 2006 年、2007 年分别比上年减少 25%、40%。世界第一产豆大国 10 间年退居为世界第四。而每年多进口 100 万吨大豆，会造成 130 万中国农民"失业"。

特别令国内大豆压榨企业至今仍记忆犹新的是"2004 年大豆危机"。2003 年 8 月，美国农业部放风，受气候影响，美国大豆将大幅减产，华尔街国际金融炒家借机狂炒大豆期货，数月间大豆价格从每吨 2300 元炒到 4400 元（折合人民币计价）。还通过主流媒体放风：大豆价格还会涨。由此引起中国大豆压榨行业的"恐慌"。不知有诈的国内压榨企业在大豆价格已炒到 30 年最高位时，仍"抢购"了足够两年加工的期货大豆。诱导成功后，美国农业部随即出面修正大豆减产预期，迅速调高大豆库存量。国际金融炒家密切配合，立刻在芝加哥期货交易市场上反手做空，疯狂抛售大豆期货，价格直跌 50%。业内人士都知道，大豆压榨企业 90% 的成本来自于大豆，流动资金中约 95% 用于采购原材料。价格狂跌，一月内 70% 的中国中小油脂压榨企业被逼入绝境。货运船还没到港卸货，许多企业已经破产。

攻势三：打响企业收购战，乘间击瑕。70% 的国有油脂公司破产倒闭，这为控制着世界 80% 粮油交易量的美欧四大公司（英文名字的第一个字母是 ABCD）进攻中国油脂市场创造了绝佳机会。四大公司巧借中国招商引资政策，乘机低价收购或控股中国 85%~90% 的大型国有油脂加工企业。作为四大粮商之一的美国 ADM（简称"A"），与新加坡丰益集团共同投资组建了益海嘉里集团，在中国控股的工厂和贸易公司已达 38 家，以"金龙鱼"、"鲁花"（参股）为主要品牌，一跃成为今日中国最大的油脂加工集团。2000 年进入中国市场的美国邦吉（简称"B"），迅速成为中国最大的豆油、菜籽油供应商。在中国 20 个省市拥有 34 家独资、合资企业的美国嘉吉（简称"C"），在华投资项目直接渗透到饲料、蛋白、植物油和动物饲料、化肥等产业。已成为中国最大棉花供应商的美国棉花公司（简称"D"），借机大肆向中国出口玉米（包括转基因玉米）。这轮洗牌之后，四大粮商控股或参股的食用油品牌，在供应量和价格形成机制上对中国市场快速形成垄断局面。今天中国人每天食用的大豆油、菜籽油和玉米油等都要看四大公司的脸色。

攻势四：向上下游延伸，整合产业链。中国是世界最大的大豆消费国（大豆油占国民食用油消费的 50%），2006 年中国进口大豆 2827 万吨，2007 年进口大豆 3030 万吨，占世界大豆贸易量的比例由 40% 快速爬升到 50%。而所有进口大豆货源的 80% 又由美欧四大公司所控制，全国大豆压榨总量的 1/3 则由 ADM 控股的益海嘉里集团操控，他们打通了"任督二脉"，中国人不得不看人家的脸色。更惊人的是郎咸平先生的一句话语："他们控制原料进口和压榨加工企业，绝不是为了赚你 5%~10% 的利润那么简单。我告诉你，你太小看他们了。各位知不知道，与美国政府和国际金融炒家关系密切的 ABCD 在做什么？在做全球产业链的整合。它们以控制巴西整个大豆产业链类似的手法（通过不断向仓储、运输、港口、内销和出口行业进军，从种子、化肥、农药等生产资料的价格，到下一季节的大豆收购价格和质量标准等都由跨国粮商决定），迅速布局中国的油脂产业链。"

2000 多年前古人就告诫后人"民以食为天"、"民以谷为命。"中国人一日三餐离不开食用油，而食用油的品质又是国人健康的第一道关口。严峻的现实，促使国家涉粮部门和广大企业认真总结和吸取曾经有过的失误和教训。近年先后采取了七大应对策略：以中央直属库、国家储备库和省级储备库为中心，建立国家和地方（省、市、县）储备油体系；国家和地方逐层建立成品食用油储备和应急加工、供应体系，形成遍布城乡的应急供应网络；国家在黑龙江等大豆主产区、长江流域冬油菜籽主产区、"三北"地区春油菜种植区，建立大豆、油菜籽种植基地，从种子、田间种植到原料收购、成品加工、品牌培育及市场销售，逐步建立完整的产业链；国家实行大豆、油菜籽临时收储政策，就地加工转化和充实地方食用油储备；国家出台限制国外大型垄断集团对我国新建、扩建、重组类大型油脂加工企业的兼并和控股政策；着力发展玉米油、花生油、米糠油、葵花籽油、茶籽油、坚果油和橄榄油等系列优质食用油脂产业；鼓励有实力的国有、民营大型油脂企业发展对外合作，前往巴西等一些发展中国家租地种植大豆或组建联合开发公司，共同生产和加工大豆食用油，调剂国内食用油市场需求。可喜的是，这一系列举措在保障国家和地方粮食安全，满足人民群众日常生活需求方面，正在发挥积极的作用，日渐改变国际粮商对中国油脂市场的垄断局面。

【案例点评】

几千年前古代先贤就讲：吃饭问题是天下最大的事，粮食是老百姓的命根子。美国前国务卿基辛格也曾讲过一句颇有警醒意义的话：谁控制了粮食，谁就控制了所有的人。出于对国际垄断利润的贪婪性追求，国际四大粮商在全球整合粮油产业链，从种子、化肥、农药到基地，从仓储、运输、加工到品牌、价格、内销、出口直至民众餐桌，企图全产业控制和垄断，在牟取商业暴利的同时，进而实现其经济殖民地化，操控他国政治、经济及人民生活等，这不能不引起人们的警醒。

【智略之源】

（1）民食为天。语出《史记·郦生传》："王者以民人为天，而民人以食为天。这里的"天"指所依存、所依靠。其意是表明统治者以天下百姓作为社稷的依存和依靠，老百姓则以农业，特别是粮食作为依存和依靠。

（2）巧谋并行。语出《吕氏春秋·季春纪·先己》："当今之世，巧谋并行，诈术递用……"其意是说，当今这个时代，人们出于各种目的和需要，各种巧谋善计一齐实施，各种奸诈之术递相使用。

两谋强调多措并举，保障天下百姓吃饭难题。不同处是前者强调吃饭问题是天下第一大事，后者则力主巧计良谋一并施用。

◎ 黄雀伺蝉　得机而动

【典型案例】

能源安全同粮食安全、金融安全一样，是当今世界面临的三大安全挑战之一。2014 年以来，美与俄、沙特等国围绕能源安全的商战，颇有趣味。

位于阿拉伯半岛的沙特阿拉伯王国，在国土 214.9 万平方公里的茫茫沙海底下蕴藏着约占世界石油储量 1/4 的石油资源，是名副其实的"石油王国"和世界头号石油出口国。其石油和石化工业无疑是王国的经济命脉。据阿拉伯新闻报道，2013 年沙特国内石油消费量约 8.52 亿桶，而石油出口总量约 26.6 亿桶，约占 2014 年全球石油年需求量的 7.89%。

同为世界重要石油资源国的俄罗斯，石油储量居世界第 8 位，2007 年俄罗斯石油储量、产量和消费量分别占世界总量的 4.3%、12.6% 和 3.2%。石油出口占其石油产量的 74.3%，出口地主要是白俄罗斯、乌克兰、德国、波兰以及东亚国家，占俄罗斯国家财政收入的 60%。

21 世纪以来，以美国为首的北约集团不断东扩，挤压俄罗斯的战略空间。2013 年在乌克兰发动颜色革命，把亲俄总统赶下台，俄罗斯奋起反击，一举攻占了克里米亚，并正式并入俄罗斯版图，美欧随即发起数轮步步紧逼的对俄经济制裁，并把制裁重点瞄准俄罗斯石油和天然气出口。自 2014 年 6 月以来，国际原油价格暴跌 50%，沉重地打击了俄罗斯的石油贸易出口创汇和国家经济。其他输家是 OPEC 国家和澳大利亚、加拿大等资源出口国。

近年，美国掀起了一场新的页岩气（储藏在页岩层中的天然气）革命，主要成分和天然气一样都是甲烷，燃烧天然气又比燃烧石油所产生的温室气体减少约一半，清洁度却高许多，价格反比石油便宜很多，性价比高，只是开发难度大。自 2007 年开始，在页岩气产量井喷式发展的带动下，美国的天然气供大于求，价格从每 1000 立方英尺（约等于 28.3 立方米）8 美元跌到 2012 年的 2 美元，比中国、日本和欧洲国家的天然气价格便宜得多，极大地推动了美国工业部门能源成本的降低。加之，页岩气开采又能为化工企业提供乙烷等原料，进一步推动了美国化学工业的高速发展，为全国创造了 170 万个就业机会，国家一年就从低气价中获益超千亿美元。

当然，造成国际油价暴跌的原因比较复杂，其中一种说法就是作为世界石油出口第一大国的沙特阿拉伯王国暗中推波助澜。据凤凰黄金频道报道，其真正意图就是借此施压普京放弃对叙利亚阿萨德政权的支持。虽然油价暴跌对沙特自身也造成巨大影响（如果说国际油价需要在 100 美元/桶以上才能支撑沙特庞大的国家开支。而目前 55 美元/桶的油价，沙特 2015 年就面临高达 390 亿美元的财政赤字），但沙特庞大的石油储备和累积的巨额财富（高达 7330 亿美元的外汇储备）对油价暴跌有非常强的抗击力。

另则报道反映出，在国际油价暴跌的情况下，沙特仍断然否决通过减产以推高全球油价的方案，是因为沙特还有更深层次的盘算和深谋远虑的周密计划：利用这个时机，借力使力，把油价压下来，既顺从美欧制裁俄罗斯之意，又打击了美国的页岩气开发商。因近几年美国页岩油气企业日益壮大，对进口石油的依赖不断降低，其中最受冲击的就是沙特的石油出口。正如 2015 年 2 月 1 日凤凰卫视《寰宇大战略》节目中邱震海先生所讲，美国页岩油开采初期生产成本高，但随着科技的发展和开采经验的积累，后期成本必然下降。沙特盘算：长痛不如短痛，与其将来遭罪，不如现在快速降价，迫使美国一批页岩气开发公司因巨亏而破产倒闭（现已有几家公司倒闭）。国际上很多私募基金大量的投资陷进去了，若投资收不回来，3/4 的页岩气公司都将面临破产或高负债问题。由此决定了石油消费大国对传统石油不能断奶，还得倚重沙特等石油输出大国，由此保住世界石油大国的霸主地位。

世界石油和页岩气生产大国间的争斗，给中国及其石油企业提供了"黄雀伺蝉"的大好机会。国家发改委要求，所有以原油为原料生产各类石油加工产品的企业，均应储存不低于 15 天设计日均加工量的原油。国际原油价格超过 130 美元一桶时，可适当降低库存量，但不得低于 10 天设计日均加工量。中国石油企业可利用难得的商机快速建立国家和企业石油储备。有经济评论家讲：相比于"鹬蚌相争"，中国在这轮油价下跌中确实成了"渔翁得利"。中国有车家庭本年度可节支 2000 元。中国央行专家全盘解析油价下跌对中国的经济影响。2014 年下半年，国际油价下跌约 50%，短短半年时间内中国进口原油可节省 1000 亿美元。凤凰黄金转载《华尔街日报》消息，原油等大宗商品价格的下跌给中国带来意外之财：趁机囤货，节省大量开支。

更有人预测，石油价格的大跌，传导影响铜和铁矿石价格，由此中国每年可节省 2500 亿美元。这一节省的额度相当于中国政府为通过建立贸易和运输往来增进与邻国关系而宣布的投资倡议总规模：500 亿美元用于亚洲基础设施投资银行、400 亿美元用于丝路基建基金，100 亿美元用于中国、巴西、俄罗斯、印度和南非联合出资创建的新开发银行以及 410 亿美元用于相关应急基金。国家财政部在全国人代会上发布报告称，计划斥资人民币 1546 亿元（合 247 亿美元）用于储备粮食、食用油以及"其他物资"，较 2014 年增加了 33%（2013 年储备支出的增幅为 22%）。

在贸易顺差保持稳定并拥有近 4 万亿美元外汇储备的情况下，大宗商品价格下跌又为中国节约了大笔资金，从而也使其更有财力拉一把俄罗斯和委内瑞拉等陷入困境的产油伙伴国。曾经担任过高盛亚洲副董事长的柯蒂斯说，上述数字令人难以置信，按照这个速度，过去两周里省下的资金就足以支付中国在拉丁美洲的新投资，包括对委内瑞拉的救助款项。美国企业研究所学者史剑道说，中国与委内瑞拉、俄罗斯都签订了长期供油合约，自从油价暴跌以来还未重新商定交付条款。中国政府相信这种雪中送炭的做法将提升自身的长期战略利益，当油价反弹时这两国会对中国心存感激。

【案例点评】

古代典籍《庄子·山木》中的"黄雀伺蝉"和《战国策·燕策二》中讲的"渔人得利"，展示了一个"乘机谋利"的策略智慧。典故给我们的启示一：在自然界和人类社会的生存竞争中，客观上存在着相互算计问题。你在算计人，人也在算计你。算计者需要有防范被算计的意识，力求少去做得不偿失或易入他人圈套的事情。启示二：在波诡云谲的商业竞争中，需要眼观六路，明察秋毫，巧觅商机，乘机取利。本案例中沙特与俄美、美欧与俄国围绕石油、天然气的出口、出口主导权以及出于政治、经济、军事斗争需要而展开的激烈博弈，中国政府及其企业采取静观其变、巧取其利的策略，充分诠释了拥有几千年商业文化积淀的华人智慧。

【智略之源】

（1）黄雀伺蝉。参见《庄子·山木》："睹一蝉，方得美荫而忘其身，螳螂执翳而搏之，见得而忘其形；异鹊从而利之，见利而忘其真。"这里的"睹"即看见；"翳"意隐蔽；"真"指性命。其意讲：看见一只蝉，正得着美叶隐蔽而忘了自身，有只螳螂凭借树叶的掩蔽而捉住了它。但螳螂见有所得也忘了自己的形体，异鹊乘机攫取螳螂。蝉、螳螂只顾贪利而丧失了真性。

（2）得机而动。语出《素书》："若时至而行，则能极人臣之位；得机而动，则能成绝代之功。"这里讲入仕之道和立功之要。原意是说，假如时机到来，入仕为官可位及朝廷重臣。在人生博弈舞台上，抓住了难得的大好机遇，就可谱写出精彩的人生华章，建立盖世奇功。借喻重视时机。

两谋均讲伺机行动，不同在于前谋偏重讲捕物算计，后谋侧重谈巧抓时机。

◎ 未雨绸缪 狡兔三窟

【典型案例】

石油是一种战略资源。正如美国前国务卿基辛格在 20 世纪 70 年代展望美国地缘政治的长期目标时说："谁控制了石油，谁就控制了所有国家。"旅德美籍学者威廉·恩道尔所著的《石油战争：石油政治决定世界新秩序》，分析了美国 21 世纪石油战略对中国的影响。因为美国部分政治家认为："以中国为代表的经济巨人正在加速成长，只要这些巨人获得能源的来源独立可靠，以不断增强其经济实力，就可能给'美国世纪'画上句号。""美国的现行外交和军事政策就是控制地球上每一个现有和潜在的石油产地和运输路线。"

中国自 1996 年成为原油净进口国以来，能源对外依存度持续上升，到 2009 年，中国原油进口量达 2.04 亿吨，占中国原油消费总量的 52%。而作为新兴能源的天然气，对外依存度也在快速上升，2010 年前 4 个月，天然气对外依存度从上年的 7.7% 迅速增加到 12.8%。国家发改委能源研究所的有关数据显示，到 2020 年中国石油需求量将为 4.5 亿~6.1 亿吨，其中进口量可能达到 2.7 亿~4.3 亿吨，进口依存度上升至 60%~70%。中国是仅次于美国的世界第二大石油消费国，又是仅次于美国和日本的第三大石油净进口国。

如何保障未来中国经济快速发展的需要，摆脱"瓶颈"制约，尤其是在非正常时期如何避免受制于人？对于作为世界第二大经济体的中国来说，在重大战略上是不容许出现重点失误的。综合诸多信息，可以十分欣喜地看到，国家和企业协同确有一个"产购联动、储运并举、多路吸纳、西进东移"的石油发展战略，许多数据也证明了国家和企业正在协同实施和建设一个东北、西北、西南和东南多条石油和天然气进口通道的战略计划。目前，标志着中国"四大能源进口通道"的大格局已基本成型。

"产购联动"。由过去的国内生产为主、国外进口为辅，调整为国内生产为辅、国外进口为主，国外进口量控制大致在 60%的范围以内。

"储贸并举"。借鉴世界各国的做法，中国油企利用国际油价较低时机和充足的外汇储备等有利条件，以美金换"黑金"，分期建立国家战略石油储备。2007 年 7 月 20 日新华网载：《上海证券报》报道：中央政府决定组建国家石油储备中心，已启动国家战略石油储备、地方石油储备、企业商业储备和中小型公司石油储备为主体构成的四级石油储备体系化建设。2004 年中石油开始建设镇海、舟山、大连、黄岛等一期可容纳 1.02 亿桶原油的储备基地；着手建设以锦州、青岛、金坛、舟山、惠州、独山子、兰州等地储存 1.70 亿桶原油的二期石油储备基地，正在建设；储备能力为 2.32 亿桶原油的第三期储备基地，尚在规划之中。

鉴于进口源自中东和非洲等地区的原油，海上运输无论是走霍尔木兹海峡—十度海峡—马六甲海峡—南海航线，还是经几内亚湾—好望角—马六甲海峡—南海航线，都绕不过马六甲海峡这条最窄处只有大约 2 海里宽、深度仅 25 米的国际航道（海峡船舶通过量已从 1980 年的 4000 多艘猛增到现在的 5 万余艘）。作为能源"瓶颈"的马六甲海峡，自古以来就不曾"平静"。2010 年 3 月初，新加坡海军就曾向各国船运公司发出警告：一个恐怖组织正策划袭击途经马六甲海峡的油轮，极有可能导致马六甲海峡堵塞或瘫痪。这向中、日、韩等国，尤其是中国敲响了警钟。如何绕开"能源瓶颈"？怎样疏通"能源血脉"？有关信息表明：国家和大型油气石油化工企业早已着手谋划非正常时期的购油策略及运输通道问题。值得欣慰的是，据 2010 年 9 月 28 日黑龙江日报报道：《中国"四大能源进口通道"大格局成型》。

"多路吸纳"。一是东西并进。在东北部，中俄结成战略伙伴，共同开发包括石油和天然气的"中俄石油管线"。包括从俄国泰舍特至斯科沃罗季诺的远东石油管线、斯科沃罗季诺至中国漠河的边境管线以及中国段（漠河至大庆线）三个部分。2011~2030年，俄向华提供3亿吨石油。2009年10月中俄草签了包括东、西两线输气管道每年700亿立方米天然气进口大单。东线从俄国东西伯利亚经远东、萨哈林到中国的北京；西线由俄国的西西伯利亚到中国的新疆，连接中国的"西气东输"工程输气管道。价格按照俄罗斯天然气出口惯例制定。在西部，中国企业总投资25亿~30亿美元，与哈萨克斯坦建立了3088公里长的石油管线。从里海岸边的阿特劳出发，经过肯基亚克与阿塔苏，最终到达我国新疆的独山子。该管线同时还连通了中亚各国油气，包括输送来自土库曼斯坦的石油和天然气，成为中亚第一条非俄罗斯的天然气出口路线。与此同时，据俄罗斯《独立报》报道，我国与中亚诸国建立了天然气管道线。中石油购买哈萨克斯坦曼格什套石油天然气公司近47%的股份；还购得巴甫洛达尔炼油厂58%的股份。目前，中哈原油管道和中哈天然气管道已开通，中亚天然气管道单线建成通气。"丝路"古道渐成中国能源大通道，使新疆和中亚国家丰富的石油和天然气源源不断输送到中国东部、中部地区，使中国的经济和社会发展呈现出新的格局。

二是水陆并进。中国油气企业积极经营海洋运输外，高度重视陆路油气运输通道建设。中缅石油天然气管道运输通道建设，天然气管道起点位于缅甸西海岸兰里岛，原油管道起点位于缅甸马德岛，经若开邦、马圭省、曼德勒省和掸邦，进入中国云南瑞丽。中缅输油管道已成为中国西南地区的大干线，这对于缓解西南地区的"气荒"，与西气东输线路相连接，将极大完善我国的油气管网体系。特别是随着国家实施"一带一路"战略，中国在新中国成立初期为巴基斯坦建设的卡拉昆仑公路的基础上，与巴基斯坦合力建设两国政府共同确立的21世纪经济走廊和高速铁路，加之中国公司获得巴基斯坦巴达尔港35年承包经营权，拟投资460亿美元加强港口建设，这为我国通过巴基斯坦经济走廊及高速铁路从伊朗等中东国家进口石油创造了非常便捷安全的条件，更利于我国避免能源通道单一化，有效规避敌对势力对马六甲海峡的控制权。

三是油气并进。无论东北、西北，还是西南、东南等多条能源进口战略通道建设，均充分体现了石油和天然气资源进口通道建设的同时推进，国内外油气传输管网建设都体现了统筹规划、有序实施的特点，中国油气长输管道建设正在实现跨越式发展，全国性骨干管网框架已初步形成。

西进东移。随着美、日、菲、越在中国东海、南海主权问题上不断兴风作浪，制造事端；军事上又大搞岛链围堵，阻止中国成为海洋大国，严峻的政治、经济、军事形势，促使中国实施"西进东移"战略（经济重心西进，军事防线东移），来一个蛙跳，跳出了反华势力对中国的围堵和控制。就经济来讲，我国东部沿海已经发展了 30 多年，获得了显著进步；将能源引向西部，也利于建造绿色、低碳、青山绿水的"第二个中国"。这在保证与沿海持平的情况下，把西部经济建设成与东部媲美的经济重点发展区，也是中国经济发展战略的一部分。一旦战争爆发，也会给中国留下一个战略翻盘的机会。正因为如此，经济重心西移，军事防线就必然开始东移，从过去近海防御向远洋防御或者第二岛链防御线迈进，从而摆脱西方敌对势力对中国东部沿海的压制。历史将会证明，中国能源通道多元化、多层次、多方向建设的决策是正确的。

【案例点评】

市场竞争有时是严酷的，市场经济不相信眼泪。作为市场竞争主体的企业是无法回避的。把这种关系放大到国家间的竞争与利益争夺上，那就更是波诡云谲，残酷异常，甚至往往伴随刀光剑影的军事斗争。如何面对？需要铭记先贤"有备无患"、"未雨绸缪"的古训，增强忧患意识和防备戒备意识，时刻如履薄冰，如临深渊，警钟长鸣。需要重视预备和加强储备，对可能出现或即将面对的情况，思考问题多想几层，处理问题多谋善断，做个精明的政治家、战略家和能驾驭复杂局面的企业家。再次就是备宜从细，计宜缜密。可喜的是国家及其企业有关"产购联动、储运并举、多路吸纳、西进东移"的石油发展战略，以及"四大能源进口通道"的建设，为中国及其企业在应对未来国际政治、经济、军事的复杂局面，特别是来自市场的各种挑战，创造了较好的条件，奠定了良好的基础。

【智略之源】

（1）未雨绸缪。语出《诗经·豳风·鸱鸮》："迨天之未阴雨，彻彼桑土，绸缪牖户。"这里的"迨"指趁着；"绸缪"指紧密缠缚。其意是说：趁着天还没有下雨，先把门窗缠缚绑牢。比喻防患未然，事先做好准备工作。

（2）狡兔三窟。典出《战国策·齐策四》："冯谖曰：'狡兔有三窟，仅得免其死耳！今君有一窟，未得高枕而卧也！请为君复掘二窟！'"这里记录的是齐国相国孟尝君与宾客冯谖的一段对话。冯谖对孟尝君说：狡猾的兔子一般都有三个洞穴，仅仅能够免掉一死而已。现在您只有一个洞穴（烧毁债券，偿债款于百姓），还不能高枕而卧。请让我通过"说魏重孟"，以"诱齐重孟"的方式，为您再凿两个洞穴吧！

两谋突出了"有备不败"的思想，不同是前谋讲防患未然，后谋讲虑周则安。

>>> 十六、巧谋并行

大凡商战用谋，往往非一计可以孤行，必有数计相互辅助、前后照应。尤其是谋略实施，多需瞻前顾后，运巧防损，立谋虑变，一计不成，又出一计，计计相连，计中有计，环环相扣，情变计变。

◎ 数计以襄　围敌断援

【典型案例】

1997 年夏天，亚洲爆发了一场罕见的金融危机。危机迅速波及菲律宾、马来西亚、日本等东南亚国家和中国台湾地区，泰国、韩国、印度尼西亚遭受重创，这些国家和地区人民的资产大为缩水。欧美国家乘机利用亚洲货币贬值、股市狂泻的时机，大肆兼并亚洲企业，购买不动产，以其 1%的代价轻易获取了数倍，甚至几十倍的暴利。是什么原因导致亚洲经济遭遇如此巨大的灾难？又是什么人幕后导演和操纵了这一切？2009 年 9 月德国《图片报》"今日焦点人物"栏目文章和郑华伟所著《历史上的十次货币战争》，为我们揭开了谜底：为首的就是素有"金融强盗"之称的美国金融投机家索罗斯麾下的量子基金等国际对冲基金。

索罗斯，犹太人，1930 年出生于匈牙利。在伦敦经济学院学习时，对他一生影响最大的是英国哲学家卡尔·波普尔的《开放社会及其敌人》一书。索罗斯认为，"无节制的资本主义是自由人类最大的威胁"，"市场中留有投机的空间是各国政府的错误"。于是，索罗斯凭借个人及其组织的庞大资金，在世界各国寻觅投机的一切机会。他的成功并闻名于世是在 1992 年，通过货币投机，为他聚集了 25 亿美元以上的私人资产，并迫使当时英格兰银行不得不向他俯首称臣。

索罗斯又是何时盯上了亚洲和中国香港的呢？作为索罗斯当年亚洲阵营里主要操盘手之一的罗德里·琼斯，10 年后在北京接受《第一财经日报》独家专访时，细解了他们当年如何为偷袭亚洲货币而提前准备，又如何在汇市、股市和期市上与香港特区政府展开攻防战的经历。

琼斯分析说，1994~1997 年，香港主要物业价格上涨 12 倍，过热的经济又导致工资水平上涨和股市飙升。1998 年房地产投机盛行，房地产泡沫严重恶化了经济环境，使得生产和销售成本上升，通胀压力逐步累积。依据购买力平价理论（瑞典学者提出的一种研究和比较各国不同的货币之间购买力关系的理论，简称 PPP），洞若观火的索罗斯等，敏锐地预测到港币未来贬值已成趋势。而他们深知香港联系汇率制也存在一定漏洞：金管局的外汇储备与港币的基础货币是 100% 对应，如果对冲基金大量抛售港币兑换美元，那么发行钞将不得不向金管局兑换美元、回笼货币，由此造成通货紧缩，甚至耗尽外汇储备，将迫使香港政府放弃联系汇率制。若金管局宁可企业破产、银行倒闭也要维持汇率，结果只能是两败俱伤。国际炒家预测港府不可能接受这种同归于尽的结果，将被迫放弃联系汇率制。于是，他们将贪婪的目光锁定了刚刚回归中国的香港特区港币，企图借攻击香港，进一步绑架中国内地。

第一波：汇市较量。1997 年 10 月至 1998 年 6 月，对冲基金借印度尼西亚盾和日元暴跌之机，采取"汇市入手、狂抛港元"的进攻策略，大肆沽售港元，向港币连续发起三起攻击，在特区政府的顽强阻击下，未能摧毁港元。

第二波：抽紧银根。1998 年 8 月，外汇市场对港币的炒卖气氛聚积，国际炒家暗地操控西方媒体四处散布人民币要贬值的舆论，动摇投资者对港元的信心。当市场信心岌岌可危之时，索罗斯的量子基金、罗伯逊的老虎基金等国际投机资本从银行借来大量港币，采取"持续抛盘，抽紧银根"的方式，巧乘 8 月 5 日美国股市大跌、日元汇率重挫之际，抛售 200 多亿港币。8 月 6 日又抛售 200 多亿港币，8 月 7 日仍继续大幅度抛售港币，不断抽紧港币银根，造成资金紧张，利率飙升，股市大跌。按照西方货币银行学原理，特区政府用外汇买入的港币已经退出流通市场，应当冲销，不能再进入银行系统。尽管香港金管局承接了 300 亿至 400 亿港元，远远超过当年财政年度预计的 214 亿港元财政赤字，而对冲基金抛出的港元也接近 1997 年 10 月冲击港元时的规模。但香港政府巧妙运用"钱如磨盘，周转常新"的智慧，将金管局买入的港币作为财政储备直接兑换给特区政府，然后再由特区政府转存于商业银行。这样，港币在金管局手中转了一圈，又回到了商业银行，重新进入流通市场。这种"神来之笔"，悄然化解危机于无形。国际"金融大鳄"们惊愕地发现，无论他们抛售多少港元，都无法抽紧香港的银根，自己还要为借来的港币支付利息，得不偿失。

第三波：股市较量。1998 年 8 月中旬，香港股票市场和房地产市场股价，已经由 1997 年 8 月 16820.30 的历史最高点，大跌突破 7000 点大关，报收 6600 点，对冲基金立即"转移战场、主攻股市"，在股指期货上建立大量空头仓位，恒生指数 8 月中旬狂跌 50%，一年之间总市值蒸发近 2 万亿港元，港人财富蒸发了 2.2 万亿港元，平均每个业主损失 267 万港元。各大银行门前出现了一条条挤兑的长龙。股市暴跌，楼市遭受重创，投资和消费急速萎缩，一大批公司倒闭裁员，失业率上升，香港经济笼罩在一片凄风苦雨之中。香港特区政府行政长官董建华迅速召集各路专家共商对策。同时，请示中央政府，恳求声援。中央政府明确表示，特区政府拥有 965 亿美元的外汇储备（世界第三位），有强大的人民币和国家巨额外汇储备（世界第二位）做后盾，相信特区政府能成功捍卫港元地位。特区政府果断决策，精心选择 8 月 14 日组织反击，因为这天是星期五，接下来的 3 天又是周末和"抗战"胜利休市日。

8 月 14 日股市开盘前，时任香港证监会主席梁定邦接到曾荫权的郑重通知：港府决定动用外汇基金对股、期两市进行干预。港府又召开香港外汇基金咨询委员会紧急会议，就动用外汇基金干预股市取得一致意见。中央政府立即派出两名"央行"副行长坐镇香港，督促在港中资机构全力以赴配合特区政府的护盘行动。立即调动中资及外地资金入市，24 家蓝筹、红筹上市公司从市场回购股份。金管局总裁任志刚亲自坐镇指挥干预股、期两市。当恒指跌至 6500 点的瞬间，特区政府持至少 40 亿港元果断入市，通过"中银"等三家券商，不问价格升降，全盘吸纳。强力反击的同时，金管局又采取"围敌断援"措施，立即将银行隔夜拆借率由 7% 猛然提升到 300%，大幅度抬高投机者借钱投机的成本。当天，恒指全天上升 564 点，升幅 8.47%，成交额度 85 亿港元，超过平时交易额两倍多。对冲基金等国际炒家由于无法短期融资补充血液，搞得弹尽粮绝。

第四波：期市较量。国际炒家十分清楚，期货市场有时可以同股票市场背离，只要还没有到交割期限，资金多的一方完全可能凭借资金优势，把期货价格强拉到于己有利的一方，从而造成对方的爆仓。这样既可为己方前期失利"解套"，又可把对手的钱"盈"过来。为此，对冲基金立即由股市进攻调整为期市对决，制造爆仓。1998 年 8 月 28 日是股指期货结算日，对冲基金有大量股指期货空单在这天到期结算。对冲基金凭借其强大的资金实力，企图达到制造爆仓的目的，但他们错估了对手。特区政府也明白实力对决的时机已到，只要稳住或上涨股指，对冲基金就将损失数亿乃至 10 多亿美元；反之则可能自己输掉数百亿港币。在曾荫权的指挥下，特区政府针对己方是政府操盘，股指期货买单无须缴纳保证金，对冲基金抛出多少股指期货空单，只需在电脑上敲一串数字全部接纳就行的优势，立即修改法令提高股指期货的保证金比例，给对冲基金制造资金压力。同时，紧紧"咬住"对冲基金，在股市上继续推高股票指数，力求把对冲基金的股指期货空单全部拉暴。1998 年 8 月 27 日欧美、拉美股市下跌不止，特区政府一天注入约 200 亿港元，将恒生指数稳托上升 88 点，为第二天的反击创造条件。8 月 28 日，双方在股票市场上展开殊死博弈，全天成交额达到创纪录的 790 亿港元，比香港股市历史最高量高出 70%，恒生指数以 7829 点报收，比金管局入市前的 8 月 13 日上扬 1169 点，成功地顶住了对冲基金空前的抛售压力。9 月初，出现大量远期美元沽盘，国际资本付出高昂代价后，开始在外汇市场平仓离场。

这场震惊全球的金融大战，特区政府成功地捍卫了香港的联系汇率制度和香港人民几十年的发展成果，沉重地打击了以索罗斯麾下量子基金为代表的对冲基金等国际投机资本。

【案例点评】

现代市场经济，金融信贷行为失控、新金融工具使用和资本市场投机过度、追赶性国家（地区）金融监管制度缺失和银行体系脆弱，极易给国际炒家乘间敛财创造机会，从而引发金融危机。我们从本案索罗斯及其量子基金为代表的对冲基金在香港制造的金融风波，就可以看出国际炒家敛财之术的三个特点：循间而动，如同苍蝇专盯有缝的蛋。利而忘丑，正如索罗斯所言："金融市场不属于道德范畴"、"市场经济有它自己的游戏规则，我不觉得我应内疚或要担负责任"。数计以襄，诸如操控世界舆论，汇市上投机沽盘，股市上抛股压低恒指，期市上累积淡仓等各种手段，目的都在于搞乱一国或区域经济，从中获取金融暴利。

【智略之源】

（1）数计以襄。语出揭暄著《兵经百篇·叠》："大凡用计者，非一计之可孤行，必有数计，以襄之也。以数计襄一计。千百计炼数计。数计熟则法法生。"这里的"襄"通"镶"，有镶配之意。其意是说，凡是使用计谋的，并非单独使用一个计谋，必须有几个计相辅助使用。用几个计辅助一计的不足，从千百计中提炼出几个或若干个成熟的计谋，就会产生各种制胜的方法。

（2）围敌断援。参见毛泽东《中国革命战争的战略问题》："运动战的实行方面……避强打弱，围城打援。"这里的"围城"或"围点"，不是示形张势，而是真围困敌，暗中把重心放在"打援"、"断援"上。

两谋共同服务于斗争需要，无论是围敌断援，还是虚实中的示形惑敌，数计互应，一计连着一计；不同点是前谋讲惑敌攻弱，后谋讲欺敌误敌。

◎ 乘变随应　因变制胜

【典型案例】

第二次世界大战以后历次金融危机，美国凭借美元霸权，大肆掠夺世界各国利益，转嫁经济危机。特别是最近一次的次贷危机，世界各国损失惨重，激起了欧盟、俄罗斯、中国等国的不满。欧、俄、中配合默契，选择以超过全球90%的国际贸易和石油、铁矿石等系列重要商品以美元计价结算为突破口，联手削弱美元霸权地位。

中国作为新兴经济体发展中的大国，特别是当中国成为世界第二大经济体，世界最大贸易国之后，所有进出口贸易均以美元计价结算，饱受美元霸权盘剥式的"剪羊毛"。处处遭受美国掣肘和制衡的现状，这与我国的国际地位极不相称，促使我国考虑加快人民币的国际化进程。

中美两国之间是世界最独特的一对经济体。正如郑华伟著《历史上的货币战争》所讲的那样："中国人消费不足，过度储蓄，相反美国人则是储蓄不足，过度消费。为此中国购买美国国债，把钱借给美国人，美国人再用借来的钱向中国购买商品，中美之间形成了推动全球经济的巨大动力源。美国不能向中国金融发起大规模攻击，中国也不可能主动抛售巨额的美国国债，无形中形成了中美之间的'金融核平衡'。"但双方都在寻求打破这种平衡，各自寻求弥补自身短板。中美两国均悄然地进行着各自国家的产业结构调整：美国扩大就业，适度扩大消费，中国则扩大内需，鼓励国内消费。从公开的诸多信息可以看出，中国政府和中国金融企业近些年大致从四个方面作出了努力。

联合东南亚，渐次推进区域内人民币国际化。首先选择与华贸易密切的东南亚国家，依靠中国经济与东南亚经济的合作来实现人民币区域化。实现方式是互签货币互换协议。2010 年 1 月，中国—东盟自由贸易区正式建成，标志着中国与东南亚各国经济整合的初步完成。与此同时，中国与区域各国签订了货币互换协议，为人民币进入东南亚各国奠定了基础。这完全得益于 1997 年美国人发动的亚洲金融危机。

且说目睹中国与东南亚 10 国经济联系日益紧密，美国金融大鳄索罗斯 1997 年以泰国为突破口发动亚洲金融危机。泰国、韩国、印度尼西亚 3 国经济遭受重创，日本和中国台湾、中国香港等国家和地区经济同时遭受打击。在金融"风暴"前的亚洲经济表现出"飞雁"式形态（日本是领头雁，东南亚各国则构成雁队两翼）。"风暴"来临，各国指望日本挺身而出帮他们渡过难关，可日本却退缩了，意想不到的是中国坚持人民币不贬值，力挽狂澜，充分展示了敢于担当、值得信赖的大国风采。此后中国与东盟经济合作日趋紧密，以年均 38.9% 的速度高速发展。2007 年双边贸易额由 2002 年 1000 亿美元上升到 2025.5 亿美元，东盟与中日韩形成了"10＋3"框架。在美国授意下，2005 年日本提议，新加坡和韩国响应，"10＋3"格局撑大为"10＋6"的东亚峰会（新增印度、澳大利亚和新西兰）；2010 年 7 月又形成了"10＋8"框架（美俄加入）。美国想以此制衡中国，抵消中国的影响力，特别是阻止人民币走向东南亚。我国立即针锋相对地提出了"东盟＋上合"（上海合作组织）或"10＋12"模式作为应对。但东盟的迅速扩张，阻碍了东亚经济的发展，中国只好另辟蹊径，变"撑大"为"缩小"。2006年又提出了"一轴两翼"区域经济合作战略构想。"一轴"指中国南宁—新加坡经济走廊：以铁路、干线公路为依托，通过沿线重点城市和跨境合作，吸引产业、物流、专业市场的集聚，以点带面，在中国与中南半岛之间形成一个日趋繁荣、辐射力强大的经济走廊。"两翼"特指"7＋1"的泛北部湾经济合作区，包括中国和越南、马来西亚、新加坡、印度尼西亚、菲律宾、文莱、泰国东盟 7 国和"大湄公河次区域合作"（"6＋1"GMS，指柬埔寨、越南、老挝、缅甸、泰国和我国云南省）两个板块。中国"一轴两翼"的拆解策略，化解了美日等国的制衡图谋。2009年8月双方签署了自由贸易区《投资协议》，2010年的中国—东盟自贸区正式建成，90%以上商品贸易实现零关税，人民币也开始走出国门。2009年8月后，中国人行分别与马来西亚、印度尼西亚、新加坡和日本、韩国等国家分别签署了货币互换或跨境贸易结算协议，人民币在东南亚实现了区域国际化。

破局东北亚，让人民币逐步进入东北亚。中国积极推动中、日、韩东北亚经济一体化建设及中、日、韩三国在东南亚"10＋3"框架内的融合。中国是世界第二大经济体，日本是第三大经济体，中国是日本第四大出口国和第一大进口国，韩国则是中国第五大出口国和第四大进口国，加之朝鲜的经济改革，东北亚经济一体化对提高中国的国际地位，无疑有重要意义。由此引起了美国人的恐慌，美国巧妙挑起已沉寂了数十年的中日钓鱼岛之争，利用韩朝之间的"天安舰"事件，激起中日、韩朝之间的严重对立，打破东北亚经济一体化进程。进而强力推进亚洲再平衡战略，利用菲律宾、越南等国对南海主权的声索，离间中国与东南亚各国的关系，暗地鼓动日本到湄公河次区域捣乱。中国为此作了坚决的斗争，2008年末以来，中韩签署了自由贸易协定和1800亿元人民币与38万亿韩元的中韩货币互换协议。东北亚经济一体化战略尽管不断遭到阻碍，但已是迟早的事。

实施"一带一路"战略，推进人民币进中西亚及中东地区。近10年，中国全力打通通往中东的陆上道路，降低中国海上石油运输风险，保证国家能源安全。特别是近年国家实施"一带一路"战略，复兴和建设古代丝绸之路和海上丝绸之路，扩大上海合作组织，建立"亚投行"，等等。中国向西发展，与俄、蒙、哈、吉、塔、巴、印等8个邻国接壤的新疆就成了前沿阵地，喀什也就成了向西开放的西大门。2010年5月，中国在喀什设立了经济特区，同年10月启动了跨境贸易于投资人民币结算试点。人民币剑指中亚采取的是东西并进、全面包围的策略。东线以新疆为依托，从经济上联动，向西北、正西、西南三个方向挺进，对中东形成包围态势；西线则从保加利亚出发，往东汇合。以新疆的铁路交通为例，中国在新疆规划了中哈（我国与中亚、南亚、南欧地区联系的国际大通道）、中吉乌（亚欧大陆桥的南部通道）、中巴（中国"西进策略"的一把钥匙，是通往南亚、欧洲的捷径）等四横四纵铁路大动脉。与此相配合，在西线人民币已进驻南欧的保加利亚，成为"可自由兑换的硬通货"。在此后，人民币已经在俄罗斯外汇市场蓄势待发。

挺进 SDR（特别提款权），改革以美元为支柱的国际货币体系。2009 年 4 月 G20 伦敦金融峰会召开。会前 20 天，中国央行行长周小川发表了署名文章《关于改革国际货币体系的思考》，明确表达了对美元霸权的不满，并建议建立超主权储备货币，用 SDR 替代"美元"为支柱的货币体系，与欧盟唱起了"双簧"，巧妙地为欧盟提供了攻击美元的子弹。为了堵欧盟的嘴，美国人只好逼迫日本人借给欧盟 1000 亿美元，允许放行对欧洲一体化进程至关重要的《里斯本条约》。欧元之父罗伯特·蒙代尔则建议 IMF 和 SDR 中加入 10% 的人民币，东盟货币可以挂靠人民币。当然，在人民币加入 SDR 的投票程序上还存在着较大的不确定性。（《环球时报》曾报道：美国和日本共计拥有 23% 的投票权，中国投票权仅为 3.82%），美日会做最后挣扎，狙击人民币国际货币地位。世界银行与国际货币基金组织（IMF）2015 年秋季年会在秘鲁首都利马召开，开始 5 年一次的 SDR 货币篮子组成评估。令人振奋的是，人民币作为国际支付货币的排名及市场占有率已首次超过日元，成为继美元、欧元、英镑之后全球排名第四的国际支付货币。尽管秉承美国旨意的 IMF 内部认为把人民币"作为以自由交易为条件的主要货币为时尚早"，而法国、德国及英国则认为"即使为了加快人民币的交易自由化也应当尽快将其纳入 SDR"。俄罗斯则认为中国在 2013 年就已成为世界第一出口大国，今天人民币在国际结算中被广泛利用，人民币被纳入 SDR"看不到存在任何障碍"。又据代璐儿 2015 年 8 月 4 日通过环球网报道：丹麦萨克索银行首席经济学家斯滕·雅各布森在 8 月 3 日接受 CNBC 采访时表示，"美元现在的处境是雪上加霜。"虽然美联储即将升息，但这只是打了一个"擦边球"，实际上这对投资者是一种警示，美国股市长达 7 年的牛市可能即将告终。他甚至大胆预测：从外汇成交量来看，不出 3 年，人民币将超越英镑成为世界第三大货币（SDR 货币——美元、欧元和英镑的市场占有率仍然稳居 SWIFT 排名前三，分别为 45%、27% 和 8.5%）。预期未来几年，中国经济将再度复苏。将有超过 3 万亿美元的中国外汇储备并始用于投资。因大多中国储备是以美元计价资产持有的，他分析这些投资将对美元与美国债券市场带来损害。国际货币基金组织（IMF）总裁克里斯蒂娜·拉加德 2015 年对中国货币发表了正面看法，且计划将人民币纳入 IMF 的特别提款权，该提款权系用作补充外汇储备。因为他们倾向的看法是：人民币将会升值，人民币不久将会在国际经济舞台上与美元分庭抗礼。

【案例点评】

任何时候活力对抗的竞争格局，都始终处于动态之中，多变是其基本特征。因为对抗双方都是大活人，尤其是多方位、大纵深的群体对抗，各自都有智囊机构为此出谋划策，都在审时度势、因情制变，双方在对抗时间、地域、领域和对抗方式、手段、策略上随时都在变化。其多变性说明对抗方略包含着灵动的艺术，而艺术则要靠实践中学习、经验的积累和天才的领悟力。本案例中美两国及其金融企业，围绕人民币的国际化所展开的系列博弈，充分展示了中国政府和中国金融企业乘变随应，奇正相倚，见招拆招，因变制胜的博弈智慧。

【智略之源】

（1）乘变随应。计出刘伯温《百战奇谋·变战》："凡兵家之法，要在应变……乘其有变，随而应之，乃利。"其意讲：兵家征战的根本大法，关键在善于应变……巧妙地利用敌方的变化，随机应变，对我方最为有利。

（2）因变制胜。计出尹宾商《兵蛊·变》："孙子曰：能因敌变化而取胜者谓之神。"大军事家孙武说：能够根据敌情的变化而采取不同战术打胜仗的，那才算高明呢！

两谋均强调在活力对抗的动态格局中因人制变，差异在于前谋讲人变我变，后谋讲因变制胜。

◎ 算无遗策　暗度陈仓

【典型案例】

梁凌、梁平汉、任杰所著的《话说川商》中讲述了古耕虞智斗美国当局，为国家解冻被美强行冻结巨额资金的事例，生动地再现了古耕虞算无遗策、暗度陈仓的两大智略。

数十年商海苦斗，古耕虞从国民党的政治腐败、共产党深得民心中看准了未来中国的政治走向，有意结交共产党。抗战后期，周恩来代表中共中央进驻重庆曾家岩 50 号，常在被称为"民主之家"的"特园"接待一些著名民主人士。古耕虞是有请必到，与周恩来建立了深厚的友谊。

抗战刚一胜利，他睿智筹划，打破垄断。复兴公司刚一解散，就让自己筹划的分公司人员立即分赴全国猪鬃最大的集散中心：上海、天津、汉口，几乎垄断了全国的猪鬃市场。1948 年济南刚解放，深谋远虑的古耕虞深知美国当局仇共反华，帮助蒋介石打内战，他与共产党的经济干部秘密议定，由他在香港设立公司，以利于他在欧美市场销售解放区猪鬃，为解放区筹集资金、赚取外汇，随之发生了与美国杜邦公司的遭遇战。

1949 年国民党败退台湾，他叮嘱分公司照常营业，等待解放，把产业留给共产党，千方百计为新中国挽留人才。一些资本家 1956 年才接受"一化三改造"，古耕虞在新中国成立才 3 天，就接受周恩来委以全权负责中国猪鬃公司，毅然将自家三代惨淡经营、本人艰苦发展、多年拼杀赢得的巨额企业财富连同职员全部无偿地交给国家，虽经国家一再坚持定了价（很低），他毫不计较。他甚感欣慰的是自己能为国尽力，更重要的是仍能从事他爱之如命的事业！

新中国成立伊始，百废待兴，国家困难。1950 年的农历腊月二十三日，政府急需一笔外汇，经贸易部告知古耕虞放下国内一切业务，设法在香港为政府垫付 500 万美元。当时，这个数目于公于私都是个很大的数目，可古耕虞爽快答应，赴港第二天就将这笔巨额外汇如数地存入香港的中国银行，为政府做了垫付。

1950 年 6 月，古耕虞以古青记父子公司的老板、中国猪鬃公司总经理的名义，依据美国猪鬃进口商的约定，前往美国洽谈猪鬃进出口业务。考虑到美国当局对中共政权的敌视政策，古耕虞未雨绸缪，出于保密与稳妥计，费了很大的工夫说服惯居重庆、已在故乡准备安度晚年的老母移居香港，才放心地动身赴美。所用护照是台湾当局的，身份自然是"中华民国"的公民。路上难免受到美国联邦调查局的一再盘问，可他持有护照，有香港公司董事长与海洋公司法人的身份，又有与美商的前约，考问者也不得不放行。

抵达美国不久，1950 年 6 月 25 日就爆发了朝鲜战争。根据以往经验和种种迹象，古耕虞敏锐地预测美国急需的战备猪鬃必然大幅上涨。他抓准时机，积极联络，利用美国海陆空军的急切心理，第一个投标猪鬃，明确表示无论是到岸货，还是运途货，一律卖给美国政府。以此表明全面支持美国对朝战争，实际则为国家赚取更多外汇，以利购买更多紧缺的战略物资。古耕虞使出浑身解数，不惜自己赔钱，中国猪鬃出口美国全年高达 10 万箱，价值 8000 万美元，创了当时历史最高纪录。

年末，古耕虞从一个细微的迹象，敏锐地觉察到国内必有大的举措，便借故回港探视病重老母，匆忙归国接受国家新的指示。可他尚在归国途中，杜鲁门就下令冻结了中国大陆在美资金，不久又以"特别冻结法"冻结了古耕虞及以他户名存放在美国银行的巨额资金，这里面90%都是国家的，数量超过上海商业储蓄银行在美资金总额的数倍，而中美两军已在朝鲜战场上兵刃相见，倘一泄露，势必全部报销。1951年2月，古耕虞从美国返回香港只住了一夜，不顾老母的抱怨与责备，借口生意繁忙，偷偷转道澳门来到北京，接受周恩来最新指示后又秘密由北京返回香港，立即投入争取被美国冻结资金的解冻活动。他心里明白，这是国家的钱，自己当然要"根针不让"。

首先，古耕虞通过朋友向香港的美国大通银行打招呼，又亲自与大通银行经理晤谈一天，做出备忘录转交给美国驻港总领事馆，还应美方要求提供了相应的文件，证明内地公司早已卖给中共，他的香港公司人员不在大陆供职。前者有政府证明与英国驻上海、重庆总领事馆的出证，后者是张华联巧妙地将留在大陆的"袁冲霄"的名字改成了"袁仲宵"，又通过特殊渠道告知张华联将文件全部译成英文，张华联也译得甚为巧妙。

美国驻港总领事馆将情况报告美国当局及杜鲁门总统，可美国当局仍不放心，要求继续加大审查力度。如美国人在调查中发现了大陆上的袁冲霄，就一再盯问，张华联就拉人充作"袁仲宵"，强调是汉语的同音异字造成的误会。狡诈的美国总领事又布下一个陷阱："你的一切都已合了手续，但你仍得做个补充，宣誓不做假证。你把国内公司卖给中共，作价很低，估计只有实值的二三成，又是公债。现在请你回答：这是自愿的还是被迫的？"对于此类法律问题，此前古耕虞与精通法律的王君韧早已研究过，古耕虞当即从容而严肃地应答道："领事先生向我提出这种问题，是违犯你们美国法律的。我是在美注册的海洋公司的法人，有权拒绝回答你的问题，也拒绝宣誓！"总领事惊诧地问："我违背了什么法律？"古耕虞说："美国法律禁止以剥夺申诉人申诉权力的方式进行审问，如同中华民国的不准陷人入罪。对你的问题，我无法申辩；如果我说是自愿的，你会说我与中共合作；说被迫的，你又会要我拿出证明，证明中共的胁迫方式是动枪还是关监狱。请你咨询你的法律顾问，这样是不是违法？"

美国领事通过深入调查，证明古耕虞1948年就到了香港，并无证据证明他回过大陆，而一个兄弟在美国，长男长女在美读书，另两个儿子与老母、妻子都居住香港。美国领事甚至还查了古耕虞是不是律师，结果也自然无用。美国当局无奈，只好宣布解冻古耕虞及其公司在美资金，并提出一个条件：必须把猪鬃优先卖给美国政府。古耕虞心中暗喜，这不正合了国家和我古耕虞的心愿吗！

【案例点评】

诸多实例启迪我们：商业竞争离不开科学运筹和经济算计。一要重算。有句商谚说得好："为商不算，等于白干。"能掐会算，是为商者的必备条件。二要多算。明代智略大家冯梦龙主张"动于万全"。任何行动之前，一定要把方方面面的情况和利弊、成败、得失都考虑一番，防止出于不意的事态发生。三要胜算。合算成算，精于胜算，避免失算、败算。古耕虞的古青记1948年在香港设立分公司、美国注册海洋公司，1949年将中国内地公司出售给新生人民政权。1950年6月他说服老母及家人移居香港，用"中华民国"公民身份经商，为他替国家说服美国当局解冻被强行冻结的巨额外汇资金创造了条件，他又精心研究美国法律，充分展示出他"算无遗策"的超凡智慧。

【智略之源】

（1）算无遗策。语见三国时期魏国曹植《王仲宣诔》："算无遗策，画无失理。"这里的"算"指算术；"遗策"指失算；"画"指谋划和筹划，又指计谋、计策。原意讲曹植评价王粲生前思维缜密，精于算计，从无失算；出谋划策，政正策当，不违事理。这里借指商业上精于算筹。

（2）暗度陈仓。计出《史记·淮阴侯列传》："明修栈道，暗度陈仓。"讲的是楚汉相争时，汉王刘邦拜韩信为大将，韩信为夺取关中，建立兴汉灭楚根据地，派兵修复栈道意欲"东征"，佯装要从老路杀出，暗中却率军抄小路回到陈仓（今陕西宝鸡），突击章邯，平定三秦。此为佯动欺敌之谋。

两谋共同点是精于算计，奇正之谋交相使用，不同点是前者强调筹算无一失误，后者侧重讲以虚掩实，声东击西。

◎ 欲擒故纵 佯动相惑

【典型案例】

据来自《信报月刊》（第九十五期）的报道："1985 年新年伊始，本应是一个辞旧迎新的好日子，但对于香港英资怡和洋行所属置地公司来说，却是一个充满悲情的日子，公司决策层正在为高筑的债台伤透脑筋，苦无良策的他们，被迫主动派员前往长江实业兼和记黄埔公司主席李嘉诚的办公室，商议转让港灯股权问题。16 小时后，李嘉诚决定"和黄"斥资 29 亿元收购置地持有的"港灯"34.6%的股权。由此成为中英两国有关香港回归会谈结束后，香港股市首宗华资大规模收购英资事件，也是华资继收购九龙仓、和记黄埔公司后的第三次收购英资行动。

1889 年 1 月英国人保罗·遮打爵士在香港注册成立香港电灯有限公司，发起人和股东都是各英资洋行，第二年末开始向港岛供电。港灯是香港十大英资上市公司之一，香港第二大电力集团。90 余年来，港灯一直是独立的公众持股公司，收入稳定，盈利日增，是块大肥肉，惹人垂涎。

20 世纪 80 年代初，在海外投资回报不佳的怡和系置地公司卷土重来，杀回香港后大肆扩张，巨资收购电话公司、港灯公司的公用股份，并以香港开埠以来 47.5 亿港元的最高地价，中标中环地王，用以开发"交易广场"等特大工程。

1982 年 4 月，置地、长实、佳宁拟收购港灯的消息，已在市面悄然传开，港灯、置地、长实、佳宁 4 只股票均被炒高。置地公司依据实力分析，长江实业、佳宁参与竞购的可能性最大。4 月下旬某周一开市时，代置地做经纪的怡富公司，以比上周收市高出 1 元多的价格抢先收购港灯股份 2200 万股。积蓄力量后，志在必得的置地公司再以高出 31%的市价，抢先买入 1200 万股港灯股份，占认股证总发行量的 20%，顺利完成对港灯的收购。事后获悉长实、佳宁竞购的传闻纯属子虚乌有，方知上当中计。急速扩张，使置地公司耗尽了现金资源，不得不向银团大笔贷款，负债高达 160 亿港元。

据《港灯易手时移势转》一文记载：本来置地大举负债不是问题，只要地产市值尚佳，资本雄厚、坐拥市中区地王的怡和系置地根本不愁没有钱赚。然而，时势难料，中英两国在北京就香港问题谈得不顺，加之怡和洋行高层一直患有"恐共症"，于是乎整个香港风声鹤唳，出现了前所未有的移民潮。移民者连带资金一道卷走，香港汇率大跌。再加上同期欧美及日本经济衰退，香港工商界一遍萧索景象。地产市场滑落，过去奇货可居的楼宇如今有价无市，拖欠银团的贷款许多企业都无法偿还。1983 年财政年度，地产全面崩溃，置地出现 13 亿港元的亏损，已陷入空前危机。作为怡和旗舰的置地公司，无疑也把母公司拖下了泥淖，同期财政年度"怡和"盈利额暴跌 80%。大股东凯瑟克家族理所当然地向置地大班纽璧坚"兴师问罪"，纽璧坚只好黯然下台，并辞去董事职务，结束了他服务怡和洋行 30 年之久的历史。这是后话。

　　且说当时静观其变的李嘉诚，接受了曾服务怡和十四年之久的马世民（当时尚未加入"长实"）建议：在置地陷入困境之时，"长实"应不失时机地从置地手中收购港灯。深藏不露的李嘉诚，当时只是会意地一笑，更何况他历来奉行"将烽火消弭于杯酒之间"的竞争策略，不愿采取溢价收购、仇敌相向、虽胜若败的方式。

　　这时期地位已岌岌可危的纽璧坚内心明白，出售港灯只是个时间早晚的事。但作为置地大班，从职责和情感上他极不情愿任内继失去九龙仓之后，再失去港灯。但置地继任大班西门·凯瑟克，在汇丰银行紧紧逼债的情况下，置地作为怡和全系的欠债大户，迫于无奈只好断指减债，出售港灯。买家首选，自然是华商首富李嘉诚。据悉他曾向前任大班纽璧坚示意过购买意向，他也出得起理想的价钱，加之他们也佩服李嘉诚的君子作风。但令西门·凯瑟克不解的是，他继任后，李嘉诚不再有任何表示。这在西门·凯瑟克看来，港灯作为拥有专利权的企业，在港岛又无第二家竞争者，盈利十分稳定，李嘉诚不想购买"港灯"，实在令人不可思议，实际上他不知李嘉诚玩的是欲擒故纵之计。

　　后来迫于银行的压力，西门·凯瑟克终于按捺不住，只好主动向李嘉诚抛去绣球。李嘉诚等的就是对方主动上门，立即把"和黄"行政总裁马世民请来，具体与置地商议收购事宜。双方很快达成协议："和黄"以总值 29 亿港元的现金购买港灯。李嘉诚心中明白：当年置地以比市价高出 31% 的溢价抢购"港灯"；现在"和黄"以 6.4 元的折让价购入 34.6% 的"港灯"股权。按市值计算，李嘉诚为"和黄"省下 4.5 亿港元，捡了置地的"便宜"。尽管未过 35% 的线，也不必全面收购。因是"和平交易"，不会出现反收购。李嘉诚的"和黄"实际上用

35%的股份已完全控制港灯。

李嘉诚斥巨资收购港灯，对恢复港人对香港的信心起了较好的作用。虽然怡和仍是最大英资洋行，但九龙仓和"港灯"分别被华资两大巨头控得，彻底扭转了英资在港的优势，成为香港经济史上划时代的大事。

【案例点评】

生意场上，充满着许多真假难辨的信息，与之相伴的是各种迷惑和诱骗。商圈中打拼，特别需要有一双能鉴别真假信息、辨别虚幻诱惑的火眼金睛和不随他人"起舞"、避免"入套"的内控能力。尤其是对那种明知已超越己方能力、实力的诱惑性目标，要格外审慎；对对手轻轻一跳便能摘到而不予摘取的苹果，则更要三思后行。本案例中英置地公司对市场信息的搜集、整理和分析有误，导致盲目高价收购"港灯"，耗尽了公司的现金资源，加之后来时局的变化，一步步陷置地于困境之中。而李嘉诚的"长实"集团先虚晃一枪，后静默无声，诱导"置地"主动叩门，从而达到了低价而"和平"收购港灯的目的。其中的奥妙，颇值得玩味。

【智略之源】

（1）欲擒故纵。见《鬼谷子·谋篇》："故去之者，纵之，纵之者，乘之。"这里的"去"指除去，"纵"指放纵，"乘"指利用。其意讲：如果想削弱对手的力量，就应放纵对方，任其所为，对方所欲所为达到一定程度，就乘势轻而易举地削弱他。

（2）佯动相惑。参见《孙子兵法·用间篇》："为诳事于外，令吾间知之，而传于敌。"这里的"诳"指迷惑和欺骗。其意是我方故意把虚假不实的信息披露出去，使隐藏于我方内部的对方间谍获得这一信息，据以密报敌方。这是死间之术。

两谋共同点是示假隐真，先纵后擒；不同点是前谋讲先纵后擒，纵为擒用，后谋讲佯动示形，调动对手。

◎ 借人之借　跟随超越

【典型案例】

2008 年 6 月 24 日，北京至天津国产 "和谐号" 高速动车组试运行，列车跑出 394.3 公里时速。2009 年 12 月 26 日，武汉至广州南站铁路客运专线开通运行，用时不到 3 小时，创造了世界高铁最高运营速度。2010 年 2 月 6 日，郑州至西安高速铁路成功运行，仅用 1.48 小时，最高时速达到 352 公里，这是我国中西部地区第一条时速 350 公里的高速铁路。

从引进时速 200 公里高速列车技术，到自主开发时速 350 公里、380 公里 "和谐号" 高速动车组，中国人用 5 年走完了国际上 40 年高速铁路发展历程。世界各国颇为疑惑地瞪大双眼：中国高铁怎么一夜之间从一个不起眼的追赶者，变成了世人关注的领跑者？2010 年 3 月初《人民日报》刊载了新华社赵承、张旭东等四名记者撰写的纪实文学《穿越梦幻——中国高速铁路发展纪实》，为人们揭示了其中奥秘。

20 世纪 80 年代初，中国列车平均时速仅 62 公里，人均 5.5 厘米，网络不健全，运速慢，货运难，常亏损，百姓买票难。而这一时期的日本新干线时速已达 210 公里，德、法等国的高速铁路技术已日臻成熟。是甘居落后，或是追赶超越？严峻的课题摆在中国铁路人的面前。穷则思变，变则思通，通则思达，中国铁路人勇敢地选择了后者。但如何实现追赶超越呢？

原中国铁道部确定了 "以市场换技术" 的原则。他们十分清楚：德、法、日、意四国都有比较成熟的轮轨技术，在工程造价、运营费用、运量和速度等方面相差不大，在制动系统、动力系统、车厢技术、自动控制系统四个技术核心方面各有千秋。如法国 TGV 技术、德国 ICE 技术传动部分比较先进，日本新干线的运营经验和管理则比较成熟。中国铁路人更知道，拥有先进技术的德、法、日、意四国都十分眼馋中国市场这块巨大 "蛋糕"，渴望从中国高速铁路建设中受益。中国高铁建设的决策者们为此也打起了自己的算盘：你们有技术，我们有市场，咱们互换互利，两相情愿，双赢共进。如何让他国技术为我所用，为中国高铁起点跟随超越奠定基础？铁路人集思广益，最终想出了一记妙招：借人之借。

首先在知彼知己上下足功夫。铁道部一批工程师亲临法国、德国、日本等国考察高铁干线，通过对对手的反复研究，终于发现了"借人"商机。2003年的阿尔斯通已经陷入困境，甚至到了向法院申请破产保护的地步。对于德国西门子来说，其交通部门的高铁（ICE）技术并不是什么稀奇事。为此，原铁道部决定从法国的阿尔斯通和德国西门子公司打开口子，引进技术。

2004年6月17日，《人民铁道》和中国采购与招标网同时发布招标公告：中华人民共和国铁道部拟采购时速200公里的铁路电动车组10包200列。公告明确招标公司和投标人资格，投标主体是中国国内企业，但它必须取得国外先进技术的支持。当时，世界上掌握成熟高速动车组设计和制造技术的德国西门子、法国阿尔斯通、日本川崎重工和加拿大庞巴迪等几家大集团企业，在华都有合资公司，都希望以合资公司为主体竞标。当时铁道部却明确表示拒绝。在动车组招标文件中提出了"三个必须"：外方关键技术必须转让，价格必须优惠，必须使用中国的品牌。

2004年，中国首次进行高速轮轨列车200公里时速的采购招标，阿尔斯通是最早分享到高铁这块大蛋糕的跨国公司之一，它获得了6.2亿欧元的大单。阿尔斯通与北车集团下属长春轨道客车股份有限公司联合，提供并合作建造60列电动车组。合同规定，阿尔斯通公司提供3列完全的样车（意大利组装）和6列可拆装的样车（以散件形式付运，由中方负责组装），其余51列在中国组装，国产部件达到65%。这批招标，庞巴迪、川崎重工也都有所斩获。其间还颇有一番斗智。

中国铁道部最初与拥有700系及800系技术的日本车辆制造（日车）及日立制作所洽商，但日车及日立均拒绝向中国出售车辆及技术转让。中方改与川崎重工洽商，当时销售业绩并不理想的川崎重工便同意出售3组E2系及其车辆技术给中国，却又遭到日车及日立的反对，后经多轮谈判，终于达成了川崎重工向中国出售E2系车辆及转让技术协议。获此消息，国内网站很快出现了抵制日本动车组的强烈呼声。出于维护国家利益考虑，有关部门做了大量的引导工作，保证了招标工作按计划推进。

一波刚平，一波又起。德国西门子公司的"维拉罗E号"时速350公里动车组，是当时世界铁路商业运营中速度最高、动力最大的一种成熟高速列车，但他们过分看重手中的动车组技术，向长春轨道客车股份公司开出天价：每列原型车的价格 3.5 亿元人民币，技术转让费 3.9 亿欧元（相当于 39 亿元人民币），对标书不响应处多达 50 余项之多。铁道部果断地将西门子排除在招标之外。随后，西门子股票狂跌，总裁被迫引咎辞职，在中国的谈判团成员被全部撤职。"败走麦城"的西门子后来摒弃了"敲竹杠"的行为方式，主动参加 2005 年中国铁道部第二轮时速 300 公里以上动车组的竞标。中方给出更严格的条件，西门子及时调整战略，完全接受中方的技术转让方案和价格方案，与唐山轨道客车有限公司合作，向中国转让了总成、车体、转向架、牵引变流、牵引变压、牵引电机、牵引控制、列车网络和制动系统 9 项关键技术，获得了 60 列高速列车（3 列由西门子生产，其他由北车集团旗下的唐山机车车辆厂制造），订单价值 6.69 亿欧元。

数次招标，中铁人通过引进、消化，成功地吸收了世界四大高铁巨头时速 200 公里级、时速 300 公里级高铁技术，为国产化道路打下了基础。2007 年 4 月 18 日后开始的全国第 6 次大提速，中国有超过 6000 公里的既有铁路干线，跑动着时速 200 公里以上的"和谐号"高速列车。

外国人认为，中国至少要在这个平台上花上 10 年功夫消化、吸收。但等不了的中国人，旋即启动了时速 300~350 公里的动车组研制工作。

不惧艰辛，不惧封锁，执着探索，逐一解决了转向架技术、空气动力学技术、制动力技术、牵引传动技术、列车网络控制技术，靠科研团队的奋力攻关，突破了 100 多项技术难关，仅用两年时间，中国铁路时速从 200 公里一跃登上了 350 公里的平台。

如果说，时速 350 公里的动车组，让中国人追赶上世界先进水平，那么如何创新、再创新，打造时速 350 公里以上世界最新技术平台呢？2008 年 2 月 26 日，原铁道部和科技部签署了《中国高速列车自主创新联合行动计划》，共同研发运营时速 380 公里的新一代高速列车。人们都知道，动车组是尖端技术的高度集成，涉及动车组总成、车体、转向架、牵引变压器、牵引变流器等 9 大关键技术以及 10 项配套技术，涉及 5 万个零部件，要创新如此众多的世界最新技术，谈何容易！

破难题，攀高峰，考验着中国人的创新智慧。铁道部组建动车组项目创新团队，汇集了国内铁路装备设计制造企业、科研院所、高等院校等单位的一大批精英人才。他们设计，试验，修改；再设计，再试验，再修改，不断地探索，不懈地努力，通过提高电机材料绝缘效果和增强散热功能，中国动车有了世界最高的电机功率；网络控制系统研制成功，中国动车有了"中国芯"；绝缘栅双极型晶体管研究突破，有了"中国脑"；车体加宽改造，有了"中国身"；动车头形全新设计，有了"中国面孔"。加之，伴随铁轨铺设的有砟与无砟问题、世界上最复杂的地质沉降问题、桥梁架设问题、线形问题、道岔问题、列车运行中精确定位问题等一系列新技术的解决，中国动车组先后取得 900 余件高速铁路相关专利授权，自主打造时速 380 公里动车组，终于登上了世界高铁的制高点，时速比德国、法国的高速列车快 60 公里，比日本新干线快 80 公里。中国铁路人自豪地讲："目前，中国是世界上高速铁路系统技术最全、集成能力最强、运营里程最长、运行速度最高、在建规模最大的国家。"

中国高铁技术及其运营速度震惊了世界。2009 年 8 月，英国运输大臣阿尔尼斯在乘坐时速 350 公里的"和谐号"动车组时，曾十分感慨地讲："这趟列车不仅速度快，而且非常平稳。你们是世界高速铁路的领航者。"

美国，曾经是世界铁路发展的领先者，铁路总里程世界第一。面对中国高铁的迅猛发展，《今日美国报》2010 年 2 月 7 日刊文，号召美国"向中国高铁学经验"。

【案例点评】

商业竞争，"两军"对垒，互设计谋，彼此争斗，善于"借"他方之力，战胜对手。其借法之巧，须解决两个问题：首先在于明白"借"什么？对方或对方的对方有啥可借，有啥值借，有啥必借？其次在于研究如何"借"？要借出新意、借出巧妙、借出独特，即使对方不愿被"借"，尤其是对方明知被"借"也不得不"借"，这就是艺术。中国铁路人从引进、消化、吸收四大巨头时速 200 公里、300 公里级高铁技术，到追赶时速 300~350 公里高铁技术，直至超越、创新时速 380 公里高铁技术，这其中反映了中国人的胆识、策略和技巧，更充分展示了中国人"借"的智慧和创造力。

【智略之源】

（1）借人之借。语出明代揭暄《兵经百篇·借》："以敌借敌，借敌之借，使敌不知而终为我借，使敌既知而不得不为我借，则借法巧矣。"其意是说，有时可以利用一方的力量去征服另一方，借用一方想借用我方力量的机会，使对方在不知不觉中被我方借用，即使对方已知觉仍不得不被我方借用，那么这种借法就太巧妙了。

（2）跟随超越。技术创新落后的一方，采取紧跟他人首创成功或研究方向，在借鉴、吸收、消化他人创新成果的基础上，创新己方后续新品，实现跟踪式超越。在这里，跟随是先导，超越是目标，先潜心学习，后取而代之。

两谋相同点是互借、互用、互存和弯道超越，区别处是前谋突出他人欲借我时主动借与，进而创造一种不得不被我所借的有利态势；后谋强调跟师学艺，目的则是弯道超越。

◎ 示假隐真　谋不厌诳

【典型案例】

正如白圭、司马迁所言，把政治、军事斗争中的示假隐真、虚实相乱等谋略运用于商业竞争，可以收到出其不意的奇效。这在当年香港船王包玉刚与英国大财团怡和洋行争夺香港大码头九龙仓的商战中，反映得淋漓尽致。

20 世纪 70 年代后期，怡和集团动用大量资金，在香港兴建楼宇用于出租。由于资金周转缓慢，获取利润甚低，怡和决定出售债券，缓解银行信贷压力，不料问题未能解决，反致信誉受损，股票大跌。怡和集团手中控制着拥有深水码头、露天货场、货运仓库等香港最大的货运港九龙仓，但实际占有的股权还不足20%。

说起这个九龙仓，它是 1886 年英国人保罗、遮打牵头，在九龙这块地盘上设立的码头仓库，其产业包括九龙尖沙咀、新界及港岛上的大部分码头、仓库，以及酒店、大厦、有轨电车和天星小轮。香港人都知道，谁掌握了九龙仓，谁就拥有了香港大部分航运货物装卸、储运及过海轮度权。高傲狂妄的英资洋行尚未察觉，百余年来向来被他们看不起的华资集团，特别是香港"地王"李嘉诚、"世界船王"包玉刚正"觊觎"九龙仓这块"肥肉"。

包玉刚为什么"觊觎"九龙仓呢？话还得从 1973 年的石油危机说起。这年世界石油危机导致石油价格暴涨，英美等大国被迫转向国内油田的开采，对中东石油的依赖开始减少。见微知著的包玉刚，深知自己的船队以油轮为主，透过油轮闲置自然联想到世界航运低潮的来临。如何躲过危机，化险为夷？他自然就想到了减船登陆，抽取现金投资新的产业。而掌控九龙仓，无疑成为实现自己意图的最佳选择。

职业炒家的介入，使九龙仓股成交额与日俱增，九龙仓股便被炒高，股市开始流言四起，引起了证券分析员的注意。九龙仓老板惊慌中布置反收购，在高价收购市面散户所持股外，紧急向本港第一财团——汇丰银行求救，并由汇丰银行大班沈弼亲自出面斡旋，奉劝李嘉诚放弃收购九龙仓。按照香港《公司法》，股东对公司股份的绝对控制权必须在 50% 以上，否则将被收购方反收购。李嘉诚明白，自己增购到 51% 也非财力所能及。经审慎分析，答应不再收购。

李嘉诚的退出，就为包玉刚的角逐创造了条件。于是包玉刚与李嘉诚于1978 年 8 月底秘密约定：由包玉刚以 3 亿多港元的价格秘密收购李嘉诚手中的1000 万股九龙仓股票，随后又将剩余的九龙仓股转让包玉刚。包玉刚还通过其他途径悄悄吸纳九龙仓股，对九龙仓股权增至 20% 以上，大大超过九龙仓董事局主席英国人纽璧坚所持有股份。

不久，九龙仓股交易市场上又出现一个"神秘买家"怡和财团属下的另一主力置地公司。置地对外公布：所购九龙仓股份已升至 20%，这个份额与包玉刚十分接近。可是包玉刚岂是平庸之辈？1980 年春，包玉刚属下的隆丰国际有限公司突然对外界宣布，已经控制近 30% 的"九龙仓"股票，占有绝对优势！九龙仓董事会主席纽璧坚被这场静悄悄的较劲打了个措手不及。纽璧坚无法接受被华人"骑在头上"的现实。他通过自己的商业间谍了解到：1980 年 6 月，包玉刚作为国际油轮协会的主席，要先赴法国巴黎参加协会会议，前往德国法兰克福参加银行界重要会议，再到伦敦参加当地华人举行的规模盛大的中国端午节"龙舟会"，还有约与英国石油公司董事长彼特·沃尔特打一场高尔夫球赛，最后飞越大西洋，到中美洲会见墨西哥总统保迪罗。经过一番秘密策划，纽璧坚制定了一套"周全"的反攻策略。

当包玉刚乘飞机离开香港的时候，纽璧坚便以迅雷不及掩耳之势，发动了酝酿已久的"九龙仓股票反收购战"。

第一步棋：提高份额。纽璧坚把怡和财团增购的份额确定在 49%，有意回避50% 全面收购的临界点，让自己立于进可攻、退可守的不败之地。又让包玉刚陷入进退两难之地：不跟进，就得认输；要跟进，持股量就必须超过 49%。而突破了 50% 的临界点便属于全面收购，这样就需资金近 100 亿港元，分析包玉刚短期内很难筹集近 100 亿港元资金。

第二步棋：锁定价格。针对包玉刚已把九龙仓股价抬高至每股 55 元，纽璧坚和怡和拟定了一份广告认刊书，内容是怡和愿以 12.2 港元的置地股票，外加一张面值 75.6 港元的抵押债券的代价，换购九龙仓股票，将这份广告认刊书在香港各大权威媒体的主要版面上公布于众，不惜血本，表明怡和誓与包玉刚决一死战。

第三步棋：攻其不备。怡和在突然袭击时机的选择上，动足了脑筋。刻意选择在周五（周六、周日是股市休市日）向媒体发出反收购消息，还授意媒体在周六一早对外公布。再把收购计划告知九龙仓董事局成员，意在不给包玉刚组织反击的时间。怡和财团不愧为盘踞香港 100 多年而身经百战的商界老手，反击如此突然，计划如此周密，无疑是雷霆一击。

然而，他们也太低估了世界"船王"包玉刚的智慧和能量。自接到女婿打来的越洋电话，包玉刚沉吟片刻，同女婿一起客观分析了双方的利弊，一致认为怡和的举动无非是想逼他们动用 100 亿港元的资金全面收购九龙仓股权，达到吓阻的目的。但有利的是我方有超过 20% 的股票。若我方也把目标定在 49%，有鉴于怡和已开始溢价收购，我方必须开出比怡和更优厚的收购条件，最好的办法就是筹足 15 亿现金开展现金收购。

为稳住阵脚，赢得反击时间，包玉刚吩咐女婿通过媒体放出有心取胜无力回天的烟幕，示假隐真，借以麻痹以纽璧坚为代表的怡和洋行。接着与正在伦敦的汇丰银行总经理沈弼和副董事长博伊电话约定，翌日上午共进工作早餐。然后一一致电此次欧洲之行要会面的政界和商界朋友，对自己因故不能赴约表示歉意。

一切安排妥当，包玉刚绕道法国，曲线赶赴英国伦敦会晤"财神爷"汇丰银行总经理沈弼，向其提出 15 亿美元借款。包玉刚明白，多年来自己一直在汇丰银行保持着良好信誉，汇丰银行在包玉刚的环球集团中占有很大的股份，面对一损俱损、一荣俱荣之忧，汇丰银行势必放款。当沈弼当场拍板"OK"后！一向办事谨慎的包玉刚，随后又联系了其他几家金融机构，让他们共同给他筹款。

资金一落实，包玉刚立即通知女婿吴光正，马上联系律师和财务顾问，商量收购方案。再替他订购两张苏黎世飞往香港的连位头等舱机票。他自己则悄悄地向英航订了一张飞往瑞士苏黎世的机票。包玉刚知道，如果从伦敦直飞香港，肯定逃不过怡和人的耳目，必然引起他们的警惕。他假装按计划行事，等到了苏黎世，再悄悄地转乘吴光正预定的班机。当这位 62 岁老人登上返港的飞机时，已经整整 20 个小时没有合眼了。也许，这就是所谓"兵不厌诈"、"兵贵神速"！还真的应了那句老话：商场如战场！

星期日上午，包玉刚回到香港，悄悄地住进平时很少去的希尔顿酒店，并在那里秘密约见自己的财务经理。财务经理认为，怡和提出的所谓 100 港元收购 1 股，是用股票和债券作交换，不能马上见到实惠。而他们采用现金，即使报价 90 港元也有成功的把握。但是包玉刚要的是 100%的成功，要的是速战速决，让对手完全没有反收购的机会！他说："如果我们出价每股 105 元，那么对手绝对无法还击！虽然这样做要多付出 3 亿港元。但这是根据对手的底牌确定的，可以稳操胜券。"于是他毫不犹豫地一锤定音："105 元 1 股，就这样定了！"当天晚上，包玉刚召开了记者招待会。宣布以个人和家族的名义，开出 105 港元 1 股的高价，同时在各大报纸上刊登大幅广告，宣布这场气势恢宏的反收购行动的开始。周一开市不到两小时，包玉刚付出 21 亿元现金，收购九龙仓股票 2000 万股，所持股份迅速提高至 49%！

出乎意料的强力反击，势若破竹，怡和洋行与置地公司惊愕地发现大势已去，被迫将置地控有的 1000 多万股九龙仓股票转让给包玉刚，从中套取纯利 7 亿多港元而去。这是香港有史以来最大的一场收购战，一场典型的华资对英资的"闪电战"，成为香港商战史上的一个传奇。由此也成为包玉刚整个登陆行动的一场大战，实现了减船登陆，成功地避免了两年后的空前船灾。

【案例点评】

智者谋远，智者图奇。积水不流，为的是一泻千里，流者必决；高手击剑，能示不能，为的是乘虚突击。所以示假者意在隐真，扬短者希冀抑长，声东者重在击西。本案例围绕九龙仓的收购与反收购商战，从包玉刚与李嘉诚秘密约定转股、通过女婿放烟幕示弱、绕道法国和曲线赶赴英国会见汇丰银行总裁借款，由英国到瑞士再绕道返港等一系列诈术动作，意在示假隐真，目的在于出其不意，一举击败对手。但示假也难在隐真，扬短者也苦在抑长，示虚示弱，往往也让人憋气，更遭人轻视，这就需要淡定、内敛、用忍。

【智略之源】

（1）示假隐真。这是明末爱国名将戚继光平倭时所用谋略。1562 年 9 月 27 日，戚继光率军欲攻牛田（今属福建福清县），发现寇穴星罗棋布，沟渠纵横，易守难攻，决定三路进击。战前一面备战，一面扬言戚军因连续作战，亟待休整，借以惑敌放松戒备。知敌中计后，于 28 日乘夜进击，大军于寇营四面纵火，分进合击，全歼守敌，救出被俘百姓 900 余人。

（2）谋不厌诳。参见《孙子兵法·计篇》："兵者，诡道也。"《孙子兵法·军争篇》："兵以诈立，以利动，以分合为变者也。"这里的"诡"字指诈术。其意是说：战争是一种诈术。战事用兵以变诈为本（使对手莫测虚实），以确立制胜的基础；根据有利的情况，决定自己兵力分散或集中使用的变化行动。

两谋都强调"隐真"，不同处是前谋强调假象相惑，后谋则注重分合相乱。

〉〉〉 十七、任意为战

吴均的《与朱元思书》提出"从流飘荡，任意东西"，主张任随其意，不受约束，这主要是讲游玩赏景时应任情适意，随其意愿。南朝梁刘勰在《文心雕龙·明诗》中讲诗歌创作，应"思无定位，随性适分"，应权通变，纵横驰骋。企业的创新发展，亦应不循常理，颠覆常规，以变求存，以变求兴。

◎ 鸢飞鱼跃　任意为战

【典型案例】

1988年，华为技术有限公司（简称华为）在深圳创立，创始人是从部队基建工程兵转业到地方的任正非。仅凭2.4万元本钱，7~8个人在没有技术、没有产品、没有市场、没有客户，只有满腔热血、激情和冲动的条件下，自主创办了通信企业。20多年的发展证明，任正非具备企业领袖所共有的天赋、素质和能力。他带领华为人奋力拼搏，不懈进取，以科技立身，以产品立命，以任意为战为魂，以狼性进攻为魄，"鸢飞鱼跃"，走出了一条自己的路。时至今日，华为已经拥有9万名员工，年销售额240余亿美元，成功跻身全球第一大通信设备供应商，其产品和解决方案已应用于全球100多个国家，服务全球50强运营商中的45家及全球1/3人口。《时代周刊》为此评论道："世界电信巨头已把华为视为'最危险'的竞争对手。"英国《经济学家》甚至说："华为的崛起，是外国跨国公司的灾难。"

是什么决定了华为的成功？又是什么令世界同行如此敬畏？笔者认为，就是华为那一直不变的积极进攻精神和"你打你的，我打我的"大踏步进攻策略。

坚信得渠道者得天下。创业初，主宰中国通信市场的都是些国际老牌大型企业。既无资本优势又无技术优势的华为公司，首先面临选择什么样的发展之路的问题，任正非审时度势，决定避实击虚，把生存之路选在国际性大公司无暇关注、无力光顾的县级城市，以产品立身，构建自己的城镇消费群体。如国际电信巨头爱立信当时只有3~4个人盯住黑龙江的本地网，华为却派出200多人常年驻守，常年服务，与爱立信逐一争夺每个县级电信局本地网项目。靠啃一啃跨国公司"剩下的鸡肋"，解决了自己的吃饭和吃饱饭问题。在开辟国际市场上，任正非仍然推行"避实就虚"的战略。先试水东南亚、西亚和非洲等相对落后的"农村"地区，站稳脚跟后，再分步挺进欧洲及美洲等相对先进的"城市"地区。华为的交换、传输、数据、移动等产品进入世界40多个国家和地区，也先后在这些国家建立了国际市场分支机构或合资型技术开发区，还在美国、印度、瑞典、俄罗斯等国家建立了研发机构，实现了技术合作的全球化。华为的产品开拓路径完美地复制了毛泽东"以农村包围城市"的经典之作。

把客户关系结成"不打领带的关系"。对于企业来说，客户就是市场，没有客户就没有市场。华为非常重视经营客户关系，公司专门设置客户关系管理部，悉心研究、评估和全力促成客户关系的建立改善工作。在任正非的眼里，庞大的华为机构只经营两条主线：一条是客户线，一条是产品线。他对职工反复强调："不要把客户关系当作买卖关系，要做诚实的商人，关心客户最关心的问题，真正赢得人心，给客户一个选择华为的正当理由。"他们用一种自然的方式让员工相信，为了企业生存发展而采用的一切符合常规或非常规的手段和方式，因为都属企业行为而变得名正言顺。在此理念的暗示下，员工送相关部门"关键人物"的女儿去大学、爱人请去深圳看海、承揽家里换煤气罐等家务，从机场把对手的客户接到自己的展厅里，比新任处长的朋友更早获知其新地址，在他上任的第一天将《华为人报》改投到新单位等等，这些都是国际性大公司不屑用心的事，但华为人作为"常规武器"能常用常新，甚至固化到企业制度和文化中去，影响了一批又一批华为人。正是靠这些多年不懈的苦心经营，华为人才把客户关系一步一步地渗透到市场的各个环节，在国内建立了200多个片区经营部，与各地用户从高层到执行层建立起密不可分的关系网络。每当有人评说华为竞争"不择手段"时，外国大公司的老板们往往表现出充满敬畏的眼神，感叹无法与华为抗衡，更多的则是瞪着无奈的双眼，看着自己曾经拥有而又一天天失去的市场和客户。

销售是华为最大的秘密。华为视销售为唯一的主业，认为产品线就是销售线，销售决定着企业的兴衰和存亡。围绕促销，华为在用人策略上也与国外众多大企业不同。外国企业不熟悉中国国情及其人际关系，惯常做法是采取销售提成和办事处人员本地化。华为公司则相反，不采取销售提成的刺激方式，意在避免销售人员重短期收益，忽视维系长期的客户关系。华为驻各地办事处虽允许有本地人，但本地人不得担任正职，工作人员比例最多不得超10%，一般销售人员也必须定期在各办事处间轮岗，保证企业诸多非正常市场行为的实施，不陷入管理混乱，有利于将一线客户资源和市场人员牢牢控制在总部手里。另外，与许多国际性大企业热心重用营销经验丰富的人员不同，华为特别爱用刚刚走出校门的大学生。因为任正非特别看重刚走出校门学生单纯执着、充满激情、不怕吃苦、最肯牺牲的特性。销售业绩也一再证明，这些员工往往比有销售经验和丰富人生经历的人做得更成功。更为了保证一线人员永远充满激情和活力，华为规定一线销售人员都以3年为限，期满就必须离开这个岗位。这套营销策略，彰显任正非别具一格的独特思维。

把能攻善守作为国际市场角逐的标杆管理目标。华为人认为，市场份额的争夺和易手，都是常有之事，但如何巩固自家的地盘，画地为牢，把已有的收益市场封闭起来，让国外大公司针插不进，水泼不进，无疑是一件极难的事。华为为此采取了两大策略。对于自家地盘，以守为攻，主动发现并弥补市场缝隙；主动否定自己，借以提高用户满意度，阻止新竞争者进入；主动利用产品组合优势封杀对手的进攻机会；主动让利降价，不在价格上给对手以可乘之机；在客户关系和服务上主动防守。目的就是将收益市场中的地位转化为产品销售额，将收益市场的势能快速辐射到国内外。相反，对于对手的地盘，以攻为守，重在进攻，千方百计迟滞对手市场进展，逐步挤占其发展空间，最后取而代之。1999年华为进入四川时，上海贝尔在四川的市场份额是90%。刚开始，华为仍然绝口不提销售，主动将自己的接入网免费给客户使用，借此在四川各地网都布上点。对手开始忽略了这个小动作。随后，华为又将接入网的新增点抢了过来，逐渐把点连成线，由线形成面。网上运行的设备数量有了突破性进展后，又伺机将接入网的优势延伸到交换机，最后将华为的交换机变成和上海贝尔交换机并存的第二种制式，跻身主流机型。2000年后，华为在四川市场占有份额新增到70%，最后独占市场。

成本控制是企业管理的金科玉律，但一味强调节约决不是经济。华为人做成一个项目，舍得花 7~8 个月的时间和远远入不敷出的费用，数次把数十人的部门或地方电信人员请到深圳总部去。更不可思议的是，有时没有项目，类似不计回报的处事方式也不曾改变。1999 年的山东省菏泽地区的电信市场，举目四望全都是国际巨头朗讯和西门子的天下，华为人连电信局的门都进不去。前两个月，华为以解决公司网点电源为由，设法和客户接上头，绝口不提销售，有机会就讲华为的企业文化和华为的人与事。到第 3 个月，局方高层点头答应到深圳参观华为，华为人仍绝口不提销售。到第 4 个月，华为分批将 50 余名相关人员请到深圳参观。半年后菏泽新一轮整网招标，华为胜出。这些看似愚不可及的事，真正让国际巨头们领教了究竟谁才是行为短视。

把价格战作为市场竞争的撒手锏。尽管价格战是原始而恶劣的竞争方式，但打有策略的价格战，也是"师夷制夷"的良策。华为人把从跨国公司那里学来的经验加以发挥，在产品、客户关系、品牌无明显差异和市场能力弱的情况下，采取一切手段削弱对手的利润和销售目标。1997 年，华为在煤炭系统市场占有率的攻防战就可窥见一斑。一家经济效益较差的矿务局引入了华为等 3 家企业，公开招标对矿务局全网改造，付款方式是以煤易货。华为经过调查发现：本公司在该项目中客户关系不占优势；某国际竞争对手又急于在煤炭行业树立样板点，对该项目势在必得，价格战在所难免。华为决定放弃，但并不退出，继续参与报价。进入第二回合，对手的报价已降到了 300 元一线以下，而华为的内部目录价高达 1300 元一线，但客户经理却报出了 270 元一线的价格，针对竞争对手的技术弱点，有意识地设置了一个"陷阱"。不出所料，竞争对手报出了 230 元一线的价格，算上以煤易货的费用，最终不到 200 元一线，还不得已附加了诸多额外服务承诺。这是华为在市场潜力小，商务、技术和市场不占优势的情况下，借机降低竞争对手利润、打击竞争对手的经典案例。

【案例点评】

我们这个时代，是弄潮儿激流勇进的时代，是企业家彰显个性的时代，也是天高任鸟飞，海阔凭鱼跃的时代。为商经营、做大企业，每位企业家各有主见，各有招数。有的稳健，有的激进，有的守常，有的善变，有的注重外延扩张，有的突出修炼内功，有的重视兼并重组，有的擅长资本运作，可谓八仙过海，各显神通。特别是那些创新意识很强、遇事能独立思考的企业家，往往更重特立独行，标新立异。

【智略之源】

（1）鸢飞鱼跃。又称"鱼跃鸢飞"。语出《诗经·大雅·旱麓》："鸢飞戾天，鱼跃于渊。"其意讲：雄鹰等鸟类在天空中飞翔，各种鱼类在水中跳跃，形容自然万物各有所长，各有天堂。

（2）任意为战。语出《兵经百篇·野》："见利而乘，任意为战。"其意讲：见到有利的时机就应加以利用，一切按我的意图行事。

两谋的共同点突出随性、重我；不同点是前者讲万物有灵，各用所长，后者讲攻守自如，左右逢源。

◎ 以退为进　乘虚而攻

【典型案例】

1979年9月25日夜，长江实业（集团）有限公司董事局主席李嘉诚举行记者招待会。郑重宣布："长江实业以每股7.1港元的价格，购买汇丰银行所持和记黄埔有限公司22.4%的9000万普通股股权。"举座皆惊，"长实"人无不欢欣鼓舞，其他在场记者也无不交口称赞。

和记黄埔包括和记洋行和黄埔船坞。成立于1860年的和记洋行，原主要从事印度棉花、英产棉毛织品、中国茶叶等进出口贸易和本港零售业，"二战"前有下属公司20余个，规模远逊于怡和、置地、邓普、太古等洋行。"二战"后几经改组的和记洋行落入祈德尊家族之手。祈德尊掐准了香港人多地少，地产必旺的产业大趋势，关闭九龙半岛东侧的码头船坞，将修船业务与太古船坞合并，迁往青衣岛，腾出地皮，大兴土木，地产业作为集团的支柱产业。经过20多年的发展，和记洋行已与怡和凯瑟克家族、太古施怀雅家族、会德丰马登家族并列为本港英资"四大家族"。近年，和记洋行由于"食欲过盛，咀嚼不力，消化不良"。和记黄埔鼎盛期所控360个公司（其中84个在海外），大部分经营状况不佳，效益低下，背上了沉重的债务负担。幸得当时股市太旺，祈德尊大量用股票投机获利弥补财政黑洞。不巧的是1973年遭遇股市大灾，紧接着是世界性石油危机，香港地产大滑坡。祈德尊投资过速，战线过长，包袱沉重，和记集团很快掉入财政泥淖，连续两个财政年度亏损近2亿元。即便如此，瘦死的骆驼比马大，到1977年9月，和记黄埔（集团）公司资产价值仍然高达60多亿港元，属香港第二大英资洋行，香港十大财阀所控的最大上市公司。而李嘉诚的"长实"还是一个资产不到7亿港元的中小型公司。

李嘉诚是如何以小搏大，兵不血刃，成功控得和记黄埔（集团）的呢？李嘉诚放弃九龙仓，也就瞄准了和记黄埔这家英资洋行。从《李嘉诚传》和有关媒体报道可知，李嘉诚意欲收购和记黄埔，主要基于五点考虑：第一，和记黄埔已沦为公众公司，不至于出现来自家族势力的怒目相向。第二，和黄集团各公司"归顺"历史不长，控股结构一时还难理顺，各股东间利益意见不合，他们祈盼有人让"和黄"彻底摆脱危机，只要能照顾股东利益，股东不会反感华人大班入主和黄洋行。第三，和黄拥有大批地皮物业和收益稳定的连锁零售业，是一家极具潜质的集团公司，本港华商洋商垂涎这块肥肉者大有人在。第四，根据公司法和银行法，银行不能从事非金融性业务，债权银行可接管丧失偿债能力的工商企业，一旦企业经营步入正轨，必将其出售给原产权所有人或其他企业，而非长期控有该企业。第五，他在吸纳九仓股时，已从汇丰大班沈弼处获悉待和记黄埔财政好转之后，汇丰银行会择机将所控和黄股份的大部分股份转让出去。这对李嘉诚来说，不啻是一大福音。

有鉴于此，李嘉诚巧妙地实施"以退为进"策略。一退，听取汇丰银行大班沈弼的劝告，立即停止收购九龙仓股的行动，卖汇丰一份人情，以获取好感。二退，满足船王包玉刚收购九龙仓、弃船登陆的愿望，不与华商搞"窝里斗"，主动出让1000万股九龙仓股份。三退，只购汇丰银行持有的和记黄埔普通股，放弃收购优先股。

李嘉诚坚持有退有进，退中有进。一进，以出让1000万股九龙仓股份为条件，换取包玉刚转让持有的9000万股和黄股份。二进，抓住机会，频频与汇丰大班沈弼接触，以图吃透汇丰银行不是售股套利，而是指望放手后的和黄经营良好获利的意图，努力让汇丰方面相信他李嘉诚的信用和能力，足以驾驭和黄这家巨型企业。三进，利用包玉刚与汇丰的深厚关系，特请包氏出马敲边鼓。四进，当他了解沈弼坚持以银行的切身利益为重，不在乎对方是英人还是华人的主张后，尽量与汇丰大班沈弼思想合拍。李嘉诚刻意营造"以和为贵"的合作氛围特别是长实与汇丰合作重建华人行大厦时，就时刻留意让自己给沈弼留下良好印象。

事实证明，他的做法是对的，后来终于赢得了这场香港开埠以来特大并购战役的胜利。长江实业实际资产仅 6.93 亿港元，却成功地控制了市价 62 亿港元的和记黄埔集团。汇丰让售给李嘉诚的和黄普通股价格只有市价的一半，并且同意李嘉诚暂付 20% 的现金。

按照常理，既不可能，更难以令人置信，难怪和黄前大班韦理以一种无可奈何而又颇不服气的语气对记者说：实际等于用美金 240 万元做订金，购得价值 10 多亿美元的资产。尽管如此，汇丰银行仍给予李嘉诚极大的优惠，沈弼在决定此事时，完全没有给其他人参与角逐的机会。不过，汇丰银行也并没有吃亏，当年每股 1 元，现在以 7.1 元每股出售，股款收齐，汇丰仍获利 5.4 亿港元。消息一传出，香港传媒大为轰动，争相报道这一本港商界的大事。有人曾说："李氏收购术，堪称商战一绝。"

【案例点评】

进与退是一对矛盾体。任何商业竞争主体的希冀和目的都是趋进而非趋退，焦点在于以什么方式"进"。一种是"鸣鼓而攻之"，以硬碰硬，实力对抗，优胜劣汰；一种是"以退为进"，先制造"退"的假象，欺敌误敌，虚退实进，或少退多进，退一步进两步。本案李嘉诚在收购"和黄"股份中就巧妙地运用"以退为进"的智略，非常重视"进"的策略选择和时机把握。正如《百战奇略·进战》所强调的那样：审知"可进之理"而速进。

【智略之源】

（1）以退为进。语出汉代扬雄《法言·君子》："昔乎颜渊以退为进，天下鲜俪焉"。这里的"俪"指偕同，"鲜"指少有。其意讲：孔子学生颜渊为人低调，总以谦让取得德行的进步，做到与所有人少有的偕同。后指以退让作为手段求得进步。

（2）乘虚而攻。参见《尉缭子·攻权第五》："夫城邑空虚而资尽者，我因其虚而攻之。"这里的"城邑"指都城或城镇。其意讲：当敌方占据的城镇财力空虚、物质耗尽时，我应乘虚进攻败敌。

两谋共同点是示弱掩进，择机进击，不同点是前者以虚掩实，为后续进攻创造条件，后者强调探敌虚实，乘虚进击。

◎ 分而治之　按左扶右

【典型案例】

2010 年 4 月《新浪论坛》刊载了德国国家档案馆的一份编号为第 807 号的美国解密档案。该档案披露了 20 世纪 60~70 年代，中国在化肥贸易中智破西方垄断一事。

20 世纪 60 年代初至 70 年代末，一些西方观察家一直怀疑中国"文化大革命"期间经济上以牺牲农业为代价，集中主要资源发展军事工业。但后来诸多数据表明，中国政府仍决心解决农业和粮食问题，先后制定和出台了一系列农业发展计划，农用化肥需求量和进口量迅速增长就是佐证。美国情报部门提供的材料表明，1963~1964 年整个世界生产的氮肥是 1484 万吨，所有国家进口总需求量是 286.3 万吨；日本和西欧国家作为世界化肥的主要生产国，2 年出口 173.4 万吨，1964~1965 年增加到 217.3 万吨，而中国的进口数量从 1964 年的 40 万吨增加到 1965 年的 50 万吨，1967 年达到 94 万吨。中国庞大的化肥需求，让世界主要化肥出口国纷纷前来抢夺生意。这说明，当时中国政府为解决粮食和吃饭问题，还是较好地贯彻了农业发展方针，中国化肥和谷物进口持续增长，一直维持较高水平。

解密档案显示，中国进口化肥数量日益增长，使当时世界化肥市场价格非常坚挺。不过这一时期，中国的农业技术并没有取得明显突破，而西方国家包括化肥生产新技术在内的工业技术却层出不穷。新技术极大地降低了西方国家化肥生产成本，很多化肥生产商都加大投资，扩大产能，快速提高市场竞争力。如 1966 年初，西方国家新建和计划建设的工厂，仅氨的产能就超过此前世界氨总产能的三倍。据联合国粮农组织当年估计，1965 年氮肥和一氧化二钾的消费量是 4000 万吨，比 1964 年增长 10%，原预计 1970 年产能 6300 万吨，结果产能却超过 1 亿吨，世界化肥工业生产出现严重过剩，按常理这将导致世界化肥价格的急剧下降。据解密档案披露，1966 年 10 月，欧洲复合肥协会（欧洲一家主要从事化肥生产和销售的超级企业）与日本化肥生产企业家频繁接触，多次磋商，合谋垄断市场，维持世界化肥高价，特别是在日本秘密达成共同瓜分中国市场的计划。欧洲复合肥协会认为，1965 年中国氮肥进口 50 万吨、1966 年 60 万吨，1967 年的需求量至少仍将保持 60 万吨。日本企业家判断中国氮肥进口量至少在 80 万吨以上。在秘密口头协议中，日欧双方一致同意世界市场硫化氨每吨价格仍然维持在 48 美元左右，中国进口量大，即使有折扣其价格也须限制在每吨 5 美元之内（不低于 43 美元/吨）。

美国情报机构后来分析认为，尽管当时中国政府比较封闭，尚未实行对外开放政策，但仍成功地预测到：随着新技术的推广，世界化肥生产总量增长速度将明显快于消费需求增长速度，市场价格将呈下降趋势，卖方市场将逐步转向买方市场。于是，中国政府便以庞大购买力为武器，设法打破日欧等化肥生产国家形成的价格垄断。选择的突破口，第一个就是欧洲复合肥协会。

档案提供了中欧氮肥交易的具体内容：1966 年 11 月初，欧洲复合肥协会与中方谈判化肥出口事宜。中方采取各个击破策略，首先提醒欧方如果不按当前市场的合理价格向中国出售化肥，那么中国市场将不再欢迎他们！中方这招获得出人意料的成功。面对中国巨大的市场潜力和购买力，崇尚利益至上的欧洲企业家早已把与日本达成的口头协议抛之脑后，欧方同意以每吨 34 美元的价格出售 64 万吨氮肥。因为欧洲复合肥协会认为 64 万吨氮肥可能是中国的全部需求量，到手的利益不愿被日本人抢走，更不愿被一脚踢出中国市场，所以在极短时间内就罕见地与中方签订了销售合同。当时市场的名义价格是每吨 48 美元，而他们卖给中国的实际价格是每吨 34 美元，比日欧协议价格低 20.9%。

中国政府并没有就此止步，因为他们知道，中国农业发展的化肥需求应该有多个来源渠道，而不应因单一渠道受制于人。更重要的是，从政治上看中国当时也需要与日本维持一定的贸易关系，因为早在 1962 年 10 月日本前通商大臣高崎达之助率团访华时，就与中国贸易代表廖承志签署了《中日长期综合贸易备忘录》。备忘录规定从 1963 年至 1967 年，平均年贸易额每方各为 3600 万英镑（当时 1 英镑约合人民币 6.89 元），双方还指定了政治方面的联系人为廖承志和松村谦三。

备忘录签署后，中日开始了化肥合同条款的具体协商。为达到分而制之的目的，中方协商代表巧妙地披露了与欧洲复合肥协会达成的化肥交易信息，暗示日本化肥企业应以欧洲复合肥协会同样的价格出售化肥给中方，限定日方在 1966 年 12 月 20 日前给予答复。中方这一招陷日方于被动，数天后日方表示愿意作出让步，提议以每吨 46 美元的价格卖给中方 60 万吨氮肥或一定数量的硫化氨。中方步步紧逼，不断压价，协商的最终结果是日方以欧洲复合肥协会每吨 34 美元的同等价格，卖给中方 150 万吨硫化氨。狡诈的日本人之所以在这场交易中被迫妥协、让步，因为日本人也不愿意被一脚踢出中国市场大门。

就这样，中国巧施谋略，灵活地周旋于日欧之间，成功地为国家节省 6600 万美元外汇。更重要的是彻底打破了西欧和日本对世界化肥市场的垄断和对社会主义国家的歧视性政策，为中国自主的化肥贸易政策奠定了基础。

【案例点评】

用"分而治之"之策打破联盟、破解垄断，是因为"分则易制、合则难图"。具体策略就是利用他们"利益至上"的本性，"按左抶右"，"按右抶左"，各个击破，分化瓦解，以我为主，分治取利。本案例中中国政府在国际贸易中，就巧妙而成功地运用了这一谋略，从而彻底打破了日欧等工业发达国家对国际化肥市场价格的垄断。

【智略之源】

（1）分而治之。计见晋元帝（司马睿）大兴二年（319 年）十二月，平州（今辽宁辽阳）刺史崔毖，联合高句丽、段氏、宇文氏三个北方部族，准备进攻慕容廆（鲜卑族首领），相约在灭廆之后共分其地。慕容廆和儿子慕容翰巧施"牛酒犒宇文"、"奇兵设于外"、"诈为段氏使"等"分而治之"之谋，成功地击败了崔毖等人的联合进攻。

（2）按左抶右。计出《孙膑兵法·客主人分》："是以按左抶右，右败而左弗能救；按右抶左，左败而右弗能救。"这里的"按"指抑制、牵制；"抶"（chì）指笞打、抽打。其意是说，牵制敌方左翼，而攻其右翼；牵制敌方右翼，而攻其左翼，使其左右翼无法相互救援。

两谋共同点是分化牵制，各个击破，不同点是前者突出用谋使诈，分化击敌，后谋则利用对手中各种力量中的私虑与猜疑，一打一拉，打压结合。

◎ 并敌一向　合陈从之

【典型案例】

1919 年，年仅 31 岁的刘鸿生当上了上海势力最大的同乡会——旅沪宁波同乡会会长，他能在资历远比他深、财力远比他雄厚的一大批实力派中脱颖而出，实属罕见。对于处于顺风顺水地位的刘鸿生来说，当时他想，自己在上海煤炭业的地位已经确立，开滦煤、抚顺煤、海防煤、烟煤、白煤也都一一经销过了，不妨腾出手来干点实业。于是，他便开始了紧张的市场调查，逐渐把目光聚焦到发展火柴业上。一因中国人 6 世纪就发明了火柴（取名"火奴儿"），想不到 19 世纪的欧洲人反到中国出口"洋火"，刘鸿生对此心里感到很窝火。二因老岳父叶世恭当年对他的蔑视态度。三因火柴生产工艺简单，设备投资不大，是民用必需品，可安置大批灾民。四因国内一大批中小火柴厂多生产黄磷火柴，有毒性，易自燃，不安全，属淘汰对象。

1920 年元旦，刘鸿生出资 9 万元，杜家坤、杨奎候、刘吉生等 6 人各出资 5000 元，合资 12 万元，创建华商鸿生火柴无限公司（简称鸿生），先设总厂于苏州，设驻沪事务所于上海北市江西路 61 号，刘鸿生出任总经理。机器设备从日本引进，主要生产原料硫磺、氯酸钾分别从日本、德国输入，赤磷、黄磷大多取自德国、瑞典，洋蜡则购自英、美等国，以此保证产品质量。安排 600 余名灾民进厂做工，1000 元的高薪聘请我国留美化学博士、上海沪江大学化学系教授林天骥担任总工程师（当时外国洋行买办的工资只有 50~120 元），半年联合攻关解决了技术难题，生产出的火柴，头子大，发火快，火苗白，磷面经久耐用，投放市场很受欢迎。

他派人直接到林区采购木材，锯成薄片再运回苏州，节省大笔人力和运费。在苏州城乡分设发料点，由糊盒包头将料发给城乡贫苦人家的妇女、儿童做，既节省了费用，又增加了贫苦人家的收入，鸿生火柴厂迅速崛起了。

"五四运动"后，日本火柴在中国人民抵制日货的打击下，渐失生气。瑞典火柴商则乘机大举入侵，在东北快速收购了一批日资、华资火柴企业，并大量制造廉价的杂牌火柴，运往华南、华东倾销，迅速垄断了进口火柴市场。1925年，瑞典火柴公司和美国金刚钻火柴公司合组国际火柴公司。3年左右时间，全世界50余国的火柴厂归瑞商垄断。瑞商前后与上海的中华火柴公司、鸿生火柴厂谈判，意欲收买他们的资产、权益和商标，均遭拒绝。瑞商立即转向中国政府，表述愿出资1500万元，中国火柴业50年内归其专卖。消息传来，各地火柴商，一片恐慌。

为了摆脱被吞并、挤垮的命运，增强竞争力，与洋货争夺市场，刘鸿生决定走兼并、联合的路子，克服内耗，首先壮大自我。为此，凡国内企业与之拼消耗，他都毫不留情地予以"消灭"。1924年，刘鸿生与周仰山联合，兼并了债台高筑的上海燮昌火柴厂。1927年，苏州南濠街突然冒出来个民生火柴厂，以赊账销售的促销手段抢占市场。刘鸿生以最快的速度在民生火柴厂对面建一个苏州火柴厂，厂小本少的民生厂很快被挤垮兼并。

对其他愿意联合的火柴企业，刘鸿生推行"联华制夷"战略。1928年，刘鸿生与荧昌火柴厂老板朱子谦联合发起成立"维持同业公共利益，谋国货发展"为宗旨的江苏省火柴同业联合会，共同抵御瑞典火柴的扩张。同时，他公开发表告国内火柴同业者书，倡议国内同业共同抵制瑞典火柴的倾销。1929年11月，江苏、浙江、安徽、江西、广东、河北、河南及东北等52家火柴企业的代表67人会集上海，讨论"挽救国货火柴工业方案"，成立全国火柴同业联合会，通过了联合章程，公推刘鸿生为常务委员会主席。由刘鸿生率领请愿团赴南京向国家工商部长孔祥熙递上请愿书，提出了对进口火柴实行屯并税、与国内火柴同价、豁免火柴原料进口税、增加外国火柴进口税，火柴一次纳税后免除其余杂税，火柴成品及原料铁路运输一律减为四等收费等四项要求。

在此同时，刘鸿生又积极协调鸿生、中华、荧昌三厂合并事宜。1930年2月以191万元总资本另组大中华火柴股份有限公司，刘鸿生出资占总资本的29%。董事会公推乐振葆担任董事长，刘鸿生任总经理。公司步入运营轨道后，展开了一系列惊心动魄的兼并扩张活动。1930年12月兼并九江裕生火柴公司，更名为大中华火柴公司九江裕生厂。1931年花22.94万现银收买价值50余万元的汉口燮昌火柴厂，更名为汉口炎昌厂。紧接着又连续收买、承租、合并了芜湖大昌火柴厂、扬州耀扬火柴厂、镇江荧昌厂、杭州光华火柴公司和一批原材料企业，大中华火柴公司资本增至365万元，年产火柴15万箱，销售范围遍及大半个中国。

1933 年后，国内企业盲目扩建，厂家增加到 37 家，产能过剩、同业火并、竞相杀价、恶性竞争。加之统税急增，外国火柴跌价竞销，三重打击下，大中华火柴公司在风雨飘摇之中。刘鸿生为此拟制了《全国火柴统制大纲》和《火柴联合营业大纲》两个文件，报到政府后，因统制条款触及列强在华企业的利益，政府冷眼不为，刘鸿生被迫重走同业联营熟路，以扭转民族火柴工业的颓势。1935年 7 月，华中地区国产火柴同业联合办事处正式成立，总处设在上海，华东、华中 16 个城市设立分处。14 家企业协同调剂各厂的产销平衡，同业恶性竞争的状况明显好转。

然而，这时一个强劲的竞争对手——美光火柴厂日益壮大起来。它是瑞典火柴公司买下日资上海燧生火柴厂改建而成，以 50 万美元在美国注册，后又分设内河贸易公司作为分厂，全机械化生产，财力雄厚，产品极富竞争力。但这家企业受到日本走私火柴的威胁，其中"辘轮""炼条""地球"等商标经常被日本走私火柴冒用，严重影响美光火柴的声誉和销路。刘鸿生认为，在对待日本走私火柴问题上，中国民族火柴企业与美光厂态度是一致的。刘鸿生巧妙地利用这一点，实施他的"联夷制夷"的策略，动员瑞商美光厂加入联合办事处，美光厂欣然同意。1935 年 7 月，瑞商两厂以"美内团"的名义，同联办处签订了合同。合同规定：协同限制产销区域包括苏、浙、闽、赣、豫、鄂、湘等 8 省，联办处及"美内团"所属厂的火柴售价，必须受管理委员会的约束；管理委员会有权监督和筹议约束各厂产销的其他方法。这份合同有效地约束了瑞商与华商企业的价格竞争，极大地打击了日本火柴的走私行为。

1936 年后，日本走私火柴在华北、华南日益猖獗，已直接威逼华东、华中地区。刘鸿生想到蒋介石在一次私人谈话中对他说过："日寇野心爆发，必难再收，东亚从此将无宁日。"种种迹象表明日本侵华势不可免，伴随政治、军事进攻的将是经济入侵，其火柴业乘机进攻必势不可当。仍继续沿袭"联华制夷"和"联夷制夷"的办法已很难奏效，倒不如采取"以联限日"的策略来牵制、制约日商，尽可能把其产品销售范围稳定在华北一带。于是，刘鸿生以中华全国火柴同业联合会主席的身份致函日本火柴业代表植田贤次郎，邀请他来华商谈同业合作事宜。日商以傲慢的态度，提出多达 17 条苛刻条件，中方逐一化解。经过双方多轮斗争，中华全国火柴同业联合会代表于 1935 年 9 月末，与在华日本磷寸同业联合会代表共同商定、共同组织的中华火柴产销联营社正式签约，公推刘鸿生为理事长，大中华协理徐致一为常务理事兼总经理，日方代表植田贤次郎和河北丹华火柴厂经理项激云为常务理事兼副总经理。此后，刘鸿生又积极奔走于孔祥熙、宋子文之间，通过税务总长等关系，财政、外交、实业部才照准成立联营社，获准试办 5 年。从而，较好地限制了日本火柴企业的疯狂扩张及其产品对全国的大肆倾销，保护了中华火柴企业。

【案例点评】

古人道："一箭易断，十箭难折。"民谚也讲："树多成林不怕风，线多搓绳挑千斤"、"一人难挑千斤担，众人能移万座山。"这里至少表明了三点：团结则存，而团结的核心是戮力同心，团结、戮力的目的则是做大做强。本案例中刘鸿生通过兼并重组并发挥同业联合会作用，联合华资企业同瑞典、日本为代表的外资企业展开了激烈的市场竞争。其成效证明：华资企业参与国际竞争，必须走联合之路，抱团发展，努力做大建成巨舰，方能抗拒惊涛骇浪，始终立于不败之地。

【智略之源】

（1）并敌一向。源自《孙子兵法·九地篇》："并敌一向，千里杀敌。"本意阐明集中力量攻击一个方向，可以奔袭千里，杀敌制胜。后引申为目标专一，集中精力做好一件事情。

（2）合陈从之。源于唐代杜佑《通典·兵典》。意为集中优势兵力打击敌人。战国时军事家吴起《吴子·应变》（第五卷下）："若我众彼寡，各分而乘之；彼众我寡，以方从之。"其意讲：如果我众敌寡，可分兵包围敌人；如果敌众我寡，可集中优势兵力袭击敌人。《通典·兵典》中把"以方从之"称为"合陈从之"。

两谋共同点在于集中优势兵力合力破敌，区别点在于前者讲集中力量攻击同一方向敌人，后者讲集中优势兵力歼敌。

◎ 伺衅而动　乘间取利

【典型案例】

古耕虞的古青记山货行发展史上最关键的一步，是成功地摆脱了常驻上海和伦敦的英国中间商，直接将猪鬃输往美国，进而垄断了重庆的猪鬃出口，创造了中国近代进出口贸易的一个奇迹。

旧中国，进出口贸易等经济命脉几乎完全被西方大国侵略资本所控制。当时，美国注册厂家 400~500 家工业制刷厂，汽车、建筑业、钢铁三大支柱产业中的两大产业都离不开鬃刷，是中国猪鬃的最大销售市场，其原料几乎全是中国的猪鬃。按理说，美国需要大量进口，中国需要大量出口，中国猪鬃可以直接出口美国。但在当时，英帝国是横跨两大洋的"海上霸主"，海关又属于英国的特权范围，伦敦的中间商强霸海关，时刻注视着中国内地猪鬃的走向，蛮横而贪婪地夺取了中国猪鬃出口的利润。中国的出口商深受其害，美国的进口商也难得全利。

1927 年，美国一家最大的猪鬃进口公司——孔公司派出 2 个代表专程赶往中国，考察重庆生产和出口猪鬃情况，会见已在美国市场有很好声誉的"虎牌"猪鬃企业老板。过去，孔公司是通过英国中间商进口"虎牌"猪鬃，他们希望通过这次考察，寻找一条摆脱中间商的途径。但他们又担心英国中间商的阻挠和报复，因此对来华使命一直秘而不宣。

时任四川省建设厅厅长的何北衡接待了两位美商。首先，把当时重庆最大的猪鬃商人——"峤济"山货行的掌柜吴懋卿介绍给他们。吴懋卿虽说名气很大，是日商新利洋行买办陈瑶章的高足，也是国内经营山货的行家，可他不懂英语，对国际贸易更是一窍不通，陪着参观浏览一下洗房尚可勉强应付，稍一接触实质性问题就卡壳了。两个美商代表便去求助于重庆山货业的同业公会，希望找个翻译，同业公会便推荐教会医院的护士长罗太太。罗太太英语不错，但她对猪鬃却又一窍不通，对猪鬃贸易更是一无所知。

早已耳闻美商代表前来重庆的意图，古耕虞深感这是一个千载难逢的机遇。尤其当他了解到贸易上吴掌柜知"内"不识"外"，罗太太语通不懂行之后，他当即积极活动，多方谋求一见美商代表。后来，何北衡听到美商多次提到"虎牌"，猜出他们要见的人是古耕虞，便特请古耕虞陪同美商吃饭。酒席桌上，美商见到思维敏锐，信息灵通，操一口流利英语，对重庆猪鬃货源、加工、经营、出口情况非常熟悉的古耕虞，又惊又喜，他们根本没有想到，那个信誉甚好的"虎"牌主人竟然如此年轻（23 岁，从业时间 3 年），而英语居然那么熟练。自然一下子拉近了双方距离。深谈下去，古耕虞那高雅的谈吐，十分得体的举止，使他们甚为欣赏，特别是对国际贸易的精通，对重庆猪鬃的生产、加工、经营出口等精况的娴熟与新颖独到的见解，使两个美国人大为折服，一再向何北衡竖大拇指："古，了不起！中国，了不起！"

古耕虞也觉得美商代表亲自与他约谈机遇难得，美商代表所谈甚合他所思所想，双方在摆脱英商羁绊、跨过中间商等问题上一拍即合。于是，见面后不久双方便顺利地签订了密约，订出了直接贸易的条款。尽管古青记当时在众多同业商号中属"小字辈"，但古耕虞却凭着他的智慧与才干第一个摆脱了强横的英商垄断，第一个获得直接出口的权利。

贸易之初，双方都十分谨慎地避开在上海和伦敦的英商。古耕虞更不敢操之过急，因为一旦不慎，会招来严厉的贸易报复。他直接运美的货物统统不以自己的装箱标志装船，也不用本商号的名义，而以一小部分猪鬃敷衍上海英国洋行。直到几年后，英人无暇细顾而美国实力相对上升时才公开交易。从此，美商公司不再从英国中间商购鬃，古青记也不再向上海英国洋行交鬃，彻底地摆脱了英商及其上海洋行与伦敦中间商的双重盘剥。双方各获方便，各得其利。

对于"古青记"山货行来说，有了直接出口的条件，购销价差就自然地与其他商号大幅度地拉开，取得了竞争的绝对优势，加上古耕虞本人信誉日隆，同业更难望其项背。从此，古青记渐渐地垄断了华商猪鬃的对美出口，孔公司也几乎垄断了华商对美进口，两家的密切合作近20年。用古耕虞的话说，其间两家几乎成了中国猪鬃的国际性垄断组合。

【案例点评】

市场博弈，任何企业的决策、管理或经营不可能毫无瑕疵，任何精美商品也不可能尽善尽美。这为竞争双方伺隙、寻隙创造了条件，为借机削弱对手创造了机会。反之，如何有效避免对手乘隙、用隙，需要运用鬼谷子的"抵巇之术"，及时补隙、缝隙，做到无缝可钻，无隙可乘，无计可施。本案例中古耕虞"伺衅"、"乘间"反映在两个方面：美国孔公司与中国古青记是贸易的直接方，英国商人居间盘剥，英美商人之间矛盾很大，可利用。另外，重庆峤济山货行的吴掌柜知内不知外，护士罗太太语通不懂行，可"乘间"。古耕虞巧于乘隙、用隙，成就了他一生的猪鬃贸易事业。

【智略之源】

（1）伺衅而动。语见《资治通鉴·晋孝武帝太元十二年》："今康宁在南，伺衅而动。"其"伺"指窥探;"衅"指间隙或破绽,引申为防御中的疏漏。公元 387 年,吕光(十六国时期后凉建立者)在南面康宁(自称匈奴王)窥探后凉军备漏洞,乘机进攻,出其不意,击败叛将徐炅,诛杀叛将彭晃和王穆,粉碎康宁图谋,一举评定凉州。"伺衅而动"后指窥视、瞅准对手破绽,乘机打击对手。

(2)乘间取利。语见《三十六计·敌战计·顺手牵羊》按:"乘间取利,不必一战。胜固可用,败亦可用。"其意讲:互为对手之间,一方的疏忽、失误或胜利后的骄横,另一方可利用获利,并非必须拼死一战。

两谋共同点在于发现和利用对手的失误或疏漏获利,不同点前者窥探的重点是疏漏,后者利用的重点是对手内部矛盾或骄横。

◎ 伺隙而进 分进合击

【典型案例】

中国经济正处于调结构、去产能、货转型、重创新的战略转型阶段。怎样将过剩产能向亚、非等欠发达国家转移,全力发展高科技产业、占领新兴市场制高点,走出一条国际产能合作、优进优出、效益跃升之路,是当前整个中国产业界、企业界的重大关切点。

从大量的新闻报道中可知,近年一大批中国企业以敏锐的洞察力和远见卓识,把目光投向了与我国毗邻的南亚次大陆最大国家印度共和国。这不仅因为印度同属文明古国、金砖国家、发展最快的国家之一,而且还因为近年中印两国政治、外交关系和全面合作关系的改善,开拓印度市场面临着机遇:不仅因为印度铁路、电信、水利、电力的建设严重不足,基础设施建设的机遇包括机场、道路、光伏、地铁、港口、轨道交通等机会很多,(见中印 《谅解备忘录》),而且还因为中国政府明确列出了要转移出去的产业,包括通信、铁路、电站、核能、光伏等具有自主知识产权的装备制造业,轻工、纺织、服装、家电、汽车、船舶等具有比较优势的产业,说明中印产能经济具有互补性、互利性。面对如此重大的投资机遇和巨大的发展市场,印度无疑已成为中国产业转移的首选目的地。

随着中国纺织品、玩具、小商品、家用电器商品大批进入印度市场,中国最大的工程机械企业三一重工，自 2002 年进入印度市场，2007 年在浦那投资 6000 万美元，建立 3 万多平方米的工程机械设备产业园，产品主销孟加拉国和斯里兰卡等国。2009 年前后两批次向印度桑微公司销售 80 吨至 630 吨等四个级别的 72 台履带式起重、吊装设备，约 6 亿元人民币，销售各类混凝土设备 2000 余台。2015 年 1 月与印度工商部签订协议，计划 2016~2020 年向印度可再生能源投资 196 亿元人民币，建设 2000 兆瓦再生能源项目（包括海上风电场），每年提供 4.8 太瓦时电力，新增 1000 个就业岗位，每年减少 360 万吨二氧化碳排放。

世界同业排名第七的中国瓦轴集团，2010 年 12 月末在孟买成立瓦轴集团印度公司，向市场提供 5000 种工业轴承，服务于印度钢铁、采矿、石油、风机和水泥等重大装备制造行业，并计划在 2~3 年内在印度建立一个完整的生产制造基地。

印度政府对加大能源和电力建设投资非常重视，并出台对新能源和再生能源项目补贴政策。中国作为全球最大光伏制造基地，拥有全球 70% 的制造产能和 30% 的发电市场份额。近年，以海润、天合光能等一批中国民企太阳能光伏企业，积极进军印度光伏市场，已占据印度 60% 的市场份额。

印度一直是中国联想集团等企业的实验场，他们在这个市场不断尝试一些新战略，测试一批新产品。中国制造商目前正在从三星等更知名的国际对手以及 Micromax 等印度本土厂商那里赢取当地的市场份额。联想已是印度唯一的一家提供高端、主流和入门级一体机 PC 的厂商；2012 年，仅靠泰米尔纳邦政府 100 万台笔记本电脑订单，就成为市场龙头；2013 年向印度市场提供了 30 万台平板电脑和 100 万部智能手机；目前，联想产品在印度市场份额已由 2009 年的 5.7% 上升到 17.1%。

基于印度快速发展的智能手机市场和尚有 65% 的市场增长空间。中国几大网络公司巨头紧盯印度市场，努力为中国 4.52 亿部手机市场出货量找出路。以华为为首的中国企业抢抓机遇，伺隙攻进印度智能手机市场。2015 年 2 月，华为印度研发中心揭幕。3 月 24 日，华为在印度发布荣耀 6plus 上市。2015 年 7 月中旬，华为公司从印度政府处获得了准许华为在印度南部的泰米尔纳德邦开展手持设备制造业务，从而成为首个在印生产手持设备的中国公司。

快速成长的中国小米公司 2014 年 7 月也正式进军印度市场。2015 年 4 月推出了首款专为吸引印度消费者设计生产的具备大容量电池等性能，并可适应印度很多地区电力供应时好时坏状况的小米 4i 智能手机。这款高端 5 英寸设备定价为 12999 卢比（约合人民币 1300 元），相当于 16GB 版 iPhone 6 在印度售价 5.3

万卢比的 1/4。目前，小米在印度的销售异常火爆，每款产品上线后经常在几秒内就被抢购一空，长期出现"一机难求"的局面。

2015 年 5 月 29 日，中国酷派大神手机也在印度召开发布会，发布旗下大神 X7 双 4G 版及大神 F1 极速版两款机型。在印度也玩起了"闪购"业务。如同酷派印度 CEO 瓦朗·沙玛（Varun Sharma）说：这项策略成本不高却又非常有效。酷派公司希望在一年内在该国卖出 300 万~400 万部智能手机，3 年内卖出 1500 万~2000 万部手机。规模较小的中国一加，也不甘落后。公司 2014 年 11 月开始在印度销售 One 旗舰手机，总销量已经达到 20 万部，力争 2015 年底前卖出 100 万部手机。目前，中国品牌手机已占据印度市场 45% 的市场份额，并全力推进印度业务的本土化，着手在该国设立或扩建研发中心，力争向印度市场生产和投放更多手机。

【案例点评】

古希腊哲学家阿基米德曾讲过一句经典名言："给我一个支点，我将撬动整个地球。"中国人把这句话戏言为"四两拨千斤"。阿基米德讲的这个"支点"是什么？针对不同问题，恐怕有不同的解读。笔者认为，市场及市场份额的竞争，本质上就是消费者、顾客群体的竞争。撬动市场的"支点"就是市场的需求点，消费者、顾客群体的需求点。就本案例而言，印度的需求点反映在交通、能源、通信等基础设施建设和制造业上。印度经济的薄弱点，正是中国的优势点，正是中印产能的合作点、优劣的互补点，更是中国企业进军印度市场的突破点。就网络通信而言，功能机不是薄弱点，智能机才是突破点，也是中国网络通信手机产能转移的着力点，更是中国企业发挥优势产业的利润增长点。

【智略之源】

（1）伺隙而进。这里的"伺"指伺机、窥伺。"伺隙"指窥测可利用或伺隙进攻的机会。意讲等候合适的时机，采取某种行动或进攻。

（2）分进合击。源自毛泽东《中国革命战争的战略问题》第五章第六节："将敌军对我军战略上的分进合击，改为我军对敌军的战役或战斗上的分进合击。"这里的"分进"指把行军纵队迅速展开，分成若干纵队分散前进；"合击"指几路军队合攻同一目标。

两谋均讲进攻，不同在于前者强调伺机进攻，后者重视先分进后合攻。

>>> 参考文献

［1］侯家驹：《中国经济史》（上、下），新星出版社，2008 年版。

［2］吴慧编：《中国商业通史》，中国财政经济出版社，2004 年版。

［3］王孝通：《中国商业史》，上海书店，1984 年版。

［4］王圣铎：《中国钱币史话》，中华书局，1998 年版。

［5］栾汝斌、贾新政、薄伟康：《中国全史：农业史、商业史、商贾史》，经济出版社，1999 年版。

［6］王利器：《史记注译》（1~4 卷），三秦出版社，1988 年版。

［7］《四书五经》（文白对照本，上中下册），昆仑出版社，2001 年版。

［8］韩格平、董莲池：《二十二子详注全译》，黑龙江人民出版社，2003 年版。

［9］《中国军事史》编写组：《武经七书注译》，解放军出版社，1986 年版。

［10］张文穆：《孙子解故》，解放军出版社，1987 年版。

［11］邓泽宗：《孙膑兵法注译》，解放军出版社，1986 年版。

［12］李丙彦：《三十六计新编》，战士出版社，1981 年版。

［13］张文才：《百战奇法浅说》，解放军出版社，1983 年版。

［14］周积明、张林川等注译：《智谋奇术鬼谷子》，华中理工大学出版社，1991 年版。

［15］黎亚释注、李丙彦点解：《〈兵罍〉三十六字解》，长征出版社，1988 年版。

［16］司马乘风演绎：《刘伯温百战奇谋》，三环出版社，1991 年版。

［17］明山、舒志编：《白话实战兵经百篇》，军事译文出版社，1992 年版。

［18］张堃、章理佳：《〈心书〉新编译评》，解放军文艺出版社，1991 年版。

[19] 柴宇球、王改正、杨戈：《谋略库》，蓝天出版社，1990年版。

[20] 周续赓、马啸风、卢令：《历代笔记选注》，北京出版社，1983年版。

[21] 严杰译注：《唐五代笔记小说选译》，巴蜀书社，1990年版。

[22] 高亨注：《诗经今注》，上海古籍出版社，1980年版。

[23] 张舜徽、李维绮：《国语战国策》，岳麓书社，1983年版。

[24] 杨坚：《吕氏春秋淮南子》，岳麓书社，1988年版。

[25] 林尹注译：《周礼今注今译》，书目文献出版社，1985年版。

[26]《梦溪笔谈》（国学典藏书系），吉林出版集团有限责任公司出版。

[27] 马树全译：（唐）李义府《度心术》，南方出版社，2005年版。

[28] 李昉等编：《太平广记》（宋），中华书局出版社，1990年版。

[29] 冯梦龙：《智囊》（明），巴蜀书社，1986年版。

[30] 文昊编：《我所知道的金融巨头》，中国文史出版社，2006年版。

[31] 文昊编：《我所知道的买办富豪》，中国文史出版社，2006年版。

[32] 文昊编：《我所知道的资本家族》，中国文史出版社，2006年版。

[33] 文昊编：《我所知道的实业精英》，中国文史出版社，2006年版。

[34] 陶纯：《猪鬃大王古耕虞》，中国红色资本家丛书，解放军出版社，1995年版。

[35] 胡凤亭：《船王卢作孚》，中国红色资本家丛书，解放军出版社，1995年版。

[36] 陈光明：《纺织大王刘国钧》，中国红色资本家丛书，解放军出版社，1995年版。

[37] 何况：《火柴大王刘鸿生》，中国红色资本家丛书，解放军出版社，1995年版。

[38] 郑焱、蒋慧：《陈光甫传稿》，湖南师范大学出版社，2009年版。

[39] 上海文广新闻传媒集团纪实频道，上海三盛宏业文化传播发展有限公司编写：《百年商海》，上海人民出版社，2006年版。

[40] 刘夏编著：《上海滩风云人物超级大亨虞洽卿》，中国城市出版社出版。

[41] 陈美华、辛磊：《李嘉诚全传》，中国戏剧出版社，2005年版。

[42] 吴阿仑：《105亿传奇——黄光裕和他的国美帝国》，中信出版社，2005年版。

[43] 张正明：《晋商兴衰史》，山西古籍出版社，2001年版。

［44］丁志可：《王永庆全传》，中国广播电视出版社，2006 年版。

［45］黄书泉主编：《民国十大富豪传奇》，黄山书社，1993 年版。

［46］黄书泉主编：《香港十大富豪传奇》，黄山书社，1993 年版。

［47］黄书泉主编：《海外华人十大富豪传奇》，黄山书社，1993 年版。

［48］潘石：《嬗变——中国富豪的第一桶金》，清华大学出版社，2005 年版。

［49］张正明、马伟：《话说晋商》，中华工商联合出版社，2006 年版。

［50］陈凯元：《晋商的智慧》，海潮出版社，2005 年版。

［51］张建明、齐大之：《话说京商》，中华工商联合出版社，2006 年版。

［52］李琳琦主编：《话说徽商》，中华工商联合出版社，2006 年版。

［53］梁凌、梁平汉、任杰：《话说川商》，中华工商联合出版社，2007 年版。

［54］郑华伟：《历史上的货币战争》，上海财经大学出版社，2011 年版。

［55］龙隐：《王石：哪怕一无所有，也要永不止步》，文汇出版社出版。

［56］龙隐：《雷军：你要相信你比想象中强大》，文汇出版社，2014 年版。

［57］赵建：《马云传：永不放弃》，中国画报出版社，2009 年版。

［58］张传玺、杨济安：《中国古代史教学参考地图集》，北京大学出版社，1984 年版。

［59］《中国历史年代简表》，文物出版社，1973 年版。